신학의 저항과 탈주

다윈 진화론과의 비판적 대화를 중심으로

종교와사회총서 5

신학의 저항과 탈주

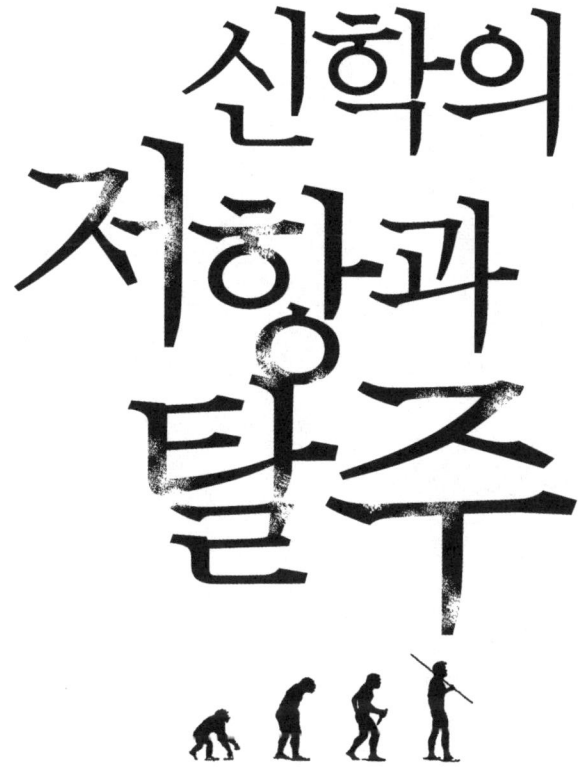

다윈 진화론과의 비판적 대화를 중심으로

기독교통합학문연구소

책을 펴내며

2009년 1년간 필자는 신학적으로 흥미로우면서도 고뇌에 찬 시간을 보냈다. 자연의 우발성과 자연선택 이론으로 사고의 패러다임을 뒤바꾼 다윈 탄생 200주년과, 인간 삶을 예정적 선택으로 본 칼뱅 탄신 500주년을 기념하는 행사가 사람과 장소를 달리하여 성황리에 열리는 것을 보았던 까닭이다. 일반 사람을 상대로 지난 일천년간 기독교 서구에 가장 큰 영향을 준 사람들을 묻는 순위에서 다윈이 9위에 랭크됨을 읽은 적이 있다. 그때 칼뱅은 50위 밖의 인물로 평가되지 않았나 싶다. 우발성과 예정론(목적론), 상호 모순되는 생각을 이 세상에 펼친 두 인물을 함께 보듬어야 하는 신학의 과제가 버겁게 느껴졌다. 한쪽 사유에 눈을 감고 '자기 편' 사람들 좋을 이야기만 하고 사는 학자들이 여럿 있겠으나 그리 살면 안 된다는 것이 마음의 소리였고 하늘이 전하는 말이었다. 지적 설계론자들이 그러 하듯 진화론에서 자기 필요한 만큼의 지식을 취하여 유신론적 창조론과 결부시키는 것도 옳게 여겨지지 않았다. 그렇다고 진화 이론을 온전하게 이해하는 것 또한 여의치 않아 필자로선 마음이 답답하고 무거웠다. 해서 주변을 살펴보니 이 분야에 깊이 천착해 온 제자들이 눈에 띄었고 그들에게 이 과제를 맡기면 들을 만한 답이 나올 듯하였다. 『신학의 저항과 탈주 - 다윈 진화론과의 비판적 대화를 중심으로』이란 책이 엮어져 나온 것은 이런 생각이 열매를 맺은 덕분이다.

　필자가 대학부설 〈기독교통합학문연구소Christian Institute for Integral Studies〉를 시작한 지도 벌써 20년 가까운 세월이 흘렀다. 교수 경력이 25년을 지나고 있으니 이 연구소와 함께 교수 생활을 하였다고 해도 과언이 아닐 것이다. 그렇다고 볼품 있는 규모로 연구소가 성장한 것도 아니니 게으름과 무능함에 머리를 떨굴 뿐이다. 그럼에도 자랑할 것이 없지 않다. 그것은 이 연구소에서 함께 머리 맞대고 공부한 제자들이 훌륭한 학자들이 되어 학생들을 가르치고 있는 까닭이다. 물론 목회를 하며 미래를 준비하는 제자들도 있고 학위 후 과정을 위해 자신의 더 많은 시간을 투자해야 할 사람도 있다. 하지만 대다수는 신학을 통합학문 차원에서 이해했고 그렇게 공부하여 훌륭한 학자로 평가 받는 중이다. 지난 1년간 이들이 심혈을 기울인 논문을 읽었고 많은 배움을 얻었다. 논문들이 너무 좋고 품위가 있다 판단되었기에 필자는 그것들을 한 권의 책으로 엮어도 부족함 없겠다고 판단했다. 좀 더 서둘러 지난 해에 이 책이 출판되었더라면 당시 세간에 주목받은 진화론 관련 몇몇 책들과 비견되었을 것이란 아쉬움이 있다. 하지만 늦으면 어떠랴. 함께 연구하고 토론한 흔적을 묶어 내는 것만으로도 큰 의미와 보람이 있을 듯했다. 이 책의 내용은 본 연구소 연구교수인 박일준 박사의 서문을 읽으면 대략 느낌을 얻을 수 있을 것이다. 여러 논문들의 성격과 의미를 잘 정리해 주었다. 이 책의 제목도 탈현대적 감각에 맞게 그가 정한 것이다.

　고마운 인사를 하고 글을 마무리 짓고자 한다. 우선 바쁜 중에도 발표된 글을 재정리해 준 기고자들게 고마움을 전한다. 아울러 조교 일을 하며 막내 제자로서 뒷감당을 하는 중에 용기내어 선배학자들 곁에 글을 올린 최중민에게 고마움을 표해야겠다. 진화론을 공부하며 지적 설계론자들과의 토론회를 주선했던 김장생 박사의 얼굴도 떠오른다. 자신은 목회를 하기에 글 쓰는 일을 고사하려 했던 하태혁 목사, 변선환 선생을 주제로 학위 논문을 쓰는 중에도 별도의 시간을 내어 발표해 준 신익상 목사, 그리고 일본 교토대학으로 박사 후 과정을 떠나는 이한영 박사의 노고도 기억되어야 할 것이다. 이 책의 의미를 적극 인정하여 기쁜 마음으로 책을 출판해 준 〈모시는사람들〉 관계자분들께 깊이 감사의 인사를 올린다. 변선환 아키브에 이어 기독교통합학문연구소와도 인연을 맺게 되었으니 감사하지 않을 도리가 없게 되었다. 다소 과장된 자랑이 많았으나 실상은 부족함이 많은 책이다. 이 책을 읽는 독자들의 질책을 기다리며 향후 더 좋은 책이 공동작업으로 나올 수 있기를 기대해 본다. 책 제목이 그렇듯 다윈 이후 신학은 달라져야 하고 달라질 수밖에 없다. 저항을 넘어 탈주를 꿈꾸는 신학을 하느님께서도 고대하지 않으실까 생각하며 글을 마감한다.

마지막으로, 특별한 감사의 마음을 전해야 할 분이 있다. 필자가 한국조직신학회 회장으로 활동할 당시 100여 명의 학자들이 모이는 전국적 모임들을 가질 때마다 늘 정신적으로 후원해 주셨을 뿐만 아니라, 모임의 진행과 배려를 아끼지 않으셨고, 특별히 진화론과 신학 간의 대화를 주제로 기독교통합학문연구소에서 세미나를 진행할 때에도 직접 참석하셔서 물심양면으로 후원을 아끼지 않으셨던 단해교회 엄주섭 장로님에게 이 책의 출판에 즈음하여 진심으로 감사의 마음을 전한다. 특별히 신학과 진화론 간의 대화에 많은 관심을 가지시고 계셨기에, 이 책이 그분의 관심에 부응하는 책이기를 소망해 본다.

2010년 8월
감신대 연구실에서 이정배 씀

서문

과학 시대에서의 신학의 저항과 탈주

우리 시대 신학은 두 견고한 체제 사이에 끼여 있다. 그 두 체제는 모두 신학의 무능을 질타하는데, 한편의 체제는 신학이 세상과 소통하지 못하고 자기만의 골방에 갇혀 지낸다고 비판하고, 다른 한편의 체제는 신학은 학문의 상아탑 속에 거하면서 자신의 현장의 필요성을 무시하는 무익한 신학이라고 몰아세운다. 한편은 이 시대의 학문 담론 체제이고, 다른 한편은 교회의 체제이다. 신학은 시대의 학문 체제로부터 하나의 "학學"으로 인정받지 못한다. 종교적 믿음의 영역이라고 여겨지기 때문이다. 그래서 종교를 비판하는 이들은 신학 담론을 참고하기보다는 교회의 담론을 크게 참고하며, 종교 비판을 가한다. 신학은 보이지 않는다. 그 존재감을 전혀 인정받지 못한다. 다른 한편으로 신학은 교회로부터 참고나 조회를 받지 못하고 있다. 교회 성장의 절박성이라는 현실적 과제 앞에서 신학은 필요한 전문 기술들을 보여 주지 못한다는 것이다. 신학보다는 선교 단체의 현장 경험이 교회에는 더 실용성이 있다고 여겨진다. 그래서 이제 신학을 가르치는 곳을 선교훈련원화하자거나 영성 훈련을 강화하자는 목소리가 높다. 신학은 이중의 소외를 겪고 있다. 아, 갈 곳 없는 신학이여! 신학은 이 이중의 전선에 맞서, 자신의 고유한 자리를 어떻게 확보해 나갈 수 있을 것인가? 아니 이중의 소외를 어떻게 탈주해 나가, 진리의 자리에 이를 수 있을 것인가?

하지만 갈 곳 없는 신학의 상황은 신학에 부정적인 것만은 아니다. 왜냐하면 신학이란, 고린도전서 1장 28절에서 바울이 말하듯, 처음부터 기존하는 것(ta onta)을 위한 담론이 아니라, 기존 체제로부터 존재를 부인당한 것(ta me onta)을 위한 학문이기 때문이다. 갈 곳이 없기 때문에 갈 곳 없는 세인들의 마음을 헤아릴 수 있고, 기존 체제로부터 획득하고 소유할 것을 갖고 있지 못하기 때문에 가질 것 없는 자들의 입장을 대변할 수 있기 때문이다. 그래서 예수는 선포한다. 가난한 자는 복이 있다고. 심지어 심령이 가난한 자도, 가난한 자와 똑 같은 복, 즉 천국이 저희의 것이 되는 복을 누린다고 선포했다. 아무 것도 가진 것이 없기에, 그 어떤 없는 자라도 품고, 없어서 설움 당하는 그의 마음을 헤아리며, 그 헤아림 속에 하나님의 사랑이 임재한다. 하나님의 사랑이란 적어도 성서에서 추상적인 개념이 아니었다. 실상 '사랑'이란 단어를 사용하기보다는 'compassion'이란 단어를 더 많이 사용하는데, 이 말의 어원적인 뜻은 "함께 고통받기" suffering-with *이지만, 특히 신약성서는 이 말을 몸의 내장과 연관된 의미를 함축하며, 그래서 다른 사람의 아픔에 내 애간장이 끊어지는 듯한 아픔을 느낀다는 말로 의역할 수 있다. ** 즉 신학의 소외당함, 그래서 아무도 그의 존재를 인정하지 않음이

---

* Oliver Davies, A Theology of Compassion: Metaphysics of Difference and the Renewal of Tradition (Grand Rapids, Michigan: William B. Eerdmans Publishing Company, 2001), 234.

** Davies, A Theology of Compassion, 252.

란 곧 기존 체제 담론들로부터 "존재하지 않는 자" those who are not, ta me onta 로 간주된다는 것을 의미하는데, 하나님은 바로 그러한 자들을 택하신다고 바울은 힘주어 말한다. 그들을 택하시는 이유는 곧 "있는 자" those who are, ta onta 를 아무 것도 아닌 것으로 만드시기 위해서 to reduce to nothing 라고 바울은 설명한다. 따라서 신학이 시대로부터 그리고 이 시대에 기득권을 누리고 있는 자들로부터 소외와 멸시와 경멸을 당한다면, 그것은 곧 신학이 (신학 본연의 자리에서) 무익한 것이 아니라 유익한 역할을 감당하고 있음을 의미한다. 하지만 이러한 본연의 유익성은 기존 체제 담론의 시각에서 보자면 전혀 무가치하거나 하찮거나 무의미한 것으로 간주되기 마련이다. 여기서 교회에 고한다: 신학이 하는 소리를 무가치하게 듣는 교회들이여, 그대들이 혹시 시장과 소비 자본주의의 담론 체제 속에 이미 편입되어 그의 시각으로 그의 목소리를 대변하고 있는 것은 아닌지, 바로 그렇기 때문에 '성장'을 제일로 삼고 나아가고 있는 것은 아닌지 네 자신을 돌아볼지어다. 소크라테스가 언급했듯, 자신을 안다는 것은 바로 지혜로 나아가는 첫 걸음이다. 체제에 편입된 자에게 진리는 보이지도 들리지도 않는다.

궁극적인 의미에서 진리는 언표되지 않는다. 우리의 언어는 체제의 언어이기 때문이다. 체제의 언어로 표현되는 것은 체제 내에 기존하는 것들이다. 진리란 체제 내에 존재하지 않는다. 말하자면 부정의는 현실에서 생생하게 경험되지만, 정의란 한 마디로 정의되어지지 않는 것과 같다.* 그래서 우리는 생생한 부정의의 현실들을 '부정의하다'고 판단할 정의의 이상이나 개념을 갖게 되지만, 그 어떤 개념이나 이념도 그 상황에 대한 해답

* Alain Badiou, *Infinite Thought: Truth and the Return to Philosophy*, trans. and edited by Oliver Feltham and Justin Clemens (New York, NY: Continuum, 2005), 52.

일 뿐이다. 시간이 흐르고 상황이 바뀌면, 진리와 정의와 사랑에 대한 그때의 개념과 이상은 그 적실성을 상실한다. 진리는 체제의 언어로 포박될 수 없기 때문이다. 정의justice는 정의되는to be defined 순간, 사라진다. 그 정의의 정의에 포함되지 않는 새로운 상황들이 새로운 모습의 부정의한 현실들을 생산해 내고 있는 중이기 때문이다. 그렇게 '정의'는 우리가 힘으로 구축하는 체제의 손아귀를 저항하고 탈주해 나간다. 그의 끝없는 탈주가 있기에 정의는 진리는 사랑은 그 모든 상황과 시대의 변천에도 불구하고 매 시대 매 상황에 매번 새로운 모습으로 그의 모습을 드러내어, 진리를 사랑을 그리고 진실을 알려주고, 사라진다. 그 진리의 드러남dis-close이 이루어지는 사건이 "없는 자"에게 이루어지기 때문에, 없는 자는 있는 자보다 더 복이 있다고 하는 것이다. 세상으로부터도 그리고 교회로부터도 인정받지 못하는, 그래서 있어도 없는 듯이 존재해야 하는 신학은 어쩌면 지금 이 시대에 귀신처럼 존재하는지도 모른다. 이 세상에 속해 있으나, 이 세상으로부터는 없는 것으로 취급당하는 신학. 교회에 속해 있으나 교회로부터는 존재하지 않는 것으로 취급당하는 신학. 그 귀신 같은 비존재적 존재의 상황은 세상을 향해 빛을 발하나, 세상에 속하지는 않는 진리의 자리와 같다. 신학은 세상의 학문 담론과 대화하지만, 그 학문 담론의 체제에 순응하고 타협하지 않으며, 또한 교회를 섬기지만 교회의 체제에 맹목적으로 복종하거나 굴복하지도 않는다. 신학은 그 이중의 억압 아래에서 체제에 저항하며, 진리 사건이 체제에 길들여지지 않도록 하기 위해 그를 탈주할 길을 모색 중이다.

본서는 앞에 언급한 두 체제를 '진화론'과 '창조론'으로 범위를 좁혀 토론한다. 종교와 과학의 대화를 언급할 때, 진화론과 창조론 간의 대화처럼 위태해 보이는 짝도 없다. 다윈의 『종의 기원』 출판 이후, 생물학 분야는 기독교 신학과 치열한 전선을 형성하고 있었고, 그 사이에서 '사유'는 실종되곤 했다. 진화론의 핵심 주장인 종의 우연적 발생은 결코 하나님의 창조 섭리와 조화를 이룰 수 없다고 여겨졌기 때문이다. 따라서 진화론자와 창조론자 간의 대화가 전혀 이루어지는 경우에도 그것은 언제나 대화dia-logue이기보다는 독백mono-logue에 훨씬 가까웠다. 상대방을 앞에 두고 던져지는 독백의 언어들. 상대방을 이해하기보다는 상대방에 대한 자신의 고정된 입장을 전제로 상대방의 약점을 향해 돌진하는 공격적 언사들. 사실 생물학자들과 목회자들 사이엔 이런 대립적 구도의 형성이 훨씬 자연스러웠고, 바로 그런 격에 맞지 않는 대립 구도가 지금까지 생물학과 신학 간의 대화에 많은 영향을 끼쳤다. 하지만 여기서 우리는 생물학과 신학 간의 대결과 대립이 조금은 못마땅할 수밖에 없는데, 창조론을 주장하는 이들은 학문을 연구하는 학자들이라기보다는 자신의 보수적 신앙을 수호하려는 목회자들이 더 많았기 때문이다. 때문에 그들은 진화 이론들을 학문적으로 연구하지 못했고, 그렇기에 그들의 진화론 비판은 늘 주변의 '~라더라'는 식의 비판이 주종을 이룬다. 그러한 겉도는 비판은 생물학자들에게 늘 조롱거리가 되곤 한다. 다른 한편으로 진화론을 옹호하며, 창조론을 비판하는 이들은 거의 예외 없이 생물학 분야의 학자들이었는데, 그들과 학문적 토론 혹은 대결을 펼쳐 나가는 이들은 학자가 아니라, 일반 목회자들이었다. 그들은 진지한 학자답게 신학을 성찰하며, 깊이 있는 비판을 전개하기보다는 그들의 종교 비판, 보다 정확히 말하자면 그들의 기독교 비판은 그 종교의 일탈적인 사례들을 전후 맥락에 대한 진지한 고찰없이 인용하며, 그렇기 때문에 종교는 근대 이후를 살아가는 문명인에게 해가 된다는 류의 비판이 주를 이룬다. 특별히 도킨스와 같은 이들의 종교 비판 속에서 그 종교의 신학에 대한 진지한 성찰은 거의 찾아 볼 수가 없다. 따라서 창조론자나 진화론자 서로 상대방에 대한 온전한 이해를 전제로 비판이 이루어지기보다는 자신들 각자가 추구하는 목적을 따라 상대방을 낙인 찍어, 비판의 대상으로 만드는 것이 비판적 대화라는 이름으로 포장되어 확대 재생산된다. 이러한 상황으로 치달아 가는 데에는 물론 사람들의 이목을 끄는 선정적이고 공격적인 제목으로 책을 출판하여 유통시킴으로써 책의 판매 부수를 올려야 하는 출판 시장의 열악한 조건과 과도한 경쟁 조건들도 한몫 단단히 한다. 어쨌거나, 진화론자들과 창조론자들 양자의 서로에 대한 비판에서 공통적으로 실종되어 있는 것은 바로 '신학'에 대한 진지한 성찰이다. 그 누구도 신학적인 성찰을 통해 상대방을 비판하지 않는다. 여기서 신학은 이중으로 소외를 경험한다.

지금까지 생물학과 신학 간의 잘못된 만남들은, 기독교 신앙인들의 보수적 태도도 원인이었던 것은 사실이지만, 우선적으로 생물학의 견고한 학문 체제 담론이 주요한 원인들 중 하나였다. 시대의 흐름에 따라 새로운 원리들이 발견되고, 그에 따라 여러 번 패러다임 변화를 경험했던 천체 물리학 분야나 물리학 분야와는 달리, 생물학 분야의 기본 패러다임은 단 한 번도 바뀌어 본 적이 없다. 사실 이 점 때문에 신학이 생물학과 대화를 진척시켜 나가는 데 큰 벽처럼 느껴지는 것도 사실이다. 기존 생물학의 거대한 체계를 이루는 진화에 대해서 이론적으로 다른 관점을 제시하면, 생물학자들은 그러한 관점의 변화가 왜 필요하냐는 듯한 표정과 태도를 취한다. 기존의 진화 이론의 틀을 가지고 다 설명이 가능한데, 굳이 신학적 체계를 도입해 진화론의 구조를 수정해야 하느냐는 것이다. 맞는 말이다. 생물학의 목적은 지구 행성을 살아가는 생물의 구조와 현상을 밝히고 해명하고 설명하는 것이지, 그 기원과 목적을 밝히는 것이 아니다. 따라서 진화 이론이 지구상에 출현하는 생명의 작용과 기능들을 온전히 설명하는 데 기여하는 한, 굳이 '패러다임 시프트'를 추구할 이유는 없다. 게다가 신학은 생명의 구조와 현상은 크게 관심을 두지 않고 오히려 생물학자들이 무관심한 주제, 즉 기원과 목적에 더 관심을 갖고 있기 때문에 생물학과의 대화는 늘 겉돌기 마련이다. 이런 상황에서 생물학자들과 신학적 주제들을 놓고 진지한 대화를 해 나간다는 것은 불가능한지도 모른다.

그러나 이 문제를 다른 각도에서 한번 바라보자. 생물학의 주제들은 실상 이론적 주제들만은 아니다. 다윈이 '자연선택설'을 고안할 때부터 맬서스의 『인구론』의 주장들로부터 영감을 받았다. 그리고 다시 생물학의 진화론들은 우리 사회의 체제를 구축하려는 이에게 강한 영감을 제공한다. "적자생존"과 "무한 경쟁"이라는 개념들이 그 좋은 예이다. 사실 다윈은 초기에 '적자생존'이란 말을 쓰지는 않았다. 하지만 그의 자연선택 개념에 대한 설명을 접한 이들은 곧장 이것이 적자the fittest의 생존을 의미한다고 생각했다. 왜? 당시 사회 구조 속에서 실제로 '적자들의 생존'이 이루어지고 있었기 때문이다. 적자는 살아남고, 부적자는 도태하는 사회 구조, 바로 이 사회의 현실적 구조가 생물학의 자연선택 개념을 '적자생존' 개념으로 이해하도록 만드는 상황적 조건들이 되었던 것이다. 이 적자생존의 담론과 마찬가지로 무한경쟁의 담론도 생물학적 담론 속에서 쉽게 발견된다. 예를 들어, 진화를 소위 '이기적 유전자'의 관점에서 조망하는 도킨스의 책에서 자기-복제자들 간의 생존 경쟁 혹은 무한경쟁이 끝없이 벌이지기 때문이다.
* 유전자는 정말 이렇게 경쟁하는 메커니즘으로 구성되어 있을까? 에르스

---

* 리처드 도킨스(Richard Dawkins), 『이기적 유전자』, 홍영남 역, 30주년 기념판(서울: 을유문화사, 2006), 342쪽.

트 메이어가 말하는 자연선택의 구조에 따르면, 유전자는 더 많은 변이들을 생산하고, 환경은 그 중 부적자를 제거하는 방식으로 이루어진다. 그렇다면 유전자들은 서로 무한한 경쟁을 벌이기보다는 환경과의 상호작용을 통해 부적절한 체계를 제거하고 있는 중이라고 볼 수도 있을 것이다. 하지만 도킨스는 "생존경쟁" competition for survival이라는 은유를 사용한다. 지구촌 시장 자본주의의 세계 속에서 사실 '무한경쟁'이란 문자 그대로의 현실이다. 직장인들의 은퇴 시기는 빨라지고, 취업 연령은 높아간다. 취업을 위한 관문은 더욱 더 소위 '글로벌 스탠다드'라는 명목으로 높아지고 어려워지는데, 명예 퇴직의 위협은 더욱 빠르게 다가오고 있는 현실 속에서 생존을 위한 경쟁은 무한한 노력을 요구한다. 도킨스의 자기-복제자들의 생존경쟁이라는 은유 때문에 지구촌 경쟁 체제에 무한경쟁 시스템이 도입되었다는 순진한 이야기를 하려는 것이 아니다. 무한경쟁이 이미 벌어지고 있는 현실에서 생물의 세계 속에서 '무한한 생존 경쟁'을 읽어 내는 생물학자의 눈은 벌써 지구촌 시장과 소비 자본주의 체제에 길들여지고 순응된 눈길로 생물의 세계를 그려 내고 있는 것은 아닌가? 하는 의혹을 제기하려는 것이다. 멜서스의 인구론에 등장하는 적자생존의 이미지가 다윈의 자연선택 개념을 통해 공고하게 인간 문화와 경제 사회에 정착하게 되었듯, 지구촌의 무한경쟁의 현실이 도킨스의 생존경쟁 은유를 통해 생물학적 정당성을 획득하고 있다는 것은 지나친 상상력만은 아닐 것이다. 신학자들이 과학 시대에 진화론이라는 설명 체제에 저항하고, 그로부터 탈주하려는 몸짓을 모색하게 되는 지점이다.

왜 진화론 담론 체제로부터 신학적 탈주의 몸짓을 모색하는가? 굳이 진화 이론에 근거하여 생명을 설명하는 생물학의 체제에 저항하고, 그로부터 탈주하려는 신학적 몸짓을 시작해야 하는가? 신학이 언제 생물학의 포로가 되었단 말인가? 언제 과학이 신학의 감옥에 가두고 구금했단 말인가? 과학의 발전과는 상관없이 신학은 자유로이 자신들만의 담론을 형성해 오지 않았던가? 진화 담론 체제에 대한 신학적 저항과 탈주는 진화론 자체에 대한 것이 아니다. 과학 이론으로서 진화론에 대한 연구는 그들의 몫이다. 하지만 다중들multitutdes이 진화론을 접하게 되는 것은 물리학이나 생물학의 전문 학술지에 올려진 학술 논문들을 통해서가 아니다. 다중들과의 소통을 목적으로 하는 대중 과학 도서들을 통해, 혹은 그것들의 번역서들을 통해 진화론을 접한다. 신학자들이 저항의 눈길과 몸짓을 모색하는 것은 바로 이 지점이다. 학술지가 아닌 대중 교양 도서로 출판되는 과학 도서들은 과학 이론이 추구하는 발견이나 발명을 모색하는 자리가 아니다. 기존 연구 결과들을 각 저자 나름대로 종합하여, 다중들에게 소개하고, 그를 통하여 대중적 학문 담론을 형성하며, 더 나아가 우리 시대의 담론들을 형성해 나가는 자리이다. 바로 그곳에서 과학 서적들은 이공계의 학문 연구가 아니라, 인문학 담론과 경쟁하면서 시대의 담론 체제를 구성하는 그 무엇이 된다. 즉 인문학으로서 과학 담론이 된다는 것이다. 물론 이러한 과정은 과학이 단순히 본연의 연구와 학문 활동을 내팽개쳐 두고 인문학의 자리를 침노해 들어온다는 단순한 말이 아니다. 과학 담론 서적들이 인문학 담론과 경쟁할 수 있는 문화 담론의 자리로 진입할 수 있는 배경은 바로 과학 본연의 연구가 나날이 발전하고 있기 때문이고, 바로 그런 하드웨어적인 기반을 토대로 문화 담론을 형성하고 있다. 바로 이 자리에서 신학은 과학을 인문학이나 신학과는 별도로 존재하는 하나의 학문의 영역이 아니라, 서로 경쟁하며 시대의 문화 담론을 형성해 가는 경쟁자이면서 협력자로 만나게 된다. 하지만 신학자들은 여기서 생물학의 진화 이론에 대항하는 과학적이고 이론적인 대항 이론을 만드는 데 관심을 두지 않는다. 다시 한번 말하자면, 그것은 생물학자들의 일이다. 여기서 신학자들의 관심은 생물학자들의 이론들이 사회의 구조와 체제를 구성하는 이들에게 미치는 영향력이다. 만일 생물학의 담론들이 일반 사회 대중들에게 번역되어, 일정한 담론을 형성하고, 그렇게 형성된 담론들이 우리 시대의 사상 체계와 사유 구조를 구축하는 일정한 역할을 감당하고 있다면, 우리는 그러한 영향력의 측면에서 진화론과는 다른 대항 담론의 형성을 필요로 한다. 위에서 언급했듯이, 생물학 분야의 연구 결과들을 토대로 형성되는 진화 담론 체제는 우리 시대에 단순히 생물학의 학문적 발전으로만 머무는 것이 아니라, 우리 지구촌의 정치 경제 문화의 지배 체제들과 일정한 관계를 맺으며 시대 담론으로 성장한다. 자신들의 이론적 지향성을 '좌파'라 자처하고 나섰던 리차드 리원틴과 스티븐 굴드는 생물학 담론이 우리 시대 정치 담론과 어떻게 조우하고 있는지를 보여주는 대표적인 사례라 할 것이다. 그들이 에드워드 윌슨이나 도킨스의 이론에 반대했던 이유는 물론 자신들이 지향하는 생물학적 연구 결과가 달랐기도 했지만, 근원적으로 그들은 윌슨과 도킨스의 생물학 담론들이 우리 시대 보수적인 우파의 정치 담론에 생물학적 토대를 제공하는 (리원틴의 말처럼) "나쁜 생물학"bad biology*으로 변질되었다고 보기 때문이다. 이런 맥락에서 생물학의 '적응 담론'도 우리 시대 문화 담론 형성에 일정한 기여를 한다. 체제의 명령에 순응하라! 그렇지 않으면 제거될 것을 각오하라! 한 개체에게 주어지는 환경은 그 층위상 무척 다양하지만, 그러나 문화 담론의 수준에서 '환경'이란 바로 개체가 생존하는데 필요한 '주어진 조건들과 환경'이다. 무한 경쟁의 환경 속에 자신의 존재가 던져져

---

* Richard Lewontin, *Triple Helix: Gene, Organism and Environment*(Cambridge, MA: Harvard University Press, 2000), 17-18.

있다면, 한 개체는 그 환경 속에서 무한 경쟁을 뚫고 살아남아야만 한다. 그 외 다른 선택은 없다. 무한경쟁을 뚫고 살아남을 인재 양성을 위해서 혹은 경쟁력 있는 인재들을 길러 내기 위해서 우리 아이들의 공교육 현장에도 경쟁 시스템을 도입하겠다는 정부의 주장은 적응 담론을 통해 생물학적 기반을 공고히 얻게 된다.

과학 담론과 문화 담론 간의 이러한 만남과 조화를 목도하면서, 신학은 저항과 탈주를 꿈꾼다. 진화 이론 자체가 아니라 진화 이론이 문화 담론으로 변형되어 가면서 일으키는 정치적 함축성들을 느끼기 때문이다. 우리 시대의 체제는 더욱 더 공고해져 간다. 신학자가 마주하고 있는 체제란 정치적 체제나 경제 구조를 의미하지는 않는다. 신학 담론이 상대해야 하는 체제란 우리 시대 학문 담론의 체제를 포함한다. 한편으로는 이공계가 위기라고 한다. 하지만 인문계는 위기라는 말을 더 이상 올리지 못할 정도로 고사 직전이다. 각 대학마다 학문의 경쟁력과 실용성을 빌미로, 비인기학과인 인문 계열 학과들을 통폐합하며, 대학의 구조조정을 부르짖는 요즈음 인문학자들로부터 '학문'이라는 대접조차 받지 못하는 신학은 이 학문의 체제 구조와 더불어 대항하거나 겨룰 힘을 더 이상 갖고 있지 못하다. 그래서 저항의 방식으로 '탈주'를 꿈꾸며 모색한다. 적어도 체제의 정신과 언어에 길들여질 수는 없기 때문에.

이 책은 신학이 학문성을 담지하지 못한다고 생각하는 진화론자들과 창조론자 모두를 향한 신학하는 이들의 저항적 탈주이다. 각각의 저항의 기술과 탈주의 방법들은 다르지만, 그럼에도 불구하고, 왜곡된 체제의 권력 구조 아래서 묵종하거나 길들여지기보다는 그를 벗어나, 진리를 향한 순수하고 자유로운 영혼의 나래를 보존할 피난처를 찾아 탈주의 발걸음을 모색한다는 점에서는 이 책의 모든 저자들이 공감하는 바이다.

이 책은 두 부분으로 구성되어 있다. 기고한 모든 저자들이 '진화론'에 맹목적으로 반대하는 것은 아니지만, 그 진화론 담론이 담지한 비과학적 측면과 그의 이념적 영향력에 저항하려는 노력을 멈추지 않는다. 그러한 저항의 측면이 부각되는 글들을 모아 "저항" 부분에 모았다. 또한 단순히 저항하는 데에서 나아가서, 신학적 탈주로를 모색하고 그 탈주로를 따라 새로운 사유의 길을 창발적으로 개척하려는 노력들을 담은 글들을 모아 "탈주"라는 표제하에 모았다.

1장에서 김장생은 이기적 유전자로 압축되는 자연선택 단위 논쟁을 포괄적 적응도 이론과 게임 이론으로부터 집단 선택설과 이타주의의 진화 문제로 이어지는 과정을 깊이 있게 성찰해 들어간다. 그러면서 도킨스 같은 이들이 주장하는 유전자 선택 이론이 나름대로 설득력 있는 이론임을 공감한다. 하지만 김장생은 도킨스의 이론적 체제 안에 정주하며, 그 기득권에 안주하기보다는 그의 종교 이론이 함축하는 이념적 영향력을 꼼꼼히 확인한다. 즉 도킨스가 주장하는 바는, 종교란 신경회로의 잘못된 발화로서 초기에는 인간 유기체와 상생의 관계를 누렸을지 모르지만, 지금은 나쁜 바이러스처럼 인류가 더 높은 성숙의 단계로 나아가는 것을 가로막는 나쁜 밈이라는 것이다. 김장생은 도킨스나 윌슨의 이러한 관점이 소위 '과학적 증거주의'라는 일종의 이념을 무의식적으로 전제한 결과라고 비판한다. 김장생에 생물학적 진화에 대한 신학적 저항은 바로 이러한 이념이 과학 만능의 시대에 기존 체제가 담지한 부정의를 비판하는 정의의 담론으로 기능할 수 있겠는가를 물을 것을 독자들에게 요청한다.

2장에서 이한영은 여기서 한 걸음 더 나아가, 도킨스의 "이기적" 유전자라는 말 속에는 "불멸의"라는 의미가 동시적으로 함축되어 있다고 지적한다. 따라서 도킨스의 이기적 유전자 개념은 인간의 "불멸하고자 하는 이기"적 심리의 욕망을 읽도록 만든다고 본다. 그리고 이것이 말하자면 유전자의 이기적인 자기 보존 본능이라는 것이다. 이한영은 도킨스의 진화 이론에 대해 비판적 저항만을 전개하는 데 머물지 않고, 이 영원불멸 담론이 이미 종교들의 전통들 속에 담겨 있다고 본다. 예를 들어 힌두교의 아트만은 도킨스의 유전자와 논리적 유비를 담지하고 있다고 본 것이다. 이러한 논리적 유사성은 무엇을 의미하는가? 결국 생물학적 담론들은 '사실'에 대한 것이 아니라, 시대의 체제 담론을 담지할 위험성을 언제나 갖고 있다는 것이다. 따라서 이러한 체제 담론 안에 갇혀 지내는 한, 우리는 탈출구를 찾지 못하고, 이 체제 담론이 지지하는 소비 자본주의 속에서 매몰될 수밖에 없을 것이다. 따라서 이한영은 불교의 무아無我설에서 탈출구를 모색한다. 말하자면, 종교가 바이러스라면, 도킨스의 진화론도 바이러스 같은 밈일 수밖에 없다는 것이다. 따라서 종교가 시대에 뒤떨어진 (신경세포들의) 잘못된 발화라면, 도킨스의 이기적 유전자론도 동일한 비판에 직면할 수밖에 없을 것이다. 그렇다면 도킨스의 종교 비판은 자기가 세운 체제의 굴레에 폐쇄적으로 갇힐 수밖에 없다. 그렇다면, 이제 생물학의 담론이 종교를 통해 자신만의 폐쇄적인 체제의 폐쇄적인 굴레를 탈출할 탈주로를 모색해야 하지 않을까 하는 물음을 역으로 던져 본다. 그렇게 외친다고 도킨스가 이 저항의 목소리를 듣고 마음과 태도를 바꿀 리야 없겠지만, 그러나 도킨스의 체제에 길들여진 음성에 순응하며 굴복할 수는 없는 신학적 정신은 계란으로 바위를 치는 대신, 진화라는 체제 담론을 뚫고 나갈 탈주로를 모색해 나가려 시도한다.

3장에서 신익상은 유신론적 진화론자와 무신론적 진화론자 간의 차이의 문제를 성찰한다. 철학자 칸트로부터 비롯되는 구분인 바, 목적과 합목적을 구분하면서, 유신론적 진화론을 목적 없는 합목적성의 논리로 본다. 즉 세상이 의미 있는 가치를 향해 진화해 나아가고 있지만, 그 궁극적 가치가 무엇이냐에 대해서는 결국 보여 줄 수 없고, 믿음의 문제로 둘 수밖에 없다는 논리를 유신론적 진화론은 함축하고 있다는 것이다. 이에 반해 (최재천의 공생인 개념에서 도드라지듯) 무신론적 진화론은 합목적성 없는 목적, 즉 지향하는 뚜렷한 목적이 진화의 산물로 규정된다는 것이다. 그리고 이 진화의 과정은 (적어도 인간의 관점에서) 뚜렷한 가치 질서를 향해 나아가지는 않는다. 이 구분을 통해 신익상은 과학자들이 종교 특별히 신학과 그의 언어에 익숙하지 않고, 그래서 "서로 다른 언어 게임에 익숙하지 않은 채 자신의 언어 게임 룰을 확대 적용하는 경우가 발생"하거나 상대방의 언어를 잘못 사용하거나 남용하는 경우가 많다고 지적한다. 특별히 신익상은 본 글에서 요즘 생물학자들과 진화론자들이 종교에 대한 정의들을 제시하는 경우가 많은데, 이들 대부분이 바로 이러한 오류를 동일하게 범하고 있음을 볼 때, 신익상의 신학적 지힝은 이유 있는 항변이라 여겨진다. 상대방의 말을 듣는 것이 대화의 첫 걸음일 텐데, 도무지 상대방을 듣는 일에 익숙하지 않은 우리의 생물학 담론. 그래서 우리 시대에는 부정적 의미의 통섭, 혹은 학문의 독재가 심화되어 가는 것은 아닌지를 묻는다.

4장에서 박일준의 "진화론과 지적 설계론에 대한 신학적 저항"은 진화론과 창조론이 봉착하고 있는 우연/필연의 이분법이 의미 있는 기준인지를 물으며, 신학적 저항을 시작한다. 통상 진화론은 생명의 우연 발생을 함축하고 있어서, 하나님의 섭리 개념을 공격한다고 알려져 있지만, 실상 기독교의 창조론은 '우연' 개념을 함축하고 있다는 것이다. 이러한 '우연' 개념은 비단 창조론에만 내재되어 있는 것이 아니라, 도킨스의 책『이기적 유전자』안에도 함축되어 있다고 본다. 즉 자기-복제자로서 제시된 유전자 이외에 도킨스는 문화 진화를 설명하기 위해 "밈" meme 개념을 도입하는데, 이 '밈'의 발생은 전혀 설명되지 않는다. 이러한 우연적 발생은 진화론이 함축하고 있는 우연 발생과 근접하면서 다르다. 왜냐하면 기존의 유전자 독재에 맞설 유일한 도구이기 때문이다. 요는 기존의 우연/필연 이분법은 창조론이 고난의 현실에 대한 대답으로 제시되는 신학적 답변이라는 사실을 철저히 은폐한다는 것이다. 현실의 억압받고 가난한 자에게 진화론이든 창조론이든 어떤 대안을 제시해 줄 수 있는냐의 관점에서 창조/진화 논쟁을 풀어 나가자는 신학적 몸짓이다.

본격적으로 '신학적 탈주로'를 모색하는 2부·5장에서 이정배 교수는 과학적 무신론에 기반한 도킨스 류에 진화론과 유신론적 관점에 생명의 작용을 꿰맞추어 해석하는 지적 설계론 사이에서 우리 시대 신학적 사유의 탈주로를 모색한다. 진화론과 창조론은 양자 택일의 문제가 아니라는 것이다. 그럼에도 불구하고 우리 시대 생물학 담론이나 기독교 창조론자들의 담론 체제는 진화나 창조의 양립 가능성을 전혀 인정치 않는다. 언급한 바, 신학적 숙고와 성찰의 과정들을 진득하게 전개해 내지 못하기 때문이다. 각자의 관점에서, 각자의 체제 담론 속에서 견고한 성을 쌓으며, 다른 학문 분야와 소통하려는 노력이 없다. 이 완고한 폐쇄적 학문 권력 담론과 교회 권력 담론의 체제들 사이에서 이정배 교수는 '종의 기원'과 '종의 멸종'이라는 부제를 통해 진화와 생태의 문제를 같이 고려해 볼수 있는 사유적 탈주로를 개척해 나간다. 우선적으로 그는 도킨스와 같은 유물론적 진화론자들과 다른 생각으로 진화를 설명하는 학자들, 특별히 굴드Stephen J. Gould를 소개하면서 진화를 환경과의 상호작용이라는 측면에서 조망해 볼 것을 권면한다. 만일 우리가 리원틴Richard Lewontin이 주장하듯이 진화를 유전자와 환경 그리고 유기체가 엮어 가는 삼원적 상호작용의 과정으로, 그래서 그 상호작용 과정을 통해 서로를 구성construction해 나가는 과정으로 바라볼 경우, 우리는 (굴드의 말처럼) 진화를 진보의 이념이 아니라 다양성의 증가라는 생태적 관점으로 그리고 전체론적인 관점으로 조망해 볼 여지를 갖게 된다. 만일 진화가 창발적인 구성의 과정이라면, 이제 진화를 하나님의 약속을 성취해 나아가는 과정으로 조망하는 가톨릭 신학자 존 호트John Haught의 관점이 진화와 생태의 문제를 함께 놓고 고려해 볼 수 있는 지점으로 우리를 예인해 준다고 본다. 이 과정에서 "우주 발생적 에로스"cosmogenic eros가 하나님의 자기 비움 혹은 자기 무화를 통해 전개되고, 이 과정은 화이트헤드가 말하는 신처럼 우리의 모든 과정에 함께 하시며 동역해 나가는 공동 창조자가 아니라, 인간에게 더 많은 책임성을 요청하는 과정이라고 보면서, 이정배 교수는 한스 요나스를 인용한다. 이 윤리적 책임의 존재로서 인간은 곧 '없이 계신 하나님'이 인간의 몸나 안에서 얼나로 존재하고 계심을 의미하게 된다. 즉 인간은 "신의 존재처"이다. 하지만 그 신은 자신의 뜻대로 혹은 자신의 사랑으로 전체 과정을 예인해 나가기보다는 인간의 몸나의 욕망들을 '없이 계신 하나님'의 '없음'에 대한 깨달음을 통해 책임적으로 극복해 나가는 얼나의 그리스도가 되기를 바라신다. 이 얼나의 그리스도로서의 인간 주체성, 바로 이것이 진화 담론에서 성찰되지 않고 있는 부분이다. 그렇기에 이정배 교수의 저항과 탈주는 바로 인간이 진리 사건을 회고적으로나마 접할 수 있는 주체의 회복을 통해 그리스도들의 시대를 열어가자고 생물학자들과 목회자들에게 촉구하는 저항의 몸짓을 보내며, 기존의 두 권력 담론들을 탈주해 나간다.

6장에서 하태혁은 진화와 창조의 논쟁을 넘어서서, 양자를 새로운 차원의 통합으로 이끌어갈 탈주로를 모색한다. 캔 윌버Ken Wiber의 홀라키Holarchy의 비전을 통해 진화와 창조를 존재의 대사슬이라는 생명의 전체성 관점에서 조망해 보고자 하는 것이다. 이는 곧 진화의 문제가 단순히 DNA와 RNA와 단백질의 서로 이질적인 체제들이 원시 지구의 환경 속에서 어떻게 통합되어 세포라는 차원으로 발전되어 왔는가를 기술하는 문제가 아니라, 생명이 어떻게 의미를 찾아 이동해 가는가를 밝히는 문제임을 주지하는 것이다. 이 홀라키의 비전 안에서 범재신론panentheism과 삼위일체의 비전을 설명하고자 시도하면서, 진화의 우주 위에 영의 차원을 더할 수 있는 길을 모색한다. 따라서 하태혁은 '도망'이 아닌 탈주를 본격적으로 시작하는 셈이다. 기존 체제 담론의 구멍을 찾아, 약점을 고발하고, 체제 담론의 추적을 피해 새로운 국경으로 이동하는 중인 것이다. 그것이 바로 홀라키로 설명하는 진화의 과정이다. 그를 통해 진화의 비전이 영적 치유의 한 방법으로 전환될 수 있는지를 궁리한다. 이는 '종의 기원' 이후 시대에 '종의 멸종'이 함축하는 생명의 전체성 물음을 던지는 생태적 위기를 품으려는 도발이다.

7장에서 최중민은 '공감의 윤리'를 통해 우리들의 객관적 인식이라는 신화의 허구를 고발한다. 객관적 인식은 자아가 수동적으로 외부 세계를 인식할 뿐이라는 신화로부터 유래하는데, 세상을 인지하는 우리의 인식 구조는 그렇게 수동적이지 않다. 그렇다고 모든 것이 우리의 주관을 통해 임의대로 형성되는 것도 아니다. 여기서 주관/객관의 이분법은 어느 한쪽을 선택할 문제도 아닐 뿐더러 우리가 살아가는 삶의 생생한 현실을 포착하지도 못한다. 하지만 이분법을 공격한다고 해서 우리의 인식이 담지한 작용을 온전히 설명하는 것도 아니다. 그래서 최중민은 "공감"sympathy을 인식의 보편적인 근거로 제시한다. 그리고 이를 토대로 도덕 법칙은 신의 명령이라는 논리와, 도덕 법칙은 진화 과정의 산물이라는 논리를 전복할 지점을 모색한다.

다시 8장에서 박일준은 "진화론의 우연 개념과 진리 사건의 우연성 개념"을 비교하면서 새로운 신학적 창조론을 제시할 수 있는 지점을 모색한다. 진화는 모든 것을 우연으로 파악하지는 않는다. 다만 종의 발생이나 생명의 발생에서 어떤 앞선 설계나 목적 혹은 신의 개입 등을 설명 변수로 인정하지 않을 뿐이다. 전통적으로 진화론자들은 진화 과정을 '적응' adaptation 으로 설명해 왔다. 이는 환경에 적응하는 개체가 살아남아 종의 생존을 이어간다는 것이다. 그런데 최근 굴드나 리원틴은 진화는 결코 적응의 과정이 아니라고 본다. 진화란 "다양성의 증가" 혹은 "구성"construction이라고 본다. 진화 과정에 대한 이러한 이해는 화이트헤드의 '과정' 개념이나 바디우의 우연으로서의 진리 개념에 매우 근접하다고 여겨지는데, 화이트헤드는 새로움novelty이 매 순간 발생하는 과정으로서 실재의 현상을 바라본다. 그렇다면 매 순간은 물리적 극과 정신적 극이 만나 과거 조건들을 새롭게 구성하여 새로운 현재와 미래를 창발시키고 있는 셈이다. 그래서 (바디우가 말하듯) 진리는 (기존 체제 담론의 관점에서) 우연으로 간주될 수밖에 없는 것이다. 여기서 우연이란 주사위 던지기와 같은 것이다. 막상 무엇이 나올지는 결정되지 않았지만, 그러나 일단 주사위가 나오면 그 결과에 충실하게 살아가는 것이 바로 진리를 믿는 이들의 삶이라고 바디우는 말한다. 따라서 우연/필연 이분법은 체제의 담론이다. 우리는 그 체제의 담론이 지시하지 못하는 지점으로 나아가 기존 체제가 은폐하고 있는 진리를 만나는 사건을 일으키면서, 체제로부터의 탈주를 시도해야 한다.

정녕 창조/진화의 이분법과 짝하고 있는 우연/필연의 이분법은 우리에게 무엇을 의미하는가? 그 두 담론들은 오로지 기존하는 학문 체제와 교회 권력 체제를 인정하고 강화하는 역할을 부지불식간에 감당하고 있는 것은 아닌가? 이 기존의 기득권에 저항하면서도, 영원한 반항아로 남아 있지 않기 위해 (왜냐하면 '반항아' 라는 것은 체제가 기존하고 있다는 것을 전제로 해서만 성립되는 말이기 때문이다) 탈주로를 찾아 나서야 한다. 플라톤은 진리의 세계를 묘사하면서, 동굴의 비유라는 유명한 이야기를 남겼다. 우리가 살아가는 세계는 진리의 세계가 아니라, 마치 어두운 동굴 속에 갇혀 지내는 죄수들과 같다고 한다. 평생 어두운 동굴에서 사람들의 그림자들만을 보고 살면서, 그것들이 세계라고 생각하며 살아간다. 이는 플라톤의 시대로부터 수천 년이 지난 21세기를 살아가는 우리들의 모습이 아닐까? 매체를 통해 감각적으로 전달되는 세상의 모습을 보면서, 우리는 그런 세상이 참 세상이라고 착각하며 살아가는 것은 아닐까? 그렇게 동굴 속에 지내던 죄수가 탈출하여, 동굴 밖으로 나와 처음으로 (진리의) 햇빛을 보게 되었을 때, 그는 아무 것도 볼 수 없었다. 그의 눈이 동굴 안에서의 삶에 너무나 오랫동안 길들여져 있었기 때문이다. 눈이 아프고 볼 수 없어서, 탈출을 포기하고 다시 동굴로 돌아갔을까? 아니면 진정한 세상을 만나러 가기 위해 잠시간의 고통과 괴로움을 배겨 내고 기다렸다가 탈주를 계속했을까? 바로 여기서 이야기는 과거의 이야기가 아니라, 현재를 살아가는 우리들의 이야기가 된다. 우리는 어떤 결정을 내릴 것인가? 저 미지의 넓은 세상에 무엇이 기다리고 있는지 지금 막 동굴을 나온 죄수는 알 길이 없다. 조금 비굴하지만, 다시 돌아가 비천하더라도 기존의 살아 왔던 방식에 적응하며 살아갈 것인가, 아니면 모든 것을 다 잃는 위험을 감수하고서라도 저 세상으로 나아갈 것인가? 과학

시대를 살아가는 우리 저자들은 저 세상으로의 탈주를 감행한다. 누군가는 가야 할 길이므로.

이 책은 감리교신학대학 〈기독교통합학문연구소〉가 2009년 다윈 탄생 200주년과 『종의 기원』 출판 150주년이 되는 해를 맞이하여 1년간 '진화론과 창조론의 대화'를 주제로 논문 발표와 학술대회를 주관하면서 축적한 결과물이다. 그 행사들을 통해 발표된 글들을 출판을 위해 토론에서 개진되었던 비판들을 참고하여 교정하고 수정하여 여기에 하나의 책으로 정리하면서, 본서는 다양한 진화/창조에 관한 담론들을 담아 내고자 노력하였다. 이 행사를 위해 특별히 기독교통합학문연구소 소장으로 계시는 이정배 교수님이 물심양면으로 원활한 진행을 위해 수고하셨으며, 또한 연구소 조교인 최중민 조교가 행사들을 지원해 주었다. 이 두 분의 수고가 없었다면, 여기의 글들은 작성될 수 없었을 것이다.

지난 1996년 기독교 신학의 새로운 방향성을 '학제간 대화'로 설정하고, 신학이 인문학 제 분야들뿐만 아니라 과학 분야들과의 건실한 대화를 추구해나갈 수 있는 방법론을 모색하고자 문을 연 기독교통합학문연구소는 그동안 고든 카우프만의 『신학 방법론』과 존 폴킹혼의 『진리를 찾아서』를 위시하여, 여러 권의 번역과 출판과 후원을 진행하면서, 제국주의적 '학문 통합의 길'이 아니라, 학문 간의 '대화와 소통'의 길을 모색해 왔다. 그동안 연구소 출신의 학우들이 여러 명 유학을 마치고 혹은 박사과정을 마치고, 학자의 길에 접어들게 되었고, 현재 1명의 학술 연구 교수를 소속으로 두고 한국연구재단의 프로젝트를 진행하고 있는 중이다. 본 연구소는 신학 분야뿐만 아니라 종교학, 철학 - 특별히 종교철학, 그리고 자연과학(물리학, 생물학, 인지과학)과 더불어 생명 윤리 등의 다양한 주제들을 다루면서, 21세기 기독교 신학이 시대를 위해 어떤 담론을 이끌어 갈 수 있을지를 고민하며 연구한다. 그러한 다양하고 폭넓은 주제들을 한 곳으로 모아 만남의 장을 열어갈 수 있었던 것은 연구소 소장으로 계시는 이정배 교수님의 학문의 '폭'이 있었기에 가능했으며, 그 '폭'을 기반으로 다양한 전공을 배경으로 하는 사람들이 모여, 신학이 한 종교의 교리 담론이 아니라, 제반 분야들과 소통하는 분야로 자리매김할 수 있도록 의기투합할 수 있었다. 신학은 신에 관한 교리적 텍스트들을 생산하는 데 그치는 분야가 아니라 신, 즉 하나님에 관하여 인간들끼리 소통하며 비판과 해석을 통해 진리에 관한 일리-理를 생산하는 학문 분야이다. 그 일리가 진리에 얼마나 가까이 다가갈 수 있느냐의 문제는 은혜의 문제다. 그저 인간의 이성은 자신에게 주어진 역할에 충실하며 앞으로 나아갈 뿐. 그래서 각자의 일리를 한데 꿰어 진리로 보다 다가가고픈 발걸음을 내디딜 수 있도록 해 주는 학문 공동체 그리고/혹은 해석 공동체의 역할이 중요하다. 기독교통합학문연구소는 아직은 작은 모임이지만, 이 책의 출판을 계기로 우리 신학계에 대화와 소통을 기반으로 하는 여러 대화의 물꼬들을 유도하는 촉매제가 될 수 있기를 소망해 본다.

냉천골의 새바람을 기대하며
기독교통합학문연구소 연구교수 박일준

차례

책을 펴내며 • 5
서문 • 8

Part I. 저항

도킨스와 윌슨의 생물학적 토대주의와
　　　　이에 근거한 유신론 이해 연구 | 김장생 ‥‥‥ 35
　1. 도킨스, 윌슨과 진화 생물학‥35
　2. 유전자와 진화‥43
　3. 후성규칙과 밈‥52
　4. 종교‥59
　5. 결론‥69

도킨스의 진화론과 불멸성에 대한 소고 | 이한영 ‥‥‥‥ 71
　1. 진화론과 도킨스 그리고 세계관‥71
　2. 이기적 유전자와 밈 - 불멸과 죽음‥73
　　1) 유전자 - 이기성과 불멸성 • 73　2) 확장된 표현형 - 생존기계와 숙주 • 76
　　3) 유전자와 밈 - 생물학적 유비 • 79　4) 불멸 그리고 죽음과 성 • 80
　3. 종교와 철학에 있어서의 불멸 사상 그리고 도킨스‥84
　　1) 고대 사상에 나타난 불멸사상 : 영혼 불멸과 윤회 그리고 불멸의 유전자 • 84
　　2) 원형과 모방의 구조 : 자기복제와 밈 • 89　3) 이기적 유전자와 영혼 불멸 • 93

4. 종교는 영혼 불멸을 추구하는가? ‥98
　　5. 나가는 말 ‥105

목적 없는 합목적성과 합목적성 없는 목적 | 신익상 ‥‥‥‥109
　　1. 유신론적 진화론 : 목적 없는 합목적성‥109
　　2. 호모 심비우스 : 합목적성 없는 목적‥116
　　3. 결론‥121

진화론과 지적 설계론에 대한 신학적 저항의 모색
　　　　: 우연의 신학적 해석으로서 목적성과 창조성 | 박일준 ‥‥‥‥123
　　1. 서론‥123
　　2. 종교와 과학에서 우발성의 문제
　　　　: 목적성과 창조성, 그 우연의 해석학‥124
　　3. 우연/필연의 이분법
　　　　: 문자주의를 통해 현실의 부정의를 우회하고 회피하려는 몸짓‥131
　　4. 창조성과 우연성‥137
　　5. 생명의 설계, 자발성? - 우연의 배제는 창조?‥139
　　6. 결론 : 종교의 자리‥144

Part II. 탈주

진화론과 우주적 그리스도 그리고 "없이 계신 하나님"
　　　　: 종의 '기원'과 종의 '멸종' 사이에서 | 이정배 ‥‥‥‥‥149
　　1. 들어가는 글‥149
　　2. 다윈 진화론의 핵심 내용과 기독교와의 갈등 배경‥151

3. 진화론에 대한 현대적 논의들

　　- 유물론적 진화론에 대한 비판을 중심으로 ··155

4. 진화론적 유신론에 대한 신학적 논의들

　　- 설계, 성사聖事를 넘어 '약속'으로? ··162

5. 창조와 성육의 통합으로서의 우주적 그리스도, 그 한국적 이해

　　- 약속을 넘어 '책임'으로! ··168

6. 나가는 글 ··176

홀라키적 진화의 신학적 비전 | 하태혁 ·················179

1. 빗장을 열며

　　: 홀라키적 진화를 통한 기독교 신앙의 모형 변이를 향해 ··179

2. 켄 윌버의 홀라키적 진화론 ··181

　　1) 홀라키적 온우주(Holarchic Kosmos)의 진화: 존재의 대겹둥지의 연결패턴 ·181

　　2) 문화적 진화의 원리와 변증: 문화의식적 대사슬과 아트만 프로젝트 ·186

　　3) 문화적 진화의 과정과 내용: 아트만 프로젝트의 얼굴 ·192

3. 홀라키적 진화를 통한 신학적 재구성 ··198

　　1) 범재신론과 홀라키적 진화: 홀라키적 신화의 물가역적 내재성 ·198

　　2) 삼위일체론의 홀라키적 지평: 근본바탕, 활동 중인 영, 홀라키적 그리스도 ·200

　　3) '자연의 신학' Theology of Nature과 홀라키적 진화: 억압 없는 초월의 회복 ·207

　　4) 신화神化와 홀라키적 진화: 홀라키적 수행론 ·211

　　5) 홀라키적 진화로 보는 창조와 종말: 계속적 창조와 새로운 창조의 무늬 ·216

4. 빗장을 걸며: "영적 위생학"으로서의 홀라키 신학 ··219

공감의 윤리에서 본 신 명령론과
　　　도킨스의 진화생물학에 입각한 도덕 이론 | 최중민 ···225

1. 들어가는 말 ··225

2. 공감의 윤리 구성‥226

        1) 공감의 윤리 구성을 위한 인식론적 전거

            : 객관성의 확증 불가능성 안에서의 이성의 한계와 역할 ·228

        2) 도덕 판단의 목적 대상의 재설정 ·234

    3. 공감의 윤리에서 본 두 가지 종류의 도덕 이론에 대한 비판‥240

        1) 초월적인 것에 입각한 도덕 이론에 대한 비판

            : 신 명령론(Divine Command Theory)을 중심으로 ·240

        2) 세속적인 것에 입각한 도덕 이론에 대한 비판

            : 리처드 도킨스의 진화생물학을 전제로 한 도덕 이론을 중심으로 ·244

    4. 맺음말‥251

진화론의 우연 개념과 진리 사건의 우연성 개념

    : 진화론과 신학과 철학의 접점 모색 | 박일준 ‥‥‥‥‥253

    1. 우연·필연의 이분법적 폭력을 넘어서‥253

    2. 전통적 창조론의 논리‥258

    3. 진화의 구성과 구조‥261

        1) 적응으로서의 진화 ·264 2) 적응을 넘어서 ·267

    4. 창조성과 사건을 도래하는 진리 : 화이트헤드와 바디우‥274

        1) 궁극적 우연으로서 창조성 : 화이트헤드 ·276

        2) 바디우의 우연으로서의 진리 ·283

    5. 우연의 두 측면 : chance와 aleatory‥292

주석   ·297

찾아보기   ·338

Part I. 저항

도킨스와 윌슨의 생물학적 토대주의와
이에 근거한 유신론 이해 연구 · · · 김장생

도킨스의 진화론과 불멸성에 대한 소고 · · · 이한영

목적 없는 합목적성과 합목적성 없는 목적 · · · 신익상

진화론과 지적 설계론에 대한 신학적 저항의 모색
: 우연의 신학적 해석으로서 목적성과 창조성 · · · 박일준

도킨스와 윌슨의 생물학적 토대주의와
이에 근거한 유신론 이해 연구

김장생 | 연세대학교

도킨스와 윌슨의 유신론 이해를 연구하기 위하여, 첫째, 그들의 진화 생물학사 상에서의 위치와, 둘째, 그들 주장의 핵심적 기초인 생물학적 토대주의를 본 후, 셋째, 진화의 주체인 유전자와, 넷째, 밈과 후성 규칙으로 이해한 종교에 대하여 살펴보도록 하겠다.

1. 도킨스, 윌슨과 진화 생물학

20세기 중, 후반을 거치며 윌슨Edward Wilson과 도킨스Richard Dawkins 같은 진화 생물학자들은 증거주의에 토대하지 않은 다른 학문 분야들 특히나 신학에 대한 진화 생물학의 우위성을 증거주의를 토대로 하여 주장하고 신학을 생물학의 하위 분야로 포섭하려는 시도들을 하였다. 다윈 역시 진화론적 관점에서 '신의 존재에 대한 믿음'과 '종교'와 같은 신학적 탐구 대상에 대하여 자연주의적 언급을 하고 있지만[3] 철저한 진화생물학적 입장에서 종교의 문제들을 본격적으로 철저하게 정리한 것은 윌슨과 도킨스라고 할 수 있다.

윌슨의 저서들 중 『사회생물학: 새로운 종합Sociobiology: The New Synthesis』 (1975), 『인간 본성에 대하여On Human Nature』(1978), 그리고 『통섭: 지식의 통합 Consilience: The Unity of Knowledge』(1998)은 일련의 연장선상에 있다고 할 수 있다. 그는 『사회생물학』에서 동물의 사회적 행동들이 그들의 유전적 구성에 의해 부과되는 행동적 구속behavioral constraints의 축적에 의해 나타나는 것이라는 논거를 전개하였고 그 연장선상에서 인간의 이타성을 포함한 사회성을 진화생물학적으로 다루고 있다. 그 후 『인간 본성에 대하여』에서는 『사회생물학』의 마지막 장에서 다루고 있는 영장류 '인간'에 대해 더욱 확장된 논의를 하고 있다. 특히 인간의 종교와 같은 고유한 사회·문화적 행동들로 보이는 사회적 행동들에 대한 진화생물학적 분석을 하고 있다. 마지막으로 『통섭』에서는 인간의 사회·문화적 행동들을 다루고 있는 모든 학문들이 유전자가 규범을 정하고 있는 진화생물학으로 환원되어야 하며 환원된 학문들은 지식의 통합을 향하여 통섭될 수 있다고 주장한다.

도킨스는 『이기적 유전자The Selfish Gene』(1976)에서 진화의 주체를 생존경쟁 속에서 살아 남으려 하는 유전자로 보고 있는 신다윈설을 적극적으로 수용하고 이를 토대로 진화 과정 속에서 나타난 생물의 개체적·사회적 행동 패턴을 설명한다. 또한 이러한 생물 패턴 속에 대단히 독특한 행동 양식을 가지고 있는 인간은 문화적 유전자인 밈meme을 생산해 낼 수 있다고 한다. 이후 『확장된 표현형The Extended Phenotype』(1999)에서는 유전자 중심의 진화론을 확대하고 밈 이론을 약간 수정한다. 이후 도킨스의 저작들은 대부분 문화 이론 특히나 유신론적 종교론에 대한 논의를 중점적으로 다루고 있다. 『눈 먼 시계공The Blind Watchmaker』(1986)에서는 페일리(William Paley, 1743-1805) 이후의 신에 대한 이른바 '기획 논증'에 대한 비판을 진화론의 입장에서 한다. 『무지개의 신비를 해체하며Unweaving the Rainbow』(1998)와 『악마의 사도A Devil's Chaplain』(2003)에서는 종교에 대한 직접적인 비판들을 다루고 있다. 가장 최근의 『만들어진 신The God Delusion』(2006)에서는 '신이 존재하지 않음'을 증명하고 자신의 신념인 과학적 유물론의 입장에서 종교에 대한 자신의 비판을 종합한다.

윌슨과 도킨스는 모두 생물학적 진화론의 범주를 인식론뿐만이 아닌 실체론까지도 포함하는 것으로 보며 자연적 실체뿐만이 아닌 사유적 실체까지도 그 탐구 대상이라고 본다. 이들에게 있어서 생물학적 진화론은 생물들의 존재의 근거일 뿐만이 아니라 인간의 문화를 비롯한 모든 사유 양태의 존재론적 토대이기 때문이다. 사유적 실체의 본체는 인간의 생물학적 본체가 드러날 때 우리에게 그 비밀을 보여주며 생물학적 본체는 바로 과학적 증거주의에 의해서만이 탐구될 수 있다고 그들은 본 것이다. 이러한 이유에서 사유적 실체를 사기 반성을 통한 존재의 근원 탐구로 보는 철학 및 인식의 토대를 초월적 계시와 경전으로 보는 신학과의 마찰은 피할 수 없는 것이 되었다.

두 생물학자들은 근본적으로는 다윈의 후예들이라고 할 수 있지만 다윈과 이들 사이에는 몇 가지 주목해야 할 사실들이 있다. 1930년대와 1940년대부터 '근대의 종합' 혹은 '종합설'이라 불리는 한층 폭이 넓어진 진화론을 제시하는 할데인J.B.S. Haldane과 피서R.A. Fisher 같은 학자들이 나타났다. 그들은 다윈 시대에는 아직 나오지 않은 세포생물학과 유전학과 같은 분야의 연구 결과들을 진화론에 더하여 개체군에 대한 유전학적 연구를 중점적으로 하는 진화생물학적 종합을 이루어 내었고 그 후 제임스 왓슨James Watson 과 프랜시스 크릭Francis Crick이 해독한 DNA 구조를 이에 더해 더욱 정교해졌다. 또한 1953년 스탠리 밀러Stanley L. Miller는 인공적으로 원시대기를 만든 후 비非 유기체적 물질에서 유기적 화합물이 발생할 수 있음을 실험을 통해 보여줌으로써 생명의 탄생이 더 이상 신학이나 신비의 영역이 아니라 생물학의 영역에서 다루어 질 수 있다는 가능성을 보였다. 마지막으로 진화론의 핵심인 자연선택이론으로 가장 설명하기 어려웠던 난제인 생물의 이타성 문제가 해밀턴William Hamilton의 〈포괄 적응도 이론 inclusive fitness theory〉에 의해 진화론적으로도 해명될 수 있음이 보여졌다.[2] 이타성이 진화론에서 난제가 되었던 가장 큰 이유는 자연선택을 개체 중심으로 보았기 때문이었다. 개체가 자연에서 생존하는 것이 존재 목적이라면 하나의 개체는 다른 개체를 위해 이타성을 보여 줄 이유가 없기 때문이다. 그러나 만일 혈연을과 연계된 유전자를 중심으로 본다면 동물의 이타성이 자연선택의 난제가 아닌 오히려 진화론의 증거가 될 수 있다는 것이다. 왜냐하면 이타성은 자신의 복제 유전자를 가지고 있는 친족 간에 그리고 그 관계가 가까울수록 더욱 강하기 때문이다. 한 개체의 유전자를 조금이라도 가지고 있는 친족들이 번식 성공에 기여하는 양에 대해 헤밀턴은 '포괄 적응도Inclusive Fitness'라고 이름 붙인다. 자신의 유전적 적응도를 높이기 위하여 생물들은 이타적 행위를 한다. 이와 함께 트리버스R.K. Trivers의 〈상호 이타성reciprocal altruism 이론〉은 생물의 이타성에 대해 헤밀턴을 보충하는 또 다른 진화론적 설명이다. 트리버스에 의하면 아무런 친족 관계도 아닌 것들의 호혜는 일방적인 것이 아닌 장기적으로 보았을 때는 상호 호혜적인 행동들이라는 것이다.[3]

이러한 다윈 이후의 진화생물학의 발전은 생물학의 영역을 자연적 실체로 제한하는 제약들을 제거하여, 자연적 실체와 이를 넘어 정신적 실체들을 포함한 모든 생명 현상들에 대해 생물학적 입장에서 포섭할 수 있는 토대를 제공하였다. 대표적인 진화생물학자들인 윌슨과 도킨스는 사회학과 신학을 포함한 모든 학문들이 생물학에 비해 그 설명의 범위와 깊이에서 대단히 부족하기에 이러한 학문들은 원자적 수준에서부터 문화 현상까지 통섭적으로 설명할 수 있는 생물학의 하위 학문일 뿐이라고 주장한다.

모든 자연과학자들이 증거주의적이고 규칙 환원적인 방식으로 자연적 실재들을 연구하고 있다고 할 수 있으나, 윌슨과 도킨스는 자연과학적 규범성들이 사유적 실체까지도 포함할 수 있다고 믿으며 몇 가지 진리의 규범을 제시하고 있다는 점에서[4] 그들을 과학 이론의 실재주의자라고 부를 수 있을 것이다.

첫째, 진리는 자연 과학적 증거주의를 토대로 해야 한다.[5] 여기서 그들이 의미하는 증거란 1. 반복 관찰이 가능해야 하고 2. 보편적이어야만 한다. 이러한 증거가 있을 때에만 우리는 진리를 진리로 인식할 수 있다고 그들은 주장한다. 따라서 이러한 진리는 오직 자연과학에 의해서만 드러난다. 자연과학적 증거는 신뢰를 보증하는 토대이며 종교와 같은 비非 추론적 지식 체계에 대한 자연과학의 우위를 보여 주는 근거이다.[6] 윌슨은 "진리는 자연과학적 증거의 포화 앞에 굴복할 수 있어야"[7]하며 "(실험 과학을 통해) 우리는 예전에는 거의 장님이나 다름없었지만 지금은 눈을 떴다"[8]고 단언하였고, 도킨스는 러셀을 인용하며 "신이 왜 자신을 믿지 않았느냐고 물으면… '신이여 증거가 불충분했습니다. 증거가요'" 증거 없는 지식들의 불완전성에 대해 말한다. 따라서 자연과학적 증거의 토대를 가지고 있지 않은 모든 지식 체계는 폐기되거나 자연과학에 의하여 완성되어야만 한다고 주장한다.

실제로 이들의 저서들은 자연과학적 증거주의를 충족시키기 위한 노력으로 가득 차 있다. 윌슨은 『사회생물학』과 『인간 본성에 대하여』에서 인간의 종교와 문화를 포함한 모든 사회성의 진화론적 기원을 추론해 내기 위한 증거를 수많은 동물 관찰과 실험을 통해 제시하고 있고 도킨스는 『눈먼 시계공』과 『만들어진 신』에서 과학적 증거를 결여한 종교 체계의 폐기를 요구하고 있다. 다윈의 토대주의를 이어받은 이들은 그 토대주의를 확장하여 자연 현상을 포함한 사유적 실체까지 증거주의의 토대 위에 세우려 하는 것이다.

둘째, 진리는 증거를 토대로 하여 환원될 수 있어야 한다. 진리의 환원성은 복잡한 현상들이 최종적으로는 단순 명료한 법칙에 의해 정리될 수 있다는 것인데 윌슨과 도킨스는 모두 복잡한 인간의 사회성과 문화 현상들도 생명의 진화 역사에서 나타나는 생존 투쟁의 연장선상에 있다고 본다. 윌슨이 볼 때 "과학적 방법의 핵심은 인식된 현상을 근본적이고 검증 가능한 원리로 환원시키는 것"[9]이기에 공격성, 문화, 이타주의, 종교와 같은 현상들은 과학적 증거주의에 입각한 법칙들로 환원 가능하며, 환원시켰을 때 얻어지는 결과는 "인간이라는 종과 인간의 사고방식은 진화의 목적이 아니라 진화의 산물이다"라는 것이다.[10] 도킨스는 생물들의 진화론적 역사에 대해 살피고 그 역사를 꿰뚫고 있는 그 실체를 유전자로 보고 따라서 모든 생명 현상들은 결국 유전자로 환원 가능하다고 주장한다. 자연 현상의 '환원 불가능한 복잡성irreducible complexity'이란 존재하지 않는다. 환원 불가능하게 복잡해 보이는 눈(眼)과 같은 것들은 환원의 출발점인 눈과 종착지인 유전자를 보았기에 불가능해 보이지만 실제로는 그 중간에 수많은 단계들이 있고 중간에 존재하는 단계들을 볼 때 자연에는 환원 불가능한 것들은 존재하지 않는다.[11]

월슨과 도킨스의 이러한 입장은 현대 철학적 입장에서 볼 때는 대단히 근대 복고적이다. 이들은 절대적인 실재세계가 객관적이며 보편적으로 존재하고 이를 밝혀 내는 것도 실재세계를 있는 그대로 반영하는 자연과학을 통하여서만 가능하다고 주장한다. 따라서 데리다와 같이 다층적이며 중첩적인 세계 이해를 하고 있는 포스트모더니스트들이나 파이어밴드와 같이 과학 이론의 절대적이며 객관적인 독립성을 배제하며 자연과학의 실재 기술記述에 대한 우위성에 의구심을 갖는 현대 과학철학[12] 및 칼 포퍼의 반증 가능성이라는 과학의 규율[13]을 적극적으로 받아들여 과학 이론들의 실재 반영성을 거부하고 단지 '아직 반증되지 않은 가설'로 취급하려는 태도들과 마찰을 빚게 되는 것이다.

월슨과 도킨스는 이러한 비판들을 염두하여 이에 대해 전통적인 과학적 증거주의의 입장을 고수한다. 도킨스는 반증 가능성이나 과학의 패러다임론은 과학사의 일부에 불과하며 또한 그 이론의 적용도 대단히 좁은 범위에서만 이루어져야 한다고 주장한다. 과학사의 일부에 해당할 사실들을 우리의 인식론 전반에 걸쳐 적용할 수는 없고 증거를 토대로 한 과학적 언명들에는 반증이 허락되지 않기 때문이라는 것이다.

> DNA가 이중나선을 이루고 있다는 것은 영원 불변의 사실이며, 당신과 침팬지가 조상들을 추적해 가면 결국 공통 조상과 만나게 된다는 것도 사실… 당신의 몸에 머리가 달려 있고, 내 책상이 나무로 만들어진 것이 사실인 것과 똑같은 의미에서 사실이다. 과학적 진리학 철학적 의심의 대상이라면 상식적인 진리들도 마찬가지이다.[14]

마찬가지로 월슨은 과학을 앎의 방식들 중 하나로 여겨 과학적 증거주의의 절대성을 받아들이지 않는다면 남는 것은 상대주의밖에 없게 될 것이라고 주장한다.[15] 윌슨은 포스트모더니스트들의 객관적 실재론 해체를 거부하는데 그 이유는 우리가 세계의 객관적 실재를 받아들이지 않는다면 세계에 대한 모든 지식들은 서로 충돌을 일으킬 수밖에 없으며 포스트모더니스트들의 언명도 스스로 반대되는 언명에 대해 우위를 지니지 않는다는 것이다.

> 그 누구도 객관적 진리가 불가능하다고 가정해서는 안 된다. 대부분의 철학자들이 그 불가능성을 인정하라고 우리를 다그칠 때에도 그렇게 해서는 안 된다.[16]

또한 객관적 진리의 불가능성을 주장하는 이들은 역설의 덫에 빠졌다고 주장한다.

> 만일 급진적 포스트모더니즘의 전제가 옳다면 내가 파악한 그의 결론이 정말로 그가 의도한 결론인지는 결코 확신할 수 없다. 역으로 내가 파악한 것이 그가 의도한 것과 동일하다면 그의 논증을 더 깊이 고려해야 할지는 분명하다.

윌슨과 도킨스는 이러한 과학 이론의 실재성과 그것의 토대가 되는 과학적 증거주의에 대한 절대적 믿음을 통해 이 세계는 과학 이론을 통해서만이 해명될 수 있으며 과학 이론이 제시하는 생명의 기원과 진화에 관한 이론, 즉 '신 다윈론'만이 인간을 포함한 모든 생명들의 제 현상을 설명하고 그 신실을 드러낼 수 있는 유일한 방법이라는 것을 주장하였다. 흄의 자연주의로부터 클리포드를 거쳐 내려온 증거주의는 윌슨과 도킨스에 이르러 더욱 강력해진 과학적 증거주의로 자리 잡게 된 것이다.[17]

2. 유전자와 진화

다윈 이후 진화론에서 가장 중요한 질문 중 하나는 자연선택과 그 선택 단위의 관계에 관한 질문이라고 할 수 있다. 자연의 선택이 진화를 추동하는 원동력이라면 선택의 단위는 진화의 원동력을 통해 변이와 변화를 겪게 될 진화의 주체라고 할 수 있기에 진화론을 설명하는 데 있어서 이러한 자연선택과 그 선택의 단위는 진화론 설명의 핵심이라 할 수 있다. 진화의 선택 단위 설정에 따라 생명체들의 사회성은 진화론적으로 다르게 설명될 수 있고 사회성이 다르게 설명된다면 자연선택이라는 개념도 다르게 정의될 수 있다. 예를 들어 러브록J. E. Lovelock과 같이 모든 생명체와 심지어 무기물들 간의 유기성을 중시하여 선택 단위를 모든 생명체들로 가정한다면 식물과 동물 그리고 동물과 동물의 유기적인 협력 관계상의 진화를 볼 수 있을 것이다. 여기서 자연선택의 초점은 범 생명survival of the pan-being이 될 것이다. 반면 종을 선택 단위로 한다면 개체들의 (주로 이타적인) 사회성은 종 안에서 종의 생존을 위해 일어나는 것으로 볼 수 있기에 자연선택은 종 간의 선택에 가장 크게 작용할 것으로 해석될 수 있을 것이다. 또한 개체를 선택 단위로 한다면 개체의 모든 사회성은 개체의 생존을 위해 나타난다고 볼 수 있기에 자연선택은 오직 개체들 하나하나의 생존에 영향을 미친다고 볼 수 있을 것이다.

지금까지 진화의 선택의 단위에 대해 학자들은 주로 개체, 종 그리고 유전자 중심의 세 가지로 정리해 왔다.

개체 선택은 다윈이 진화의 과정을 설명하며 대두된다. 다윈에 따르면 각각의 개체들은 공통의 환경 속에서 생존경쟁을 한다. 따라서 서로 다른 개체들은 공통의 환경 속에서 자신들이 가지고 있는 서로 다른 조건에 의해 조금씩 다른 생존의 확률을 나타내고 그에 따라 가장 환경에 적합한 적자the fittest만이 가장 많은 후손을 남길 수 있다고 주장함으로써 자연선택의 단위는 개체라고 주장하였다.

> 나는 자연선택이 매우 효과적으로 작용할 수 있다고 생각한다. 만약에 어떤 변이가 일어난다면, 다른 개체에 비해서 생존과 출산에서 매우 불리한 변이체는 엄격히 소멸될 것이라고 확신할 수 있다. 이렇게 유리한(적합한) 변이체는 보존되고 불리한 변이체는 도태되는 것을 나는 자연선택이라고 한다.[18]

집단선택 이론theory of group selection은 동물들의 서열과 같은 사회성을 증거로 하여 대두되었다. 윈 에드워즈V. C. Wynn-Edwards는 집단 내에서 동물 개체들은 자신의 손해를 감수하면서도 그 집단 전체의 이익을 위해 서열을 받아들이고 출생률도 조절하며 때로는 희생도 하기에 진화의 선택은 집단을 통해 이루어진다고 주장한다.[19] 이러한 입장에서 그는 동물들의 개체 수는 다윈이 말한 것과는 달리 자연선택에 의해 정해지는 것이 아니라 동물들이 자신의 번식을 조절하여 스스로 나타내는 것이라고 말한다.[20]

그러나 이러한 주장은 윌리엄스G. Williams에 의해 비판이 되는데[21] 그에 따르면 집단에 도움을 주는 생명체의 형질들은 그 집단 내에서는 쉽게 사라질 위기에 처할 것이고 그렇기에 그 형질이 집단 내에서 남는 것은 불가능하다는 것이다.

　마지막으로 윌슨과 도킨스는 과학적 증거주의에 입각하여 진화의 주체를 유전자로 보고 있다. 진화의 주체가 유전자라는 것은 진화의 과정이 생명체와 종들 간의 변이와 변형을 통해 일어나는 것이 아니라 유전자 복제의 확장 속에서 나타나는 현상이라는 것을 의미한다. 이들은 진화의 주체를 유전자로 봄으로써 다윈의 진화론에서는 해결이 힘들었던 이타주의와 같은 생물의 사회성을 더욱 더 완벽히 설명할 수 있게 되었고, 둘째로는 다양한 생명체들 간의 관계와 생명체와 환경 간의 관계를 더욱 정밀히 조망할 수 있게 되었다.

　유전의 기초적인 이론은 이미 다윈이 사용하고 있었다고 말할 수 있을 것이다. 그는 진화론에 대한 과학적 증거들을 제시하기 위해서 『종의 기원』 맨 앞 장에서 비둘기의 인공적인 변이 같은, 식물과 가축에서 나타나는 형질의 변이에 대해서 설명한다. 종자 개량을 위하여 우리가 인공적으로 동물들의 형질을 변형시킬 수 있듯이 자연 또한 형질과 더 나아가 종의 변이를 일으킬 수 있다는 것이다. 이것은 가장 기초적인 유전학에 대한 설명이라고도 할 수 있으나 다윈은 이를 포괄적으로 설명할 수 있는 관찰 기술과 이론적 틀을 가지고 있지 못하였다. 즉 농부들이 교배를 통해 더 좋은 종자를 얻어 낸다는 것은 돼지나 비둘기의 교배를 통해 얻은 형질의 개성이 다음 세대 속에서도 남아 있다는 것이다. 그런데 이는 형질을 간직하고 전달하며 또한 그 전달된 형질을 받아들일 무엇인가를 모든 동식물들이 가지고 있다는 것이지만 그 무엇인가를 관찰할 수 있는 어떠한 방법이나 기술도 다윈은 가지고 있지 못했던 것이다.

　다윈이 남긴 숙제를 이어 받은 것은 멘델이었다. 그는 강낭콩 실험을 통해 형질 변형의 전달 주체를 제안하는데 그것을 멘델은 "입자 유전

particulate inheritance"이라고 불렀다. 그 후 모건Thomas Hunt Morgan은 초파리 연구를 통해 유전 형질에 대해 연구하며 모든 유전 형질들은 독립적인 것이라기보다는 서로 얽혀 있으며 형질 전달과 습득의 주체를 유전자genes라고 불렀다. 결정적으로 왓슨과 크릭은 DNA의 이중나선 구조를 해명하고 DNA가 어떻게 유전 형질들을 전달하는지를 밝혀 내었다.

1970년대에 윌슨은 『사회생물학』에서 모든 동물의 사회성에 동일하게 적용 가능한 통일된 진화 생물학적 관점을 제시한다. 그는 『사회생물학』에서 자연선택의 단위를 "집단 선택", "개체집단 선택", "혈연 선택"으로 나누고 이를 다시 유전자 수준으로 환원시킨다. 그는, 모든 동물의 사회적 행동들은 생물학적 토대를 바탕으로 하며, 진화의 선택 단위는 개체 속의 유전자이고, 유전자를 품고 있는 개체는 임시 운반자라고 주장한다. 그는 다음과 같이 말한다.

> 다윈주의의 의미에서 볼 때 생물은 그 자신을 위해서 살고 있는 것이 아니다. 생물의 주요 기능은 결코 다른 생물을 재생산하는 것이 아니고 단지 유전자를 재생산하는 것이며, 따라서 생물은 유전자의 임시 운반자로서의 역할을 하고 있다. 유성생식으로 만들어진 생물은 각기 특유의 존재로서 그 종을 구성하는 모든 유전자를 기초로 하여 우연하게 구성된 유전자 조합이라 할 수 있다.[22]

따라서 자연선택이란 유전자 수준에서 일어나며 생존율도 유전자가 가지고 있는 능력에 의해 결정된다. 따라서 윌슨이 말하는 자연선택이란 "어떤 유전자형의 증가가 다른 유전자형의 증가보다 더 큰 속도로 증가하고 있음을 의미할 뿐이다."[23]

하지만 유전자 수준에서 선택이 일어났다는 것은 유전자를 포함하고 있는 개체 수준에서만 선택이 결정된다는 것을 의미하지는 않는다. 유전자를 싣고 가는 운반자들을 사회생물학적으로 보았을 때 동물들은 혈연을 중심으로 하여 서로 사회적 활동을 하기도 하며, 그 활동을 통해 유사한 유전자를 지닌 집단 내에서 이타성을 포함한 사회 활동이 일어나기 때문에 선택의 단위는 혈연집단과 개체군간interdemic을 중심으로 한 집단이라고도 볼 수 있다.[24] 이것은 윈-에드워즈의 집단선택론과는 구분이 된다. 왜냐하면 윌슨의 집단 선택은 유전자 수준의 선택이 집단의 선택을 통해 드러나는 것이기 때문이다. 도킨스가 윈-에드워즈를 집단선택론자로, 윌슨을 "관대한" 집단선택론자로 구분한 것도[25] 이러한 이유에서이다.

비슷한 의미에서 도킨스는 『이기적 유전자』에서 진화에서의 유전자의 의미를 더욱 적극적으로 받아들인다. 그에 의하면 진화론의 핵심은 불멸의 코드인 유전자가 진화의 주체이며 모든 생명체들은 유전자의 전달자일 뿐이라는 것이다. 도킨스가 말하는 유전자란 "충분한 세대에 걸쳐 지속되면서 자연선택의 단위로서 기능할 수 있는 염색체의 어떤 부분"[26]인데 이를 물리적으로 정의하기는 어려운 일이다. 왜냐하면 염색체는 세대를 거듭하면서 교배를 통해 지속적으로 서로 다른 염색체와 섞이기 때문에 염색체상에 존재하는 유전자의 물리적 정의를 내리는 것은 현실적으로 불가능한 일이 되기 때문이다.

여기서 도킨스가 가장 중점을 둔 것은 "지속성"과 "복제성"이다. 그는 유전자를 "맹목적인 자기 복제자"라고 말하면서 스스로의 복제물을 더 많이 만들어 내려 하며 좀 더 나은 복제 조건을 만들기 위하여 여러 형질을 만들어 내는 유전자들의 연합 속에서 지속적으로 존재하려 한다고 말한다. 또 한편으로 도킨스가 유전자를 1억년 이상 존재하는 "불멸의 코드"라고 말할 때 그는 유전자의 지속성에 대해 말하는 것이다. 유전자는 복제를 통하여 수천 세대 동안 지속된다. 따라서 복제 가능한 지속성은 유전의 주체와 비非 주체를 나누는 기본 단위인 것이다.

> 비유전적 요인이 아니고 유전적 요인이 특별한 지위를 갖는 것은 단 하나의 이유 때문이다. 유전적 요인은 스스로 자기 복제를 하지만 손상이나 모든 비유전적 요인은 자기 복제를 하지 않기 때문이다.[27]

유전자가 "이기적"이라는 말은 유전자의 윤리적 성향을 의미하지는 않는다.[28] 다만 유전자의 물리적 특성상 유전자는 복제를 그 목적으로 하는 무기물 집합체이기에 자신의 복제를 최우선으로 한다는 의미에서 "이기적"이라는 말을 붙인 것이다. 마치 소금 결정이 동일한 모양의 수많은 결정체들을 만들어 내는 것과 마찬가지로 유전자는 단지 동일한 구조를 지닌 집합체들을 만들어 내려는 물리적 성질을 지닌 것뿐이다. 단지 차이가 있다면 유전자의 복제는 소금 결정체와는 달리 완전하게 동일한 복제품을 생산해 내지 않는다는 점이다. 유전자는 유사하지만 완벽하게 동일하지는 않은 복제물을 생산함으로써 변형의 가능성을 내포하고 있고 그러한 유전자의 변형은 진화의 가장 궁극적인 동인이 된다.

서로 동일한 모유전자母遺傳子를 두고 있지만 동일하지만은 않은 유전자들은 스스로의 복제를 위해 서로 경쟁을 하게 되며 이러한 경쟁을 통해 조금 더 효율적인 복제 방식을 만들어 내기 위한 여러 가지 방법을 고안해 내는데 생물체도 그 방법 가운데 하나이다. 대부분의 DNA 정보들은 단백질을 만들어 내는 정보들이다. 단백질이 생명체를 구성하기 위한 요소들을 만들어 내는 이유는 수많은 서로 다른 유전자들이 공존했었지만 가장 복제가 용이하고 안정적이어서 다른 개체를 압도하는 유전자가 단백질을 통한 생명을 만들어 내는 유전자였기 때문이다. 그런 까닭에 현존하는 DNA는 생명체에 관한 정보들을 담고 있는 것이다.

생명체를 구성하게 된 유전자는 자신의 복제물을 양산해 낼 수 있었으나 비슷하게 생명을 구성해 낸 다른 유전자들과 동일한 환경에서 경쟁을 하게 되었고 이러한 경쟁은 진화의 동인이 되었다. 복제와 생존에 좀 더 유리한 조건을 만들어 내야만 했던 유전자는 하나의 유전자보다는 여러 다른 유전자들과 연합하였을 때 생존에 더 유리하므로 복잡한 구조를 지닌 고등 생명체로 진화된다.

이러한 의미에서 스티렐니Kim Sterelny는 도킨스가 주장하는 생명 개체를 다음과 같이 정리한다.

> 이 세상에 개체가 생겨났다는 것은 복제자를 보호하는 일과 복제자 자신의 새로운 복사본을 만드는 데 필요한 자원들을 수거하는 일을 위해 특화된 운반자가 이 세상에 출현했다는 것을 의미한다.[29]

유전자끼리의 연합은 특정한 목적을 가지고 일정한 계획하에 일어난 것이 아니다. 그것은 단지 유전자들의 복제를 위해 나타난 우연적인 사건들이다. 따라서 서로 다른 성격의 유전자들은 연합을 할 수도 또는 그렇지 않을 수도 있었다. 하지만 우연히 연합한 유전자들은 그렇지 않은 유전자보다 생존에 유리하였고 더 많은 개체를 만들어 낼 수 있었다. 한편 그 연합은 계획된 것이 아니기에 언제나 생존에 유리한 것만은 아니었다. 다만 환경과 부합하지 않는 유전자 연합은 생존경쟁에서 뒤처지게 될 뿐이다. 가령 다른 동물을 사냥하기에 적당한 날카로운 이빨 형질을 만들어 낼 유전자와 달리기에 부적당한 발모양의 형질을 만들어 내는 유전자는 서로 연합할 수 있으나 그 개체는 날카로운 이빨 유전자와 빠른 다리를 만들어낼 유전자의 연합을 통해 나타난 동물과의 경쟁에서 뒤질 수밖에 없고 그 개체는 사라질 것이다. 도태되는 생명체 속의 유전자는 복제의 기회를 잃게 된다. 따라서 가장 뛰어난 생명 개체는 그 안에서 연합하는 유전자들을 주어진 환경 속에서 가장 많이 복제할 수 있는 개체이다. 이것이 진화이다.

> 진화는 대체 가능한 자기 복제자의 생존력의 차이가 외부에 가시적인 모습으로 표현된 것이다. 유전자는 자기복제자이며 생물체나 생물체의 집단은 아무리 보아도 자기복제자라고는 생각할 수 없다. 그것들은 자기복제자가 그것에 타고 이러 저리 여행하는 운반자인 것이다. 자기복제자 선택은 어떤 자기복제자가 다른 자기복제자를 희생시키고 살아남는 과정이며 운반자 선택은 운반사가 다른 운반자보다도 그것들의 자기복제자의 생존을 보다 성공적으로 보증하는 과정이다.[30]

따라서 진화의 주체를 개체individual로 보는 것보다 유전자로 보는 것이 훨씬 유리한 설명이다. 자기복제자가 아닌 개체와 종의 변화는 유전되지 않으며 따라서 진화되지도 않는다. 이것은 라마르크 이론과 다위니즘의 차이를 보여 주는 것과 같다. 우연히 나무 틈새에 이빨이 끼어 날카로워진 사자의 형질은 다음 세대에는 아무런 영향을 주지 못한다. 다만 만일 우연히 이빨을 날카롭게 한 유전자를 지니게 된 사자와 둥그스레한 이빨을 가지게 한 유전자를 가진 사자가 생겼다면, 생존경쟁에서 유리한 것은 날카로운 이를 가진 사자이고 이 사자들은 다른 유전자를 가진 사자보다 더 많은 개체들을 남길 수 있다. 도킨스가 개체의 변화보다도 개체의 변화를 가져온 유전자의 변화를 진화의 주체로 본 것은 바로 그 인과성 때문이다. 라마르크가 본 것과 달리 개체들의 변화는 유전자의 변화를 가져오지 못해 지속되지 않지만 다윈의 주장대로 유리한 유전자 조합은 개체수의 변화를 가져오고 진화에 영향을 미친다. 그러므로 도킨스는 개체를 진화의 주체로 보려는 입장들을 비판하며 다음과 같이 말한다.

> 우리가 가장 잘 알고 있는 운반자는 우리 자신과 같은 개체의 몸이다. 그러나 몸은 자기복제자가 아니다. 그것은 운반자인 것이다. 이 점은 지금까지 오해되어 왔기 때문에 특히 강조해 준다. 운반자 그 자신은 스스로를 복제하지 못한다. 운반자는 자기를 구성하는 자기 복제자들을 증식하도록 작용한다. 자기복제자는 행동을 하지 않는다. 또한 세계를 지각하지도 못하며 먹이를 잡거나 또는 포식자로부터 도망치지도 않는다. 자기복제자는 그와 같은 모든 것을 하는 운반자를 만든다.[31]

『확장된 표현형』에서 도킨스는 유전자가 만들어 내는 효과의 두 가지 성질에 주목한다. 하나는 하나의 유전자와 그것이 발현시키는 표현형이 다른 유전자와의 관계 속에서 나타나며 또한 유전자의 표현형은 개체 안에서도 계속 되지만 개체 안에 제한되지 않고 개체를 뛰어 넘어 다른 개체에까지 영향을 미친다는 것이다. 즉 유전자는 그 유전자를 담고 있는 운반자 안에서 다른 유전자와 연합을 할 뿐만 아니라 다른 운반자까지도 자신의 복제를 위해 사용한다는 것이다. 표현형 phenotype이란 유전자의 특성들이 생물체의 환경과 결합하여 나타나는 생물체의 속성을 의미하는데 이 표현형은 서로 다른 여러 유전자들의 연합체를 통하여 자신과 대립되는 유전자에게는 상대를 희생시켜 자신에게 이롭게 하며 또는 연합하여 서로에게 이득이 되는 유전자끼리는 쌍방 모두에게 이익이 되는 방향으로 나아가게 한다. '따라서 세계는 서로 적합하도록 성공한 자기복제자의 조합, 즉 같이 잘해 나갈 수 있는 자기복제자에 의해 점점 채워진다."[32] 그런데 생물학적 의미에서 개체는 신체적으로 구별되는 한 생물체를 말하지만[33] 이 표현형은 다른 개체들에게까지 확장되어 영향을 미치어 자신이 숙주로 삼고 있는 생물들의 성 비율을 조작하기도 하고 기생충의 생존을 위해 숙주의 행동 패턴을 바꾸기도 한다.

3. 후성규칙과 밈

과학사적 관점에서 볼 때 윌슨과 도킨스의 가장 큰 공헌은 진화생물학과 인간의 사회성을 연계하는 일관된 증거주의적 관점을 제시한 것이라고 볼 수 있을 것이다. 그들은 인간의 사회성을 설명하기 위해 진화생물학이 넘어야 할 장벽들을 그동안의 진화생물학적 증거들을 종합하여 극복해 나가며 인간 사회성에 대한 유전자 환원주의적 입장을 취한다.

윌슨과 도킨스가 생각한 진화생물학의 영역은 단순히 생물들의 개체나 군집의 구조와 기능을 탐구하는 것이 아닌 그것을 넘어 그간 다른 영역으로 여겨졌던 사회성까지도 포함한다. 여기서 핵심적인 질문은 인간의 사회성을 유전자를 주체로 한 진화생물학의 역사 속으로 편입시킬 수 있을 것인가였는데 윌슨과 도킨스는 앞에서 언급한 헤밀턴의 '포괄 적응도 Inclusive Fitness'와 트리버스의 '상호 이타성 reciprocal altruism' 이론을 적극적으로 수용하여 가장 큰 걸림돌이 되었던 이타성의 문제를 해결하고, 사회성이 유전자 진화를 토대로 하여 발전되었다고 본다.

하지만 문화가 사회성을 바탕으로 하였는가에 대해서 이들은 상반된 입장을 취한다. 윌슨을 포함한 전통적인 사회생물학적 입장에서는 사회성이 유전자에 토대하였듯이 문화는 사회성에 토대하여 결국 문화도 유전자로 환원이 된다고 보지만, 도킨스는 문화는 사회성으로 환원되지 않는 스스로의 독립적인 복제 체계가 있으므로 문화는 사회성으로도 또한 유전자로도 환원 가능하지 않다고 말함으로써 유전자 - 사회성 - 문화라는 등식은 성립되지 않는다고 보았다. 따라서 윌슨에게는 문화는 사회성과 비슷한 의미로 사용되지만 도킨스에게는 다른 의미로 사용된다.

윌슨은 『사회생물학』의 6장부터 16장까지 의사소통, 공격성, 순위, 계급과 같은 동물의 사회성에 대한 규범들을 정리하고 17장부터 25장까지는 그 규범에 의해 동물들을 분류한다. 마지막으로 26장에서는 인간의 사회성을 동물들의 분류 범주 아래서 설명한다. 문화와 유전자 간의 관계에 대해 윌슨이 내린 결론은 다음과 같다.

나의 주장의 요점은 이렇다. 인간은 행동과 사회구조를 획득하는 성향을 유전에 의해 물려받는데 이 성향은 말하자면 대개의 사람이 공유하는 이른바 인간의 본성을 가리킨다. 인간의 특성에는 남녀 간의 분업, 부모 자식 간의 유대, 가까운 친척에 대해 나타내는 고도의 이타성, 근친상간 기피, 기타 윤리적 행동들, 이방인에 대한 의심, 부족주의 집단 내의 순위제, 남성 지배, 제한된 자원을 둘러싼 터 공격이 포함된다. 사람들은 비록 자유의지를 갖고 여러 가지 방향으로 나갈 수 있는 선택을 행사하지만 여기에 관계되는 심리학적 발달의 경로는 비록 우리 자신이 아무리 다른 길로 가고자 발버둥친다 해도 우리의 유전자들에 의해 다른 쪽보다는 어떤 일정한 방향으로 명확하게 트여져 있다. 따라서 여러 가지 문화가 아무리 다

양하다 해도 이러한 특성을 향해 부득이 수렴되는 것이다.³⁴

인간이 가지고 있는 사회성과 문화의 양태는 다양하고 복잡하지만 궁극적으로는 유전자의 자기복제를 향한 물리적 특성들이 잘 나타날 수 있도록 하는 방향으로 정초되어 있다는 것이 윌슨의 주장이다. 인간의 문화나 사회성은 인간 마음의 산물이고 마음은 뇌의 산물이며 뇌는 오랜 시간 지속되어 온 유전자의 진화의 산물이라고 할 수 있기에 결국 문화와 사회성은 유전자 진화의 궤도를 벗어날 수 없다는 것이다.³⁵ "문화의 단위가 의미 기억의 연결점과 그것의 뇌 활동 상응물"³⁶이며 뇌가 진화 속에서 유전자의 생존을 위해 조립된 하나의 "기계"이므로³⁷ "문화는 유전자로부터 발흥하며 유전자의 검인을 영원히 간직한다는 것이다.³⁸

진화는 자연선택이 동시간대의 개체수의 변화를 가져옴으로써 일어난다. 일정한 방향이 없이 여러 다른 형질들을 가진 개체들이 동시에 존재할 때 동일한 환경 속에서 더 많은 개체들을 존속하게 할 수 있는 유전자를 지닌 개체들은 더 많은 개체들을 남기게 되고 살아남은 개체들은 일정한 유전 형질들을 더욱 많이 남기게 된다. 그런데 일정한 형질들은 개체에 물리적 흔적만 남기는 것이 아니라 문화와 사회성에도 일정한 흔적을 남기게 되어 결국은 유전자의 진화는 문화의 진화를 낳는 결과를 가져온다.³⁹ 이것을 윌슨은 "유전자 - 문화 공진화"라고 부르며 유전자와 문화의 연계를 후성규칙(後成規則, epigenetic rules)이라는 개념을 사용하여 설명한다.

후성규칙이란 문화를 형성해 나가기 위한 물리적 토대들이 유전자에 의해 정초되었고 유전자의 잠재성은 환경과의 상호 작용을 통해 구체적으로 발현되는 것을 말한다. 그는 이 과정을 두 가지로 설명한다.

첫째, 감각 기관에서 자극들을 거르고 암호화하는 데에서부터 시작하여 두뇌가 그 자극들을 지각하도록 하는 자동 과정들.

둘째, 지각, 기억, 감정의 파편들을 끌어들여 우리 마음이 특정 모방자는 선택하되 다른 것들은 배척하게끔 만든다.⁴⁰

후성규칙을 뒷받침하는 증거들을 그는 『통섭』과 『인간의 본성』에서 많은 부분을 할애하며 다음과 같이 제시한다. 첫째는, 인간의 표현 언어들의 유사성이다. 인간의 기본 감정들을 드러내는 표정들은 모든 인간에게 공통된 형질과 같으며 언어 자체도 인간의 발성 구조의 유사성에 의해 틀지어져 있다.⁴¹ 우리는 처음 보는 다른 문화권 사람들의 얼굴 표정을 보더라도 쉽게 그 사람들의 감정을 읽어 낼 수 있다. 이러한 표현 언어 사용의 보편성은 후성규칙을 나타내는 증거이다. 둘째는, 인간이 사용하는 어휘들이다. 예를 들어 색깔은 모두 2,036개가 될 수 있지만 이를 나타내는 어휘들은 모든 언어 사용권에 보편적으로 22개 정도가 된다. 이 어휘들은 후성규칙들에 의해 산출된 결과라고 볼 수 있는데 그 이유는 색깔을 인식할 수 있고 표현해 내는 방식이 생리학적으로 일정한 방향으로 우리에게 주어졌기 때문이다. 마지막으로 윌슨은 동물들의 사회생물학적 행동 양식을 제시한다. 그는 인간의 사회성, 즉 "남녀 간의 분업, 부모 자식 간의 유대, 가까운 친척에 대해 나타나는 고도의 이타성, 근친상간 기피, 기타 윤리적 행동들, 이방인에 대한 의심, 부족주의 집단 내 순위제, 남성 지배, 그리고 제한된 자원을 둘러싼 터 공격"을 분석하며 이러한 인간의 사회적 행동들은 모두 유전자의 자기 복제를 용이하게 하기 위한 방식들의 부산물들이고 따라서 후성규칙을 드러내는 증거가 될 수 있다고 한다. 이러한 이유에서,

인간의 정신은 경험을 통해 선과 점으로 뒤엉킨 그림들이 그려지는 백지가 아니다. 그것은 여러 대안 중에 어떤 특정한 대안에 먼저 다가가서 본

능적으로 특정한 하나를 선택하고 유아에서 어른으로 자동적으로 점진적으로 변화하도록 정해진 신축적인 계획표에 따라 육체한테 어떤 행동을 하라고 촉구하는 주변 환경을 빈틈없이 경계하는 탐색자, 즉 자치적 의사결정 기구로 기술하는 편이 더 정확하다.[42]

보통 철학자들은 정신을 자연을 비롯한 모든 것으로부터 자유로운 인간만의 고유한 활동으로서 타자가 아닌 스스로에게만 복종하는 주체적 의지意志 활동을 가능하게 할 수 있는 존재론적 토대로 보았고[43] 문화는 집단정신이 만들어 낸 창조물로 보았으나 윌슨은 이와는 반대로 이해하고 있는 것이다. 정신도 문화도 자연으로부터 자유롭지 않으며 오히려 유전자라는 물질의 물리적 성질에 의해 나타난 부산물이라는 것이다. 결국 윌슨은 "정신이 인간의 생존과 번식을 위한 장치이며 이성은 그 장치의 다양한 기능 중 하나일 뿐"[44]이라는 환원주의적 결론에 도달한다.

도킨스도 문화의 기원은 진화에 있다고 본다. DNA는 자신을 담는 기계인 신체를 만들었고, 신체는 자신의 일부로부터 자신을 제어하는 뇌를 진화시켰으며, 뇌는 언어와 문화적 전통을 만들어 다른 뇌와 소통하여 신체와 궁극적으로는 DNA의 복제를 용이하게 하였다. 그것이 문화의 기원이다.[45] 하지만 그 이후 DNA로부터 출발한 문화는 스스로의 복제를 위해 존재하기 시작하였다. 스스로를 위해 스스로 존재하기 시작한 문화는 유전자와는 물리적 상관관계 없이 유비적 공통점만을 지닌다. 도킨스는 진화의 주체인 유전자의 두 특징인 "복제성"과 "지속성"을 문화에서도 발견하고 이를 유전자와 문화의 유비적 공통분모로 삼았고 밈meme이라는 말을 문화에 덧붙인다. 밈이라는 말은 모방이라는 뜻을 지닌 mimeme이라는 말을 유전자를 의미하는 gene과 비슷한 음절로 고쳐 나온 말이다.[46] 따라서 이 말의 어의는 '스스로 복제가 가능한 문화 복제자'이다.

유전자와 유비를 이루는 밈은 19세기 스펜서Herbert Spencer와 같은 사회진화론자들로부터 시작하여 진화론을 인간의 문화에 적용하려는 시도들의 연장선상에 있다고 할 수 있다. 켐벨Donald T. Campell은 1960년대 문화 복제자라는 개념을 사용하였고 '기억소'라는 용어도 사용하였다. 밈과 비슷한 용어인 '문화 유전자culturegen'는 북미 사회학계에서 널리 사용되는 사회학 용어인데[47] 도킨스는 문화를 유전자에 직접 유비시키며 세 가지 공통점을 제시한다.

첫째, 도킨스에 의하면 유전자가 자기 복제자이듯 문화 또한 자신을 복제해 나가는 성질을 가졌다. 유전자가 자신을 담고 있는 개체의 번식을 통하여 복제를 해 나간다면 밈은 뇌 속에 살고 있는 정보의 단위로서 웃음, 음악, 시각적 이미지, 옷 스타일과 같은 자신의 표현형을 뇌를 통해 밖으로 표출해 나간다.[48]

> 밈의 예에는 곡조나 사상, 표어, 의복과 양식, 단지 만드는 법, 또는 아치 건조법 능이 있다. 유전자가 유전자 풀 내에서 번식하는데 정자나 난자를 운반체로 하여 몸에서 몸으로 뛰어넘는 것과 같이 밈이 밈 풀 내에서 번식할 때에는 넓은 의미로 모방이라고 할 수 있는 과정을 매개로 하여 뇌에서 뇌로 건너다니는 것이다. 만약 과학자가 좋은 생각을 듣거나 읽거나 하면 그는 동료나 학생에게 그것을 전할 것이다. 그는 논문이나 강연에서도 그것을 언급할 것이다. 이처럼 그 생각을 잘 이해하면 뇌에서 뇌로 퍼져 자기 복제한다고 말할 수 있다.[49]

둘째, 유전자와 마찬가지로 밈은 자신의 복제와 지속을 위해서 다른 밈들과 경쟁을 하며 경쟁에서 승리한 밈들은 경쟁에서 승리한 유전자들과 마찬가지로 세 가지 공통된 특성을 가지고 있다고 주장한다. 경쟁에서 승리하는 밈들은 '장수'하며 '다량의 복제'를 남기고 또한 그 복제들은 '원본과 일치'한다.[50] 밈 사이의 경쟁은 다양하게 나타나는데 노래끼리의 경쟁은 TV 프로그램과 음반시장에서 그리고 패션이라는 밈들의 경쟁은 백화점 진열대에서 그리고 잡지에서 일어난다. 예를 들어 한 번 들은 노래인 A의 곡을 되풀이하여 계속 듣고 부르며 그 노래를 다른 사람이 듣고 따라한다면 다른 노래 B에 대해 A는 우위를 선점한 것이다. A곡은 B곡에 비해 장수하고 많은 사람들의 뇌에 각인됨으로써 더욱 다량으로 복제될 수 있다. 물론 유전자에 비해 밈은 대단히 많은 돌연변이를 낳지만 작은 변이들이 있음에도 불구하고 하나의 밈이 가지고 있는 궁극적 목적과 핵심은 그대로 복제되어 전달된다고 도킨스는 말한다.[51]

셋째, 밈은 진화한다. 앞에서 살펴본 바대로 유전자들은 생존의 경쟁에서 우위를 차지하고자 다양한 전략을 구사하는데 그 중 하나는 다른 유전자들에 비해 자신의 복제를 유리하게 하고자 서로 연합하여 다양한 형질을 지닌 고등동물이 됨으로써 진화를 가져오는 것과 마찬가지로 밈은 서로 다른 밈들과 연합하여 자신의 생존 확률을 높인다. 예를 들면 종교 음악과 종교 건축은 함께 발전하는데 교회 건축은 교회 음악을 잘 전달할 수 있도록 건축되며 교회 음악은 교회 건축물의 아름다움을 더욱 잘 드러내도록 해준다. 양자가 독립적으로 복제되는 것보다 서로 연합하였을 때 더욱 성공적인 복제가 되는 예이다.

그러나 도킨스는 밈과 유전자 사이를 유비적 관계로만 보고 유전자에 대한 밈의 독립성을 강조함으로써 윌슨과 구분된다. 도킨스는 동물의 사회성을 유전자로 환원시켰고 그 증거들을 관찰을 통해 제시할 수 있었으나 문화에 대해서는 문화가 유전자로 환원될 수 없다고 주장한다. 즉 밈과 유전자는 독립적이라는 것이다.

밈이 스스로의 복제만을 관심에 두고 있다는 도킨스의 주장은 복잡 다양한 밈을 유전자로 환원시킬 때 발생하는 어려움 때문일 것이다. 윌슨을 비롯한 사회생물학자들과는 달리 수없이 많은 밈들, 특히나 자살이나 순교를 강조하는 종교적 밈들은 유전자의 자기복제를 돕는 역할을 전혀 하고 있지 않음에도 끊임없이 자기복제를 계속해 나가고 있고, 이러한 밈의 자기복제는 유전자의 복제와는 아무런 관계도 없다는 것이다.[52] 그는 다음과 같이 말한다.

> 어느 밈은 스스로의 복제를 위한 기회와 표현형 효과를 갖고 있으며 밈의 성공이 무엇이 되었든 유전적 성공과 어떤 연관을 갖고 있지 않으면 안 된다는 이유는 아무 곳에도 없다.[53]

4. 종교

윌슨과 도킨스가 이해한 종교는 앞에서 밝힌 그들의 문화 이해의 연장선상에 있다. 그들 모두에게 종교는 스스로의 독립적인 존재 토대를 가지고 있는 것이 아닌 문화의 한 양상이기 때문이다. 따라서 그들의 문화 이해는 종교에 그대로 적용된다.

종교는 진화생물학으로 다루기에는 대단히 까다로운 문화의 한 양상이라고 생각할 수 있다. 그 이유는 첫째로는 인간의 다른 문화적 행동들과는 달리 종교와 동물들의 행위 패턴을 직접 연계하여 설명하는 것은 불가능해 보이며 종교 행위의 진화생물학적 토대는 없어 보이기 때문이다. 종교를 진화생물학적으로 설명하기 위해서는 종교의 형태가 최소한 인간과 진화 계통을 공유하고 있는 다른 영장류 집단 내에서도 관찰이 가능하여 다른 영장류들이 가지고 있는 종교의 생물학적 의미를 인간에게도 적용시킬 수 있어야 하지만 종교는 오직 인간에게서만 발견되는 문화의 양상이다.

둘째로는 종교 규칙들의 심층은 즉각적으로 드러나지 않기 때문이다. 즉, 최소한 겉으로 드러난 종교 규칙들은 자기희생을 대단히 강조하고 있으므로 유전자의 복제와는 아무런 관계가 없어 보이기 때문이다.[54] 그러나 그럼에도 불구하고 윌슨이 볼 때 종교는 너무나 분명히 사회생물학의 한 분과인데 그 이유는 우리의 예상과는 달리 "종교 행위들을 유전적 이득과 진화적 변화라는 이차원상에서 측량할 수 있다고 믿기 때문이다."[55] 즉, 종교는 유전자 진화의 역사 속에서 나타나는 문화 현상임이 분명하다. 이러한 가실을 증명하기 위해 그는 종교에 대한 문화인류학적 탐구들을 인용한다. 문화인류학적으로 종교 행위들은 그 토대가 유전자의 생존을 강화시키는 방향으로 나아갔기 때문이다. 예를 들어 종교적 의례들은 원시 사회의 의사소통을 원활하게 하고 위계질서를 정례화하여 그 집단의 생존율을 높이려는 동기가 숨겨져 있고 주술은 한 사회의 결단과 통합에 기여한다. 이렇게 집단은 종교를 통하여 개인들의 봉사를 얻게 되고 개인은 매일 겪는 혼란 가운데서 자신감을 얻으며 삶의 목표를 얻게 된다. 즉 종교를 통하여 부족 구성원들의 다원주의적 적합성은 최고가 된다.[56] 따라서 종교는 부족주의가 가지고 있는 특성들을 그대로 가지고 있다. 종교의 배타성과 편협성은 부족주의의 자기 우월성에 근거한 것이다.[57]

부족주의에 근거한 문화의 일종인 종교, 특히나 유일신론을 토대로 한 기독교에 대해 윌슨은 결코 호의적인 눈길을 보내지 않는다. 유전자의 복제를 위한 동물들의 행위와는 달리 종교(기독교)는 비록 유전자 복제의 연속선상에 있을지라도 그 파괴력의 파급 효과는 상상을 초월하기 때문이다. 역사적으로 볼 때 군사적 충돌과 식민지 개척 그리고 노예사냥, 십자군 전쟁과 같은 잔혹한 행위들이 종교의 이름하에 자행되었으며 현대에 들어서는 타인과 자연의 고통을 소홀히 여길 수 있는 이데올로기적 바탕이 바로 기독교이다.

도킨스는 윌슨과 마찬가지로 종교에 대한 비판의 눈길을 감추지 않지만 종교의 존재 이유에 대한 설명의 방향은 윌슨과 다르다. 그가 보기에 종교의 기원은 진화론적으로 충분히 설명 가능하다. 필요없어 보이는 공작의 꼬리가 실은 진화의 산물인 것처럼 종교도 진화의 산물이라기에는 지나치게 사치한 행위들을 많이 포함하고 있기는 하지만, 종교적 욕구를 충동질한 자연선택의 압력들이 무엇인지를 다윈주의는 제시할 수 있기 때문이다.[58] 도킨스가 말하는 종교란 특정한 밈의 일종이지만 바이러스와 같아서 스스로 생장하고 번식하며 생존과 번영을 가로막고 있는 나쁜 밈이다. 그는 『이기적 유전자』(1976)의 "밈" 장에서 종교를 밈의 하나라고 보며 종교적 밈에 대한 비판적인 입장을 취하고 있고 이를 확대하여 『눈먼 시계공』(1986)에서는 종교론 특히나 이 세상이 신에 의해 창조되었다는 유신론적 기획 논증에 대한 비판을 하고 있다. 마지막으로 『만들어진 신』(2007)에서는 『눈먼 시계공』에서 다루고 있는 기획 논증 비판을 비롯하여 종교 전반에 대한 신랄한 비판을 하고 있다.

종교의 기원에 대해 도킨스는 생물학적 진화의 주체에 대한 논쟁에서와 마찬가지로 집단 선택 이론에 대한 비판을 하며 부산물로서의 종교의 기원론을 내놓는다. 진화의 주체를 집단으로 보는 D. S. 윌슨과 같은 이들은 종교도 집단선택으로 이해한다. 가령 호전적 신을 섬기는 부족은 종교가 없는 부족과 비교했을 때 전쟁에서 더 큰 힘을 발휘하므로 종교는 부족의 생존에 영향을 미친다는 것이다. 하지만 이러한 모델은 내부의 배신자에게 취약하다는 것이 도킨스의 비판이다. 신을 믿어 호전적 성향을 지닌 99명의 부족민은 전쟁에 열심히 참여를 하지만 1명의 배신자 부족민은 전쟁에서 뒤로 도망을 다닌다면 결국 언제나 생존할 확률은 99명이 아니라 1명이고 시간이 지남에 따라 배신을 잘 하는 형질을 지닌 부족민은 그렇지 않은 이들보다 더 높은 생존율을 지니기에 종교의 집단선택은 번식에 유리하지 않다는 것이다.

도킨스가 생각하는 종교는 나방이 불로 뛰어드는 것과 같은 종류의 부산물이다. 나방들은 별빛을 보고 방향을 잡는데 모닥불로 뛰어드는 이유는 별빛으로 착각하기 때문이다. 나방이 모닥불로 날아가는 것은 별빛을 방향타로 결정하는 나방의 성향의 부산물인 것과 마찬가지로 종교도 "빗나간 것, 다른 상황에서는 유용한 혹은 과거에는 유용했던 심리적 성향의 불운한 부산물"일 뿐이다.[59] 종교는 무엇의 부산물인가에 대해서 도킨스는 어른이나 권위를 가진 사람의 말을 잘 듣는 이들은 그렇지 않은 사람들보다 생존할 확률이 높기에 종교는 권위에 복종하는 것이 생존에 좋다는 명제의 부산물이라고 주장한다. 즉, 부모나 부족의 어른들이 말하는 바, 먹어 본 적이 없는 붉은 열매를 먹어서는 안 되며 악어가 많은 물가에서는 놀지 말라는 권위에 복종하는 것이 생존에 유리하기에, 그러므로 거의 모든 종류의 권위에는 복종하는 것이 옳다고 여기기에 어떠한 종류의 명령이나 권고도 그대로 믿고 따르게 되어 있다는 것이고, 이것이 종교의 기원이라는 것이다. 종교는 대부분 성직자와 같은 높은 권위를 통해 자신의 교리와 이야기를 사람들에게 전달하기 때문이다. 전달되기 시작한 종교는 스스로 복제를 계속하는 밈이 된다.

종교적 밈들은 초기 단계에서는 영원히 살고 싶거나, 사후의 복락과 같은 인간 심리에 호소하는 보편적인 특성에 힘입어 살아남지만, 시간이 지남에 따라 조직을 갖추면서 예술과 같은 다른 문화적 밈들과 결합하여 스스로의 발전 형태를 지니게 된다. 그 발전 형태는 개체들의 생존 방식과 밀접히 연결되어 있는데 육식을 주로 하는 지역인 중동과 유럽에서는 이슬람이나 기독교와 같은 밈과, 채식을 위주로 하는 지역에서는 불교와 같은 밈들과 결합을 한다.

하지만 이러한 종교적 밈의 발전에 대해 도킨스는 윌슨과 같이 비판적이다. 도킨스가 종교에 대해 비판적인 가장 큰 이유는 종교 인식론이 그의 인식론적 진리 판단 기준들에 미달되기 때문이며 종교는 진리가 아닌 지식을 양산해 인류에 나쁜 영향을 미치고 있기 때문이다. 다시 말해 종교가 밝히고 있는 종교적 지식들은 모두 도킨스의 진리 기준에 부합하지 않으며 윌슨의 지적과 마찬가지로 종교가 가져오는 나쁜 결과들의 예는 셀 수도 없이 많기 때문이라는 것이다. 앞에서 밝힌 대로 도킨스가 가지고 있는 과학 이론은 자연에 실재하는 것이다. 관찰 가능한 객관적 증거를 토대로 하는 과학 이론이야말로 진리를 밝혀 낼 수 있는 유일한 방법이고 더 나아가 진리 그 자체이기도 하다. 다른 말로 하자면 하나의 명제가 진리인 것을 어떻게 증명하는가에 대해 도킨스의 답은 객관적 증거를 제시할 수 있는가에 따라 진리와 거짓은 나뉜다는 것이다.

> (종교인들과는) 대조적으로 과학자인 내가 믿는 것(예를 들어 진화)은 신성한 책에서 읽었기 때문이 아니라 증거를 연구했기 때문에 믿는 것이다. … 우리는 증거가 진화를 뒷받침하기 때문에 진화를 믿으며, 그것을 반증하는 새 증거가 나오면 단번에 그것을 버릴 것이다.[60]

이러한 객관적 증거를 제시하여 진리를 드러내는 과학과는 대조적으로, 종교는 거짓이며 더 나아가 진리 탐구를 방해한다고 도킨스는 믿는다. "그것(종교)이 과학적 탐구심을 적극적으로 꺾는다. 그것은 우리에게 마음을 바꾸지 말고 알아낼 수 있는 것들을 알려고 하지 말라고 가르친다. 그것은 과학을 전복시키고 지성을 부패시키며"[61] 또한 종교는 진리 논거의 핵심인 증거를 무시하는 '믿음'을 확산시킨다. 도킨스의 입장에서 볼 때 '믿음'은 기독교의 핵심 교리들을 정당화시키는 가장 중요한 기독교 인식론의 핵심인데, 이 믿음은 증거를 가지고 있지 않으면서도 스스로를 정당화하려 한다. 믿음은 "보이지 않는 것들의 증거(요한복음 3:12)"가 될 수 없다. 왜냐하면 "보이지 않는 것들을" 증명하기 위한 증거들은 관찰 가능해야 하는데 믿음은 그것 자체가 관찰 가능하지 않기 때문이다. 증거는 관찰되어야 하고 모두에게 동일한 객관성을 지녀야 하지만 믿음은 이 두 가지 인식론적 기준에 부합하지 않는다.

그는 종교를 옹호하는 논증들이 모두 합리적이지 않음을 보여 주려 한다. 그가 보기에 종교를 변증하려는 시도들은 크게 두 가지인데 하나는 결과적 변증들이고 또 하나는 논리적 변증들이다. 결과적 변증들이란 종교의 여러 가지 순기능 혹은 종교인들의 순기능을 의미하며, 논리적 변증들이란 기독교 초기부터 계속되어 온 목적론적·존재론적 신 존재 증명과 같은 종교 혹은 신 존재의 논리적 필연성을 근거로 논하는 변증들이다.

결과적 변증들은 주로 보수적인 기독교인들이 기독교를 변증하기 위해 활용하는 방법이다. 보수적 기독교 변증가들은 대중적으로 잘 알려진 과학자들이나 위인들이 기독교인이었다는 사실들을 알리는 것과, 종교가 실제로 우리에게 도움이 되었다는 것을 알리는 것으로써 종교를 변증한다. 전자로 자주 등장하는 인물들은 아인슈타인 같은 과학자, 토마스 제퍼슨 같은 미국의 국부들이고, 후자의 예로 자주 나오는 것은 종교가 역사적으로 설명, 훈계, 위로, 영감의 네 가지 순기능을 통해 인류가 필요로 하는 것들을 충족시켜 주었다는 예들이다.

하지만 도킨스는 이러한 두 가지 변증 모두를 거부한다. 결과적 변증들을 먼저 보자면 기독교인들이 제시하는 아인슈타인이나 토머스 제퍼슨, 벤저민 프랭클린과 같은 미국의 국부들은 대부분 기독교인이 아닌 세속주의자 혹은 자연신교도였다는 것이다. 도킨스에 의하면 종교가 주는 순기능들도 따지고 보면 그리 설득력이 있어 보이지 않는다. 기도가 치유를 해 준다는 것도 증명되지는 않으며 만일 신이 없다면 신의 부재로 우리에게 생길 수 있는 여러 가지 심리적 문제들을 의미하는, 도킨스가 "신이 만든 틈새"라고 부른 종교의 역할도 실은 현대과학이 모두 대체할 수 있는 것이기 때문이다.

기독교인들은 신이 우리에게 훈계, 즉 도덕적 의무의 규범을 준다고 하지만 "도덕적 시험에 사람들이 반응하는 방식과 그 이유를 명확히 표현하는 능력의 부족은 그들이 종교 신앙을 지니고 있느냐의 여부와 대체로 무관해 보인다"는 것이 도킨스의 주장이다.[62] 우리는 종교 없이도 충분히 도덕적인 삶을 살 수 있다. 우리의 도덕적 삶은 진화생물학적으로 보장이 되는데 이유는 우리의 도덕적 판단을 추진하는, 수백만 년에 걸쳐 진화한 마음의 능력 중 하나인, 일종의 보편 도덕 문법이기 때문이다.[63] 도킨스에 의하면 도덕은 초월적인 존재 근거를 가지고 있는 것이 아닌 지극히 생물학적이고 물질적인 근거에 토대하기에 종교 없이도 우리는 충분히 도덕적일 수 있다. 오히려 종교는 우리의 도덕을 무력화하고 더 나아가 악한 행위들을 정당화하는 데 종종 활용되지만 무신론은 인간을 악하게 만들거나 전쟁과 같은 행위들을 정당화하지는 않는다는 것이다.

위로와 영감은 종교가 주는 또 하나의 순기능이라고 변증론자들은 주장하지만 이러한 종류의 신은 신학이 아니라 진화심리학적으로 더 잘 해명된다. 위로자나 상담자 역할을 하는 신은 유아기부터 상상 속에서만 존재하던 어떤 것이 심리적 유형 변화를 통해 발전한 것이기 때문이다. 그러한 존재는 그저 상상 속에서 존재한다고 할 수 있으며 따라서 상상의 부산물일 뿐이다. 또한 과학은 우리의 예술적 영감이나 생명의 놀라움을 더욱 배가시켜 주어 우리의 상상력을 한 차원 더 높은 곳으로 인도한다. 그러므로 우리는 종교가 없이도 놀라운 세계에 대한 경이와 감탄 그리고 예술적 영감을 가질 수 있다고 도킨스는 주장한다.

마지막으로 그는 종교의 순기능 중 하나인 우주에 대한 설명이 더 이상 종교에 의해서가 아닌 과학에 의해서 이루어진다고 주장한다. 이것은 종교에 대한 논리적 변증에 대한 그의 비판으로 이어진다. 그는 종교의 논리적 변증을 유신론적 종교 변증으로 제한하며 크게 우주론적 논증, 존재론적 논증, 체험 논증, 미학 논증 그리고 경전 논증으로 나누어 비판을 한다. 존재론적 논증에 대해서는 더 이상 상상할 수 없는 최고의 것은 존재해야만 한다는 안셀름의 존재론적 증명이 현실 세계로부터 얻은 자료는 전혀 제시하지 않으며 '존재'를 완전함의 지표로 모호하게 사용했기에 설득력이 없다고 본다. 체험 논증은 개인적인 경험들이 우리를 종교로 이끈다고 하지만 이것은 너무나 주관적인 판단에 의지하며, 미학적 논증에 대해서는 아름다움은 신을 전제하지 않고도 충분히 생각해 볼 수 있는 것이라고 말한다. 성서적 논증은 성서가 신에 대해 증거할지라도 성서 자체가 객관적이지 않은 역사적인 산물이기에 성서적 논증에 토대한 지식들은 신뢰할 수 없는 논증이라고 비판한다. 마지막으로 도킨스가 가장 주의 깊게 살피고 있는 종교 변증은 우주론적 논증이다. 그가 우주론적 논증에 집중하고 있는 이유는 종교 변증 중 우주론적 논증이 현실로부터 도출된 증거를 토대로 하고 있기 때문에 자연과학적 관점과 대화가 가능한 유일한 변증법이기 때문이다.

우주론적 논증은 아퀴나스의 『신학대전Summa Theologae』 이후로 페일리의 『자연신학Natural Theology』을 거쳐 오늘날의 지적 설계론으로까지 발전하였는데, 사실 이들의 논의는 다음과 같은 다윈의 언급으로부터 시작했다고도 볼 수 있다. "수많은 연속적인 작은 변화에 의해서 형성될 수 없는 어떤 복잡한 기관이 존재한다는 것이 보여질 수 있다면, 나의 이론은 절대적으로 깨어지고 말 것이다." [64]

"작은 변화에 의해 형성될 수 없는 어떤 복잡한 기관", 즉 진화론으로 환원 불가능함에 대한 논리적 추론은 다음과 같은 과정을 거쳐 나왔다고 볼 수 있다.

1. 인간은 생명의 출현뿐만이 아니라 모든 생명계의 다양성에 대해 설명해야 한다.
2. 생명의 출현이나 생명계의 다양성은 너무나 복잡하기에 도무지 환원될 수 없는 차원으로까지 올라갈 수 있다.
3. 진화론을 비롯한 모든 물리적 생물학적 법칙들은 이 환원 불가능한 현상들을 설명할 수 없고 이것들을 설명할 수 있는 유일한 방법은 이것들을 존재하게 한 신이 존재할 수밖에 없다는 것이다.

대표적인 지적 설계론자인 베히Michael Behe와 뎀스키Wiliam Dembski는 동물 신체의 기관들은 대단히 복잡하기에 도저히 환원될 수 없다고 생각하여 단순한 물질로부터 고등화된 동물로의 진화하는 것은 마치 산 아래서 높은 산등성이를 바라보는 것과 같다고 말한다. 베히가 정의하는 환원 불가능성은 다음과 같다.

> 환원 불가능한 복잡성을 가지는 시스템을, 쥐덫과 같이 "여러 개의 부속들이 조화롭게 상호작용하며 기본 기능을 수행하되 여기에서 어느 하나의 부속만 빠지더라도 그 기능을 멈추게 되는 단일 시스템"으로 정의한다. 이러한 시스템은 이보다 먼저 존재했던 시스템으로부터 연속적인 조그만 변화를 통해서 얻어질 수 없다.[65]

생물의 기관 하나하나는 마치 쥐덫의 부품들과 같이 너무나 분명하게 그 목적을 가지고 있기에 그 중 하나라도 없이는 전체가 작동하지 않기에 단순한 무목적적 진화로는 설명이 불가능하다는 것이다.

이에 대한 도킨스의 반박은 두 가지이다. 첫째, 환원 불가능한 복잡성이란 없다. 둘째, 생명의 발생 문제는 대단히 어려운 문제임이 분명하지만 신을 끌어들이는 것은 문제를 더욱 어렵게만 만들 뿐이다. 신은 생명의 발생보다도 더 복잡하고 어려운 가정이기 때문이다. 페일리는 이 세계는 시계와 같고 신은 시계를 만든 시계공과 같아서 오늘날의 시계와 같은 정밀하고 복잡한 세계는 일정한 목적을 가지고 시계를 설계한 신에 의해서만 존재할 수 있다고 하였다. 그러나 도킨스는 이 세계의 복잡성은 시계공과 같은 설계자가 아니라 어떠한 목적도 가지고 있지 않으며 임의로 자연계를 움직일 수 없는 장님의 소산일 것이라고 『눈먼 시계공』에서 말한다.

도킨스가 환원 불가능한 복잡성이란 없다고 말하는 것은 그가 '점진적'이고 '누진적'인 진화를 이야기하고 있기 때문이다. 당과 인산 같은 DNA를 구성하는 기본 물질들이 한 번에 영장류로 변화하는 것이 아니라 오랜 시간의 자연선택을 거쳐 생존에 가장 적합한 구조를 지닌 개체들이 살아남게 되고 그 살아남은 개체들을 영장류라고 부른다는 것이다. 자연선택은 한 세대에 일어나는 일이 아니고 수만 세대를 거치면서 일어나는 사건들인데 각각의 세대들은 처음부터 진화를 시작하는 것이 아닌 누적적으로 일어나기에 진화의 확률은 비누적적일 때보다 훨씬 높아진다. 그는 이것을 바이오모프라는 위치상의 변이가 조금씩 가능한 여러 모형을 만들어 내는 프로그램을 이용하여 단순한 형태의 도형으로부터 다양한 형태의 동물들을 그려 냄으로써 증명한다.

5. 결론

윌슨과 도킨스는 과학적 증거주의를 적극적으로 수용하여 과학 이론의 실재성을 전제하였고 생물학적 증거주의를 모든 생명 현상에 적용하였다. 생명 현상은 DNA의 진화의 역사 속에서 나타난 결과들이라는 생물학적 증거들을 그들은 제시하였고 따라서 진화론적 생물학 이외에는 생명 현상에 대한 어떠한 설명도 받아들이지 않는다. 결국 자연 생명이라는 실재는 오직 진화생물학을 통해서만 그 진리를 드러낸다는 것이 그들의 주장이다. 문화적 현상 중 하나인 종교는 문화를 가능하게 했던 생물학적 토대들을 기반으로 하여 나타나게 되었다. 선험적 초월성을 전제한 신학과 같은 이론들은 더 이상 종교를 설명해 내지 못한다고 윌슨과 도킨스는 말한다. 신학보다는 진화생물학이 물질계로부터 종교에 이르기까지 일관된 설명 방식을 가지고 있고 무엇보다도 증거를 제시할 수 있기 때문이다.

결론적으로 윌슨과 도킨스는 흄의 인식론적 토대주의와 이를 토대로 하여 발전한 크리포드의 증거주의의 연장선상에 있으며, 그들은 증거주의를 바탕으로 하여 진화생물학을 모든 다른 학문들의 근간이 되는 토대 학문으로 삼았다. 모든 학문은 진화생물학으로 환원 가능하여지며 환원되었을 때만이 모든 생명 현상은 설명될 수 있고 그 실재를 드러낼 수 있다는 것이 그들의 결론이다.

도킨스의 진화론과 불멸성에 대한 소고[1]

이한영 | 감리교신학대학교

1. 진화론과 도킨스 그리고 세계관

도킨스처럼 논란이 많은 사람도 드물 것이다. 열광적인 지지자가 있는가 하면, 다른 한쪽 끝에서는 맹렬히 비난하기도 한다. 진정한 지식인이라는 호평도 있지만, 과학적 유물론자, 환원주의자, 과학적 근본주의자라는 비판도 함께 존재한다. 그 이유도 가지각색이며, 그에 대한 입장도 다양하다. 창조과학자, 지적 설계론자, 복음주의자, 유신론적 진화론자, 반종교주의자, 무신론자, 반적응주의적 진화론자 등 각자 자신의 입장에 따라 또는 개인의 성향에 따라 반응도 다양하며, 이에 따라 저마다 자신들의 견해를 피력해 왔다.

이 글 역시 도킨스에 대한 글이다. 하지만 기존의 글들과는 조금 다른 관점에서 그의 사상에 대해 접근해 보고자 한다. 이 글은 주로 철학과 종교에 관련된 인문학적 입장에서 도킨스의 주장을 점검해 보고자 한다. 혹자는 왜 과학자 또는 생물학자의 주장을 인문학적으로 비평하는가 물을 수 있다. 그러나 필자가 제기하는 것은 과학자로서의 도킨스의 이론에 관한 것이 아니다. 즉 과학 이론 자체에 대한 과학자들의 논쟁과 비평이 아니다. 이 글의 목적은 그의 과학적 주장으로부터 "파생되어 있는" 인문학적 문제들에 대해 한 번 짚고 넘어가자는 것이다. 과학자로서의 도킨스가 신다윈주의적 입장에 있는 자신의 이기적 유전자론으로부터 파생되어 나온, 또는 확장하여 다루고 있는 종교와 과학의 문제에 대해 종교와 철학의 관점에서 생각해 보자는 것이다.

사실 그의 첫 저서인 『이기적 유전자』는 신다윈주의적 진화론을 대중들이 이해하기 쉽도록 풀어 나가는 데에 주요한 관심이 있었다. 물론 여기에서도 유전자 세계를 초월한 개체의 문제, 문화의 문제, 인간의 문제에 대해 언급하지 않은 것은 아니다. 하지만 이후 그의 행보는 점차로 인간, 문화, 종교 등의 인문사회적인 영역으로 발을 넓힌다. 그러면서 그것은 신다윈주의의 눈으로 모든 것을 해석하고, 더 나아가 종교를 일종의 정신적 바이러스로 해석하면서 반-종교운동의 기치를 드높여 왔던 것이다. 이 글이 관심을 가지고 있는 것은 바로 이 범주이다. 즉 그가 건드리고 있는 인문학적 영역, 특히 종교적 영역에 대한 것이다.

유전자의 눈으로 해석할 수 있는 세계는 어디까지인가? 모든 영역에 미칠 수 있다면, 어느 정도의 범위와 한계 내에서 가능한가? 그것이 인간의 의식, 사회, 문화, 종교를 완전히 지배하고 있는 기저인가? 혹은 그 반대인가? 둘 다인가?

더 나아가 세계는 목적이 없는 세계인가, 목적이 있는 세계인가? 우주의 역사는 단지 변화해 왔는가, 진보해 왔는가? 세계는 필연적 세계인가, 우연적 세계인가? 인간의 역사, 문화를 자연의 역사와 동일한 지평에서 바라보아야 하는가? 종교는 망상인가 참의식인가?

2. 이기적 유전자와 밈 - 불멸과 죽음

1) 유전자 - 이기성과 불멸성

도킨스의 이론적 근거가 되는 진화론은 신다윈주의이다. 신다윈주의는 다윈의 진화론이 제기한 자연선택의 개념을 현대의 유전자학과 결부시킨 진화론의 한 분야이다. 먼저 자연선택에 관해서 말하자면, 다윈의 자연선택 개념이 집단 수준에서의 자연선택에 관한 것이라면, 도킨스의 자연선택 개념은 유전자 수준에서의 자연선택에 관한 것이라는 점에서 차이가 있다. 여기에는 다윈과 도킨스의 시대적 차이가 존재한다. 그것은 다윈의 본격적인 진화론의 첫 주자이며 19세기의 인물이었다면, 도킨스는 20세기 이후 오늘날까지 눈부신 발전을 거듭해 온 여러 분야의 과학적 성과물들을 접한 이후의 인물이었다는 점에서 어쩌면 당연한 결과일 수도 있을 것이다. 물론 자연선택이 유전자 수준에서 일어나느냐, 아니면 개체 수준이나 집단 수준이나 종의 수준에서 일어나느냐, 또는 모든 수준에서 일어나는 것이냐 하는 것에 대해서는 학자들마다 의견을 달리하고 있다.[2] 중요한 것은 도킨스에게 자연선택은 유전자 단위에서 일어난다고 하는 사실이다. 도킨스는 "선택의 기본 단위, 즉 이기성의 기본 단위가 종도 그룹도 개체도 아님을 논하고자 한다. 그것은 유전의 단위인 유전자이다"라고 주장한다.[3] 더 자세히 말하면 자연선택은 유전자와 유전자 풀에서 일어난다는 것이다.

여기서 필자가 주목하고자 하는 것은 "이기적 유전자Selfish Gene" 개념이 가지고 있는 의미와 내용에 관한 것이다. 자연선택이 유전자 단위에서 이루어진다는 관점에서 중요한 것은 '유전자는 불멸한다'는 것이다. 이 책의 출판 20주년 기념 서문에서 도킨스는 톰 매슬러Tom Mascheler가 제기한 물음에 답하면서 "이기적"이라는 단어의 의미가 부적절한 인상을 주는 것에 대해 염려하는 바를 인지하고 "이기적"이란 사실 "불멸의Immortal"이라는 의미를 가지고 있음을 분명히 하였다.[4] 그가 이 저서의 30주년 기념판 서문에서 이기성보다 이타성에 더욱 주목하고 있었다고 항변하고 있음에도 불구하고, 불멸성은 그의 "이기적 유전자"의 근본 토대가 되고 있다.

이기성은 무엇을 말하는가? 도킨스의 표현을 합성하면, 그것은 '불멸하고자 하는 이기성'이다. 그것이 유전자이든 생명체이든 자기를 영원히 보존하고자 하는 생존 욕구와도 같은 것이라고 말할 수 있을 것이다. 생물학에 있어서 생명체가 생명 활동을 유지하기 위한 본능을 지시하고 있는 '항상성homostasis'도 거의 유사한 의미에서 사용되는 개념이다. 항상성이란 '모든 생명체가 외부 환경의 변화에 대응하여 자기 내부의 환경을 일정하게 유지하려고 하는 현상'을 말한다. 제임스 러브록은 '항상성'을 지구 자체에 적용시켜 지구를 하나의 살아 있는 생명체로 간주하는 '가이아' 이론을 제창하였다. 그러나 여기에서 말하는 항상성은 '능동적으로 균일성을 유지하려는 자기 보존의 자기 조절 능력'인 것이다.[5] 물론 이것은 진화론이나 유전학이 아니라 생리학적인 관점이다 (철학적으로 말하면, "자기 보존 욕구" 또는 '삶에의 의지'로 해석할 수 있다. 예를 들어, 스피노자, 쇼펜하우어, 베르그송의 경우).

이기성과 항상성은 자기를 보존하고자 하는 본성이라는 점에서는 거의 유사한 개념이다. 도킨스는 그것을 이기성이라고 표현하고 있는 것이며, 생리학은 그것을 항상성이라고 표현하고 있는 것이다. 항상성은 '이기적이라는 단어의 '윤리적인 색채'가 가지고 있는 의미 왜곡의 가능성을 피할 수 있게 해 주는 개념이다. 그렇다면 (불멸을 향한) 이기성보다는 항상성이라고 말하는 것이 더 낫지 않을까?

하지만 항상성과 이기성은 분명히 다르다. 항상성은 개체(나)와 환경, 외부와 내부의 관계 속에서 나를 보존하고자 하는 본성에 대해 말하는 개념이다. 이 점에서 도킨스의 이기성과 유사하다. 그러나 항상성과 이기성은 분명한 차이를 가지고 있다.

도킨스가 말하는 이기성의 기본은 유전자이다. 그것은 유전자 이상의 단위에서 이타성, 협력, 도덕적 선 등으로 표현될 수 있지만, 그 기본 기제는 유전자의 이기성이다. 그래서 '이기적 유전자' 외에 '이타적 유전자,' '협력자 유전자'라는 말도 가능할 수 있다고 말하지만, 결국 이것은 모두 이기적 유전자의 근본 원리로 환원될 수 있음을 곳곳에서 주장하고 있다.[6] 모든 표현형들은 다 유전자가 생존하기 위한 이기성의 발로인 것이다.(뒤에서 언급하겠지만 그렇다고 유전자의 이러한 본성을 윤리적으로 비판하는 것은 어리석은 일이 될 것이다. 어디까지나 유전자 단위 또는 유전자 수준에서 일어나는 일들이기 때문이다.) 다시 말해 개체 수준에서의 생존이나 집단 수준에서의 생존의 문제에 대한 것이 아니다. 이 점이 가이아 이론과 다르다. 가이아 이론의 항상성은 전 지구라고 하는 통합체적인 관점에서 생명의 문제를 바라보고 있지만, 유전자의 이기성은 환원주의적 관점에서 생명의 문제를 바라보고 있기 때문이다. 또한 이기성은 항상성과는 달리 '유전과 전달'이라는 관점에서 바라보아야 한다. 이기성이 가지고 있는 단 하나의 목적은 유전적 체계 속에서 유전자가 불멸하도록 유전자를 '전달'하는 것이다. 그래서 이기성의 문제는 유전자 전달사와 관련된 문제이기도 한 것이다.

한마디로 말해, 도킨스가 이기적 유전자를 말함으로써 천명하고 있는 것은 불멸의 유전자이다: "유전자 만세!" 도킨스가 자연선택을 유전자를 가지고 말하는 것은 신다윈주의의 전형적인 입장이다. 다윈 이론과 유전학이 결합된 것이 신다윈주의(적응주의)이기 때문이다. (물론 진화론에는 신다윈주의만 있는 것이 아니다. 다양한 진화론의 계보가 있다).[7] 도킨스와 다윈의 가장 중요한 차이점은 자연선택의 단위가 종이 아니라 유전자라는 점이다. 다윈의 자연선택 이론의 유전자화! 그런데 이것을 가지고 문화와 종교에 대해 말할 수 있을까? 가능하다면 어느 정도나 가능할까? 과연 종교가 말하는 진리 주장이 도킨스의 불멸의 이기성으로 설명이 가능할까? 이 물음에 대한 응답은 잠시 뒤로 미루도록 하자.

2) 확장된 표현형- 생존 기계와 숙주

그래서 도킨스에게 유선자는 불멸의 존재자이다. 생명의 주체는 유전자이며 개체는 운반자로서의 의미만을 지니고 있다.[8] 그리고 그는 동식물, 박테리아, 바이러스, 인간 등 모든 개체를 일종의 "생존기계survival mechanics"라고 말한다. 생존기계로서의 모든 생명 개체는 모두 "기본적인 화학 조성에 있어서 균일하며, 특히 이것들이 가지고 있는 자기복제자, 즉 유전자는 박테리아에서 코끼리에 이르기까지 기본적으로 모두 동일한 종류의 분자"라고 말한다. 그래서 "우리 모두는 같은 종류의 자기복제자, 즉 DNA라고 불리는 분자를 위한 생존기계"라는 것이다.[9]

쉽게 말해, 모든 생명체는 기본적으로 균일하며 동일한 분자를 가지고 있는 운반자vehicle, 생존기계로서의 의미를 가지고 있다는 것이다. 그러므로 도킨스는 인간 또는 생명 개체를 유전자가 기생하는 '숙주'로까지 표현하고 있다.[10] 도킨스는 생물 개체가 '번식을 위해' 유전자를 사용한다는 많은 생물학자들의 견해에 반대하여, 오히려 거꾸로 유전자가 '자신의 복제를 위하여' 생물 개체를 이용하고 있다고 주장한다.

그리고 그는 왜 태고의 복제자들이 로봇(생존기계 또는 생물개체)을 만들어 그 속에 살고 있으며, 이와 같은 로봇은 왜 이렇게 복잡하게 만들어졌는가, 도대체 왜 생물 개체가 존재하는가 하는 물음을 던지면서 그것을 '확장된 표현형'이라는 개념으로 해결하고자 한다.[11] 여기에서 잠깐 유전형과 표현형에 대해 알아보자.

유전형이란 "한 개체가 가지고 있는 유전자 전체"를 말하며, 표현형이란 "그 생명체가 표현하는 형질"을 말한다. 그러므로 유전자형은 그것이 속하는 생물체에 표현형에 영향을 미친다. 그러나 유전자형이 변한다고 해서 표현형도 반드시 변화하는 것은 아니다. 다시 말해, 유전자 수준에서는 변이가 일어나지만, 개체의 수준에서는 변이가 나타나지 않을 수 있다는 말이다. 이 구분이 중요한 것은 유전자가 형질을 결정한다는 생각을 폐기시킨다는 점이다.[12] 그러나 그것이 결과적으로는 유전자의 표현형 효과에 의해서 유전자가 그 생물 개체에까지 미치는 효과를 가진다고 하는 생각이 중요하다. 그런데 도킨스는 한 걸음 더 나아가 그것이 개체 수준을 넘어서 환경에까지 영향을 미치는 확장된 형태를 가진다고 주장한다.[13]

잠시 그의 말을 들어보자.

"도대체 생물 개체가 왜 존재하느냐? … 우리는 생물 개체를 당연한 것으로 간주하는 낡은 태도를 우리의 정신에서 제거하는 것부터 시작해야 한다. … 그러기 위해서 내가 사용하는 장치는 내가 확장된 표현형이라고 부르는 사고 방식이다. … 유전자의 표현형 효과란 보통 그것이 속하는 생물체에 미치는 모든 효과라고 알려져 있다. 이것이 종래의 정의이다. 그러나 우리들은 이제 하나의 유전자의 표현형 효과를 '그것이 전 세계에 미치는 모든 효과'로서 생각할 필요가 있다."

간단히 정리하면, 태고의 유전자들은 자기보존(이기성)을 위해, 즉 불멸을 위해 유전자를 복제하는 방법을 택하였고, 유전자 간의 협력 체제를 이루는 과정(유전자풀)에서 복잡한 생명체로 발전해 왔으며, 생물 개체는 그 과정 속에서 이루어진 유전자의 변이·선택·적응·개선·축적·진화의 결과가 생물 개체나 집단 수준으로까지 표현된 것(확장된 표현형)이라는 말이다. 그리고 그것은 개체의 수준을 넘어 심지어는 인간의 문화에 이르는 전 범위로까지 확장되고 표현되고 있다는 말이다.

이러한 생각의 밑바탕에는 소위 환원주의 논리가 전제되어 있다. 사실 과학은 기본적으로 환원주의적 성격을 가지고 있다. 예를 들어, 물리학자들은 현상을 가상 간단한 공동의 물리적 법칙으로 환원시킨 설명을 제시하고자 한다. 그것이 과학의 장점이다. 도킨스가 과학의 특성이 기본적으로 환원주의적 성격을 가지고 있다는 점을 말하거나 또는 초파리 연구가로서의 그의 이론이 생명의 가장 기본적인 단위로서의 유전자가 가지고 있는 기본적인 특성에 대해 말하는 것에 국한된 것이라고 했다면 충분히 수긍할 수 있는 면도 있다. 하지만 문제는 이것을 모든 단위로 확장해서 해석하고 있다는 점이다. 역으로 말해서 모든 단위를 유전자 단위로 환원하여 해석하고 있다는 점이다. 자연선택, 적응, 진보라는 점에서 궤를 같이 하고 있는 개미 연구가 에드워드 윌슨 역시 유전자가 아니라 혈연선택설을 주장하고 있지만, 환원주의라고 하는 점에서는 공통점을 가지고 있다.[14] '확장된 표현형' 개념도 환원주의의 다른 이름이다. 어느 하나의 단위로 환원한다는 것과 어느 한 단위를 확장한다는 것은 같은 말의 다른 표현이기 때문이다.

하지만 이러한 확장 또는 환원을 인간의 정신, 문화의 영역까지 확장해서 해석할 수 있을까? 한 수준에서 상위 수준으로의 도약이 이루어졌을 때에는 거기에는 유전자 수준을 넘어서 작용하는 질적인 작용의 도약이 존재하는 것은 아닐까? 이에 대해서는 다른 논문이나 저서를 통해 다루게 될 것이다. 지금 우리가 관심을 가지고 있는 것은 '불멸성'에 관한 것이다.

3) 유전자와 밈 - 생물학적 유비

도킨스의 말대로, 유전자는 불멸을 추구하고 있는지도 모른다. 그리고 생명체의 복잡성은 불멸을 추구해 온 유전자의 무목적적 목적이 낳은 결과일지도 모른다. 그 과정 속에서 다양한 변이와 적응 그리고 개선과 축적된 진화가 현존하는 다양한 종의 개체들을 만들었을지도 모른다. 그러나 다른 자연세계와 달리 인간은 불멸을 거스르는 길을 제시하기도 했다. 뒤에서 다루게 되겠지만 특히 종교가 그러했다. 도킨스도 "인간만이 오직 유전자에 대항할 수 있다"고 소극적으로 표현하고 있으나, 그 의미는 대단히 제약적이다. 왜냐하면 도킨스는 여전히 "밈"이라고 하는 개념으로 정신상의 불멸의 유전자를 상정하고 있기 때문이다.

필자가 보기에 도킨스의 밈 이론은 그의 이기적 유전자 이론과 완벽한 유비관계를 이루고 있다. 도킨스는 인간의 독특성, 문화의 독특성에 대해 이야기하면서도 문화적 진화와 유전적 진화의 유사성을 주장한다. 문화에 대한 일종의 생물학적 유비인 것이다. 과연 문화가 생물학적 진화, 유전적 진화와 동일한 패턴을 가지고 있는가? 그렇다고 인정한다고 할지라도 완벽하게 꼭 들어맞는가, 아니면 일정 부분만 그러한가? 도킨스의 입장은 전자인 것처럼 보인다. 유전자 진화와 문화의 진화는 거의 완벽하게 일치한다.

도킨스가 유전자의 본성을 자기복제라고 상정하듯이, 그는 문화적 진화의 본성을 모방이라고 본다. 여기에서 중요한 것은 밈이 도킨스의 말대로 '문화 전달의 단위,' '모방의 단위' 라는 점이다. 도킨스는 기억을 뜻하는 'memory' 와 유전자를 뜻하는 'gene' 라는 말을 결합하여 '밈meme' 이라고 하는 신조어를 만들어냈다. 이를 글자 그대로 말하면, '기억 유전자' [15]가 될 것이다. 도킨스에 의하면, 밈도 유전자처럼 자기복제 기능을 가지고 있다. 무엇을 자기복제하는가? 바로 기억을 복제한다는 말일 것이다. 그런데 밈은 "적절하게 짝을 이루어 다수의 염색체 형태로 존재하는 오늘날의 유전자보다는 오히려 옛 원시 수프 속을 무질서하게 제멋대로 떠 있던 초기의 자기복제 분자를 닮았다"고 말한다. 이 말을 통해 그가 의도하고자 하는 바는 무엇인가? 그것은 어떠한 일정한 질서의 구조 속에서 자기복제를 수행하는 유전자보다도 더 무질서하기 때문에 밈의 생존경쟁은 더욱 더 치열하다고 하는 것이다. 그러므로 밈은 유전자보다도 더 이기적이지 않으면 안 된다. 그런데 도킨스는 나쁜 밈에 대해 말하면서 종교적 믿음 또는 관념을 연계시킨다. 유전자처럼 밈도 맹목적으로 자기영속성을 확보하려고 하고 있기 때문에, 나쁜 밈인 종교도 자기영속성의 확보를 위해 무한히 자기복제를 하려고 한다는 것이다.(실제로 형성된 밈이 얼마나 존속하는가 하는 것과는 상관없이 밈도 유전자처럼 불멸을 추구한다. 그러므로 밈도 생존경쟁을 하고 있는 것이며 자기복제를 하고 자신의 밈을 퍼뜨리려고 하는 것이다.) 그렇기 때문에 유전자나 밈은 모두 이기적인 또는 불멸의 "맹목적 자기복제자" 이다.[16]

4) 불멸 그리고 죽음과 성

그렇다면 도대체 왜 불멸이 중요한가? 아마도 생명체의 존재와 존속을 설명하기 위해서는 불멸이라고 하는 생각이 매우 중요하기 때문일 것이다. 도대체 왜 생명은 왜 존속하려고 하는 것일까? 존속하지 않는다는 것은 곧 죽음을 의미하며 생명 현상이 더 이상 일어나지 않는 다는 것이기 때문에, 생명 현상에 있어서 보존과 존속이라는 것은 매우 중요한 것이 된다. 도킨스는 이 생명의 자기보존과 존속의 문제를 '이기성', 즉 '불멸'이라는 코드로 이해하고 있는 것이다. 이것은 도킨스와 많은 부분에서 대립각을 세우고 있는 단속평형론자 제이슨 굴드에게도 마찬가지다. 그가 비록 자연선택이 아니라 우발성을, 복잡성의 증가가 아니라 다양성의 증가를, 진보가 아니라 변화를, 축적된 진화가 아니라 돌연적 거대진화를 강조한다고 할지라도, 그의 주장의 이면에도 역시 불멸의 코드 또는 생존의 코드가 중요하다. 도킨스가 생명 개체를 (유전자의 생존을 위한) 생존기계라고 표현하고 있듯이, 굴드 역시 생명 개체를 생명 개체의 생존이라는 측면에서 이해하고 있기 때문이다. 도킨스가 '유전자 만세!'를 외치는 반면에, 굴드는 '박테리아 만세!'(그리고 '화석만세!')를 외치고 있지만, 그는 생명체의 우발성과 다양성을 주장하기 위해서 시간성(가장 오래된 생명체이면서도 현존), 분류(식물·동물·균류 등을 합친 것보다 더 근 박테리아가 이무고 있는 유선석 자이와 변이의 측면에서의 거대한 계통), 편재성(생명 계통수 대부분을 구성: 수적 우위, 장소), 유용성(인류와 생태계 구축을 위한 유용성) 등과 함께 '영원불멸성'을 그 특징으로 들고 있다.[17] 굴드에 의하면 생존 능력에 있어서 박테리아에 필적할 만한 것이 없다. 그러므로 굴드는 인간이 박테리아보다 우수하다는 근거는 없다고 주장하면서 진화의 우발성과 다양성 증가를 설명하고 있는 것이다. 물론 이에 대한 반박도 가능할 것이다. 하지만 이 글의 관심이 아니다. 이상의 진화론자들은 생명 현상에 있어서 영원불멸성을 매우 중요한 코드로 생각한다.

그러나 생물 개체나 유전자의 수준에서 불멸이 중요하다고 할지라도 그것이 과연 인간 개체나 인류에게 어떠한 의미를 가지고 있는가? 그것은 또한 얼마나 인간의 의식세계와 문화세계에 영향을 미치고 있는가? 그것이 전부인가? 이는 또 다른 문제를 불러일으킨다.

그러나 이에 대해 언급하기에 앞서 생물학에 있어서 불멸의 문제를 조금 다른 각도에서 살펴보고자 한다. 필자가 주시하는 것은 '성sex'과 '죽음 Death'에 관한 것이다.

어떤 생명체들은 진화의 과정 속에서 성性이라는 방식을 선택하였다. 진화에는 두 가지 번식 전략이 있다. 하나는 무성생식으로 적소가 변하기 전에 될 수 있는 대로 많은 특수화된 생물을 만드는 전략이다. 즉 박테리아의 전략이다. 다른 하나는 유성생식으로 한 세대에서 여러 종류의 개체를 충분히 만들어 냄으로써 적소의 환경이 변한다 하더라도 살아남을 다양한 새로운 개체들을 만들어 내어 전체 집단의 생존을 보존하려고 하는 전략이다.[18]

성의 출현은 생물의 역사에서 완전히 새로운 생각이다. 필자는 바로 이 점에 주목하고자 하는 것이다. 박테리아나 아메바에서 코끼리나 인간의 출현이 가능했던 것은 바로 성이라는 생식 방식이 아니면 불가능했을 것이다. 그것이 유전자 단위이든 아니든 중요한 것은 성을 통해, 성이라는 단위 또는 수준을 통해 유기체는 새로운 유전자 조합을 가질 수 있게 된다는 점이다. 이것이 무성생식이 가지고 있는 단지 '자기복제'라고 하는 단순한 방식과 다른 점이다. 성sex은 단순히 자기를 영원히 복제하려고 하는 단성생식과 매우 큰 차이가 있다. 단성생식에 비하여 양성생식은 같은 종 안에서 서로 다른 개체가 결합하여 새로운 조합을 만들어 낸다. 물론 자식 세대는 부모 세대의 유전자를 다 같이 물려받지만, 그것은 부모의 어느 한쪽만을 택하는 것이 아니라, 양쪽의 유전자가 새롭게 재창조된다고 할 수 있다.

도킨스는 이것을 아마도 유전자 풀 안에서의 협력이라고 말할지도 모르겠다. 불멸을 지향하는 개체의 각 유전자가 살아남기 위해서 유전자 풀pool을 공유하는 방식으로 서로 협력한다고 말이다. 실제로 그는 그렇게 말하고 있다. 하지만 그 협력조차도 각 유전자가 살아남기 위한 이기성에 근거한 것으로 해석하고 있다.[19] 그러나 도킨스에게 자기복제, 이기성, 불멸의 유전자라는 의미가 지나치게 강조되어 있는 것으로 생각된다. 진정으로 불멸을 원한다면, 인간보다는 아메바나 박테리아가 더 낫다. 구디너프의 표현을 빌려 말하면, "박테리아나 아메바의 생명주기에는 죽음이 프로그램되어 있지 않다."[20] 이들 생명체들은 불멸하며 무한히 자신을 복제한다.

어떤 의미에서 유성생식도 자신을 복제하며 자신의 불멸을 추구한다고 말할 수 있다. 자식세대의 개체에게 유전자를 물려 주기 때문이다. 그러나 이것은 전혀 새로운 방식이다. 한 개체는 자신과 전혀 다른 개체와의 결합에 의해서 새로운 생명개체를 만들어 내기 때문이다. 어쩌면 복제보다는 결합이 더 중요한 의미를 가지고 있는 것이 아닐까? 한 세대에서 다른 세대로 전하는 것은 무성생물의 목적과 다를 바가 없지만, 유성생식은 새로운 개체의 탄생에 의해 새로운 전기를 맞이하고 있는 것이라 할 것이다.

성의 탄생과 함께 중요한 것은 '죽음'이다. 다른 말로 말하면, 성이 죽음을 탄생시켰다고 할 수 있다. 자연적인 죽음은 새로운 개체의 탄생과 밀접한 관계가 있는 것이라고 생각된다. 구디너프의 말은 죽음과 불멸에 대해 다른 관점을 가지고 보게 한다: "죽음이 없는 성은 단세포 해조류와 균류를 만든다." 그러나 "죽어야 할 체세포를 가진 성은 다른 진핵생물을 만든다. 죽음은 나무·조개·새·메뚜기가 되기 위해 치른 대가이다. 죽음은 인간이 의식을 갖기 위해 치른 대가이며, 그 모든 빛나는 인식과 그 모든 사랑을 의식하기 위해 치른 대가이다. 나의 육체적 삶은 다가오는 나의 죽음이 만든

경이로운 선물이다."[21]

3. 종교와 철학에 있어서의 불멸 사상 그리고 도킨스

1) 고대 사상에 나타난 불멸 사상 : 영혼 불멸과 윤회 그리고 불멸의 유전자

고대에는 영혼 불멸 사상이 전세계 곳곳에 퍼져 있었다. 영혼 불멸 사상의 기원이 어디에 있는가 하는 것에 대해서는 여러 가지 학설이 있겠으나 원시나 고대 이래의 장례 풍습 속에서도 죽은 자의 영혼의 불멸에 대한 믿음을 쉽게 찾아 볼 수 있다. 조상영에 대한 숭배, 순장의식, 초혼의식, 샤먼적 빙의 현상 그리고 이승과 저승에 대한 수많은 신화들은 모두 영혼이 죽은 후에도 생존할 수 있다는 믿음을 보여준다. 원시와 고대의 토테미즘, 애니미즘 등 범신론적 신앙들도 이 세계가 정령들로 가득찬 세계라는 신앙을 보여준다.

인도의 우파니샤드 철학은 기원전 500년을 중심으로 전후 수백 년을 거쳐 성립된 인도의 종교 철학이다. 이 우파니샤드[22]의 가장 중요한 관심은 우주와 나에 관한 것이다. 우주의 근본 원인이며 근본 원리인 브라흐만과, 존재하는 나인 아트만에 대한 생각인 것이다. 그리고 이에 대한 사고의 궁극은 브라흐만과 아트만이 동일하다고 하는 범아일여梵我一如의 철학적 사고에까지 이르게 하였다. 그런데 아트만이란 무엇인가? 가장 유력한 설에 의하면, 아트만은 원래 '숨'을 의미하였지만 그 의미가 점차로 전의되어 생명의 본체로서의 '생기生氣', '생명원리', '영혼', '자기', '자아' 등의 의미로 사용되었으며, 더 나아가서 '만물에 내재하는 영묘한 힘'을 의미하기에 이르렀다. 이전부터 이어져 내려온 윤회에 대한 믿음은 인도의 종교철학의 발전 과정 속에서 우파니샤드 시대에 이르러 명료한 형태로 설명되기 시작했다. 여기에는 '오화설五火說'과 '이도설二道說'이 있는데, 이 양자를 합하여 '오화이도설五火二道說'이라고도 부른다. 오화설은 죽은 사람이 화장되면 그 영혼이 상승하여 달에 도착하고, 그것이 비가 되어 땅에 떨어져 식물이 되고, 그것이 먹혀져 정자가 되고, 그것이 모태로 들어가 태아로 재생한다고 하는 설이다. 이도설은 죽은 사람은 생전의 행위에 의해 신도神道와 조도祖道의 갈림길에 서게 되는데, 신도를 지나는 사람은 최종적으로 브라흐만에 이르고, 조도를 지나는 사람은 오화설처럼 달세계에 갔다가 다시 땅에 태어난다고 하는 설이다. 이렇게 성립된 윤회설은 다시 윤회하는 원동력에 대한 물음으로 이어져 우파니샤드는 그것을 '업karma'이라고 설명했다. 그러나 우파니샤드는 윤회에서 멈춘 것이 아니라, 윤회로부터의 자유인 해탈을 궁극의 목적으로 삼았다. 브라흐만과 아트만의 본질을 깨닫고 범아일여의 진리를 직관하여 브라흐만과 합일한다는 이러한 사상과 명상의 전통은 인도의 사상·종교·문화에 깊은 영향을 미쳐 왔다.[23]

우파니샤드는 윤회에 대해 이렇게 표현하고 있다.

> 마치 풀잎에 붙은 거머리가 잎의 끝에 이르러 다른 잎으로 한 걸음 더 나아가 몸을 수축하는 것과 같이, 아트만은 육신을 버리고 또 무의식 상태를 떠나 다른 신체로 한 걸음 더 나아간 다음 그 몸을 수축한다.

> 마치 자수하는 여자가 자수의 일부분을 풀어 버리고, 다른 새롭고 아름다운 모양을 만들 듯이 이 아트만도 육신을 버리고 또 무의식 상태를 떠나 다른 아름다운 모습을 취한다. 그것은 조상의 영 또는 간다르바Gandahrva

또는 신 또는 조물주 또는 브라흐만 또는 다른 생물의 모습일 수도 있다.²⁴

놀랍게도 이 우파니샤드의 윤회에 대한 언급에서 아트만을 유전자로 바꾸어 놓으면 그야말로 리차드 도킨스의 '이기적 유전자'와 별반 다를 것이 없다. 특히나 그의 '밈' 이야말로 불멸하는 아트만이 아니고 무엇인가?

이에 대한 논의는 잠시 뒤로 미루고 이제는 서양의 영혼 불멸과 윤회사상에 대해 알아보자. 서양은 동양과 거의 유사한 기원에서 출발했지만, 다소 다른 방향으로 윤회사상이 전개되어 나갔던 것으로 보인다.

오늘날 서양사상의 대표적인 사상적 근원이 된 그리스인들도 인도의 지배 계층이 된 아리안인들처럼 영혼 불멸과 윤회사상을 믿었다.(놀랍게도 그리스인들은 이들과 동일한 인도 - 게르만 어족의 언어를 사용하며 동일한 아리안 계통의 민족이라는 점에서 공유점을 가지고 있다.) 그리고 서구의 역사 속에서 영혼 불멸 사상은 그리스 땅에서 철학적으로 정립되어 나갔다. 피타고라스의 정리로 널리 알려진 수학자이며 철학자인 피타고라스는 사실 오르페우스교의 영향을 받은 종교집단의 교주이기도 했다. 종교 집단으로서의 피타고라스파는 영혼의 불멸, 윤회사상, 육식의 금지, 엄격한 금욕적 수행 등을 특징으로 가지고 있었다.²⁵ 단지 인간의 영혼의 불멸성만을 이야기하는 것이 아니라 다른 동물의 육신으로 나타나는 일련의 화신化身을 통한 혼의 진행에 대한 믿음이 있었다. 이러한 믿음은 조상의 혼이 깃들어 있는 육식을 금하는 금기를 만들었으며, 모든 생물을 하나의 동족으로 바라보게 하였다. 그리고 그들은 전체로서의 우주가 하나의 생명체라고 믿었다.

이러한 생각은 단지 피타고라스파에게만 국한된 것이 아니었으며 당시 그리스인들이 가지고 있었던 공통된 믿음이었던 것으로 보인다. 최초의 고대 자연철학자들의 사상 속에서도 동일한 생각들을 찾아볼 수 있기 때문이다. 아낙시메네스는 우주가 무한량의 공기나 숨으로 둘러싸여 있으며 이것이 전체에 스며들어가 생명을 준다고 했다. 사람의 숨이나 생명은 무한하며 신적인 우주의 숨이나 생명과 본질적으로 같은 것이었다. 우주는 하나이며 영원하며 신적이었다. 반면에 사람들은 사멸하는 존재였지만, 사람의 본질적인 부분인 혼은 사멸하지 않는 불멸성을 가지고 있다. 즉 사람의 혼은 신적인 혼이 잘리어 사멸하는 육체 속에 갇힌 것이라고 생각되었다. 그러므로 사람들은 육신의 더러움을 털어 버리고 순수한 정신이 되어 자신이 본질적으로 속하는 보편적인 정신과 다시 결합한다고 하는 목표를 가지고 있는 것이었다. 혼은 자신의 혼을 완전히 정화할 수 있을 때까지 한 몸에서 다른 몸으로 옮겨가는 일련의 윤회 과정을 거치게 되지만, 궁극적인 목표는 신적인 것과의 재결합을 통한 자신의 적멸寂滅이다. 소위 말하는 '탈윤회脫輪廻'인 것이다.[26] 그리고 피타고라스 학파는 이 본질적인 형상의 세계를 수학적 원리로 표현하였다.

또한 인성론과 우주론의 시대를 연 소크라테스와 플라톤 사상의 궁극적인 관심도 영혼에 관한 것이었다고 해도 과언이 아니다.

우리는 소크라테스가 죽음을 앞에 두고 사람들과 나눈 대화의 이야기 『파이돈』을 잘 알고 있다.[27] 해질녘이 되면 독약을 마시고 저 세상으로 가야만 하는 소크라테스가 그를 찾아온 사람들에게 들려주는 이 이야기의 핵심 주제는 혼psyche 또는 혼의 불멸성athanasia에 관한 것이다. 혼이 사멸하는 것이 아니라는 것을 논증하려는 소크라테스의 논변들은 윤회설, 상기설想起說, 영혼의 정화 등과 관련되어 있다.[28]

다음은 『파이돈』에 나오는 대화들이다.

"그러니까 죽은 사람들의 혼들이 저승(지하세계)에 있는지 없는지 말일세.

사실 우리가 기억하고 있는 오래 된 하나의 설이 있는데, 이는 이승에서 저승에 도착한 혼들이 거기에 있다가, 다시 이리로 와서는 죽은 자들에게서 다시 태어난다는 걸세. 만약에 이러하다면, 즉 산 자들이 죽은 자들에게서 다시 태어난다는 것은 우리의 혼들이 거기에 있다는 게 아니겠는가?"29

케베스가 말했다.… "선생님께서는 우리에게 배움(mathésis 앎)이란 상기(anamnesis 기억해 내는 것) 이외에 다른 것이 아니라고 하시는데, 그게 사실이라면 그 주장에 따라서도 지금 우리가 상기하게 되는 것들을 이전에 어느 땐가 우리가 알게 되었을 것(배웠을 것)임이 짐작컨대 필연적입니다. 그러나 이는 만일에 우리의 혼이 지금의 이런 인간적인 모습으로 태어나기 이전에 어딘가에 있지 않았다면, 불가능한 일입니다. 따라서 이런 면에서도 혼은 죽지 않는 어떤 것인 것 같습니다."30

"그러면 혼은 죽음을 받아들이지 않지 않겠는가?"
"받아들이지 아니합니다."
"그러니까 혼은 죽지 않는 것일세."31

"그는 나를 잠시 뒤에 주검으로서 보게 될 그런 사람이라고 생각하고서는, 나를 어떻게 매장할 것인가를 묻고 있네. 한데, 내게 한참 동안 긴 논변을 한 것이, 내가 독약을 마시고 나면, 나는 더 이상 자네들 곁에 머물지 않고, 저 축복받은 자들의 행복한 세상으로 떠나가게 될 것이라고 한 것이, 한편으로는 자네들을 또 한편으로는 내 자신을 위로하면서, 내가 이런 말을 하고 있는 것이 이 사람한테는 공연히 하고 있는 걸로 내겐 생각되는구

면."³²

플라톤은 이러한 스승의 확신을 지지하여 혼은 본질에 있어서 영원한 세계 속에 속하는 것이지 일시적인 세계에 속하는 것이 아니라는 피타고라스 교설의 진리를 재차 확언했다. 『파이돈』에서의 소크라테스도 말하고 있지만, 육신은 감옥 및 무덤에 비유된다. 혼은 이 땅에서의 삶에 앞서 있었던 이데아들의 세계로 되돌아갈 수 있기 위해서 이 육체에서 풀려 나오기를 갈망한다. 플라톤의 이데아설이나 상기설은 혼은 죽지 않는다고 하는 혼 불멸설과 윤회사상을 그 바탕에 깔고 있는 것이다. 그리고 영혼의 정화를 위한 상기, 완전한 지식을 되찾는 상기는 혼을 자유롭게 하기 위하여 육신을 억제하는 금욕적인 태도를 보여준다. 또한 우리가 생각할 것은 이러한 플라톤의 사상은 그리스 저변에 깔려 있던 신화적 사고를 반영하고 있다는 점이다. 창조에 관한 신화는 물론이고, 영혼 불멸·상기·윤회를 뒷받침하는 에르Er 신화(플라톤의 『국가』의 끝부분)는 혼이 육신으로 출생할 즈음에 불볕의 들판을 지나오면서 망각의 물을 마시게 된다는 신화에 대해 말하고 있다.³³

2) 원형과 모방의 구조 : 자기복제와 밈

이처럼 고대의 영혼 불멸의 범신론적 신앙에 그 기원을 두고 있는 것으로 보이는 유출과 환원의 구조, 즉 윤회의 구조를 가지고 있는 플라톤의 이데아론의 또 하나의 특징은 '원형'과 '모방'의 창조라는 점이다. 모방이란 '원형을 본뜬다'는 것이다. 플라톤의 『티마이오스』에서 창조의 신 데미우르고스는 완전한 세계인 이데아의 세계를 모방하여 이 세계를 창조하였다. 마찬가지로 창세기 1장에서 신은 자신들의 형상에 따라 인간을 창조하였다.

모방 또는 복사란 가장 원초적인 본능 중 하나이다. 단세포 생물들은 정말로 자신과 동일한 개체들을 무한히 복사한다. 생물 개체들은 생식 행위를 통해 자신과 닮은 종자들을 번식시킨다. 굳이 유전자까지 들먹이지 않아도 된다. 그리고 자신과 닮은 개체를 낳고 싶어 한다. 자신과 닮았다는 것은 자신의 복제자라는 의미다. 인간이 혈통을 중시하는 것은 자신의 복제자인가 아닌가 하는 것을 묻는 것이다. 그것은 생물적 본능이다.

원형이란 복사의 원판을 말한다. 복사물의 이전, 또 그 복사물의 이전을 무한히 거슬러 올라가면 하나의 진정한 원형을 만나게 된다. 고대인들에게 옛것은 좋은 것이다. 중국의 옛 현인의 이름이 '노자老子'인 것이나, 칼 융의 최고의 원형이 '노현자'인 것이나, 다니엘서에 나오는 '해의 나이를 가지신 분' 또는 '예부터 항상 계신 분'으로서의 하나님[34]은 모두 옛 것을 숭상하고 조상을 숭상하며 노인을 지혜자로 여겼던 고대인들의 의식의 일단으로 볼 수 있는 것들이다. 부모의 부모, 그 부모의 부모로의 귀환은 영혼의 고향을 향한 유아기적 의식의 귀소본능이다. 인류의 유아라고 할 수 있는 고대인들의 의식 속에서 과거는 보다 완전한 세계이며, 현재는 타락한 세계이다. 에덴동산, 이데아의 세계, 요순의 시대가 모두 과거에 있는 것은 이러한 까닭이라 할 수 있다. 간단히 정리하면, 범신론적인 기원을 가지고 있는 유출 - 환원의 구조는 윤회의 구조이며, 이 세계의 전개는 유출, 모방, 복사의 전개 과정인 것이다. 플라톤에게 현상계가 이데아의 모방이 되는 이유다.

고대에는 인식론과 존재론이 구분되어 있지 않았던 미분열적 혼합기의 모습을 흔히 보이게 된다. 그러한 이유 때문에 인식의 세계는 곧 존재의 세계였다. 피타고라스, 플라톤, 플로티노스 등의 세계에서 의식의 세계는 존재의 세계였으며, 명상의 세계는 현실의 세계였다. 그리고 그들이 정신의 세계에서 체험한 것들이야말로 진정한 세계에 대한 체험이었다.[35] 이러한 경향은 동일한 영적 세계에 대한 체험을 중시해 온 인도의 힌두교, 불교에서도 유사함을 볼 수가 있다. 특히 유식불교는 이러한 윤회적, 유출 - 환원적 세계관을 철저히 철학화했다. 그런 이유 때문에, 우리는 고대 철학자들의 인식의 세계를 통해 그들의 우주관을 함께 바라볼 수 있는 것이다.

플라톤의 상기설은 신화적으로 말하면, 출생과 동시에 망각의 물을 마심으로써 잊어버렸던 과거의 기억을 되살려 내는 것이다. 그리스어로 진리를 뜻하는 '알레테이아aletheia'는 망각의 강인 레테lethe에 대한 부정이다. 즉 여기서 '망각'과 '상기'의 관계가 대를 이루고 있음을 알 수 있다. 유출은 망각의 과정이며, 환원은 상기의 과정이다. 유출은 진리를 잊는 과정이며, 환원은 진리를 되찾는 과정이다. 유출은 무지의 과정이며, 환원은 앎의 과정이다. 유출은 타락한 육의 과정이며, 환원은 순수한 혼으로 되돌아가는 과정이다.

서구의 철학 체계에서 인식론적인 의미에서의 진리란 '존재와 사유의 일치'라고 정의된다.[36] 이를 달리 말하면, 인식 대상과 인식 주체의 일치라고도 말할 수 있다. 인식론에 대한 연구는 인류에게 있어서 사실적으로나 역사적으로 '인식 작용은 대상의 모사(모방)'라고 하는 최초의 모습을 가지고 있었다고 말한다. 즉 모사설이 고대의 사유 체계를 지배하고 있었다는 것이다. 고대 그리스철학에서 아리스토텔레스는 이와 같은 관점에서 인식론적 체계를 세웠고, 이후 이것은 토마스 아퀴나스와 중세의 사상에 큰 영향을 미쳤다. 우리는 가시적 세계에 존재하는 사물들을 어떻게 인식하는가? 가시적 세계의 대상들은 감각적 사물이며, 우리는 감관의 지각을 통해 그것들을 인식한다. 여기서 감관 지각은 지각된 대상과의 동화, 즉 감각적 대상을 모사하는 것이다. 지각이란 지각하는 주체(주관)가 지각된 대상의 감각적 형상을 자기 속에 받아들임으로써 성립된다.[37]

마치 밀랍에 인장이 붙은 반지 표시가 그 재료인 철이나 금은 제외하고 찍히는 것처럼, 그리고 그 재료가 금이거나 철이거나 상관없이 금의 표시 또는 철의 표시가 찍히는 것과 같이 모든 감관은 질료가 아닌 감각적 형상을 수용하는 능력이라고 간주하는 것과 같은 방식으로 파악될 수 있다.[38]

헤센은 아리스토텔레스의 모사설을 다음과 같이 설명하고 있다.

인식의 과정은 다음과 같다. 감각이 오성에 감각의 상을 제공한다. 그런데 이 감각의 상(형상) 속에는 본질의 상(지적인 상)이 잠재적으로 포함되어 있다. 그러나 지적인 상이 감각의 상으로부터 드러나기 위해서는 감각적 껍질이 지적 형상으로부터 멀리 떨어져 나가야 한다. 바로 이 점에 감각의 상 속에 존재하는 본질(이데아)을 어느 정도 볼 수 있게 하는 능동적 이성의 기능이 존립하게 된다. 이렇게 해방된 형상은 수동적 이성을 작용하게 할 수 있고, 그리하여 사유 내용 또는 개념이 된다. ⋯ 달리 말해, 사물의 본질적 개념은 감각적 재료로부터 추상을 통해 획득된다. 그리고 이 추상은 사물의 본질적 형상이 객관적 영역으로부터 주관적 영역으로 옮겨지고, 또 그것이 본질적 상으로서 인식하는 의식 속으로 이행하는 데에서 성립되는 것이다. 이리하여 보다 높은 인식 작용은 그 자체로 완성되어 있는 대상을 모사함이다.

쉽게 말해 우리가 어떤 대상을 지각하는 것은 감각 대상의 형상을 우리 안에 받아들이는 것이라는 말이다. 그것을 일컬어 모사, 즉 복사라고 말하고 있는 것이다. 여기서 플라톤이든 아리스토텔레스든 인식이란 모사 또는 복사의 과정이라고 생각했다는 점을 알 수 있다. 무엇을 복사하는가? 그것은 선재하는 이데아의 복사인 것이다. 사물의 형상이든 지적인 형상이든 이데아는 모든 사물에 앞서 선재하는 완전한 형상이다. 플라톤이나 아리스토텔레스의 사상 속에서 이 세계는 이데아의 복사이며, 우리의 인식마저도 이데아를 상기 또는 복사하는 과정인 것이다.

원형과 복사에 대한 것은 또한 아동 발달의 측면을 통해서도 살펴볼 수 있다. 의식 발달의 측면에서 보면, 유아들은 모방을 통해 학습한다. 아이들은 어른들의 언어를 흉내 내고 행동을 모방한다. 이 아이들에게 모방은 곧 창조를 위한 첫걸음이다. 모방은 창조적 행위를 위한 예비 단계이다. 예술가가 처음부터 최고의 창조성을 발휘하는 최고의 경지에 이르는 것이 아니다. 견습생 생활을 통해 남의 곡을 복사하여 연주하고, 남의 그림을 베껴가며 점점 성숙해져 간다. 그러나 모방에만 머문다면 영원한 견습생일 수밖에 없다. 인류 의식사에 있어서 유아기에 해당하는 고대의 플라톤에게 있어서 어쩌면 그의 예술론이 모방론일 수밖에 없는 것은 당연한 일이었는지도 모른다. 위대한 사상가 플라톤이지만 그 역시 시대의 아들이기 때문이다. 플라톤의 모방(미메시스)과 도킨스의 모방(밈)이 동일한 언어를 사용하고 있다는 것은 단지 우연의 일치일까? 아니면 그 엄청난 세월의 간격에도 불구하고 사상적인 공유점을 가지고 있는 것일까?[39]

3) 이기적 유전자와 영혼 불멸

이제 이상의 내용을 도킨스의 이기적 유전자설과 밈설을 중심으로 정리해 보자.

첫째, 도킨스에게 이기성이란 불멸성을 의미하고 있다는 점이 분명하다. 유전자의 이기성은 유전자의 불멸성을 의미하는 것이며, 밈의 이기성은 정신의 불멸성을 의미하는 것이다. 이 주장이 맞다면 자연은 불멸을 추구하고 있는 세계이다.(도킨스에게 있어서도 엄밀한 의미에서 유전자는 불멸하지 않는다. "어떤 유전자는 100만년을 살 수 있으나, 어떤 유전자는 최초의 한 세대도 넘기지 못한다. 소수의 유전자가 살아남는 것은 좋은 생존기계를 만들기 때문" 이라는 것이다. 그럼에도 불구하고 불멸성을 가지는 유전자의 불멸성을 도킨스는 '잠재적 불멸성' 이라고 말한다.)[40]

고대 인도 사상이나 그리스 사상에서는 영혼 윤회설에 근거한 영혼 선재설, 영혼 불멸설이 있었다. 고대 인도나 그리스에서는 주로 전설, 신화에 바탕을 둔 영육 이원론에 근거하여 영혼이 육체를 떠나 본향으로 회귀한다거나 영과 육의 세계를 영원히 윤회한다는 생각을 가지고 있었다. 유전자와 밈 그리고 영혼은 모두 영원히 죽지 않고 불멸하는 유일한 실체이다.

둘째, 불멸의 실체인 유전자, 밈은 생존기계로서의 숙주를 필요로 한다. 물질의 세계에서 유일한 본질, 유일한 실체는 유전자이다. 그리고 정신의 세계에서 유일한 본질, 유일한 실체는 밈이다. 물론 이러한 구분 속에서도 유전자가 제일 실체임은 분명하다. 도킨스의 말대로 생명의 주체는 유전자이며 개체는 유전자를 실어 나르는 운반자일 뿐이다. 진화란 유전자가 영원히 살아남기 위한 수단과 환경을 만드는 과정일 뿐이다.

윤회사상에서도 영 또는 혼 역시 현실 세계에서의 생존을 위한 숙주를 필요로 한다. 현생 세계에서의 삶은 영혼의 임시 거처인 육체를 빌려서 사는 삶일 뿐이다. 물질과 육체는 순수한 영의 세계 또는 이데아의 세계에서는 불필요한, 버려져야 할 옷일 뿐이다.

셋째, 유전자가 불멸을 위해 사용하는 수단은 자기복제이다. 도킨스가 말하고 있듯이, 이기적 유전자란 "세계에 분포되어 있는 하나의 특별한 DNA 조각의 모든 복제물들이다." 더군다나 그는 "유전자는 다수의 다른 개체 내에 동시에 존재하는 분산된 존재라는 것을 강조하고자 한다"[41]고까지 말하고 있다. 이는 달리 말하면 이 세계에 존재하는 모든 개체들은 무한히 복제되어 내려온 태초에 있었던 단 하나의 유전자의 복제물을 자기 안에 내재하고 있는 존재자들이라는 말이 되는 것이다. 그가 신다윈주의에 입각해 주장하는 자연선택과 적응이란 이기적 유전자나 밈에 있어서는 복제(복사)의 다른 이름에 불과하다.

도킨스에게 진화란 복제의 오류에서 비롯되는 것일 뿐이다.[42] 진화의 역사는 수많은 복제의 과정에서 일어난 복제의 오류가 만들어 낸 역사이다. 유전자는 불멸하고 개체는 복제 오류 속에서도 유전자를 생존시키기 위해 진화하는 것일 뿐이다. 그러나 그에게 주체는 유전자이며 개체는 유전자를 잘 복사하기 위한 운반자일 뿐이다. 도킨스는 이것을 '장구한 세월이 만들어 낸 신비한 자기 보존 기관'이라고 말한다.

앞에서 보았듯이 고대의 영혼 윤회설에서 유출 역시 자기복제를 그 수단으로 하고 있나. 여기에는 선재와 운동, 영과 육, 이데아와 현상계, 원형과 복사, 유출과 환원, 망각과 상기 등의 기묘한 관계가 놓여 있다.(그러나 복제와 모방만으로 이렇게 다양한 세계가 창조될 수 있을까? 정말로 오늘날 우리가 볼 수 있는 세계의 중층성과 다양성을 만드는 작용기제는 무엇인가? 결합과 그 결합에서 오는 전혀 예기치 않은 새로운 질적 도약이라고도 볼 수 있지 않을까? 오히려 그 새로운 창조물들이야말로 참 실재가 아닐까?)

넷째, 도킨스는 유전자와 유전자 풀에 대해 이야기하면서 '유전자 풀을 이리저리 뛰어다니며 옮겨다니는' 이라는 표현을 사용하고 있다. 사실 도킨스도 이야기하고 있듯이, 유전자 풀이란 유성생식과 새로운 생명 개체의 탄생을 설명하기 위한 유전학적인 학술 용어이다. 그러나 도킨스는 이 개념을 단지 그러한 의미에서만 사용하지 않는다. 하나의 유전자와 다른 유전자가 결합하여 둘의 유전자를 공유하면서도 새로운 유전자와 새로운 가치를 창출하는 것이 아니라, 유전자 자체의 생존과 불멸성을 위해 유전자풀이라고 하는 새로운 환경(수프) 속에서 이리저리 뛰어다니고 있다고 말하기 때문이다. 여기서 하나의 의문이 든다. 이것은 앞의 주 23)에서 인용했듯이, 윤회의 모습과 너무나도 흡사하다는 것이다.

흥미로운 것은 다른 불교보다도 윤회의 성격이 더 강한 티벳 불교의 지혜서인 『티벳 사자의 서』를 영어로 번역한 로버트 서먼 역시 도킨스와 유사한 생각을 하고 있다는 점이다.

> 카르마(업)의 법칙으로 알려진 불교의 정신 생물학적인 진화론은 다윈주의자들의 견해와 상당히 비슷하다. 카르마 이론은 모든 존재가 그물에 꿴 구슬처럼 서로 연결되어 있으며 생명의 형태를 계속 바꾸어 나간다고 말한다. 카르마 이론은 인간이 과거에 원숭이였으며, 모든 동물이 단세포 생물이었다는 것을 부정하지 않는다. 카르마 이론이 다윈주의자들과 다른 점은 카르마 이론은 모든 존재가 윤회를 거듭하는 과정에서 여러 형태의 삶을 취하는 돌연변이를 한다고 말하는 데에 있다. 윤회 과정에서는 미묘한 차원의 의식이 생명의 다음 형태를 결정하는 역할을 한다. 정신 수준에 따라 생물학적으로 같은 종 안에서 발전하거나 돌연변이할 수도 있고 열등한 생명체로 태어날 수도 있다. 카르마란 변화와 발전의 원인이 되는 행위를 뜻한다. 우리가 쓰는 진화라는 말과 그 의미가 비슷하다. 그러므로 원인이 되는 복합체인 카르마를 '진화의 추진력'이라고 불러도 별 문제가 없을 것이다.[43]

다섯째, 순수와 오염에 관한 것이다. 도킨스의 유전자의 이기성은 유전자의 순수성을 보존하기 위한 것에 다름 아니다. 그래서 그는 유성생식에 의한 결합과 조합을 "성적 파트너에 의한 오염"이라고까지 주장한다.[44] (도대체 무엇이 오염된다는 것인가? 오염되지 말아야 할 불변, 불멸의 실체로서의 유전자는 도대체 무엇인가? 플라톤의 경우처럼 복사의 과정 속에서의 이데아의 오염인가?) 이것은 진화를 새로움novelty과 풍성함richness로 보는 과정신학적인 시각과도 다르며, 복잡화의 과정으로 보는 카오스 이론과도 다르며, 우연성과 다양성의 증가로 보는 포스트모던적 사고와도 다르다.

여섯째, 단위의 수준에서 볼 때, 도킨스의 경우는 유전자, 고대 윤회설은 영혼이라는 차이점을 가지고 있다. 과학이나 종교의 관점에서 볼 때 유전자와 영혼의 차이는 매우 크다. 인도는 물론 고대의 플라톤에서 중세신학을 거쳐 근대철학에 이르기까지 지대한 영향력을 발휘했던 소위 "존재의 대연쇄Great Chain of Being" 사상에서 볼 때, 유전자는 영혼과 상반되는 가장 하위단계의 물질 단위에 속하는 것이다. 또한 유전자는 과학이 다루는 영역에 있지만, 영혼은 과학이 다루는 영역에 있는 것이 아니다. 하지만 달리 생각해 볼 수 있는 여지가 없는 것도 아니다. 육체 안에 영혼이 있다고 생각한 것과 마찬가지로 육체 안에 유전자가 있다고 생각할 수 있는 것이다. 그리고 밈이라면 충분히 가능하다. 어디까지나 추측이지만, 그렇다고 한다면, 불멸의 영혼을 염두에 두고 불멸의 유전자에 대해 말했을 가능성도 있다.

일곱째, 밈Meme이라는 단어가 '기억memory'과 '유전자gene'의 합성어임을 앞에서 보았다. 기억은 고대 플라톤 사상에 있어서 대단히 중요하다. 플라톤의 세계에서 이 세계의 진행(유출과 환원)은 기억의 망각과 기억의 상기 과정이기 때문이다. 또한 유사한 유출 - 환원 구조 속에 있는 유식불교에서도 기억은 매우 중요한 개념이다. 존재와 사유가 미분화된 채 혼연일체를 이루었던 고대의 사상 속에서 이 기억의 과정은 인식의 과정이면서도 동시에 존재의 과정으로 작용했다. 윤회의 종자種子, 업業과 관련된 기억소자는 '밈'이라는 말로 대치될 수 있다.[45] 도킨스는 여기에 단지 유전자라는 단어를 결합시켜 놓았을 뿐이다. 마치 다윈의 진화론에 유전자를 결합한 것처럼 말이다.

이쯤 되면, 도킨스의 이기적 유전자설이나 밈설은 현대과학 또는 최신의 진화론을 빌려 말하는 현대판 영혼 불멸설이나 현대판 윤회 환생설이라고 말할 수 있지 않을까? 윤회 환생설을 꼭 고대에서 찾을 필요는 없다. 오늘날에도 주술적 성격이 강한 민간신앙이나 신흥종교 등에서도 얼마든지 찾아볼 수 있기 때문이다. 반종교론을 강하게 주장하는 과학적 환원주의자인 도킨스가 그럴 리는 없겠지만, 어딘지 모르게 그러한 느낌이 드는 것은 왜일까? 과연 그는 순수한 무신론자일까, 아니면 의도된 무신론자일까? 그가 말하는 무신론이란 무엇일까? 현재로선 본인만이 알 일이다.

4. 종교는 영혼 불멸을 추구하는가?

앞에서 보았듯이 조상령 숭배, 정령 숭배, 윤회신앙 등은 고대의 영혼 불멸 사상을 그 바탕에 깔고 있다. 같은 맥락에서 고대의 종교는 영혼 불멸에 관한 신앙이 주를 이루었다고 볼 수 있다. 이것은 세계의 종교에 대한 연구에서도 찾아볼 수 있다. 유교의 발달 역시 영혼 불멸 사상에 바탕을 둔 조상의 영에 대한 숭배에 그 기원을 두고 시작되었다는 것이 주류 학설이다.

그러면 불교는 어떠한가? 불교의 장구한 역사와 다양한 종파로 인해 '불교의 입장은 이것'이라고 단정하기는 어렵다. 하지만 그럼에도 불구하고 불교가 추구하는 기본적인 이념은 존재한다. 여기에서는 민간신앙으로서의 불교와 수행자 신앙으로서의 불교를 나누어 생각해 볼 필요가 있다. 아직도 민간신앙을 가진 불교신자들은 윤회설을 믿으나 실제로 불교의 역사가 추구해 온 것은 그렇지 않다.

티벳 불교는 대체로 주술적·마술적 성격, 신화적 성격이 강하다. 그리고 윤회와 전생에 대한 믿음이 강하다.[46] 『티벳 사자의 서』로 알려진 『바르도 퇴돌』 *Bardo Thödol*은 수행자의 눈으로 보면 깨달음의 과정을 다룬 지혜서이지만, 대중들에게는 문자 그대로의 윤회사상에 대해 가르쳐 주는 책일 뿐이다. 이 책은 애초부터 수행자가 아니라 대중들을 위해 쓰여진 책이기 때문이다.[47] 여기에서 말하는 중간계(바르도)란 일반적으로 죽음과 재탄생 사이의 기간과 과정을 가리킨다. 하지만 티벳 사람들은 중간계를 다음과 같은 여섯 가지로 분류한다.[48]

① 이승 중간계(탄생과 죽음 사이의 중간계) ② 꿈 중간계(잠과 깨어 있음의 중간계) ③ 명상 중간계(깨어 있음과 초월 사이의 중간계) ④ 죽음 중간계(죽음 직후의 중간계) ⑤ 저승 중간계(죽음과 재탄생 사이의 중간계) ⑥ 탄생 중간계(태어나기 직전과 태어나는 사이의 중간계)

중간계란 죽음의 문을 통과하여 절대 자유의 길로 들어서든지 아니면 다시 태어나기까지 죽음 이후의 과정을 경험하는 존재를 가리킨다. 이것을 문자 그대로 받아들이면 생과 사의 윤회의 길을 제시하는 것이다. 그러나 그 이면에 담긴 의미를 볼 수 있는 사람들에게는 전혀 다른 책으로 다가온다.[49]

또한 육도윤회의 육도六道는 지옥·아귀·축생·인간·아수라·천상계를 말하는데, 이것 역시도 마찬가지이다. 수라(항상 싸움을 일로 삼는 것), 축생(약육강식을 일로 삼는 것), 아귀(정신적 물질적 배고픔으로 늘 괴로워하는 것), 지옥(온갖 번뇌의 공포를

가지고 사는 것) 등을 말하는 것이다.⁵⁰

윤회설 자체도 애초부터 원본이 있어서 불변해 온 것이 아니라 각 시대마다 장소마다 많은 변천을 거쳐 왔고, 때로는 심오한 사상으로 거듭나기도 했다. 중관불교와 비교해 볼 때, 유식불교는 중관불교와 달리 윤회사상을 좀 더 철학화한 사상이다. 상대적으로 보아, 중관불교가 탈윤회의 관점에서 공空에 대한 연구가 더 깊이 이루어졌다고 한다면, 유식불교는 윤회의 관점에서 업業과 식識에 대한 더욱 깊은 연구가 이루어졌다고 생각된다. 하지만 유식사상이나 중관사상이나 모두 추구하는 것은 기본적으로 탈윤회다.

이즈미 요시하루는 유식불교에 대해 다루면서 불교의 기본사상에 대해 다음과 같이 이야기하고 있다.

> 윤회 전생이란 생 또는 생사를 되풀이한다는 뜻으로 예부터 인도에서 전해오는 사상이다. 불교에서는 이것을 중생의 삶으로서 잘못된 생사관이라고 생각한다.
> 석가는 … 불멸의 생명은 물론 불멸의 인격도 없고 윤회 그것이 망상이고 이 세상의 모두가 무상임에도 불구하고 불멸로 있고 싶다고 집착하는 데에 고苦의 원인이 있다는 것을 깨달았던 것이다. 석가는 윤회적 숙명사상에 의해 지탱된 카스트의 인도 사회에 있어서는 혁명적인 사상가였다고 말할 수 있다. 항간에서 윤회 전생은 이 세상의 이치와 같이 오해되고 있지만 윤회 전생은 중생이 빠져 있는 망상의 세계라는 것이 불교의 태도이다. 그리고 이것으로부터 이탈하는 것에 마음의 평안, 즉 열반이 있으며 그것이 불교가 지향하는 최종의 목표이다.⁵¹

또한 왜 민간신앙으로서의 불교와 다른가 하는 점에 대해서 두 불교학자는 중관불교에 대해 다루면서 이렇게 알려 주고 있다.

> 상산上山 : 좋은 일을 하면 하늘에 태어난다고 하는 것은 윤회사상을 수용하고 있는 것으로서 이는 보통 삼계윤회三界輪廻를 말하지요. 그러나 불교는 그러한 사고를 부정하고 있음에 틀림이 없습니다. 그러므로 불교의 깨달음을 얻으면 윤회로부터 해방됩니다…. 그런데 윤회사상을 긍정하는 듯한 이야기가 대승경전에 자주 나오고 있으며, 이를 믿는 위대한 분들이 중국에도 일본에도 있습니다. 조금 비약됩니다만, 중관은 윤회사상을 인정하고 있습니까, 그렇지 않습니까? 이를 알고 싶습니다.
> 미산梶山 : 중관은 래디컬하게 이를 부정합니다. 다만 불교에서도 윤회를 인정한다는 것은 미묘한 문제입니다.
> 상산上山 : 불교사상에서 말하면, 처음부터 이를 말해야 하지 않았을까요? 왜 도중까지는 윤회를 말하고 있는지요. 아무래도 이상한 생각이 듭니다.
> 미산梶山 : 교단은 사회로부터 분리되지만, 그럼에도 경제적으로는 사회에 의해 유지되지 않으면 안 됩니다. 그렇다면 사회를 전혀 무시할 수 없습니다. 윤회사상을 말하는 것도 이와 같아서 이러한 일반적인 가르침을 일반 신자에게 어느 정도 설하지 않으면 안 되었을 것입니다.[52]

불교는 궁극적으로는 윤회를 무명無明 세계에 사는 중생들, 즉 깨닫지 못한 사람들이 가지고 있는 망상이라고 본다. 그렇지만 중생들을 탓하지 않는다. 그들의 눈높이에 맞추어 긍정과 부정을 넘어서 설하고 있는 것이다.

왜 사람들은 이렇게 윤회에 집착하는 것일까? 그것은 바로 영혼 불멸 사상 때문이라고 생각된다. 영원히 사라지지 않는 영혼에 대한 집착이 윤회에 대한 집착을 낳는 것이다. 그렇다고 윤회사상이 전적으로 잘못된 것이라는 것은 아니다. 나름대로의 장점을 가지고 있고 어느 면에서는 긍정적인 면도 많이 있다. 예를 들어, 인과응보에 의한 육도 윤회사상은 전생에 선업을 쌓아야 후생에 좋은 인연으로 태어난다는 사상을 통해 사람들로 하여금 악행을 금하고 선행을 행하도록 유도한다. 또한 자신이 처한 불행한 삶에 대해 비관하지 않고 순응하며 살아가게 하기도 한다. 이 세상에서의 삶을 다음 생에서 다시 개선할 수도 있다. 하지만 윤회사상은 결정론적이며 숙명론적인 단점도 가지고 있다. 어떠한 면에서 불교는 이러한 고질적인 숙명론에서 해방되어야 함을 말하고 있는 것이다.

> 석존은 바라문교[브라만교] 등에서 말해지고 있던 최고신이나 브라흐만, 아트만이나 영혼 등의 실체적 존재를 인정하지 않았을 뿐만 아니라, 다른 종교나 철학에서의 결정론적인 운명설도 부정했다.
> 예들 들면, 인간의 행복이나 불행의 운명은 우주를 창조하고 지배하는 신의 의지에 의한다거나(신의설), 인간의 운명은 그 사람이 전세에 행한 선·악업에 좌우되어, 태어났을 때에 그의 생애의 활동은 예정되어 있다고 하는 것이라든가(숙업론), 인간을 구성하고 있는 지수화풍 등의 요소의 결합 상태가 좋고 나쁨에 의해서 그 사람의 운명이 태어나면서부터 결정되어 있다든가(결합론), 태어나면서부터 이미 출신이나 계급이 정해져 있어서 그것이 그 사람의 행·불행을 좌우한다든가(계급론) 하는 것과 같은 예정된 결정론을 그들은 제창하고 있었는데, 그것들은 그 어느 것도 제법무아설에 반하는 것이라고 하여 석존에 의해 배제되었다.[53]
> 성문의 가르침에 의하면 최고의 깨달음을 얻은 아라한은 윤회의 고계苦界를 벗어나서 무고안온無苦安穩의 이상인 열반의 세계에 도달하는 것을 최

후의 목적으로 삼는다. 그런데 이상계의 최고는 무여열반無餘涅槃이라 하여 육체의 사후에 얻어지며, 윤회를 벗어난 상태라 한다. 그것은 어디까지나 업보윤회의 인과를 문제 삼으며, 윤회의 고苦를 벗어나서 열반의 즐거움을 얻는 것을 목적으로 삼고, 또 그것은 자기 일신一身을 문제 삼는다.[54]

여기서 특히 주목해야 할 것은 불교의 삼법인三法印 중에 하나인 제법무아설諸法無我說에 반하는 것이라는 점이다. 법인法印이란 '법의 표식' 또는 '법의 특징'을 말한다. 법이란 쉽게 말해 세상 돌아가는 이치라 할 수 있다. 삼법인은 제행무상諸行無常, 제법무아諸法無我, 일체고행一切苦行을 말한다.[55] 제법무아란 간단히 말해 '나라고 하는 실체는 없다'는 것이며, 제법무상은 '불변하는 것은 없다'는 것이다.

그런데 무명세계의 사람들, 즉 깨닫지 못한 사람들의 눈에 세상은 윤회의 세상이며 고苦의 바다이다. 하지만 그것은 번뇌망상이며 모든 번뇌망상은 욕심에서 비롯된다.[56] 욕심이 눈을 가려 세상의 이치를 바로 보지 못하게 하는 것이다. 불교에서는 깨달음에 장애가 되는 세 가지 근본적인 번뇌를 삼독三毒이라고 하는데, 이것은 탐진치貪嗔癡, 즉 탐욕·화냄·어리석음을 말한다. 이 삼독은 한마디로 말해, 인간의 욕심을 말한다. 한편 불교에서는 이 삼독과 상반되는 삼학三學이라는 것이 있는데, 이것은 계정혜戒定慧, 즉 계율·수행·지혜를 말한다. 다시 말하면 탐욕은 계율로, 성냄은 수행으로, 어리석음은 지혜로 인해 다스려지며 해방되어야 함을 말하는 것이다.

그러면 욕심은 어디에서 오는가? 그것은 바로 나라고 하는 '아我'에 대한 집착에서 오는 것이다. 그래서 불교에서는 아집(我執 나에게 집착하는 것)이 아니라 무아無我야말로 세상의 이치이며 깨달아야 할 경지라고 말하고 있는 것이다.

영혼 불멸이나 윤회에 집착하는 것은 모두 나에 대한 집착, 나의 생존에 대한 집착에서 오는 것이다.[57] 이에 반해 탈윤회, 열반, 무아, 공은 불교가 지향하는 최종 목표다. 그러나 불교는 여기에서 멈추지 않는다. 분명 이것이 최고의 경지이며 이 이상 더 말할 것이 없음에도 불구하고 그 이상을 말한다. 왜냐하면 수행자의 병, 공에 집착하는 병, 탈윤회에 집착하는 병, 무아에 집착하는 병 때문이다.

이 세상을 떠나서 무슨 열반이 있겠는가? 세상 없는 천국이 무슨 의미가 있겠는가?

그래서 한 번 더 설명을 하는 것이다. 그래서 단지 공空이라고 말해도 되지만, 색즉시공色卽是空이며 공즉시색空卽是色이라 말하는 것이다. 생사일여生死一如인 것이며, 윤회열반輪廻涅槃이 일여一如인 것이다. 서방정토西方淨土가 다른 데 있는 것이 아니다. 산천초목山川草木이 불국토佛國土인 것이다.[58] 이렇게 함으로써 마지막 남은 이원론적인 영혼 불멸의 찌꺼기마저 제除하여 버리는 것이다. 공과 색의 분리, 생과 사의 분리, 윤회와 열반의 분리, 서방정토와 현실세계의 분리, 불국토와 이 세계의 분리가 사라지는 것이다. 그래서 지혜는 불이不二의 지혜인 것이다. 그렇다면 아我와 무아無我도 일여가 되어야 하는 것이다. 그래서 무아를 다른 말로 진아眞我라 하는 것이다. 거짓된 나를 벗어 버리고 참나를 찾는 것이다.[59] 자아에 집착하는 조그마한 나가 아니라 모든 존재와 하나로 연합하는 나이기에 소아小我라 하지 않고 대아大我라 하는 것이다.

즉 영혼 불멸의 집착을 버리고 현재의 나를 사는 것이다. 그렇기에 지혜 전통의 종교들은 진정한 영원은 영원한 불멸이 아니라 순간을 영원으로 사는 영원한 현재라고 말하고 있는 것이다. 그러한 사람에겐 죽어도 죽는 것이 아니다. 불멸不滅이 아니라 지멸止滅인 까닭이다.

5. 나가는 말

이 글은 리처드 도킨스의 『이기적 유전자』를 중심으로, 그가 말하는 유전자의 이기성 또는 유전자의 불멸성에 착안하여 영혼 불멸의 문제에 대해 접근해 보고자 하였다. 그리고 그것을 불멸성에 대한 종교적 관점에서 생각해 보았다. 정말로 도킨스는 순수하게 과학자의 입장에서, 신다윈주의의 입장에서 이기적 유전자와 밈에 대해 주장하였을지도 모른다. 그러나 적어도 종교적 관점에서 본다면, 우연의 일치인지는 몰라도, 리처드 도킨스의 주장이 고대의 영혼 불멸 사상, 주술적 또는 민간신앙으로서의 윤회 전생 사상이 주장하는 바와 너무나도 유사하다는 것을 발견할 수가 있었다. 그래서 이 글은 윤회 전생 사상과 깊은 연관성을 가지고 있는 고대 사상과 불교적 관점을 취하여 접근해 보았던 것이다.

그러나 또 한편으로는 윤회 전생의 신앙 또는 신화에서 출발하여 탈윤회를 지나 윤회와 탈윤회의 종합을 이루어 낸 불교의 사상과는 너무나도 다르다는 것을 알 수가 있었다. 그리고 이 글은 각주를 통하여 불교의 궁극적인 지향점과 기독교의 궁극적인 지향점을 지혜 전통의 입장에서 비교해 보기도 하였다.

도킨스의 말대로 자연은 어쩌면 불멸을 추구하는 본성을 가지고 있는지 모른다. 그것이 인간을 포함한 모든 자연 세계의 기저층을 이루고 있는 단위 또는 수준에서 일어나는 일인지도 모른다. 도킨스가 잠재적 불멸성이라고 부르는 그것을 아마도 종교적으로 업(카르마)이라고 부를 수 있을지도 모른다. 어쩌면 더 나아가 종교조차도 그의 말대로 자신의 소멸을 피하고 불멸을 추구하는 밈 복합체로서의 본성을 가지고 있다는 말이 사실일지도 모른다.

그러나 다른 모든 것을 제쳐 놓고서라도 적어도 불교나 기독교 영성이 궁극적으로 추구하는 것은 이와는 다르다는 점을 볼 수 있다. 어쩌면 인간 또는 인간 정신의 진화는 자연의 본성마저도 거슬러서 새로운 차원에 도달하려는 데까지 이르렀는지도 모르겠다. 물론 모든 종교, 모든 사람이 그러한 것은 아니다. 가능성으로는 무한하나, 현실로서는 미완이기 때문이다. 그것이 누구나 불성을 가진 존재라고 할지라도 무명無明과 지혜智慧 사이에 수많은 간격이 존재하고 있는 이유일 것이다. 이미 부처인 것과 이미 부처임을 깨닫는 것은 천양지차이다. 그러나 한편으로 인간은 완전한 인간으로서의 본성을 이미 배태하고 태어나는 것일까? 아니면 진화의 과정 속에서 점점 완성되어 가고 있는 것일까? 많은 지혜 전통이 전자를 지지하고 있더라도 이것은 숙고해야 할 또 다른 문제다. 필자는 둘 다 맞다고 말하고 싶다. 역설로 보일지 모르지만, 문자를 버리고 뜻만 취한다면 이 둘은 하나로 통할 수 있다고 생각한다.

종교가 잘못된 바이러스를 퍼뜨리는 불멸의 이기적 정신 유전자인 밈에 불과하다는 도킨스의 말과는 달리, 종교적 인간으로서의 인간의 의식은 영혼의 불멸, 생명의 불멸, 자아의 불멸이라는 틀을 넘어선 것에 대해 말해 왔다. 종교를 유아기적 사고라고 주장하는 도킨스의 말은 어떤 면에서는 타당하다. 실제로 그런 모습이 있기 때문이다. 그러나 종교의 층은 다양하다. 수평적으로 다양한 종교의 종류 말고도, 의식의 발달이라는 관점에서 종교에는 수직적인 수준의 차이라는 것이 존재한다고 본다. 그래서 동일 종교 내에서도 다양한 수준의 차이가 존재하는 것이다. 이것은 차별이 아니라 차이를 말하는 것이다. 필자는 종교에는 수평적 다원성만이 아니라 수직적 다원성도 존재한다고 본다. 그런데 고대 윤회 환생설과 흡사한 도킨스의 사고는 어떠한가? 오히려 도킨스야말로 과학적 지식으로는 최첨단을 달리고 있을지 몰라도, 종교적 의식으로는 고대적 사고, 유아기적 사고를 가지고 있는 것은 아닌가?

또한 불멸성 이외에도 인간을 숙주, 운반자로 보는 시각은 인간 개체를 어떤 원형적 실체(유전자)가 입고 있는 화려한 장식품에 불과한 것으로 보는 것일 뿐이다. 마치 로봇이 생존 결투에 직면하여 자신의 생존 능력을 강화하기 위해 초강력 엔진, 연발총, 미사일, 레이저 빔 등 여러 가지 장치를 다는 것과 흡사하다는 생각이 든다. 진화는 유전자 보전을 위한 적응·개선된 장치에 불과한 것인가? 그리고 이와 관련하여 인간을 생존기계로 보는 것은 근대의 기계적 세계관과 너무나도 닮아 있다. 도킨스의 사상은 (그가 비록 무신론 또는 반종교론을 주장할지라도) 종교적으로는 고대 영혼 불멸설과 윤회 환생설에 가까우며, 과학적 성향으로는 16-18세기 근대의 결정론적·기계론적·환원주의적·유물론적·과학지상주의적 세계관에 가까우며, 진화 이론은 18세기 다윈의 자연선택 이론을 취하고 있다.

인문학적인 입장에서도 유전자의 기원과 원형 보존, 불변하는 실체, 원형의 복사 또는 자기복제 등을 주장하는 도킨스의 주장은 오늘날 포스트모던적 사유 속에서 상낭히 비판 받을 여지가 많다. 포스트모던의 사유를 따른다면, 유전자 수준에서는 옳을지 몰라도 인간 정신의 수준에서는 그렇지 않다. 기원, 원형, 불변, 실체, 복사 등의 개념들은 포스트모던의 사유가 모두 거부하는 것들이기 때문이다.

이상의 글을 통해 필자는 도킨스의 이기적 유전자의 불멸성을 통하여 종교의 불멸성에 대한 일련의 생각들을 되돌아 보았다. 이 글은 도킨스의 과학 이론 자체에 대해 비판하고자 하는 의도는 전혀 가지고 있지 않다. 다만 도킨스가 언급하고 있는 종교적 문제에 대해 응답해 보고자 했던 것이었다. 그 결과 처음에 의도했던 것 이상의 소득도 있었고, 원래 의도했던 계획을 수정해야 하기도 했다.

어쨌든 도킨스에게 가장 중요한 개념은 "자기복제", "기억", "불멸"이었다. 그러나 필자는 복제보다는 결합이 새로운 것을 창조해 나가는 원동력이 아닌가 하는 생각이 든다. 아마도 자꾸 단순한 유전자 단위로 환원해 가려고 하는 도킨스라면 복제를 위하여 결합이라는 방식을 택한 것이라고 말할 것이다. 그러나 복제보다는 결합이 더 큰 것을 창조해 내지 않는가?

종교란 말은 리가멘트(ligament, 紐帶)와 같은 어원을 가진 라틴어 렐리기오 religio에서 유래한 말이다. 그리고 이는 '다시 묶는다'는 뜻을 가지고 있다. 그것은 나와 타자를 결합하는 것이며, 더 나아가 나와 신성을 하나로 묶는 것이다. 종교는 이 결합으로 인해 새로운 내가 탄생한다고 말한다. 이것은 단순한 복제라는 생각으로는 가능하지 않다고 생각한다. 진아眞我로의 새로운 탄생은 자아의 불멸이 아니라 자아와 타자의 통합을 통해서 가능한 것이며, 이것이 종교를 통해 깨닫는 진리가 아닐까?

목적 없는 합목적성과 합목적성 없는 목적

신익상 | 감리교신학대학교 박사과정

1. 유신론적 진화론 : 목적 없는 합목적성

진화론에 관한 논쟁의 핵심에는 정향성의 문제가 있다. 진화가 과연 정향 진화인가를 누고 유신론자들과 부신론자들이 대립한다. 유신론자들은 정향 진화를 선호하는 반면 무신론자들은 정향 진화를 거부한다. 정향 진화에서 가장 멀리 떨어진 유신론자들이라면 과정신학자들 정도를 들 수 있겠지만, 유신론자들이 진화의 정향성까지 포기한다는 것은 매우 어려운 일이다. 신의 의미와 가치가 너무도 축소되어 버리고 말 것이라는 두려움이 진화에 있어서의 정향성 사수와 관련되어 있는 것이다. 신의 행위divine action를 두 다리 쭉 펴고 만족스럽게 스스로에게 이해시킬 수 있을 것인가?

그런데 본고는, 정향성의 문제를 합목적성의 문제로 치환하여 생각할 수 있다고 본다. 칸트Immanuel Kant의 정의에 의하면, 합목적성은 목적과 한 벌로 이해해야 하는 개념이다. 칸트는 목적을 "어떤 개념이 대상의 원인(그 대상을 가능하게 하는 실재적 근거)으로 간주되는 한에서의 그 개념의 대상"으로, 합목적성을 "개념이 그 객관에 대하여 가지는 인과성"(『판단력비판』2판, 33.)으로 정의한다. 말하자면, 목적은 저 단 한 개의 줄 끝에 매달린 삼각형의 한 꼭지점, → (화살표)의 끝점이 가리키는 것, 그것이 원인으로부터 일어날 수 있는 결과로 볼 수밖에 없을 때 등장하는 주인공이다. 그런데 이는 '결과'라는 표상이 원인에 선행한다는 것을 보여 준다. 말하자면, '개념의 대상이 있다'고 하는 전제가, 화살표가 있다고 하는 전제가 미리 있어야 한다는 뜻인 바, 합목적성은 목적에 선행하는 것이라 하겠다. 합목적성이란 '→'가 있음에 대한 선언이기 때문이다. 목적은 화살표의 무한한 끝점에 달려 있고, 합목적성은 화살표라는 기호를 정당화한다. 합목적성이 화살표가 그려질 수 있다고 선언하기 전에, 어찌 원인과 결과를 잇는 선을 그려볼 수 있겠는가? 합목적싱이 화살표라는 표상을 선험적으로 떠오르게 하기 전에, 어찌 화살표를 그릴 수 있겠는가? 내가 모르는 것을 그릴 수는 없는 것이다.

칸트는 합목적성의 이런 우월한 지위를 이용하여 "목적 없는 합목적성"이라는 관념을 취미 판단의 범주 속에서 탄생시킨다. 말하자면, 우리가 어떤 특정의 화살표를 현재의 자료로부터, 개념의 원인이 되는 대상의 존재에도 불구하고, 그려 내지 못한다고 할지라도, 화살표를 그릴 수 있다고 하는 관념은 여전히 유효하다는 것이다. 그런데 이런 입장이 얼마나 지각 있는 유신론자들이 진화론을 수용하는 입장과 유사한가!

세계가 무수히 많은 우연을 본질적으로 내장하고 있음에도 불구하고, 그러한 세계가 어떤 의미 있는 특정한 방향으로 나아가고 있다는 가치론적인 의미 부여를 유신론적 진화론자들의 입장에서 발견하게 된다. 그들은 말한다. 저 →의 끝점은 그야말로 점, 우리가 찾아낼 수 없는 무한 제로에로의 수렴일 뿐, 결코 쉽게 도달할 수 없으리라고 말이다. 그럼에도 불구하고 그 무한회귀의 절망을 끊어 낼 희망이 있을 것이다. 그들은 이 희망에 매달린다. "세계의 생성 전체를 종합하고 영구히 보존하는 영원한 실재가 있어야만 한다"[1]고 선언한다. 그들은 이 선언의 정당성을 획득하기 위해 화이트헤드에게 호소할 수도 있다. "객체적 불멸성"이라는 관념을 붙들고서 말이다. "…화이트헤드Alfred North Whitehead는 사물의 본성 안에 과거를 절대적 소멸로부터 지켜 주는 무언가가 있어야만 한다는 사실을 명쾌하게 증명해 보였다. … 따라서 종교들이 영원성에 대한 이 일반의 인간적 직관에 덧붙여서, 사라져 가는 모든 것 이면의 깊이에 영원한 관심과 약속의 날인이 찍혀 있다는 나름의 생각을 엮어 넣는 것은 비합리적인 일이 아니다."[2] 그들은 과연 "… 종교의 역설들이(물론 과학은 여기에 접근할 수 없다.) 미완의 우주에 관한 진화론의 그림에 특히 잘 들어맞는다고 제안하고자 한다"고 장담할 수도 있다. 왜냐하면, "우리가 신에게 다가갈 수도 없고 또 신이 온전히 드러나지도 않는 것은 어떤 의미에서는 우리가 살아가는 이 우주가 여전히 생성 중에 있기 때문"[3]이라고 볼 수 있기 때문이다. 우리는 화살표가 계속 그 끝을 막음히지 않고 달려가고 있기 때문에 화살표를 완성할 수 없다. 그럼에도 불구하고 우리는 그 화살표가 완성될 것이라는 신념을 전혀 불합리하지 않게 유지할 수 있다. 화살표의 끝을 아직 그리지 못했다고 해서, 화살표가 존재하지 않으리라고 말할 수는 없기 때문이다. 사실, 이 둘은 어떤 논리적 연결고리도 없다. 보라. 진화하는 세계에 결정된 목적, 항구적인 영원성을 획득할 목적을 설정할 수는 없다. 그럼에도 불구하고, 해피엔딩에의 꿈은 여전히 꾸어질 수 있다.

이른바 진화하는 우주의 개방성은 양자역학의 도움을 받아 형이상학적 비결정론의 형태를 골격으로 갖는 '비-국소적 실재론non-local realism'[4]으로 요약할 수도 있을 것이다. 이러한 관점은 통계적인 세계가 실재 세계라고 주장한다. 말하자면, 정확하게 예측할 수 없다는 사태가 그대로 사실이라는 것이다. 이 지점에서 신의 개입을 말할 수 있다. "신은 (양자의) 우연성을 창조함으로써 (고전적) 세계를 창조한다 ···."[5]

이러한 생각이 생물학적 진화의 문제와 만날 때 어떤 이야기가 만들어질 수 있을까? 로버트 러셀Robert J. Russell은 다음과 같이 말한다. "신은 자신의 행위를 통해 섭리적으로 생물학적 진화를 형성하고 인도한다. 이때 신의 행위는 특정한 유전적 돌연변이의 기초가 되는 양자역학적 과정 안에서 그 효과를 발휘한다. 우리는 이 행위를 객관적이면서도 비개입주의적인 특별한 신의 행위의 한 형태로 간주할 수 있다. DNA 분자에서의 특정한 양자 사건들 안에서 이루어지는 신의 행위는 특정한 유전자 돌연변이들을 현실화시키는 효과를 지닌다. ··· 이러저러한 방식으로, 신은 자신의 목적을 향해 진화를 이끌어간다."[6] 자연에서 벌어지는 모든 사건event은 사실 '신+자연'의 활동이라고 그가 말할 때,[7] 그가 염두에 둔 것은 아마도 진화하는 자연의 맹목(우연) 속에서 신의 목적은 성취되고 있다는 의미일 것이다. 자연은 목적이 없으나 신은 목적이 있어서 그 목적을 향한다는 점에서 자연은 합목적적이다. 우연이 맹목으로 끝나지 않고 가능성으로 남을 수 있는 이유에 "신의 의도"가 위치한다. 이러한 관점을 달리 표현하면, 자연의 진화는 "목적 없는 합목적성"을 특징으로 한다고 할 수 있을 것이다. 특기할 것은, 그러한 합목적성의 발원지는 바로 소립자 수준의 두드러진 비결정론의 세계라는 것이다. 그는 비국소적인 실재론을 말함으로써 비결정성을 존재의 본질적 특성으로 수용한다. 양자역학이라는 과학적 근거를 가지고서 말이다. 따라서 그가 말하는 신은 틈새의 신God of gap이 아니냐는 비판을 피해 갈 수가 있다. 틈새는 인식의 문제가 아니라 존재 자체의 특성이 되기 때문이다.

하지만 러셀의 생각에는 적어도 두 가지의 비평을 가할 수 있다. 하나는, 자연 자체의 목적에 대해서는 거의 말하지 않는다는 것이다. 확실히 그의 논리를 따르자면 극단적인 예정론으로 기울 소지가 많다. 그의 전체적인 논지는 신의 활동을 위한 자리를 마련하기 위해 힘쓴 나머지 자연의 능동적인 측면을 소홀히 하고 있다는 인상을 준다. 그가 아무리 '신+자연'을 말한다고 하더라도, 그것을 그가 내세우는 양자역학과 일관성 있게 연결시키기 위해서는 설명이 더 필요한 것이다. 실로 양자역학의 논리를 따를 때, 작은 세계에서의 확률적인 비결정성은 큰 세계로 넘어올수록 희미해진다. 커질수록 결정적이 되는 것이다. 러셀이 때로는 양자론의 세계와 고전역학의 세계가 양분되는 것처럼 진술하고 있지만, 사실 고전역학은 양자역학의 이상화된 근사라고 할 수 있다. 이 세계에서 저 세계로의 전이의 문제가 아니라는 말이다. 거시 세계에서의 결정성의 문제는 양자역학 자체가 이미 담고 있는 사실인 것이다. 이 지점에서 프리고진Ilya Prigogine이 전하는 바,

> 서양의 인본주의적 전통에는 뿌리 깊은 모순이 있다. 한편으로는 자연을 명백하게 이해하려고 노력하면서, 다른 한편으로는 민주주의의 이상을 이룩하기 위해서 우리의 책임감과 선택의 자유를 강조해 왔다. 그러나 자연이 결정론적 과학으로 지배된다면 이런 전통이 모순일 수밖에 없다는 사실은 칼 포퍼를 비롯한 많은 철학자들이 지적했다.[8]

라는 말이 고전역학에서와 마찬가지로 양자역학에 있어서도 의미심장하게 다가오게 되는 것이다. 따라서 (고전역학의 경우에도 그렇듯이) 양자역학만을 가지고서는 우리가 직접 경험하고 있는 우리의 자유의지나 목적을 설명할

수 없다. 하지만 우리가 경험하고 있는 (우리 자신을 포함해서) 세상은 우연뿐만 아니라 의지와 목적 또한 넘쳐난다. 그럼에도 불구하고 러셀이 소립자 수준의 비결정성에서의 비개입주의적인(!) 신의 작용이 거시적인 세계에서의 결정성을 낳는 것이라고 말하고자 한다면,[9] 참으로 우리의 자유의지는 보잘 것 없는 허깨비가 되고 말 것이다. 이러한 상황을 피하기 위해서 러셀은 이신론적인 발상을 현대적으로 전개하고 있다고 할 수 있다. 신은 소립자 수준에서 우연적인 요소들을 가능성으로서 창조하고, 자연은 이 가능성 중에서 어떤 것을 자유롭게 선택함으로써 신의 섭리 내에서 자유를 향유한다는 것이다. 하지만 이것은 양자역학에 대한 러셀의 오해다. 이것이 두 번째로 비평해야 할 부분인데, 그는 양자역학 자체가 카오스 이론을 담고 있는 것처럼 말한다는 점이다. 그가 말하는 "양자적 혼돈"[10]이란 무엇을 말하는 것일까? 아마도, 이를테면 슈뢰딩거 방정식의 해가 확률로서만 의미를 갖는다는 측면을 말하는 것이리라. 그러나 슈뢰딩거 방정식 자체는 "결정론적"이다. 그것은 궤적을 그리지 않고 파동함수를 나타내지만, 고전역학에서와 마찬가지로 시간 가역적이다. 따라서 양자역학이 비결정적이고 비가역적인 영역에까지 도달하기 위해서는 양자역학 바깥에서 찾아져야 할 무엇인가가 더 있는 것이다. 다시 말해서, 양자역학이 혼돈을 정확하게 짚을 수 있으려면 자기 혼자 힘으로는 안 되고 카오스 이론과 결합되어야 한다는 말이다. 이에 대한 상세한 주장은 프리고진에게서 들을 수 있다.[11] 결국 러셀의 주장은 더 탄탄한 논리를 갖출 필요성이 있다.

그럼에도 불구하고, 러셀이건 호트John Haught건 자연과학과 신학의 대화를 시도하면서 신학 속으로 과학을 수용하고자 시도하는 사람들의 견해는 비교적 일치한다. 자연 자체가 가지고 있는 우연성으로 인해 빚어지는 자연의 무목적성에도 불구하고, 그 자연의 무목적성을 인도해 내는 신의 의도가 분명히 있다는 것이다. 말하자면, 자연의 합목적성이 신의 의도라는 방식으로 보장된다고 주장하고 있다고 하겠다. 그리고 이 주장을 칸트가 설명하는 "목적 없는 합목적성"에 견줄 수 있다.

칸트에 의할 때, "저 꽃이 아름답다"고 하는 사태는 '꽃'이라는 객관에 대한 것이 아니다. 그 꽃의 아름다움은 그 꽃을 감상하는 사람 쪽에서 벌어지는 주관적인 사태인 것이다. 그러나 이 사태는 한편으로는 감상하는 주체의 의도된 목적과는 상관없이 벌어지는 것이다. 다만 그 꽃의 표상이 "상상력과 오성으로 하여금 자유롭게 유희하도록"[12] 할 때, 일어나는 사태이다. 이때 아름다움은 홀연히 "합목적성의 형식"으로서 떠오르게 된다. 꽃 쪽에서도 감상하는 사람 쪽에서도 그 목적은 배제된 채, 인식 능력의 조화로운 관계에 대한 감정을 통해서만 미적 판단은 규정된다.

이와 유사하게 유신론적 진화론자들은 진화의 국면에서, 예컨대 DNA를 바라볼 때, 그것을 '자연+신'의 활동의 장으로 본다. DNA의 여하한 활동도 다만 DNA에 대한 것이 아니다. DNA 자체는 그 어떤 목적도 없는 것으로 수용함으로써 과학자 주류들이 생각하는 바를 반영한다. 그것은 과학이다. 그 다음에는, 바로 그 과학의 다른 쪽에서는 우주의 비결정적인 성질을 보여 준다는 주장이 있음을 상기한다. 그 주장은 신이 우연을 통해 창조할 수 있는 공간을 확보케 한다는 형이상학적 대전제를 가능케 한다는 사실을 발견(!)한다. 진화생물학적 함의를 통해서 자연의 '목적 없음'을 긍정하고, 양자물리학적 함의를 통해서 합목적성의 가능성을 타진한다. 이 둘의 조합이 없이, 자연의 활동은 일어나지 않을 것이다. 우주의 역사는 "목적 없는 합목적성"의 역사다. DNA의 유전자 정보라는 표상이 "신의 상상력과 오성으로 하여금 자유롭게 유희하도록" 할 때, 비로소 진화는 "합목적성의 형식"으로 떠오른다는 것이다.

2. 호모 심비우스 : 합목적성 없는 목적

최재천은 생명이란 무엇인가에 대해 설명하는 가운데 인간의 위치를 찾고, 인간에게 호모 심비우스Homo Symbious, 즉 공생인이라는 독창적인 학명을 부여함으로써 그러한 위치에서 인간에게 주어지는 역할을 제시한다. 더하여 그 가운데 진화의 과정에서 종교에게 무엇인가 자신의 역할을 할 수 있는 여지를 마련하고자 하였다.

그가 공생이라는 개념에 초점을 맞춤으로써 진화의 역사에 따뜻한 시선을 보내는 이유에는 생태학적인 입장과 동물행동학적인 입장이 있다. 그는 '니치niche'[13]라는 생태학적 개념을 통해서 생물과 환경 간의 조화로운 관계, 또는 생물이 그 환경에 대해 갖는 역할과 지위를 부각시킨다. 애초에 니치라는 개념은 경쟁을 설명하기 위해 만들어졌으나 그는 자연선택의 중요한 방법에는 경쟁만 있는 것이 아니라 공생도 있다는 사실을 동물행동학적 관찰을 통해서 예증한다. 거기에는 포식predation도 있고 기생parasitism도 있지만, 공생symbiosis, 특히 편리공생이 아닌 상리공생mutualism이 있다는 것이다. 그리고 이러한 공생이야말로 그 어떤 자연선택의 방법보다도 성공적임을 그는 발견한다.

> "모두가 팽팽하게 경쟁만 하며 종종 서로 손해를 보며 사는 사회에서 서로 도우며 함께 잘 사는 방법을 터득한 생물도 뜻밖에 많다는 사실을 발견하게 되었다. 경쟁관계에 있는 생물들이 기껏해야 제로섬 게임을 하는 데 비해 어우름을 실천하는 생물들은 그 한계를 넘어 더 큰 발전을 할 수 있다."[14]

이러한 아이디어들이 어떻게 공생인이라는 인간 이해로 나아가며, 그 과정 속에서 어떻게 합목적성 없는 목적이라는 전제가 드러나는가를 살펴보도록 하자.

최재천은 '생명체의 입장'에서 보면 생명의 한계성인 죽음이 필연적이지만 '유전자의 입장'에서 볼 경우 생명은 죽지 않고 계속 이어지는 것(영속성perpetuity)[15]이며 이야말로 생명의 진면목이라고 말한다. 진화의 과정에서 자연선택이 이루어지는 것은 개체가 아니라 유전자라는 것이다. 그런데 관찰되는 모든 DNA가 모든 생명체에서 동일한 바, 모든 생명은 태초에 우연히 생성된 DNA를 그대로 이어받아 하나로 연결되어 있다(연속성continuity).[16] 이러한 유전자 중심의 생명 이해가 자연선택 이론에 접목되면서 인간과 다른 생명체들을 다르게 보지 않는 일원론monism과 진화가 목적성이나 방향성을 가지지 않고 우연히 일어나는 것이라는 우연성fortuity의 관점을 획득하는 것이 가능하게 된다. 이 관점에 설 경우, 진화를 인간으로 수렴하는 목적론적이고 진보적인 시각에서 바라보면서 인간은 다른 생명체들보다 더 우월한 존재라고 하는 인간중심주의는 거부할 수밖에 없을 것이다. 그래서 최재천은 오만을 버린 겸손한 인간을 역설한다.

"인간이 진화의 결과로 탄생한 것은 분명하지만 진화가 우리 인류를 탄생시키기 위해 만들어진 과정은 아니다. 자연선택은 어떤 목표를 향해 합목적적으로 진행되는 미래지향적 과정도 아니며 보다 나은 미래를 위해 모든 합리적인 해결 방법을 총동원할 수 있는 공학적인 과정도 아니다. 그래서 적자생존의 과정을 수없이 반복하고 난 결과는 … 완벽한 인간의 등장일 수밖에 없다는 식의 생각은 지나친 인본주의 또는 인간중심주의의 결과에 지나지 않는다."[17]

최재천이 말하는 인간은 다른 생명체들과 동일선상에서 공평하게 바라보아야 하는 대상으로서 유전자에서 단백질로, 단백질에서 구조・형태로, 구조로부터 행동으로, 그 행동의 얽힘이 만들어 내는 문화로 이어지는 도상에 있는 존재다. 다만, 단백질 이후부터는 한 단계 지날 때마다 변이가 더욱 커지게 되는데, 이것이 생명체에 자유와 차이를 허락하는 것이다. 그리하여 인간에 관계된 모든 것은 다른 생명체들과 마찬가지로 유전자에 그 뿌리를 두고 있다. 유전자는 다만 자신의 복사체만을 만들어 낼 뿐이지만, 그 결과는 복제를 추구하기 위한 이기적인 것으로 귀결하게 되는 것이며, 도덕성이나 여타의 인간 활동 또한 그러하다는 것이다. 여기서 유의할 것은 이기성은 유전자의 본성이 아니라는 사실이다. 유전자의 자기복제 추구가 가져온 결과일 뿐인 것이다.[18] 이제 모든 것이 유전자의 결과일 뿐이다. 유전자의 자기복제가 물질적인 하부구조를 이루고 있다. 그리고 이 하부구조가 만물의 토대다. 근원이다. " … 영혼도 결국 물질의 표현일 수밖에 없다 … 한 사람의 영혼이란 부모로부터 물려받은 DNA 위에 세상을 살며 터득한 온갖 지식들이 한데 어울려 엮어진 산물"[19]이다.

그는 또한 공생을 유전자의 생존 전략의 산물로 보면서 단순히 경쟁관계에 있는 생물들보다 공생을 실천하는 생물들이 더 생존과 발전에 유리하다고 말한다. 이 지점에서 그는 호모 심비우스, 즉 공생인이라는 학명을 제안하면서 인간이 앞으로 나아가야 할 바를 제시하였다. 이는 사회생물학이 유전자 결정론을 지향하는 것은 아니라는 점과 관련되는데, 유전자는 반드시 환경과의 밀접한 관계 속에서 진화해 가는 것이기 때문이다(니치). 유전자가 환경과 어떤 관계를 맺는 것이 자신에게 유리할 것이냐 할 때 그는 공생을 꼽는 것이며, 이것을 추구하는 것에 인간의 사명을 보았다. 그러면서 그는 현대인을 타임머신을 타고 온 원시인으로서 스스로 변화시킨 환경에 그 몸과 정신을 적응시킬 틈도 없이 등 떠밀려 살고 있는 사람들로 바라보면서, 이러한 원시인들을 공생인으로 거듭나게 할 사명을 종교에 지우고자 하였다.

그런데 공생이 어떻게 유전자의 관점에서 합리적으로 설명될 수 있을 것인가? 우선, 신다윈주의의 입장에서 공생을 설명해 내기 위한 이론들이 진화생물학자들에 의해서 나온 바 있다는 점을 요약해 보자. 해밀턴William Hamilton은 '혈연선택kin selection' 이라는 개념을 통해서 유전적 근연관계가 가장 가까운 개체를 도움으로써 유전자의 복제를 돕는다고 설명한다.[20] 하지만 유전자를 공유하지 않는 개체들 간의 희생과 협력이 일어나는 이유를 혈연선택은 잘 설명하지 못한다. 이에 대한 대안으로 제시된 것이 바로 트리버즈Robert Trivers가 내놓은 '상호호혜이론' 이다. 유전자 수준에서 볼 때, 개체가 다른 개체를 돕는 것은 그 개체가 도움을 되돌려줄 수 있기 때문이라는 것이다.[21]

다른 한편, 공생을 지지하기 위해서 출발하는 이론으로 비대칭이론skew theory[22]을 들 수 있다. 강자는 반드시 약자에게 일부를 나눌 줄 알아야 어떤 동물사회든 오래 유지할 수 있다는 것이다. 그러나 이 이론은 단일 동물사회 안에서의 공생을 말하는 것에 한한다. 작금의 사태는 인간 사회가 '반자연적' 인 경향을 보인다는 것이다. 이에 대해 최재천은 좀 다른 견해를 보이는데, 인간은 결국 자연의 일부이며, 다른 모든 생물들도 자연을 바꾸는 과정에서 어떤 면에서는 '반자연적' 으로 파괴하는 경우가 상당하다는 현실적인 상황에 근거해서 그렇다. 인간의 문제는 자연을 바꾸는 것 자체에 있는 것이 아니라 그러한 활동이 자연이 받아들일 수 있는 정도를 넘어설 정도로 그 개체 수가 많아졌다는 데 있다. 그렇다면 인간은 어떻게 이렇게 자연에 위협적일 정도로 번성하는 성공을 거두었을까? 바로 자연과 공생하는 방법을 터득한 데 있다는 것이 그의 주장이다. "함께 할 줄 알았기 때문에 성공했는데, 성공이 지나치다 보니 언제부터인가 공생의 지혜를 잃어버린"[23] 것이다. 그러면서도 그는 낙관주의자이다. 결국 인간은 공생의 윤리를 잃어버리지 않을 것이라고 보기 때문이다. 그러면서 그러한 희망의 전초기지에 종교를 둔다. 그렇다면 그가 말하는 "종교란 사실 어떤 교敎라기보다는 인간의 윤리적인 감성이랄까 도덕적인 성향"[24]이다.

어떤 면에서 최재천은 칸트와 같은 길을 걷고 있는 듯하다. 모든 것의 극치에 윤리학이 자리하고 있는 것이니 말이다. 칸트의 미학에서 윤리는 이성의 완성이며 극치로서 나타난다. 칸트에게 인간이 초월할 수 있는 곳은 도덕성이다. 최재천에겐 인간이 생존할 수 있는 이유가 바로 도덕성이 되겠다. 칸트에겐 도덕성이 이성의 이념으로서 아무리 추구해도 도달할 수 없는 저 이데아라면, 최재천에겐 도덕성이 진화의 산물인 공생이라고 하는 관계적 개념이다. 전자는 초월적인 개념이라면 후자는 경험적인 개념이라고 할 것이다. 이러한 차이들을 토대로 하는 또 하나 특기할 차이는, 전자는 '목적 없는 합목적성'을 취미 판단의 한 계기로 둠으로써 자연과 자유, 또는 도덕성을 잇는 점근선적 다리의 하부구조를 구성하고 있다면, 후자는 '합목적성 없는 목적'이라 할 것을 내장하는 선형구조를 가지고 있다는 것이다. '합목적성 없는 목적'이라는 말이 의미하는 바는, 목적이 진화의 산물이라는 최재천의 함의에 대한 칸트적 비틂이다. 그는 우리가 개체의 수준에서 들어앉아 있는 모든 문화가, 또 그 문화가 품고 있는 다양한 지향이 환경과의 밀접한 관계 속에서 진행되는 진화의 산물이라고 본다. 우리가 무엇을 추구하든 그것은 진화의 결과일 뿐이다. (특히 개체 수준에서의) 목적은 애초에 어떤 지향이 상정될 수 있다는 전제에서 생겨난 것이 아니다. 합목적성이라는 선험적 전제는 진화 속에 없다. 우리 유전자 속에 없다. 그래서 우리가 현재 향유하고 있는 목적이 있다면, 그것은 "합목적성 없는 목적"인 것이다.

그러나 윤리학과 종교를 거의 구분하지 않는 최재천의 태도는 칸트가 독단론의 혐의를 받고 있는 것과 또 다른 이유에서 어떤 한계를 지적할 수 있게 한다. 이는 자기모순이라 할 것인데, 윤리학을 수호하고 진작시켜야 할 종교는 그가 의도하는 합목적성 없음을 수용하지 않는 체계이기 때문이다. 그 체계에 대고 합목적성 없음으로서의 목적인 윤리학을 강요하는 꼴이 되고 있는 것이다. 그는 자신의 휴머니즘을 어떻게든 더 정교하게 다듬어야 할 뿐만 아니라, 환원주의의 폭력성을 제거해야 한다. 아니면, 어떻게 합목적성 없는 목적의 하나가 바로 합목적성(종교)이 될 수 있었던 것인지를 논리적으로 해명해야 할 것이다. 기왕에 과학적인 작업으로서 호모 심비우스를 말하고 있는 것이라면 말이다.

3. 결론

본고는 유신론적 진화론자들과 무신론적 진화론자들과의 논의가 어떤 점에서 차이가 나는가를 극명하게 대비하고자 하는 기획으로 목적과 합목적성의 관계를 양자가 어떻게 보고 있는가를 살펴보았다. 이것이 각각 목적 없는 합목적성과 합목적성 없는 목적이라는 것으로 표현된 것이다. 본고는 이러한 표현들이 함의하는 바를 숙고할 과정을 독자의 몫으로 돌림으로써 상상력과 오성의 또 다른 자유로운 유희를 선물로 남기고자 한다.

다만 부연할 것은, 과학자들이 전개하는 종교와의 대화 시도에는 신학자들이 과학과 대화하고자 할 때 발생하는 것과 비슷한 문제가 하나 있음을 발견하게 된다는 사실이다. 과학자들은 신학에, 또는 종교에 익숙지 않다. 서로 다른 언어 게임에 익숙지 않은 채 자신의 언어 게임 룰을 확대 적용하는 경우가 발생하든가, 상대방의 언어를 잘못 사용하든가 하는 경우가 생기는 것이다. 최재천의 경우 문제는 종교를 자의적으로 규정하고 역할을 부여한다는 데 있다. 신학적이거나 아니면 종교적인 담론들에 익숙지 않은 까닭이라고 생각해 본다.

그리하여, 과학과 종교 간의 대화에서 필수적인 것은 듣는 것이다. 들음이 없이 말할 수는 없는 것 아니겠는가. 양자 간의 번역 시스템을 개발하고자 하는 의욕을 좀 더 뒤로 접어 두고 상대방이 하는 말을 이해할 수 있을 때까지 들어 보자. 그때까지 과학은 신학을 볼 수 없다. 신학이 과학에 대하여 그러하듯이 말이다. 말하자면, 통섭이라고 하는 기획은 자신이 할 수 있는 것보다 더 큰 꿈을 갖고 있는 듯하다. 그것은 도킨스Richard Dawkins가 가끔 의아스럽게 생각하며 불평하고 있는 데시 엿볼 수 있듯이,[25] 생물학과 물리학의 거리를 어떻게 좁힐 수 있는가의 문제도 포함한다. 사회생물학적 통섭은 물리학적 접근과 일정 정도 차이가 있다고 할 수 있겠는데, 우연성의 문제만 하더라도, 물리학은 양자역학의 힘을 빌려서 소립자 수준에서 우연성의 존재론적 측면을 지적해 낼 개연성을 제시하지만, 사회생물학자들은 우연성을 거시적 세계에서 드러나는 진화 메커니즘 자체의 본질적 특성으로 간주한다. 따라서 생물학과 물리학 간의 대화 또한 통섭이라는 기획의 또 다른 과제물이 될 것 같다.

과연 여럿 중에서 하나를 잘만 골라 내면, 그 하나가 다른 것들을 다 포함하는 행운이 존재할까? 실재의 다양한 층위를 인정하는 사람들에게는 여전히 부정적인 통섭의 관점을 통섭론자들이 어떻게 잘 정리해 나갈 것인지 그 귀추가 주목된다.

진화론과 지적 설계론에 대한 신학적 저항의 모색
- 우연의 신학적 해석으로서 목적성과 창조성[1]

박일준 | 감리교신학대학교

1. 서론

진화론과 지적 설계론의 두 입장들 사이의 이슈를 한마디로 정리하자면, 오래 전 자끄 모노가 발표했던 책의 제목, '우연과 필연'이 아닐까 생각한다. 생명 기원의 우연성 혹은 무작위성이 진화론을 기표하는 언어들이라면, 하나님의 섭리와 계획이 소위 '성서적' 창조론의 기본 입장이라 여겨지기 때문이다. 본고는 우선 이러한 단순한 이분법적 도식이 기독교적 창조론 그리고 창조주 하나님 교리의 기본 토대와 잘 들어맞지 않음을 논구하고자 한다. 오히려 세상의 체제와 논리의 눈으로 보면, 우연적이고 부차적이고 잉여적인 것을 통해 하나님은 창조와 새 창조를 말씀으로 전하고 계시며, 우연성의 개입에 의한 창조를 통해 하나님은 인간의 논리와 계획과 이성의 체제를 끊임없이 해체de/construction하고 계시다. 이렇게 우리 인간이 구축한 지식 체제와 권력으로부터 배제된 것들을 통하여 하나님은 가난하고 낮은 자들에게 임하신다는 것은 곧 그들의 다양한 억압과 착취의 조건들에 대하여 '우리가 예기치 못한' 방식으로 혹은 '우연으로 간주되는 방식으로' 개입하신다는 것을 의미하며, 이는 우리 인간의 눈으로 보기에 미리 설계되었거나 작정되었던 것이 아니라, 오히려 우리가 '계획하고 구성하고 설계한 것들'을 부수며 도래하는 것을 의미할 것이다.

따라서 본고에서는 '지적 설계론'이 함축하는 근대 이신론적 신관을 까탈스럽게 문제 삼을 것이다. 우주의 모든 것을 설계하신 하나님을 강조한 근대 이신론의 신관은 결국 낮은 자들을 향해 임하시는 하나님의 성육신론을 약화시킬 수밖에 없었으며, 낮은 자들과 함께 하는 하나님의 얼굴이 보이지 않을 때, 그 가난한 자들은 착취의 대상으로 쉽게 계수되었던 근대의 역사를 주지하고자 한다. 아울러, 진화 이론 자체에는 담겨 있지 않았던 무목적성randomness이나 자연발생spontaneity이 이론의 필요한 변수의 차원이 아니라, 이론 자체의 함축성으로 확대해석하면서 발생하는 과학적 문자주의의 문제는 우리 시대가 처한 과학적 맹신주의의 문제를 우회하는 지식권력의 기제임을 지적하고자 한다.

2. 종교와 과학에서 우발성의 문제 : 목적성과 창조성, 그 우연의 해석학

진화론의 문제에서 기독교와 과학은 "우발성accident"을 주제로 충돌한다고 말해지기도 한다. 하지만 이러한 통상의 이미지는 각 분야에 대한 피상적인 이해에 근거하거나 전반적인 이미지에 근거한 경우가 더 많다. 예를 들어 자연과학 분야가 "우발성"에 근거한다는 것은 근거 있는 이야기일까? 여기서 문득 양자역학의 확률성을 예로 들면서, 우주 과정은 우연적 확률에 그 존재를 근거해 있다고 말할지도 모른다. 각 개별 존재들은 양자역학이 적용되는 차원에서 그렇게 확률에 근거하여 존재했다 소멸하기를 반복할지 모르지만, 적어도 확률의 법칙만큼은 규칙적이다. 무규칙적인 전적인 우연 발생을 말하는 과학 분야는, 필자의 짧은 상식으로, 없다. 자연 법칙의 규칙성은 오히려 창조주라는 존재의 기적적이고 전적인 개입을 말하는 신학 담론에 대항하여 근대 시대 내내 주장하던 과학 방법론이다. 자연은 규칙적이다. 그렇기에 자연을 연구하는 학문 분야들은 자연 안에 담긴 법칙들의 규칙성에 근거하여 이론들을 세우고 가설을 설정하여 실험해 나갈 수 있었다. 근대 과학의 시조들인 데카르트, 라이프니츠, 뉴턴 등은 오히려 과학은 자연 과정의 규칙성과 필연성을 말하면서, 신앙의 분야를 기적적이고 우연한 것들을 말하는 분야로 한정하거나 혹은 규칙성 자체가 하나님의 속성에 근거하고 있다고 보기도 하였다. 지금의 우연/필연 = 진화/창조 = 과학/신학의 대칭 구조와는 사뭇 다른 담론의 구조를 갖고 있었던 셈이다. 과학 분야에서 우발성 혹은 우연성이 개입되고 있다는 말은 특정한 담론 맥락에서만 유효한데, 태초부터 하나님이 계획하고 목적하신 대로 우주의 혹은 자연의 사건이 예인되어 간다는 기독교적 창조관과 대립하는 진화론적 자연/생명관이라는 맥락에서만 그렇다. 그리고 이러한 대립 구조는 미국이라는 특수한 지적 문화적 풍토에서 벌어진 창조/진화 논쟁과 재판들로 인해 공고해졌다. 하지만 이 생명의 시작이라는 관점에서 충돌하고 있는 것은 사실 우연/필연의 대립 구조가 아니다. 생명의 시작에 하나님의 손길이 개입되어 있느냐 아니면 자연발생적으로 일어났느냐의 문제이다. 다시 말하자면, 우연/필연의 대립적 구조가 종교/과학 혹은 기독교/생물학 또는 창조/진화의 대립 구조로 발전해 나아가기 시작했던 것은 과학의 논리나 종교 혹은 신학의 논리 때문이 아니었다. 거기에는 이러한 논리가 발전되어 나갈 수밖에 없었던 사회적·문화적·경제적·정치적 요인들이 있었다. 우리가 진화/창조의 구조를 구성하는 대칭적 이분법들을 좀 더 세심히 관찰한다면 우리는 그러한 대칭적 구조들이 얼핏 보이는 바와는 달리 매우 모순적인 대칭 구조를 담지하고 있음을 보게 된다. 근대 과학의 융성기에 가졌던 대칭 구조와 소위 원숭이 재판 이후의 대칭 구조가 정확히 딱 들어맞지는 않는다는 것이다. 따라서 진화/창조의 문제를 목적, 필연, 창조 / 임의성, 우연성, 진화 식의 이분법적 구조의 연장선에 놓는다는 것은 우리의 논의 구조가 원숭이 재판을 벌였던 정치·경제·사회적 구조와 동일하다는 것을 의미할 뿐, '진화와 창조론의 의미 있는 대화'를 진척시켜 나가기에는 빈약한 논리를 갖는다는 것을 의미한다. 따라서 필자는 진화/창조의 담론을 새로운 담론 구조에서 조망하기를 제안한다. 그것은 곧 '우연성'의 논의 범주로 나아가 보자는 것이다. 준비되고 계획된 것 혹은 의미 있고 방향성을 갖는다는 말의 반대 의미를 지닌 우연성은 사실 신학적 담론의 언어이다. 하지만 신학 분야에서뿐만 아니라 과학 분야에서도 이 용어는 상대방의 논리를 폄하하기 위한 용어로 우선적으로 사용된다. 예를 들어 우리에게는 태초부터 계획된 목적이 있다거나 혹은 우리는 진화의 법칙으로부터 "기대되는 바" the expected라는 주장들은 곧 신학이든 과학이든 이 '우연성'에 담지된 부정성을 의식하고 있음을 보여준다. 그런데 신학적 창조론은 이 우연성에 달라붙은 우리의 부정적 감수성에 정확히 반하여, 바로 그 부정적인 힘이 하나님의 창조성임을 주장하는 것이다.

우연성 개념은 사실 생물학 담론 내에서도 매우 애매모호한 자리를 차지하는데, 예를 들어 도킨스는 『이기적 유전자』라는 책을 통하여 유전자의 작동 기제는 자기 스스로의 '복사와 전달'에 있으며 모든 생명의 작동 방식은 이 '이기적' 방식에 기반하여 작동한다고 하였다. 그런데 책을 읽어 나가다 보면 우리는 묘한 역설을 접하게 된다. 도킨스가 설명하고 있는 것은 비단 유전자에 국한된 것이 아니라, 유전자보다 더 근원적인 기제, 즉 '자기 - 복제자' self-replicator와 그 '운송체' vehicle라는 것이다. 이 자기 복사자는 단지 생물학적인 유전자의 차원에 국한된 것이 아니라, 문화 차원에서 '밈' meme이라는 형태로 존재하며, 따라서 반복하자면 우리의 생물학적이고 육체적인 차원은 '유전자'에 의해, 정신적이고 문화적인 차원은 '밈'에 의해 지배되는데, 유전자와 밈은 모두 '자기 - 복사자'의 작동 기제를 공유하며, 바로 이 기제가 생명과 문화를 예인해 가는 힘이다. 그런데 도킨스의 이기적 유전자 이론은 역설적으로 우리가 유전자의 지배를 받는 운반체로서 우리의 삶과 문화와 정신이 그 생물학적 근본 기제에 의해 전적으로 결정된다는 것을 말하려는 것이 아니다. 오히려 우리는 그러한 결정론적 기제에 맞서 우리의 삶을 스스로 개선해 나갈 수 있는 '주체성' subjectivity을 갖고 있다고 말한다. 그의 말로 직접 인용해 보자:

> 우리에게는 우리를 낳아 준 이기적 유전자에 반항하거나 더 필요하다면 우리를 교화시킨 이기적 밈에게도 반항할 힘이 있다. 순수하고 사욕이 없는 이타주의라는 것은 자연계에는 안주할 여지가 없고 세계의 전 역사를 통해 과거에 존재한 예도 없다. 그러나 우리는 그것을 의식적으로 육성하고 교육하는 방법도 논할 수 있다. 우리는 유전자 기계로서 조립되어 밈 기계로서 교화되어 있다. 그러나 우리에게는 이들의 창조자에게 대항할 힘이 있다. 이 지구에서는 우리 인간만이 유일하게 이기적인 자기 복제자들의 전제에 반항할 수 있다.[2]

도킨스는 자기-복제자 기제들이 어떻게 생물학적으로 '유전자 기제'를 발생시킬 수 있었는지 혹은 유전자 기제로부터 '밈'이 발생할 수 있었는지에 대하여 전혀 설명하지 않는다. 그저 이 '이기적' 자기 복사자의 운영 방식이 유전자와 밈을 지배해 나간다고 말한다. 이때 생명의 세계에서 '자연 발생'이나 '우연 발생'은 당연한 것으로 전제되어진다. 위의 인용문은 유전자나 밈의 기제로부터 어떻게 우리 인간이 그들과 구별된 '주체' 혹은 '자아'의 구조를 갖게 되었는지를 설명하지 않는다. 오히려 우리는 그 이기적 기제들로부터 '당연히' 자연스럽게 발생해 왔고, 그래서 각 기제는 이전 기제들이 담지하고 있지 않는 새롭고 창조적인 발생물이며, 각각의 창조적 발생물들은 그들 나름대로의 주체 구조를 자연스럽게 담지하고 있음을 도킨스는 당연시한다. 따라서, 우리가 도킨스의 (인용문에 드러난) 말을 철저히 따라간다면, 우리는 유전자들의 부산물에 불과한 것이 아니라, 유전자나 밈이 갖고 있지 못한 창조적 주체성을 갖고 있다. 바로 그것이 우리로 하여금 '이타주의'를 "의식적으로 육성하고 교육하는 방법"을 생각하도록 한다고 도킨스는 말한다. 이때 도킨스는 자신이 말하고 있는 것이 어떤 틈과 모순을 담지하고 있는지 숙고해 보는 데에는 전혀 관심이 없어 보인다. 하지만, 복제자가 운반체의 마음을 창출하려는 것만큼이나, 운반체는 복제자에 저항하여 자신만의 주체성을 간직하려는 욕구가 있음을 도킨스가 위 인용문을 통해 드러내고 있는 것만은 분명한 것 같다. 여기서 필자는 도킨스의 생각이 과학적으로 사실인지 혹은 이론에 그치고 마는 것인지 혹은 자신의 개인적인 바람인지를 밝히는 데에는 관심이 없다. 다만 중요한 것은 도킨스가 '이기적 유전자'를 통해 보여주고 있는 생명의 구조는 전적인 '창조성의 개입'을 보여주고 있다는 것이다. 다시 말해 자기-복제자 기제로부터 유전적인 생물학 기제가 발생한 것도, 유전 기제로부터 문화 기제로서

'밈'이 발생하게 된 것도, 그 두 자기-복제자 기제로부터 우리 자신의 '주체 의식'을 갖게 되는 것도, 이전에 존재하던 구조에는 전혀 담지되어 있지 않았던 전혀 새롭고 창조적인 어떤 것의 발생을 말하고 있다는 점이다. 이 창조적 출현은 그 이전의 구조와 체제로부터 예측되거나 계획될 수 없는 어떤 새로운 것이 출현했다는 것이고, 그 기존 체계의 관점으로 보자면 이는 전적으로 "우연적인" 일이고 "부차적인" 일이며 "귀찮고 짜증나는 사건의 발생"에 불과하다. 하지만 도킨스가 인간의 우연한 주체에게 그 모든 (유전자와 밈의) 체제를 전복할 힘을 부여하듯, 우연한 주체의 출현은 결코 작은 일이 아니다. 도킨스가 이후 저술들을 통해 수행하는 종교 비판을 보면, 도킨스 자신은 스스로 진술한 이 말의 진정한 의미를 이해하지 못했던 것 같다.[3]

과정철학자 화이트헤드A.N. Whitehead와 프랑스 철학자 바디우Alain Badiou는 그 우연성을 '창조성'과 '주체성'의 담론으로 재해석해 주고 있다.[4] 현실을 살아가는 가장 기본 단위를 '사건,' 즉 "합생"concrescence으로 보았던 화이트헤드는 합생의 사건 과정을 통해 언제나 이전에 기존하지 않았던 새로움novelty이 현실체의 과정 속으로 진입하고 있다고 말한다. 이러한 새로움의 도래 과정을 화이트헤드는 '창조성'creativity이라 하였는데, 이 창조성은 과거 계기들로부터 유래하는 것도 그리고 우리의 바람과 원망으로 발생하는 것도 아니다. 매 순간 이전 순간들에는 존재하지 않았던 새로움이 일어나는 것이 바로 '과정'process이고, 이 과정의 흐름이야말로 곧 실재reality인 것이다. 이 전적으로 새로운 것의 도래는, 화이트헤드에 따르면, 하느님의 주체적 시초 목적subjective initial aim으로부터 비롯되는데, 곧 하느님이 이 새로움의 도래를 가능케 하는 작인으로 기능한다. 통상 화이트헤드의 하느님은 실재하는 하느님을 가리키기보다는 화이트헤드 철학의 논리적 필연성을 뒷받침하기 위해 요청된다고 말한다. 하지만, '우연'의 관점으로 그의 철학을 뒤집어 읽어 본다면, 하느님은 곧 새로운 우연의 근거로서 작용하며, 이는 화이트헤드 철학의 전체 과정에서 아주 중요한 한 축으로서, 철학자 화이트헤드가 창조주 하나님God the Creator을 자신의 철학 속에서 재해석하는 방식이며, 이 창조성은 그래서 우리가 이해하고 있는 전통적 신관을 넘어선 자리에 배치되기도 한다.

그와는 다른 맥락에서, 바디우는 기존의 진리 체제로부터 공백으로 간주되는 것이 진리 사건을 통해 기존 체제로 진입하는 것, 그래서 기존 지식 체제에 구멍을 내면서 새로운 체제를 이루도록 만들어 가는 그 무엇을 주체라 하였다. 이 주체의 도래는 이름 없는 자들로 이름되는 비존재를 존재로 도래케 하는 것이며, 이는 기존 상황의 진리와 지식 체계에 담겨 있지 않는 어떤 새로움의 도래이다. 화이트헤드의 창조성이 '새로움'의 측면에 강조점을 두었다면 바디우의 주체는 공백으로서의 진리, 즉 비존재로서의 진리, 다시 말해 존재로 간주되지 않던 군상들에게 존재를 부여하는 사건으로서 가난한 자와 불법체류자와 몸파는 군상들의 얼굴들 위로 하느님의 얼굴을 보는 사건에 더 가깝다. 그래서 진리는 도래하는 것이 아니라, 사라지며, 그 사라짐은 바로 우리의 기존 체제가 담지하고 있는 폭력성을 가리키며 진리 사건의 발생을 희구케 한다. 그렇기에 주체와 그로부터 비롯되는 진리 사건은 언제나 우연적aleatory이며, 기존 담론의 권력과 지식 체계로부터 보자면, 주체가 전하는 진리를 믿는 것은 언제나 무모한 짓이다. 믿음은 곧 이러한 무모함 앞에서 결단하는 사건으로서, 이 믿음의 결단을 통하여 주체는 우리의 세계에 창조성을 도입하며, 이 창조성은 "우연성"으로 도래하게 된다.

바디우와 화이트헤드의 주체와 창조성 이론을 통해 필자는 하느님이 드러내 주시는 '목적성'을 신학적으로 다시 한번 재고해 볼 것을 제안한다. 하느님의 목적, 그것을 인간의 이성이 알거나 확인할 수 있다는 생각이 바로 인간의 원죄가 지시하는 바가 아니었을까? 우리가 생각하기에 우리 모두는 '몸을 파는 여인'이 되도록 지음 받지 않았음을 확신하며, 그러한 인생들을 바라보며 경멸하며 저런 인생이 되지 않도록 열심히 성실히 살아가야 한다고 설교하지만, 우리의 그런 확고부동한 믿음에도 불구하고 세상에는 수많은 가여운 인생들이 '돈'과 '생존'을 위해 몸을 팔아야 하는 끔찍한 일들이 벌어지며, 그들의 몸을 사는 인생들은 그들을 그 죄악된 상황으로부터 구원하기 위해서가 아니라 자신의 욕망을 충족시켜 자존감을 회복하고 즐기기 위하여 그들의 몸을 탐닉한다. 여기서 그 어떤 지적인 존재가 이러한 현실 세계를 미리 설계해 놓았고, 그들은 그렇게 더럽고 끔찍한 세상에서 그토록 참혹한 현실을 살도록 설계되었다고 말할 수 있을 것인가를 묻지 않을 수 없다. '태초에 하나님이 천지를 창조하셨다'는 성서의 말씀은 그러한 참혹한 현실에도 불구하고 하느님은 세상의 모든 조건을 지으실 수도 폐하실 수도 있으신 전능한 분임을 선포하는 신앙 고백인가 아니면 이 더러운 현실이 이미 설계되어 있던 일이고, 우리는 다만 그분의 설계대로 돌아가는 세상 속에서 그분의 놀라운 솜씨에 영광을 돌리며 내가 사는 현실을 설계해 주신 그분께 감사하며 창조를 "사실"fact로 확증하려는 것인가?

3. 우연/필연의 이분법 : 문자주의를 통해 현실의 부정의를 우회하고 회피하려는 몸짓

가톨릭 신학자 존 호트John F. Haught는 과학과 종교, 특별히 생물학과 기독교 신학 간의 대화에 가장 큰 장애가 되는 요인으로, 두 분야에서 드러나는 모습은 각각 상이한 형태이지만, 문자주의literalism를 꼽는다. 과학과 신학은 모두 텍스트의 해석에 관한 학문인데, 과학은 '자연'이라는 책을 해석하고, 신학은 '하나님의 책'을 해석한다. 이 두 해석학의 위험은 텍스트의 문자를 너무 문자적으로 읽어 내는 것이라고 호트는 지적한다. 즉 창세기의 창조 이야기를 '문자 그대로 사실'로 읽어 내려는 노력이나 다윈의 진화 이론을 통해 우주의 무목적성이나 생명 발생의 맹목성을 읽어 내려는 것은 모두 텍스트를 구성하고 있는 문자의 성격을 완전히 오해하고 있다는 것이다.

 과학은 생명의 기원이나 목적에 대하여 말하지 않는다. 과학은 주로 생명의 작용이 어떻게 그리고 어떤 방식으로 작동하고 있는지를 알고 이용하려는 방식에 관심을 갖는다. 세포 생물학 개론서에는 박테리아나 균류로부터 원핵 세포를 거쳐 진핵 세포로 그리고 단세포 생물로부터 다세포 생물로 진화해 왔을 것이라는 추측만 잠깐 언급하고 넘어갈 뿐 그 구체적인 과정에 대해서는 밝히지 않는다. 물을 수 없기 때문이다. 마찬가지로 진화의 의미와 목적에 대하여 묻지 않는다. 마치 역사에서 부질없기 때문에 'if'를 묻지 않는 것과 같다. 진화라는 패러다임 하에서 현재 생물 종들은 '결과'이고, 따라서 이러한 결과가 도출되기까지의 과정을 역으로 소급해 추론할 뿐이다. 이러한 사유 방식 속에서는 기존하는 법칙들과 인과율들을 위반하는 새로운 것이 등장할 수 없을 뿐만 아니라, 등장해서도 안 된다. 아인슈타인이 양자역학에 반대하였던 근본적인 이유이다. 하지만 역사나 과학이 묻지 않는다고 생명의 작용에 그러한 목적이나 의미의 차원이 존재하지 않는다고 단정하는 것은 또 다른 일이다. 다윈의 진화론적 패러다임을 통해 생명의 작용과 발달을 읽는 것이 틀린 것은 아닐 것이다. 그러나 동시에 다윈의 진화론과 그의 후예 패러다임들은 모든 것을 대답하기보다는 오히려 대답하는 것보다 더 많은 것들에 대해 침묵하거나 심지어 질문하는 방법조차 갖고 있지 않았다. 이런 맥락에서 진화에 대한 다양한 사유들이 전개되고 있다는 것은 의미 있는 일이다.[5] 요점은 과학의 언어는 모든 문제들에 대한 답을 제공하는 언어가 아니라, 특정한 문제들에 대한 답을 구하도록 특화된specialized 언어라는 것이다. 따라서 과학 텍스트로부터 본문의 내용들이 의도하지 않는 것들, 예를 들어 의미와 목적의 지평과 연관된 무목적성과 무의미성을 읽어 내는 것은 상당히 비과학적인 추론이다. 여기서 과학의 시대에 지식의 종합이 요구되고 있는 것은 우연이 아님을 절감한다. 특화된 대답 체계인 과학의 지식이 점증할수록 각 전문화된 지식을 통전적으로 연관시켜 주는 지혜의 지식이 빈곤해졌기 때문이다. 따라서 과학의 언어를 통해 그 지식들이 전달하려는 내용만큼이나 그 내용들이 드러내 주는 공백과 틈 그리고 결핍에 대하여 보고 말할 수 있는 '안목'이 요구된다. 그러한 안목이 진정한 의미의 통전 혹은 '통섭' consilience을 가리켜 줄 수 있으리라 소망해 본다. 과학이 자연이라는 텍스트를 읽을 때 혹은 우주라는 텍스트를 읽을 때 발생하는 이 여백the margin과 공백the void은 비존재성을 가리키는 것이 아니라, 과학이라는 지식 체계로부터 체계적으로 혹은 체제적으로 추방된 혹은 은폐된 자리가 아닌가? 즉 과학은 그 지식 체계의 고유한 특성 때문에 맹점blind spot을 자체에 담지하고 있을 수밖에 없다. 과학적 문자주의, 즉 과학적 지식으로 삶의 지평을 향한 권고를 읽어 내려는 부질없는 노력은 이 맹점을 부인하고, 과학을 제일 학문 혹은 제일 지식의 자리에 놓고, 신이 추방된 자리에 스스로를 앉히려는 우리 시대 지식 권력 작용을 답습하는 것 이외에 다름 아니다.

다른 한편으로 종교적 문자주의는 '의도적으로' 성서의 본문을 자신들만의 방식으로 읽으면서, 그것만이 '문자 그대로 사실'이라고 주장하려는 성향을 갖는다. 예를 들어 창조과학류를 전하는 이들은 창세기 1장의 본문들이 과학적으로 문자 그대로 참인 것을 주장하면, 자신들의 믿음이 증명된다고 착각하는 성향을 갖는다. 그러나 자신들의 주장 방식이 우리 시대의 '과학주의' scienticism라는 이데올로기적 지식 권력에 편승하고 있으며, 신앙의 영역에서 그 과학주의를 더 확산시키고 있음을 괘념하지 않는다. 결국 창조과학이 참이라면, 그것은 과학적으로 참인 것이고, 그것이 과학적으로 참인 것으로 증명되었기 때문에 하나님의 창조는 입증verify된 것이다. 여기서 진정한 판단자는 과학이지 하나님이 아니다. 그리고 과학자는 하나님의 생각과 목적을 읽어 낸 새로운 사제priest가 된다. 아이러니는 그렇게 창조과학을 주장하는 분들이 자신들이 과학적으로 증명하고 있는 분야의 "과학" 전문가인 경우는 매우 드물다는 사실이다. 태초의 자리는 '무' nothing가 아니었다. 그곳에는 땅이 있었고, 혼돈과 공허가 있었으며, 수면이 존재하는 자리 위에 하나님의 영이 머물고 있었다. 그 어둡고 혼재한 곳에서 일어난 하나님의 창조는 어둠과 혼란이 지배하는 세계 속에 빛과 조화의 질서를 가져오는 하나님의 주권과 능력을 선포하는 것이지 결코 창조라는 물리적 사건을 과학적으로 증명하려는 것이 아니었다.[6] 이는 하나님의 창조를 사실적으로 부인하고 문학적 허구로 삼으려는 것이 아니다. 오히려 창조과학 담론 안에 담지되고 은폐된 과학주의 혹은 과학 맹신주의를 지적하려는 것이다. 모든 언어는 실재reality 자체가 아니라 그 실재를 가리키거나 의미와 목적을 전달하려는 기호sign이다. 기호의 본질은 그 자체로 아무것도 아니라는 것이다. 기호의 존재감은 그것이 그 자신이 아닌 어떤 것을 가리켜 지시하거나 상징하거나 전달하는 데 있다. 즉 문자는 그 자체에 의미 기반을 갖고 있는 것이 아니라, 그 자신이 갖고 있지 못한 것, 즉 그것이 가상적으로 기술하여 전달하는 것에 그의 존재 근거를 둔 기호 체계이다.

그렇다면 성서의 본문을 '과학적 사실로 증명함으로써' 본문의 언어를 '문자 그대로만' 읽어 낸다는 것은 인간의 언어가 담지한 '기호적 기능'을 전혀 인지하지 못한 채 언어와 실재의 등가성을 맹목적으로 주장하는 것이다. 이는 인문학적 무지를 드러내는 일이다.

호트는 과학과 신학 내에 기존하는 문자주의를 모두 "환원론적 독법" reductionistic reading[7]이라고 비판한다. 자연을 기술하는 과학의 본문들을 통해 생명의 의미와 목적에 대해 언급하는 성급한 과학적 심성이나 우리 시대 과학과 과학자들의 문화적 권위를 통해 성서 본문을 과학적 본문으로 읽어 내어 사실성을 증명하고자 하는 일부 종교인들의 심성에는 공통적으로 우리 시대 '과학주의' 혹은 '과학적 엘리트주의'가 도사리고 있다고 보고 있다. 종교적 문자주의든 과학적 문자주의든 모두 본문이 담지한 성스러움과 신비와 의미와 목적 등의 차원들을 단지 한 측면, 즉 과학적 담론의 언어로 '환원' reduction시키려 한다는 점에서 작동 기제가 같다는 것이다. 바로 이 점에서 호트는 이러한 환원론적 독법은 결국 "잡종적 독법" hybrid reading[8]이라고 꼬집는다. 의미와 목적을 가리키는 기호 작용 속에 있는 본문을 우리 시대의 과학 담론의 독법과 혼용하고 있기 때문이다.

호트는 이 문자주의적이고 환원론적이고 잡종적인 '본문' 읽기를 넘어서서 우주적 목적을 읽어 낼 수 있는 방법을 탐구하려 하는데, 의미와 목적, 특별히 하나님의 의미와 목적은 '다윈이나 설계 보다 더 심층적인 곳에 놓여 있다'는 것을 전제한다.[9] 이 심층성depth을 통해 호트는 우주를 (하나님의) "약속" promise[10]으로 이해하기를 제안한다. 약속은 미래에 이루어질 어떤 것에 대한 신뢰이자, 현재 안에서 약속을 믿는 믿음은 우리의 삶에 직접적인 영향을 미친다. 하지만 그 약속의 실현은 현재 안에서 단지 가능성만으로 존재하기에 기존하는 것만을 바라보는 관점에서 평가한다면, 약속의 실재란 비존재non-being이다. 비존재는 존재의 관점에서 언제나 '우연적인' 존재, 그래서 부차적이고 잉여적인 존재를 가리키는 이름이다. 호트는 종교와 과학 간의 대화가 진척되기 위해서는 두 분야의 사람들이 각기 다른 방식들로 매달리고 있는 공통의 기제, 즉 문자주의적 이해를 넘어서서 기존 권력과 지식 담론의 눈으로 보자면 존재하지 않는 것, 무가치한 것, 하찮은 것, 잔여나 잉여에 불과한 것인 우연성과 사건을 보다 중층적이고 다양하고 풍성하게 이해하려는 우리의 노력 가운데 품자고 제안하는 것이다.

성서의 창조론은 바로 이 '우연성'을 하나님의 주권으로 선포하며, 우리가 기존 체계의 힘 아래 놓여 있는 모든 것들이 사실은 우리가 알 수 없는 전지전능한 하나님의 '우연적' 개입을 통해 근거해 있다는 사실을 밝혀 주는 데 전념한다. 유대인들이 천지 창조의 기사인 창1:1-2:4 전반부까지를 작성한 시기는 통상 포로기로 알려진다. 바벨론 포로기 때, 더 이상 하나님의 선민으로서 하나님이 그 택한 백성 이스라엘에게 주신 약속을 신뢰할 수 없는 어둡고 암울한 시대에 성서 기자들은 하나님의 빛과 질서를 세우는 창조 이야기를 문서로 작성한다. 과연 이 문서를 작성하는 이들에게 본문의 내용을 과학적으로 신뢰할 만하게 증명한다는 것이 의미가 있었을까? 그리고 그들은 기존 세상의 질서와 권력을 구성하는 인과율 혹은 연기緣起의 작용에 반하여 하나님의 전적인 주권으로 일어나는 우연성, 그분의 창조주적 힘을 좌절과 실패와 고난에 빠져 있는 민족의 백성들에게 다시 알리는 일을 하고 있었다.

4. 창조성과 우연성

다시 말하자면, 창조는 세상이 전적으로 우연한 것the contingent으로 간주하는 것이 우리의 권력과 체계보다 우월한 어떤 힘의 작용으로 일어났음을 고백하는 것이며, 그 사건은 곧 이 땅의 낮은 자와 가난한 자를 향한 하나님의 사랑이었음을 증언하는 사건이다. 여기서 필자는 창조의 '설계' design를 말하는 지적 설계 담론의 '창조론'이 바로 유대 창조 담론의 이러한 측면을 철저하게 간과하고 있음을 지적하고자 한다. 이미 호트는 지적 설계 이론이 기존하는 생명 기제들의 설계의 신비스럽고 환원불가능한 복잡성에 근거하여 '창조주'를 가정하고 제시하는 방식은 도리어 현재 체제의 고정성을 주장하면서, 사회정치적으로 기존 체제를 고착화시키는 담론으로 작용할 뿐임을 지적한 바 있다.[11] 창조는 우리가 예측하고 가정하는 범위를 설정하는 우리 지식과 권력 체계 너머에 우리가 설명 요인으로 간주하지 않는 공백이 존재하고, 그 공백이 전능자의 힘을 통해 기존 체계 안으로 도래하였다는 것을 주장하는 것이지 결코 기존하는 것이 신의 완벽한 설계와 구현이라는 것을 말하지 않는다. 바로 이 점에서 지적 설계 이론은 성서의 본문이 말하는 바를 정반대로 뒤집고 있는 것이다.

더 나아가 지적 설계론이 주장하는 설계의 작인intelligent agent이 존재한다 해도 이는 하나님의 존재 증명으로 쓰일 수 없음은 이미 토마스 아퀴나스의 신 존재 증명과 페일리의 시계공으로서의 하나님 논증에서 밝혀진 바 있다. 예컨대 신 존재 증명을 통해 '신'이라는 존재를 증명한다 해도 그 존재가 우리가 믿고 고백하는 하나님과 동일한가의 문제는 또 다른 문제이다. 또한 예를 들어, 길거리에 떨어진 시계를 통해 그 제작자를 유추해 볼 수 있다고 해도, 시계와 생명은 전혀 다른 차원의 피조물들이다. 시계는 스스로 삶을 영위하며 운영해 나아가는 조직이 아니지만, 생명은 살아가는 동안 스스로의 결정과 의지를 통해 과정을 선택해 나아가고 조직해 나아갈 수 있는 여지를 갖고 있다. 비록 유전적으로 그리고 환경적으로 그 선택의 여지가 제한되어 있더라도 말이다. 따라서 지적 설계 이론은 진화/창조의 대립적 담론 구도 속에서 '창조주'의 존재를 증명하거나 논증하거나 설명하는 데 적용하기에는 부적당한 이론이다. 왜냐하면 최종적으로 그 이론을 통해 증명될 것은 우리의 하나님이 아니기 때문이다. 어떤 신적 존재의 개입의 흔적을 간접적으로만 드러낼 수 있을 뿐이다.

창조는 도리어 '설계'가 아니라 우리 삶 속에 너무도 생생하게 현존하는 '우연성'을 주장하는 것이다. 내 삶과 계획과 생각에는 전혀 맞지 않는, 그래서 한번도 하나님의 뜻이라고 여겨보지 않았던 일, 가난한 자의 눈과 마주하는 사건, 그 사건을 통해 나는 그분이 나를 이 땅에 보내시고 창조하신 목적이 내 존재의 완벽한 작동이나 완전한 구현이 아니라, 그들을 향한 그분의 사랑을 나누는 것이었음을 절감하지 않는가? 그래서 새 창조의 시간이 우리와 함께 하는 것 아닌가? 예수가 하나님 나라가 가까움을 경고하면서 명령한 회개, 즉 metanoia는 새로운 마음을 갖는 것 have a new heart, 즉 새 생명을 갖는 것이다.[12] 이는 세례를 통해 이전 자아의 죽음을 경험한 후 그리스도의 마음으로 새 생명의 영을 얻는 것을 의미하며, 바로 이런 맥락에서 metanoia는 곧 새 창조 혹은 "재-창조" re-creation를 의미한다.[13] 태초의 창조가 어둠 가운데 놓여 있는 세상에 빛을 선포하고 밝히는 과정이라면, 두 번째 창조는 바로 내 마음속 어둠 가운데 빛을 선포하고 그리스도의 빛으로 밝히는 과정인 셈이다. 곧 창조란 물리적 사건에 국한된 '사건'이 아니라는 것이다.

5. 생명의 설계, 자발성? - 우연의 배제는 창조?

통상 생명의 기원에 '우연 발생'이라는 설명 인자를 두고 자연과 생명을 논하는 것이 진화론자이고, 이러한 진화적 담론은 하나님의 존재를 부인한다는 것이 우리 시대 담론의 구조였다. 하지만 필자는 여기서 '하나님'을 세상에 '우연으로 여겨지는 창조성'을 도입하는 인자factor로 볼 것을 제안한다.

'생물학자'[14] 마이클 베히는 생명의 과정에서 보여지는 "환원불가능한 복잡성" irreducible complexity[15]은 지적 설계의 증거임을 주장하면서, 다윈의 진화론에 대한 대안으로 지적 설계론을 주장하였다. 사실 그의 지적 설계론의 내용들이 새로운 자료들과 설명들로 이루어져 있긴 하지만, 설명 자체가 새로운 것은 아니었다. 우리는 이미 근대의 기계론적 자연관과 이신론자들이 주장하던 류의 설계 이론을 알고 있고, 또한 윌리엄 페일리의 설계 이론도 알고 있다. 근대 이신론자들은 창조주가 태초에 세상의 모든 과정들을 규칙적인 우주 법칙들을 통해 창조하고 난 후 우주의 과정으로부터 뒤로 물러나셨다고 설명하면서, 왜 자연 과정의 설명에서 태초의 시점을 제외하고는 '하나님이라는 설명 인자'를 배제해야 하는지를 정당화했다. 또한 페일리는 생명 유기체들을 복잡한 시계에 비유해서, 그토록 복잡한 기관들과 조직들을 구성하는 유기생명체들이 임의대로at random 발생하였다고 볼 수 없다고 주장하였다. 즉 "우연"coincidence은 창조를 설명하지 못한다는 것이다. 여기서 역으로 물어야 할 물음이 있다: 만일 그렇다면, 초기의 설계 혹은 계획은 신적 존재의 필연성을 증명하는가?

베히도 이미 인용하듯이,[16] 카우프만S. Kauffman은 이 환원불가능한 복잡성을 '자기-조직화' self-organization의 맥락 속에서 설명하면서, "우연적"

accidental 요인을 생명의 기원을 설명하는 요인으로 삼기를 거절한다. 그래서 카우프만은 우리 인간은 "기대된 바"the expected라고 말한다.[17] 카우프만은 우연성 대신 '자발성' spontaneity을 도입한다. 우주의 질서는 바로 이 자발적 질서의 창발emergence로 생겨난다고 보는 것이다. 이 "자연적 창발"spontaneous emergence은 "수학 자체에 뿌리를 두고 있기"[18] 때문에 결코 우연chance이 아니라는 것이다. 카우프만은 한 시스템이 복잡계complex system로 구성되면, 전체를 나타내는 창발적 특성이 "자체로 법칙적인" 형식으로 나타난다고 보며, 이것이 자연선택에 선행한다고 본다. 따라서 진화는 이 "자기 - 조직화"와 "자연선택" 모두로 구성되어 있는 것으로 보아야 한다고 주장한다[19] 또한 이 전일적인holistic 창발적 특성은 그 전체를 구성하는 부분들로 환원 불가함을 명확히 한다.[20]

그런데 이 창발적 전체성의 특징이 드러나는 것은, 카우프만의 말로, "마술적"magically이다.[21] 즉 이 전체적 창발성의 출현은 그 전체를 구성하는 기존 부분들로는 전혀 설명이 되지 않는다는 것이며, 동시에 기존 부분들의 논리로는 전혀 도출될 수 없는 새로운 결과라는 것이다. 바로 이 점이 핵심인데, 베히도 마찬가지로 환원 불가능한 복잡성이 부분들로부터 추론되지 않음에 동의한다. 그래서 베히는 자연스레 그 시스템 내부에 존재하지 않는 외부적 요인, 즉 외부의 '지적 설계자' 가설을 도입하는 것인데, 바로 여기서 카우프만은 이러한 마술적 특성이 시스템 내부적으로 자발spontaneous할 수 있다고 본다. 사실 창발적 발생은 로보틱 분야에서 지능 연구를 하면서 정신의 창발적 발생을 증언한 바 있다. 허버트는 MIT 실험실 안에서 마시고 남은 음료수 빈 캔들을 수집하는 로봇을 제작하였다. 이 로봇은 중앙처리장치를 통해 모든 가능한 정보와 시나리오를 입력한 채 작동하는 것이 아니라, 각 부분이 (중앙처리장치 없이) 평행처리장치들로parallel processors 병렬로 구성되어 작동하는데, 마치 중앙처리장치가 모든 것을 정리하여 명령하고 있는 듯이 작업을 수행하였다고 클라크는 기술한다.[22] 즉 부분들로부터는 존재하지 않던 지능적 정신이 전체로부터 창발적으로 환경과의 상호작용을 통해 출현하는 것이다. 문제는 이러한 창발적 출현은 허버트가 "설계"한 로봇의 활동을 통해 출현하는 것이지, 결코 그 로봇 자체가 아무런 처리가 되지 않는 순수한 물질 재료로부터 자발적으로 구성된 것은 아니라는 점에서 클라크의 창발적 출현 예증은 베히의 요점을 논파하지 못한다. 하지만 여기서 카우프만의 논의를 도입하는 이유는 환원 불가능한 복잡성이 반드시 '지적 설계자 가설'을 통해서만 설명되는 것은 아니라는 점을 환기시키기 위함이다.

여기서 필자는 베히로 돌아가서, 베히가 '지적 설계 가설'이 담지한 논리적 결함, 즉 비록 지적 설계 가설을 통해 지적인 설계자의 존재를 증명한다 하더라도, 그 존재가 우리가 생각하는 '신' 혹은 '하나님'일 것인가의 문제를 크릭F. Crick의 말을 빌려 외계 생명체를 통한 지구의 생명체 도입 가설로 그가 진지하게 다루던 부분을 생각해 보고자 한다.[23] 이는 '설계자는 누가 설계를 했는가?'[24]를 묻는 도킨스의 비판에 대한 답을 구하는 작업이기도 하다. 여기서 베히가 외계로부터 혹은 외계 생명체로부터 생명의 도래를 진지하게 물어 보는 이유는 무엇일까? 결국 지적 설계 가설이 참으로 증명된다면, 결정적인 물음은 그 '설계자'가 우리가 믿는 신이냐 아니면 우리의 기대와는 전적으로 다른 그 어떤 것이냐 하는 물음이 되고, 베히는 바로 그 물음의 논리적 중요성을 간과한 것이다. 여기서 외계 생명체는 생명의 기원이 우리의 생각이나 추론과는 전혀 다른 방식으로 도래했을 가능성을 나타내는 문자적 상징이 된다. 따라서 '우연'을 배제하고, 지적 설계자의 필연적인 손길을 논증하려는 베히의 결론부는 그의 의도처럼 생명의 설계를 논증해 주기보다는 오히려 생명 기원의 '우연성' 혹은 사건성을 강화시켜 주는 효과를 가져다 준다. 창조주의 전적인 개입이 생명의 시작을 낳았고, 이는 기존 지식 담론의 관점에서 전적으로 우연적일 수밖에 없는 사건이다. 베히처럼, '우연성'을 생명의 기원에 대한 설명에서 삭제하려는 노력은 카우프만에게서도 발견되는데, 그는 구태여 우리 인간이 우연의 산물이 아니라, 자연의 진화 과정으로부터 '기대되던 바'임을 강조한다. 그런데 그러한 고등 생명체의 출현은 고등 유기체의 시스템 내부로부터 "창발"하지만, 그 창발한 전체는 그를 구성하는 부분들에겐 전적으로 '우연적'인 것이면서 동시에 무근거한 것이다.

창조를 말하는 그 지점에서 우리는 우리의 생각과 계획과 이성을 뛰어넘는 그 어떤 존재를 염두에 둔다. 왜? 우리 삶의 결정적인 계기마다 우리는 그러한 "우연적 개입의 창조적 힘"이 우리 삶을 예인해 가는 것을 경험하기 때문이다. 이 경험이 기독교인들로 하여금 창조주를 고백케 하는 것이지, 결코 기존 권력 체계의 작용하에서 펼쳐지는 이 세계를 하나님이 태초부터 설계해 주셨기 때문에 그분을 고백하는 것이 아니다. 창조주 하나님 관념은 바로 이 '우연성'을 가리키며 증거하고 있는 것은 아닌가? 창조란 우리의 생각과 기대로부터 이루어진 것이 아니라, 우리의 기대와 예측에 반하는 참으로 창조적인 하나님의 활동이다. 여기서 우리는 욥에게 대답하시는 하나님의 대답을 다시금 돌아보게 된다.

> 내가 땅의 기초를 놓을 때에 네가 어디 있었느냐 네가 깨달아 알았거든 말할지니라 누가 그것의 도량법을 정하였는지, 누가 그 줄을 그것의 위에 띄웠는지 네가 아느냐 그것의 주추는 무엇 위에 세웠으며 그 모퉁잇돌을 누가 놓았느냐. (욥 38:4-6; 개역개정)

'창조'란 고난의 현실에 대한 신학적 대답이지, 결코 물리 사건의 참/거 짓을 증명하는 게임이 아니다. 물리적으로 혹은 생물학적으로 참/거짓으로 판명된다는 것은 결코 '진리'를 말하는 것이 아니다. 토마스 영의 쌍 슬릿 실험 이전에 빛은 입자였고, 영의 실험 이래로 빛은 파동이었으며, 아인슈타인은 그 빛이 '입자'임을 증명하는 실험으로 노벨물리학상을 받았다. 이제 우리는 빛을 입자/파동의 이중성으로 이해하려고 노력한다(이 이중성이 이성적으로 깔끔하게 이해되지는 않기 때문이다). 이론이 그런 이중적 성질을 예측하기 때문이다. 증명된 과학적 사실은 단지 그 시대를 위한 답인 경우를 우리는 무수히 목격한다. 우주의 근본 법칙으로 여겨졌던 뉴턴의 중력 법칙은 이제 초끈 이론을 통해 대통일 이론을 구성하는 하나의 지엽적 이론으로 간주되고 있으며, 빛보다 빠른 속도로 우주를 가로지를 것으로 여겨졌던 중력이 사실은 결코 빛의 속도보다 빨리 공간을 통하여 전달될 수 없다는 사실도 아인슈타인의 상대성 원리를 통해 밝혀졌음을 기억하자. 과학의 답은 우리 시대가 생각하는 문제에 특성화된 답일 뿐이다.

원숭이 재판을 돌아 보자. 당시 스콥스 선생님을 상징하는 소위 진보 세력은 재판을 정치적 이념의 문제로 몰아가려 하고 있었고, 브라이언 검사로 상징되는 보수 세력들은 재판을 도덕적 보편성의 문제로 환원하려 하고 있었다. 당시 브라이언 검사는 "만약 진화론이 이긴다면, 기독교는 사라진다"고 주장하였고, 스콥스 선생님을 변호하는 대로우 변호사는 '지금 재판 받고 있는 것은 스콥스 선생 개인이 아니라 문명 자체'라고 맞받아쳤다.[25] 진화론은 생물학 분야에서 현재까지 창조론을 제압했고, 기독교는 여전히 사라지지 않고 건재하다. 또한 여전히 많은 나라와 문화들에서 진화와 창조는 문화의 문명의 문제가 아니라 개인적 신앙과 신념의 문제이다. 이것이 문명의 문제가 되는 것은 미국 남부의 특별한 문화적 분위기 때문이지,

결코 모두가 공감하는 갈등과 분쟁의 씨앗은 아닌 것이다. 특별히 우리나라처럼 종교가 다원화되어 있는 현실이 기독교의 전래보다 앞서 있는 나라와 문화들에서는 더 그러하다.

6. 결론 : 종교의 자리

그렇다면, 종교는 '우연의 자리,' 시대의 체제와 권력이 미처 감싸안지 못하는 자리에서만 그의 존재 의미를 획득하는가? 결국 종교는 역으로[26] '계급의 문제인가?' 종교 특별히 기독교는 우연/필연의 이분법이 그 담론의 구조 속에 배정하지 못한 자들과 더 가깝다.

종교는 시대의 '부산물'이다. 그래서 시대는 종교를 부차적인 것으로, 없어도 상관 없는 잉여의 것으로 간주한다. 카푸토는 정확히 바로 이 자리가 종교의 자리임을 시인한다. 하지만, 이 부차적인 잉여의 자리에서만 이 시대를 부차적으로 살아가는, 그래서 이 시대의 잔여물로 간주되는 영혼들의 삶의 세계가 드러난다는 점에서 이 '부차성'은 필수불가결한 부차성이다. 이 부차성의 자리에 하나님의 예측 불가능한 개입이 이루어지기 때문이다. 옆에 소개되는 어린이 주원[27]이의 일기는 얼핏 '하늘

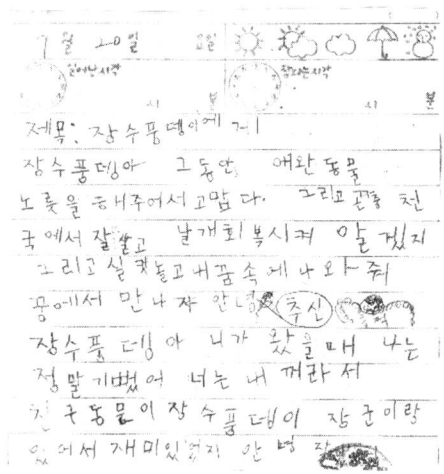

나라'의 자리를 심리적으로 예증하는 글로 읽혀질 가능성이 높다. 하지만, 그 '하늘 나라'에 대한 어떤 개념적 이해나 혹은 그 논리가 담지한 논리성에 대하여 글의 저자인 주원이는 관심이 없다. '죽음'이라는 끔찍한 사실도 그에게는 실감 있게 와 닿지 않는다. 아직 그러한 문제들을 이해하기에 세상은 그저 재밌고 즐거울 뿐이다. 하지만 자신이 자신의 첫 번째 애완생물로 여기고 돌봐 주던 장수풍뎅이가 '죽었고,' 그에 대하여 슬플 뿐이다. 누가 그 보잘 것 없는 생명의 삶을 기억해 줄 것인가? 그 기억은 플라톤의 말처럼 진리의 회상 re-collection이 아니라, 자신이 살아가는 삶의 세계의 재구성 re-membering이다. 누가 우리를 기억해 줄 것인가?

> 그러나 하나님께서 세상의 미련한 것들을 택하사 지혜 있는 자들을 부끄럽게 하려 하시고 세상의 약한 것들을 택하사 강한 것들을 부끄럽게 하려 하시며 하나님께서 세상의 천한 것들과 멸시 받는 것들과 없는 것들을 택하사 있는 것들을 폐하려 하시나니…. (고전 1:27-28; 개역개정)

도킨스의 인용문으로 돌아가 보자. 도킨스는 모든 유기체는 유전자라는 복사자의 조종을 받는 유전자 기계라고 하였다. 그런데 어찌 된 일인지 이 유전자 복사자가 자신과 다른 태생의 복사자 '밈'을 만들거나 만나게 된다. 이제 유전자 복사자는 인간의 몸을 제어하고, '밈'은 우리 정신과 문화를 제어한다. 그런데 이 복사자들이 지배하는 세계 한복판에 이들에 맞서야겠다는 의식을 가지고 복사자들에 의해 지음 받은 유기체 - 운반자들이 교육을 통해 저항 세력을 키워 나간다. 어떤 일이 일어나고 있는 것인가? 왜 약자를 보호하고, 가난한 자를 보살피라는 '명령'이 복사자들의 세계로부터 일어나는 것인가? 이타주의의 진화를 설명하려는 윌슨 David S. Wilson 같은 이들은 나름대로 종교의 장치들을 통하여 인간 문화 가운데 이타주의가 생물학적 이기주의를 활용하여 번성할 수 있다고 강변하지만, 맹자는 인간 마음의 시초는 "측은지심" 惻隱之心이라고 하였다. 종교는 "가난한 자를 향한 마음"이다. 시대로부터 버림받은 영혼들을 향한 마음, 그것은 곧 이 시대의 체제와 권력의 경계 너머에서 이 체제로 침노해 들어오는 위반의 목소리와 모습이다. 들뢰즈는 존재의 모든 체제는 이 '국가 체제'와 '그것을 위반하고 탈주하는 힘'으로 구성된다고 말한다.[28] 이를 통해 들뢰즈는 기존의 진화론적 이해 체계란 지식 권력의 기존 체계이며, 이를 들뢰즈는 수목적 체계 arborescent system라 한다. 이러한 체제는 늘 실재를 중심부의 시각에서 조망하기 마련이고, 언제나 기존의 위계질서를 전제로 모든 것을 이해하려 든다. 이러한 담론 체계의 맹점을 지시하는 들뢰즈의 용어는 "리좀" rhizome이다.[29] 이는 기존 진화 담론의 구조를 박테리아와 바이러스의 관점에서 조망해 볼 것을 주장했던 굴드의 시도와 매우 유사하다. 학문은 증명하고 입증하여, 자신의 사고와 체계가 시대의 중심으로 진입하기를 시도하는 지식 엘리트들의 게임이다. 그래서 우리의 담론은 늘 체계와 권력 중심이다. 우리의 비판과 분석은 늘 그 중심부를 향해 있어서, 그 중심부를 비판할 때조차도 나는 중심에 매여 있다. 이를 "이중 구속" double bind이라 한다. 그러한 우리의 세계 권력 담론 중심주의를 벗어나려면, 우리는 이 모든 논의에서 다음의 질문을 던져야 한다고 생각한다: 1) 지적 설계론은 이 시대의 가난한 자들을 위해 어떤 복음을 전하려 하는가? 2) 이 시대 진화론은 그렇게 버림받은 영혼들에게 어떤 사실을 알리려 하는가?

Part II. 탈주

진화론과 우주적 그리스도 그리고 "없이 계신 하나님"
: 종의 '기원'과 종의 '멸종' 사이에서 ・・・이정배

홀라키적 진화의 신학적 비전 ・・・하태혁

공감의 윤리에서 본 신 명령론과
도킨스의 진화생물학에 입각한 도덕 이론 ・・・최중민

진화론의 우연 개념과 진리 사건의 우연성 개념
: 진화론과 신학과 철학의 접점 모색 ・・・박일준

진화론과 우주적 그리스도 그리고 "없이 계신 하느님"
- 종의 '기원'과 종의 '멸종' 사이에서

이정배 | 감리교신학대학교

1. 들어가는 글

2009년은 다윈 탄생 200주년이자 세상을 뒤흔든 그의 명저 『종의 기원』이 발간된 지 150년이 된 뜻깊은 해였다. 더욱이 다윈 신봉자로 자처한 R. 도킨스의 『만들어진 신』[1]의 도발적 여파가 기독교 신학계를 앞서 뒤흔든 상황에서 다윈 진화론에 관한 이런 저런 논쟁이 참으로 많은 한 해였다.[2] 애시당초 진화론을 허점투성이인 한 이론으로 생각했던 까닭에 특히 보수 근본주의적 기독교[3] 측의 학문적 반발이 참으로 거셌다. 더욱 2009년은 예정론 교리를 탄생시킨 칼뱅이 역사적 인물이 된 지 500주년 되는 때였기에 진화론과 기독교 간의 갈등이 가감 없이 노출되었다.[4] 자연선택의 우발성을 설說한 다윈과 하느님 예정설을 신봉한 신학자 칼뱅 간에는 분명 넘나들 수 없는 협곡이 존재했던 까닭이다. 이런 틈새에서 양자를 중개하는 듯한 지적 설계론Intelligent Design Theory에 한국 기독교계가 주목했다. 하지만 유물론적 진화론의 관점에서 우주의 설계자를 상정하는 것은 수용되기 어렵다. 이런 이유로 기독교 근본주의자들은 도킨스 류의 진화론을 '과학적' 무신론[5]이라 배격했고, 그 역시도 위 책을 통해 반기독교적인 무신론 운동의 주창자가 되었다. 그러나 진화론 신봉자들 중에서 실상 이들과 같은 무신론 그룹[6]만 존재한 것은 아니었다. 진화론의 후예들 간에도 무수한 이견이 있고 상호간에 논쟁이 있어 온 것이다. 신을 긍/부정함이 없이도 얼마든지 진화론이 가능하며 다윈주의자 또한 유신론자가 될 수 있다는 의견도 표출되었다.[7] 이는 종교와 과학 간의 대화 유형의 차이에서 비롯된 결과일 것이다.[8]

본고에서 필자는 진화를 허구적 가설이 아니라 사실fact로 받아들이는 입장을 취한다. 물론 과학적 무신론을 수용한다는 뜻은 결코 아니다. 그들의 일방적 종교 비판에 대해서도 할 말이 많다. 그렇다고 지적 설계론을 지지하기도 어렵다. 그것은 결코 신학이 될 수 없기 때문이다. 일찍이 샤르댕T. Chardin이 말했고 최근에는 토마스 베리Th. Berry가 그랬듯 필자는 진화론을 신학 함에 있어 은총이라 여긴다.[9] 진화론이 기독교의 하느님을 발견하는 새로운 수단이 될 수 있다는 확신 때문이다. 이미 몰트만도 『창조 안에 계신 하느님』Gott in der Schoefung[10]을 통해 진화론의 빛에서 창조 신앙을 재조명한 바 있었다. 다윈 이후의 기독교는 달라져야 하고 달라 질 수밖에 없다는 생각들이 기독교 신학계에 팽배해 있는 것이다. 하지만 필자가 본고에서 관심하는 바는 진화론과 기독교 간의 이론적 대화 그 자체에 있지 않다. 종의 기원을 말한 진화론의 시각에서 종의 멸종을 염려할 수밖에 없는 생태계 위기에 대한 지혜를 얻는 것이 최종 관심이다. 이는 진화의 궁극 목적에 대한 이해를 동반할 수밖에 없도록 한다. 이를 위해 우주적 그리스도와 같은 진화론에 대한 신학적 이해가 의당 필요할 것이다.[11] 그러나 필자는 '설계론'과 다름없는 신의 인습적 속성에 크게 기대하지 않는다. 신의 '약속'으로 '설계'의 결정론적 시각을 비판하는 입장과도 일정한 거리를 둘 것이다. 대신 우주적 그리스도론의 한국적 이해[12]를 바탕으로 인간의 책임성에 더 큰 의미를 부여할 생각이다. 이 과정에서 과정철(신)학과 아우슈비츠를 경험했던 H. 요나스Jonas의 책임 원리 간의 논쟁이 불가피할 듯싶다.[13] 기후붕괴 원년의 시대[14]를 살고 있는 우리에게 진화론은 우주적 그리스도란 이름으로 인간의 자기이해를 갱신하여 신생대로부터 '생태대'로의 전환을 가능케 할 것이다. 이런 목적하에 본 논문은 다음의 절차를 필요로 한다. 우선 기독교 신학과 갈등을 초래했던 다윈 진화론의 개요를 소개할 것이며, 이어서 진화론에 대한 내부의 토론과 논쟁의 실상을 개관할 것이다. 다음으로 생태학적 시각에서 진화론의 유신론적 성격 - '약속' - 을 살피며, 나아가 우주적 그리스도의 빛에서 '책임'의 의미를 한국적 방식으로 논할 생각이다.

2. 다윈 진화론의 핵심 내용과 기독교와의 갈등 배경

본래 성서와 자연은 하느님 계시의 양 측면으로서 상호 대립할 수 없는 개념이었다.[15] 그러나 중세의 유기체적 세계관이 붕괴되고 그 자리를 기계론적 세계관이 대신하면서 양자 간의 대립과 갈등이 본질처럼 여겨졌다. 종교개혁 이후의 개신교 신학 체계도 기계론적 세계관과 벗하면서 자연의 신적 의미를 탈각시켰고 초자연적 은총의 종교로만 존재했으며 인간의 윤리 도덕 내지 영혼의 종교로 축소되었다.[16] 자연의 중력과 우주 공간을 신적 전능과 편재의 의미로 해석했던 뉴턴의 신학적 자연관[17]이 존재했지만 그것은 견강부회적인 곡해였다. 이런 뉴턴식 우주관을 붕괴시킨 것은 곧이어 출현한 다윈의 진화론이었다. 자연선택의 '우연성'을 역설하는 진화론이 자연 과정에서 신적 영역, 곧 목적론을 배제했던 까닭이다. 심지어 데카르트의 이원론 철학에 의해 긍정된 초자연적 영역을 진화론이 탈각시켰다. 일체의 자연신학적 노력 역시도 진화론이 무용지물로 만들고 말았다. 이 점에서 성서와 자연 간의 상관 고리를 진화론이 해체시켰다는 과학사가들의 평가는 틀리지 않다. 바로 이것이 진화론과 기독교 간의 갈등의 총체적 배경인 셈이다. 하지만 이렇게만 약술되면 다윈 진화론에 대한 편견이 확대될 것이다. 해서 우주 질서에 마음을 뺏긴 당시 이신론적 신학의 모순과 허구성을 배우고 진화론의 도전을 적극 수용했던 그때 신학자들의 생각과 심정을 아는 일이 더불어 필요하다.[18] 필자의 관점에선 진화론이 연역법적 추론에서 '아래로부터의 경험' Bottom up experience[19]에 근거한 신학의 새 길을 정초한 것으로 보인다. 이런 작업과 생각은 앞으로 진화론적 신학을 구상함에 있어 대단히 중요한 단초가 될 것인 바 후술할 것이다. 여기서는 먼저 성서와 자연을 분리시킨 진화론의 핵심 개념을 간략하게 그러나 논쟁적으로 소개하는 일이 필요할 듯싶다.

진화론을 배태한 『종의 기원』은 분명 역사상 그 어느 이론보다 기독교 신학과 대척점에 서 있었다.[20] 성서와 자연을 완전 분리시켰던 까닭이다. 물론 하루아침에 그리 된 것은 아닐 것이다. 하지만 다윈주의는 점차 기독교의 신론, 창조론 나아가 인간론에 이르기까지 부정적 영향력을 끼쳐 왔다. 성서를 여타의 다른 책처럼 이해하고 해석하라는 요구가 생겨날 정도였다. 우선 위 책은 '개체 발생'을 언급한 창조 기사와 달리 일체 생명은 시간의 흐름 속에서 공동조상으로부터 점진적으로 변형되었다는 '계통 발생설'을 주장했다. 이는 분명 성서의 창조신앙에 대한 급격한 이의제기였다. 해서 당시 성직자들은 '계통 발생'을 인간을 동물로 만들고 신을 해고시킨 무신론의 전거로 보았다. 인간의 근원을 원숭이 혈통에서 찾는 것의 불가함을 말하기 위해서이다. 하느님 형상으로서 인간의 형이상학적·윤리적 독특성을 말할 여지의 복원을 꾀한 것이다. 하지만 당시에도 공동조상설을 지지하는 학자들도 없지 않았다. 물로 포도주를 만들었다 해서 물과 포도주가 같은 것일 수 없듯 계통 발생에 있어서도 인간과 짐승이 다를 수 있기 때문이다. 나아가 조상이 원숭이인 것이 창피한 것이 아니라 인간 이성으로 진리를 방해하는 것이 더 부끄럽다고 말한 지지자도 있었다.[21] 하지만 계통 발생설을 비난했던 근본적 이유는 실상 다른 데 있었다. 『종의 기원』이 방대한 사례를 토대로 일체의 생명 현상을 신적 의도, 목적 그리고 협조 없이 설명하고 있었기 때문이다. 한마디로 너무나 '자연적'이어서 유신론의 여백이 조금도 없었다는 말이다. 주지하듯 다윈은 계통 발생에 이르는 전 과정에서 변형의 주체를 '자연선택'[22]이라 명명했다. 우발성, 무작위성이 본질인 자연선택은 통상 다음의 메카니즘을 갖고 작동된다. 자연계는 생존 가능한 개체수보다 많은 개체를 보유하며 이들 개체군에서 유전적 변이가 발생하고 이로운 유전자의 누적으로 새로운 종이 탄생한다는 것이다. 이런 자연선택은 당시 신학계를 지배했던 '자연신학'의 신담론 God-Talk 인 소위 '설계론'에 대한 거부를 뜻했다.[23] 자연신학이 선한 의지를 지닌 전지전능한 인격적 존재에 의해 일체의 생명체가 지적 설계되었음을 말했던 까닭이다. 하지만 다윈에 의해 우주 만물은 설계의 산물이 아니라 환경에 적응한 유기체 자신의 자연선택의 결과로 판명되었다. '설계'를 부정하는 것이 '신'을 부정하는 것과 다르지 않았던 상황에서 신적 계획, 목적 등의 초자연적 개념들이 총체적으로 거부된 것은 큰 파장이었다.[24] 이런 갈등선상에서 불거진 또 다른 사안은 자연의 물리적 속박과 인간의 자유 및 원죄 개념에 대한 것이었다. 일견 『종의 기원』은 당시 성직자들에게 일체 생명체를 자연법칙의 결과로만 이해하는 '나쁜' 책으로 보일 수밖에 없다. 생명, 무생명을 막론하고 유기체를 자연 과정과 조우하여 그에 적응한 결과로 설명했기 때문이다. 해서 불변적인, 위반할 수 없는 자연의 물리적 필연성이 강조될 수밖에 없었다. 그런 탓에 인간의 자유 및 독특성의 여지를 불허한다는 혹평이 신학 영역 안에서 생길 만했다. 소위 하느님 형상에 근거한 인간의 자기이해 - 인간중심주의 - 가 근간에서부터 뒤틀려진 것이다. 나아가 인간의 원죄성을 말할 수 있는 근거 자체도 원천 봉쇄되고 말았다. 이는 인간에게 행위의 책임성을 물을 수 없게 되었음을 뜻한다. 자연을 성서로부터 분리시킨 다윈이 자연 자체에게 무소불위의 필연성·적합성을 부여한 결과인 것이다. 따라서 우주의 목적 자체가 없고 모든 것이 자연 과정에서 발생하는 우연(우발성)의 산물이며 이런 자연법칙을 거스를 존재가 전무하다는 다윈의 '자연선택' 이론은 초자연성을 설設한 기독교 신학 체계와 양립 불가능한 것으로 이해될 수밖에 없었다. 그러나 이런 갈등과 대립은 당시 신학적 상황에서 생겨났던 한 양상일 뿐이다. 오늘날 다윈에 앞서 존재했던 자연신학은 신학계 안에서 더 이상 인정되기 어렵다. 물론 자연신학 자체도 창조과학, 지적 설계론의 이름으로 진화되는 것도 사실이다. 하지만 다윈의 진화론 또한 전혀 다른 양상으로 전개되고 해석되고 있다. 분명한 것은 진화론의 화두였던 탈脫인간중심적 에토스가 생태계 위기 시대에 큰 역할을 수행하고 있다는 점이다. 물론 도킨스와 같은 진화론적 무신론자들에 의해 다윈의 불가지론,[25] 무신론적 경향성이 확대 재생산, 침소봉대되기도 한다. 하지만 다윈 자신은 본래 결코 무신론자가 아니었다. 초자연적 설계에 의해 우주만물이 설명될 수 없음을 절감하며 대신 자연법칙을 통해 온전한 지식을 전달하려 했을 뿐이다. 향후 신학이 할 일은 다윈의 과제를 완결 짓는 것인 바, 초자연적 설계자(행위자)에 의존함 없이 내주하는 하느님에 대한 논의를 진척시켜 나가는 일이다. 바로 이것이 성서가 증언하는 만물의 위, 안 그리고 만물을 통해 일하는 하느님의 참 모습을 찾는 일인 것이다. 이를 위해 먼저 진화론에 대한 진화생물학자들 간의 논쟁을 주목할 필요가 있다. 진화론도 진화하는 까닭에 자연 및 생명에 대한 그들의 새 지식을 습득함으로써 '진화론적 신학'의 길로 나설 수 있는 근거를 얻을 수 있기 때문이다.

3. 진화론에 대한 현대적 논의들
- 유물론적 진화론에 대한 비판을 중심으로

최근 다윈의 진화론은 유전학과의 연계하에서 눈부신 발전을 거듭하고 있다. 소위 생물학적 진화론의 등장이 그것인데 그들 중에서 무신론적 입장을 대변하는 학자가 바로 R. 도킨스인 것이다. 물론 앞서도 말했듯이 무신론적 경향성을 강조한 도킨스와 달리 진화론에서 종교의 영역을 달리 설정한 S. 굴드Gould [26]와 같은 생물학자가 있으며 나아가 다윈주의자도 기독교인이 될 수 있다는 유신론적 판단을 당연시하는 입장도 보인다. 하지만 이런 관점 차는 종교와 과학 간의 대화(관계) 유형에 따라 달라질 수 있을 뿐 결정적이지 않다. 전자는 상호 갈등(대립)을 골자로 했으며 후자의 경우는 상호 독립 내지 무관심을 에토스로 삼은 것뿐이다. 본 항목에서 필자는 진화론에 대한 진화생물학자들 간의 논쟁 중 가장 대표적인 도킨스와 굴드 간의 논쟁을 소개하고 이들 각각의 문제점을 적시할 생각이다. 진화생물학계 안에서 이들 각자는 다윈 진화론을 달리 진화시킨 양대 산맥으로 이해되기 때문이다. 하지만 진화생물학 내부에서 어떤 논쟁이 진행되고 있는지 그 맥락과 좌표를 먼저 아는 일이 중요하다. 해서 생물학적 진화론의 현재적 쟁점들을 두루 언급하고 그 틀에서 진화생물학 전반, 특히 유물론적 진화론의 입장을 비판하는 우회적 입장을 취할 것이다.[27]

먼저 다윈 진화론의 핵심인 자연선택에 대한 상이한 이해가 있다. 열대지역의 검은 피부와 북극 지역의 흰곰을 보면 분명 유기체가 자연에 적응해 왔다는 자연선택을 부정할 수 없을 것이다. 하지만 인간 마음과 행동도 자연선택에 의한 것인지를 질문하는 진화론자들이 생겨났다. 소위 적응/반적응의 논쟁인 것이다. 인간 언어 및 인지 능력과 같은 것은 자연선택만으로 설명될 수 없다는 반론이다.[28] 다음으로 자연선택의 기본 단위가 개체인가, 유전자인가 하는 논쟁이다. 지금껏 다윈 진화론의 틀에서 자연선택의 단위가 개체인가 집단인가 하는 논쟁은 있어 왔다.[29] 하지만 신新다윈주의에 이르면 최종 단위가 유전자로까지 소급·환원된다. 소위 '이기적 유전자'란 말이 회자되기 시작한 것이다. 그러나 여기서 인간의 도덕성에 대한 심각한 물음이 발생한다. 인간을 비롯한 생명체들의 이타적 행위는 유전자의 시각에선 이기적인 것이란 발상 때문이다. 인간 역시도 유전자 생존기계라는 유물론적 관점에서 이해됨으로써 종교의 자리마저 위태롭게 만들었다. 하지만 이에 대한 반론 역시 적지 않았다. 유전자 역할이 자기 복제에 있어 큰 역할을 하지만 환경과의 교감을 불필요하게 만들 수는 있다는 우려인 것이다. 일종의 유전자 결정론에 대한 이의제기였다. 해서 유전자 결정론과 유전자와 환경의 상호 관계성에 대한 이해가 진화생물학에서 뜨거운 쟁점이 되었다. 유전자 결정론자들은 유전자 간의 상호작용에 의해 생겨난 우발성Contingence을 통해 표현의 차이를 설명한 반면[30] 반대론자들은 환경과의 상호작용에서 우발성(차이)을 생각했던 것이다. 전자의 경우 유전자를 청사진Blueprint으로 여긴 반면 후자는 요리서Recipe 정도로 비유한 듯 보인다. 진화가 점진적인가 도(비)약적인가 하는 이어진 물음에서 양자 간 논쟁이 더욱 확연해진다. 본 주제는 진화 속도와 다양성에 관한 물음인 바, 도킨스와 굴드 간 논쟁의 정점을 이루고 있다. 주지하듯 진화론은 소위 '사라진 고리' Missing Link로 인해 정당성을 의심받아 왔다. 진화론의 골자인 등속설等速說 혹은 계통적 점진론漸進論이 화석 기록의 부재로 어려움에 처한 것이다.[31] 이에 관한 두 가지 반응이 진화생물학 내부에서 서로 대립했는데, '단속평형론' 斷續平衡論과 자연선택의 '우발성' 이론이 그것이다. 전자는 오랜 정체 후 생물종들의 갑작스런斷續 출현 가능성을 말한 것이며 후자는 자연선택의 점진적 체계 안에서의 도약적 진화우발성, 곧 돌연변이에 무게를 둔 발상이다. 양자 간 논쟁 과정에 단속평형론은 반反진화론의 빌미를 제공한 것으로 폄하되었고[32] 우발성은 '적응'에만 목매어 발생학 자체에 대한 관심을 갖지 못했다는 비판에 직면했었다. 이어진 쟁점은 수렴 진화 곧 생명체의 미래의 시각에서 목적론에 관한 물음이다. 다윈 자신은 자신의 진화가 진보와는 무관함을 앞서 말한 바 있다.[33] 하지만 유전학과 결부된 신新다윈주의는 진화 능력 자체가 진화한다는 강한 낙관론을 펼쳤다. 역사상 몇몇 비가역적인 진보혁신[34]를 예증 삼아 적응과 생성의 힘을 신뢰했던 것이다.[35] 이는 과학, 다시 말해 자기 복제에 대한 강한 믿음의 반영일 듯싶다. 하지만 진보를 거역했던 힘이 역사상 항존했던 것도 사실이다. 해서 반대론자들은 우발성이 생명의 진보를 방해할 수 있는 힘인 것을 한껏 강조했다. 진화와 진보를 일치시키기보다 생명의 역사에서 '적응'에 대한 강한 신뢰를 접으라는 것이다. 진보 대신 복잡성다양성의 증가에 더욱 주목할 것을 요청한 셈이다. 결국 이들 쟁점의 핵은 생명 진화의 여정 속에 영원한 트렌드의 유무有無에 관한 논의였다. 마지막 것은 진화와 종교의 양립 내지 종교의 존재 이유의 정당성 여부에 관한 논쟁이다. 물론 본 사안이 종교의 유/무용성에 관한 토론이지만 진화생물학 내부에서 시작된 것임을 유념할 필요가 있다. 이는 진화생물학, 정확히는 '이기적 유전자'로서 종교의 본질을 해부하고 그 허구성을 밝힐 수 있다는 과학 환원주의와, 종교와 과학의 상호 독립(자)성에 기초한 불가지론적 입장 간의 논쟁이란 사실이다. 앞의 것이 진화의 완전성에 종교를 종속시켰다면 후자는 진화의 불완전함을 일정 부분 인정했고 나아가 종교의 순기능을 수용했던 까닭이다. 여하튼 종교가 허구라는 시각과 진화가 불완전하다는 입장이 진화생물학 영역에서 공존한다는 사실 자체가 대단히 흥미롭다.

이상에서 필자는 다윈 사후死後 다윈르네상스를 주도했던 진화생물학의 양대 그룹 간 논쟁을 약술했고 도킨스와 굴드가 이들 각각을 대변하는 학자임을 밝혔다. 이어질 글에서는 진화생물학의 종교 이해에 집중할 생각인 바, 먼저는 도킨스의 무신론을 굴드의 시각에서 비판하고 굴드의 불가지론이 창조과학의 변형인 '지적 설계론'으로 오용될 소지를 지적할 것이다. 진화론과 유신론 간의 새로운 접점을 기대하면서 말이다. 익히 경험한 대로 도킨스의 『만들어진 신』(2007)은 출판 기획자의 예상을 깨고 엄청난 부수가 판매되었다.[36] 그러나 무신론적 진화론의 근거는 앞서 출판된 『이기적 유전자』(1976), 『확장된 표현형』(1982), 『눈먼 시계공』(1986) 등을 통해 확고하게 준비되어 있었다.[37] 이 책들에서 저자는 오로지 유전자와 자연선택의 관점에서 종교를 바라봤고 그 허구성을 밝혀 놓았다. 『만들어진 신』은 현대 문명에 그 결론을 적용시켜 본 것이 불과하다. 종교 없는 세상을 상상해 볼 것을 권하고 있는 것이다. 우선 『이기적 유전자』는 자연선택을 유전자의 수준에서 본 것으로 진화론을 유물론적으로 전환시킨 책으로 꼽는다. 숭고한 '이타성'을 유전자의 이기적 행위라고 함으로써 종교의 자리를 허물어 버린 대단한 저술이었다. 유전자의 일차적 과제가 자기복제이기에 이타성 역시도 결국 자기 사본寫本을 더 많이 남기려는 일 이상이 아니라 한 것이다. 『확장된 표현형』에서는 더 많은 복제를 위해 유전자가 다른 개체를 매개(운반자)로 사용한다는 원리를 제시했다. 예컨대 거미줄, 새 둥지, 흰개미집 같은 인공물이 자기복제를 확대시킬 수 있는 유전자의 확장된 표현형이란 것이다. 인간 문화, 나아가 종교도 이 점에서 유전자의 표현형에 불과하다는 것이 도킨스의 생각이다. 『눈먼 시계공』은 자연선택의 정당성[38]을 강조한 것으로 자연선택 그 자체를 창조과정으로 여긴 저서다. 자연선택은 결코 목적을 드러내지 않은 채 무작위적, 누적적으로 진행된다고 본 것이다. 이는 지적 설계론에 대한 전적 부정이자 우주의 목적 자체를 부정하는 반反유신론적 경향성을 노골화한다. 해서 지적으로 무신론자가 되는 것이 다윈의 충실한 후예의 삶이라고 말하고 있다. 이후 『만들어진 신』에서 종교는 인간 정신을 숙주 삼아 자신의 정보를 복제하는 일종의 정신 바이러스로 정의되었다.[39] 일종의 인간 정신 속에 기생하는 '밈'meme이란 것이다.[40] 도킨스는 인간이 유전자뿐 아니라 '밈'도 운반하는 주체라고 생각했다. 따라서 신이 존재할 수 있다는 가설은 진실일 확률이 제로에 가깝다고 보았다. 복잡성을 지닌 진화 과정의 최종산물인 창조적 지성만이 존재할 뿐 존재론적 신은 어디서도 발견될 수 없다는 것이다.[41] 해서 도킨스는 인간 현실에 해악을 끼치는 종교를 거침 없이 비판할 수 있었다. 현대과학으로 치유되어야 할 미신으로 치부되기도 했다.[42] 이 점에서 그를 반反본질주의자라 명명해도 좋을 듯하다. 하지만 도킨스는 종교의 순기능을 보지 못했을 뿐 아니라 근본적으로 종교를 자연선택에 환원시켰다. 유물론적 진화론의 시각에서 무작위적 진화를 맹신한 나머지 자연의 영적 의미와 가치를 폐기처분해 버린 것이다.[43] 이제 무신론자 도킨스를 향해 그와 대척점에 서 있던 진화생물학자 굴드의 견해를 청취할 순서가 되었다.

종교에 관한 굴드의 도킨스 비판은 앞서도 보았듯이 자신의 진화생물학[44]에 근거했다. 불완전한 다윈 진화론을 좀 더 완벽한 논리로 만들고자 단속평형론을 주장한 것이 결국 도킨스 식 무신론 내지 종교무용론을 비판하는 도구가 된 것이다. 본래 굴드의 단속평형론은 다윈의 점진적 진화를 보완할 목적이었고 자연선택만을 진화의 강령으로 본 도킨스의 유물론적 입장과 구별되는 논리였다. 더욱이 유전자 수준에서의 자연선택을 강조하는 것 또한 굴드의 시각에선 일리一理는 있되 전부는 아니었다. 자연선택이 유전자에서만 아니라 개체, 개체군 심지어 종種 이상의 수준에서도 작용했던 까닭이다. 해서 굴드는 유전자에 집착하는 유물론적 시각을 '울트라 다위니즘' Ultra Dawinism이라 명명했다. 도킨스의 반反본질주의에 대한 조롱과 부정이 함축되어 있는 말이다. 굴드에겐 자연선택만큼이나 발생학이 중요했다. 생물 종들이 오랜 정체기를 거친 후 급격하게 진화하며 중간 단계 없이 새로운 종이 출현할 수 있다는 단속평형설이 바로 발생학의 중요성을 환기시킨 것이다. 그래서 그는 진화가 진보가 아님을 강조했고 유전자보다는 환경의 중요성을 평생 역설해 왔다. 이런 굴드의 입장은 본고가 의도한 생태학과 진화론의 관계 모색에 대단히 유의미하다.[45] 하지만 급격한 진화, 신종新種의 출현 등은 점진적 진화론자들에겐 불편한 개념들이었고 수용될 수 없었다. 이런 이유로 우발성에 대한 이해 자체도 같을 수 없었다. 굴드에게 우발성은 발생학과 의미상 동일했다. 하지만 도킨스에겐 '차이'를 생산하는 유전자들 간의 상호작용, 바로 그것이 우발성이었다. 환경적 요인을 비롯한 일체의 발생 자원을 원천 봉쇄한 것이다. 도킨스의 진화론이 유전자 결정론 내지 유물론적이라 불리는 것도 이런 이유에서다. 하지만 단속평형설로부터 야기된 굴드의 종교 이해 또한 문제가 없지 않았다. 우선 '발생학'이란 말 자체가 진화론자에게 익숙한 개념이 아니었다. 새로움을 발생시키는 낯선 주체, 일종의 창조주 내지 설계자가 존재할 수 있다는 감각을 자아냈던 것이다. 알다시피 굴드는 도킨스와 달리 종교와 과학을 상호 독립적으로 보았고 종교의 역할을 인정한 진화론자였다.[46] 종교를 과학에 환원시키지 않았던 까닭이다. 하지만 종교와 과학 쌍방에 대한 분리적 시각은 근대의 산물일 뿐 오늘의 에토스엔 적합지 않다. 분리적 시각에서 종교의 자리를 인정했고 진화론에서 발생학을 강조한 굴드의 이런 입장은 자신의 의도와는 상관없이 지적 설계론에 빌미를 제공한 듯 보인다.[47] 발생과 진화의 관계를 평생 과제로 삼았던 굴드가 근본주의적 기독교의 시각에서 유물론적 진화론 내지 과학적 무신론을 비판할 수 있는 근거로 이용된 것이다. 사실과 가치가 분리될 경우 이런 오류에 빠질 수 있음을 단적으로 보여준 예라 하겠다. 오늘날 진화생물학자들 간의 갈등과 논쟁을 틈타 유신론적 과학을 언감생심 노리는 지적 설계론자들이 기독교 내에 만연하고 있다. 진화와 창조(발생)를 조합시킨 '설계'로 진화를 비판, 극복하려는 이런 노력은 교회 내부에서 크게 환영 받는 추세이다.[48] 생명의 특성은 무작위적 자연선택이 아니라 지적 원리(설계)에 의해 더 잘 설명된다는 논리는 유신론을 표방하는 종교들의 반향을 불러일으킨 것이다. 그러나 실상 이것은 진화론과 유신론의 공존을 뜻하지 않는다. 유신론을 강조함에 그 목적이 있을 뿐이다. 하지만 지적 설계론은 성서 종교와 무관하다. 왜냐하면 생명체에서 발견된 설계 사례만 보고 자연 진화의 창조성에 내재한 비극적 깊이를 도외시하는 까닭이다. 성서는 '참 좋다'라는 하느님의 환호만을 말하지 않고 피조물의 '탄식'도 온전히 성찰하고 있는 생태학적 책인 것이다. 그렇기에 우리에겐 진화론을 이론으로 받아들이되, 우주 생태계의 비극적 깊이를 성찰하는 진화론적 신학이 필요한 시점이다. 이런 진화론적 신학으로 과학적 유신론(지적 설계론)은 물론 과학적 무신론(도킨스) 모두를 극복하길 소망한다.

4. 진화론적 유신론에 대한 신학적 논의들
   - 설계, 성사聖事를 넘어 '약속'으로?

비록 지적 설계 이론이 진화론과 유신론의 상관성을 부정했지만 21세기 기독교 신학은 다윈주의자도 기독교인이 될 수 있다는, 소위 진화론적 유신론을 말해야 옳다. 이미 신학이 생명을 다루는 한 그럴 수 있다는 진화론자의 대답도 있었다. 진화생물학에 터한 진화론적 유신론을 온전히 말하는 것이 샤르댕 이후의 우주적 신학을 완성하는 길인 것이다. 이를 위해 인간 및 우주 질서에 대한 성서적 통찰 역시 진화론 이상으로 중요하다. 성서가 우주의 성사sacramental 측면만큼이나 부정적 경향성을 드러내기 때문이다.[49] 성서가 원原은총과 더불어 원죄[50]를 말하는 것을 주목할 필요가 있다. 비록 신이 우주를 창조했다곤 하나 그 속엔 신의 침묵이라 불리는 불가해성Geheimnis이 만연되어 있는 까닭이다. 이 점에서 종교란 성사와 침묵 간의 실재적 갈등 속에서 성스러움이 현실화되기를 기다리는 어떤 것이란 지적은 타당하다.[51] 갈등이 현실이지만 우주 자체는 복잡화되는 과정에서 아름답고 성스런 지향성을 갖고 있다는 것이다. 이는 JPIC 대회를 발의했던 물리학자 바이제커가 자연 자체가 내재적으로 역사성을 갖고 있다는 것을 20세기 최고의 사건으로 본 것과 맥을 같이 한다.[52] 자연이 결코 물질 덩어리가 아니란 확증을 자연과학자로부터 배운 것은 대단한 수확이 아닐 수 없다.[53] 우주의 모호성 그리고 자연의 역사성에 근거해서 신학자들은 우주가 확고한 '설계'가 아니라 목적을 실현해 가는 과정임을 말하기 시작했다. 종래의 신적 초자연성을 미래적 목적 개념으로 바꾸어 생각했다는 말이다. 비인격적 우주 속에서 신적 깊이를 발견한 것이다.[54] 과정철학자 A. 화이트헤드의 다음 말이 결정적으로 중요하다. "종교는 즉자적 사물들의 덧없는 흐름 너머와 그 뒤 그리고 그 안에 굳건히 서 있는 무엇인가에 대한 통찰이다."[55] 머나먼 가능성이지만 현실화되기를 기다릴 수밖에 없는 현실 배후의 무언가에 대한 깊은 신뢰가 반영된 언사_{言辭}이다. 여기서 진화는 신적 '깊이'(목적)에 적응해 가는 창조 이야기로 읽혀질 수 있다. 진화론적 유신론이란 개념이 바로 이로부터 비롯한다. 즉 하느님이 '절대 미래'인 한 종교는 진화론과 경쟁치 않고 오히려 진화론의 후원자로 역할하는 까닭이다.[56] 여기서 핵심은 '약속'이란 성서적 개념일 듯싶다. '약속'이란 말은 진화론과 성서를 합류시킬 수 있는 적절한 언어이다. 그러나 약속은 분명 '성사_{聖事}'와 같을 수 없다. 성사만으로는 유한 실재에게 불가피한 악_惡을 설명할 수 없기 때문이다. 신은 분명 우주 만물 속에 육화되었으나 그 세계는 결코 완벽할 수 없다.[57] 정신이 될 물질로서의 우주는 오로지 '약속'으로만 존재할 뿐이다. 그렇기에 '약속'은 '설계'와 달리 초자연주의나 이원론과는 짝할 수 없다. 비이원론적 진화론의 빛에서만 성서의 '약속'은 자리를 얻을 수 있을 뿐이다. 진화론이 신학함에 있어서 그리고 생태적 위기 상황에서 은총이란 말이 그래서 타당하다. 우주 자연이 진화론적 성격을 상실해 버리면 생태계 문제는 희망이 없다. 성서는 자연이 폐기될 수 없는 신적 약속의 장인 것을 증거하는 책이다. 진화하는 세계 자체가 하느님 약속인 것을 아는 것이 중요하다.[58] 약속으로서의 자연 개념이 진화와 성서(종말론) 그리고 생태학을 연결시키는 고리인 까닭이다. 현재와 다가올 미래 간의 불연속성이 커 갈수록 '약속'은 절실해질 수밖에 없다. 여기서 불연속성은 자연에 대한 성서적 관점의 한계를 적시하는 것으로서 미래를 향한 진화론적 성격을 함축한다.[59] 어떤 현재도 신적 무한성을 온전히 드러낼 수 없고 '약속'을 향한 경향성만 지닌다는 것이다. 따라서 진화론적 성격이란 성서의 '종말론적'이란 말과 의미상 다르지 않다. 자연의 본유성은 인정하되 그의 궁극성이 미래에 있다는 성서적 종말론과 진화론이 동전의 양면이란 말이다. 주지하듯 성서는 '몸의 부활' 이념을 통해 약속의 실재Reality, 곧 하느님의 미래를 현시했다. 부활 그것이 영혼 불멸이 아니라 몸의 부활인 한, 더 크고 깊은 실재(우주)와의 관계성을 얻는 것을 뜻한다.[60] 즉 인간이 범우주적Pancosmic 존재, 자연과 분리됨 없이 하느님이 창조한 우주 이야기의 한 부분이 되는 일인 것이다. 따라서 부활은 진화와 결코 무관한 어떤 것일 수 없다. 진화 역시 인간이 우주에 속한 존재임을 고지하는 까닭이다. 이는 신적 미래로서 부활이 생태적 개념임을 각인시킨다.[61] 더 큰 관계 속으로 들어가는 사건이 부활이라면 그것은 '모든 것은 모든 것과 관계한다'는 생태적 공리와 의미 상통한다. 그렇기에 죽음 역시도 전 우주와의 단절로 볼 이유가 전혀 없다. 그것 역시 더 깊은 우주에 이르는 통로라 여기면 좋을 일이다. 결국 삶과 죽음 나아가 부활을 통해 진화하는 세계와의 관계를 지속적으로 확장하는 것이 진화론적 신학의 영성이라 하겠다.[62]

그렇다면 우주적 진화 과정에서 '약속'(목적)으로서의 신은 과연 어떻게 작용하는가? 본 사안은 유신론적 진화론의 성패를 가늠하는 바, 우주 진화와 신적 활동 간의 관계성을 골자로 한다.[63] 필자는 이 주제를 A. 화이트헤드의 과정사상과 H. 요나스의 생명철학의 시각에서 정리할 것인 바, 후자의 입장을 채택할 것이다.[64] 이 과정에서 유신론적 진화론의 의지처인 '약속' 개념과의 논쟁이 필요할 듯싶다. 널리 알려졌듯 진화론적 신학을 구성함에 있어 A. 화이트헤드의 핵심개 념인 범경험주의Panexperientialism는 대단히 유용하다. 범汎경험주의는 과정철학의 근본 토대로서 우주 내 일체 존재가 생명, 무無생명체를 막론하고 저마다 경험 주체가 될 수 있다는 획기적 발상을 제공했던 까닭이다. 이는 우주가 '실재적 계기' actual occasion들로 구성되었다는 말과 다르지 않다. '실재적 계기'란 주체적으로 반응할 수 있는 주체적 존재를 뜻하기 때문이다. 이 점에서 과정철학은 우주 내 일체의 존재가 약속(목적)으로서의 신과 교감하며 반응하는 주체적 존재란 사실을 강조했다. 삼라만상이 하느님의 설득적 현존에 대해 '숨겨진' 방식으로 반응하는 감정 상태를 지녔다는 것이다. 여기서 숨겨졌다는 것은 단지 인간에 의해서 파악되지 않았음을 뜻한다. 본유적 역사를 지닌 자연의 주체적 능동성을 인간이 전혀 파악할 수 없다는 사실이다. 이는 유물론적 진화론의 한계를 적시하는 대목일 수밖에 없다. 과정철학은 '실재적 계기'로 구성된 우주가 신에 의해 부여된 정보를 주체적으로 수용할 능력을 지녔다고 확신한 것이다. 이것을 약속으로서의 신이 우주 만물과 교감하는 방식으로 여겼다. 즉 자신의 원초적 목적Initial Aim을 주체적 존재인 만물들과 함께 실현시키는 일이 그의 창조 행위였던 것이다. 바로 이 과정을 일컬어 과정철학은 '범경험주의'라 했다. 의당 여기서는 최초의 일회적 창조란 애시당초 불가능하며 오로지 지속된 창조Creatio continua만 존재한다. 지속된 창조 역시 진화 없이 설명될 수 없는 개념인 것이 자명하다. 과정철학의 '과정' Process이란 말이 진화와 유관할 수밖에 없는 이유이다. 이처럼 과정철학은 '범경험주의'를 근거로 '약속'의 신을 진화론적으로 구체화할 수 있었다.

유대 철학자이자 신학자였던 H. 요나스 역시 유물론적 객관주의가 보지 못한 자연의 내적 감각이 온 우주 속에 존재함을 간파했다.[65] 일체의 우주가 자유/필연, 관계/고립이라는 생명의 존재감정Sensitivity을 진화의 초기부터 지녀 왔다는 것이다. 달리 말하면 생명이란 본래 자기 초월적 지평을 갖고 있다는 말이다. 단지 진화 초기 단계에서 우주는 의식(정신)이 충족히 깨어 있지 못했을 뿐이다.[66] 여기서 과정철학과 다른 것은 우주 초기에 신적 '계획' 내지 로고스 같은 것을 상정하지 않았다는 사실이다. 요나스는 낙관주의적 진보로 진화가 오용되는 것을 원치 않았던 까닭에 무목적인인 '우주 발생적 에로스' Cosmogenic eros를 '원초적 계획' Initial Aim의 자리에 설정했던 것이다. 여기서의 '에로스'는 단지 물질 자체를 내면(의식)화하는 경향성, 열정과 같은 것일 뿐 '신의 계획'과는 구별된다. 하지만 분명한 것은 과정사상처럼 요나스의 생명철학 역시 잠정적 상태이긴 하나 물질의 주체성을 인정했다는 사실이다. 물질 속에 내재된 '우주 발생적 에로스'가 물질의 자기 초월의 동력이란 것이 요나스의 생각이었다. 이런 자기 초월을 목적이라면 목적이라 할 수 있을 법하다. 하지만 요나스는 과정철학의 '범경험주의'를 신학적으로 불필요하다고 생각했다. 자연의 능동적 주체성을 초기 단계에서만 인정할 뿐 우주의 전 과정으로 확대될 수 없다고 본 것이다. 과정철학의 입장에선 납득하기 어려운 주장이었다. 자연의 잠재적 주체성이 우주와 교감할 수 있는 여지를 허락하지 않기 때문이다. 그럼에도 우주의 전 과정 속에 자연의 주체성이 부여되었다는 입장, 범경험주의를 거부한 것은 그 속에서 낙관주의의 위험성을 보았던 까닭이다. 이는 유대의 '카발라 신비주의'[67]와 아우슈비츠 경험 이후의 유대적 신학 담론을 생각할 때 이해될 수 있다. 요나스는 태초에 신이 자신의 운명을 우주(창조)에게 내주었다는 신의 '자기 박탈'적 행위를 근거로 신과 진화론 양자를 긍정했다. 하지만 이 경우 신은 우주와 직접적으로 교감하며 '귀결적 본성'에 이르는 그런 존재가 아니었다. 오히려 우주 내의 지속된 우연, 고통 속에서 유한한 존재를 강화시키는 신성神性이었다. 그럴수록 자연 역시도 비인격적 우연 내지 필연성의 산물로서 이해될 수밖에 없었다. 자연에게 너무도 많은 것을 허용했기 때문이다. 이 점에서 요나스는 다윈 진화론을 철저히 수용·계승한 이로 여겨지기도 한다. 신이 우주 '현실태'의 내적 반응을 기다리고 상호작용을 요구하는 대신 우주 활동의 여지를 위해 오히려 자기 자신을 철저히 부정하고 있다는 사실에서 이 점은 더욱 확연하다.68 그러나 세상 및 우주 속에서의 하느님(신성)의 자기무화, 혹은 무능력은 동시에 인간에게 더 많은 책임성을 요구하고 그를 철저화하려는 강한 의미를 함축한다. 신론을 인간학적 방향으로 일정 부분 정위시킨 것이다.69 필자가 보기에 우주에 대한 신적 무개입, 무관심은 과정신학의 신론 이상으로 '홀로코스트' 이후의 하느님 이념으로 적합할 수 있다. 생태학적 위기 상황에서 그리고 종교다원주의 현실 속에서 '약속'보다 '책임'이 전 인류를 보편적으로 아우를 수 있다는 생각 때문이다. 분명 요나스의 시각에서 '범경험주의'는 지나칠 정도로 목적론적으로 여겨질 것이다. 그가 우주 초기에 '로고스'가 아니라 '에로스'를 말한 것도 실상은 신적 '목적'과의 변별력을 분명히 설정하기 위함이었다. 하지만 역으로 그것이 목적 없는 진화론이라면 유물론적 신다원주의와 차이가 없다는 비판도 얼마든 가능하다. 그에게 '약속' 내지 신적 '질서' 개념이 탈각되었던 까닭이다. 물론 그에게도 신적神的 필연성이 사라진 것은 아니었다. 하지만 창조에 모든 것을 맡긴 그의 하느님은 영향력을 미치기보다 '우주(물질)의 소용돌이를 인내하며 참는' patient memory of the gyration of matter70 분이다. 요나스의 '자기 없는 신' Self-emptying God은 희망, 약속의 존재와는 다르나 무한 '책임'을 요청하는 진화의 신이 틀림없다. 우주 속에 내면성(의식)을 향한 열망이 가득 차 있다는 것이 시종일관된 그의 생각이었기 때문이다.71 단지 진화 과정에서 '로고스'(질서)보다 '에로스'를 우위에 설정함으로써 과정사상과의 결정적 차이를 드러낼 뿐이다. 기후 붕괴 시대를 살면서 필자는 신학자임에도 현실적으로 '에로스'에 마음을 뺏긴다. 그것이 예측 불허의 생태학적 현실을 설명하는 사실 적합한 이론 체계란 생각 때문이다. 과정철학적 진화 유신론 역시 기독교 중심적인 세계관에 경도된 이유로 다종교 상황을 감당키 역부족이다. 여러 종교가 저마다의 방식으로 생태계 문제를 해결해야 할 상황인 것이다. 신생대로부터 생태대로의 전환(진화)이 결국 인간의 몫이란 말이다. 해서 '막 태어난 갓난 신생아를 향한 무한 책임'[72]을 책임감들의 원형Archetype이라 보고 그런 책임성을 인간에게 요구한 요나스의 견해가 보편적이며 현실적이다. 그러나 '약속' 이후의 '책임'의 신학[73]은 새로운 인간 이해를 요청한다. 이는 '우주적 그리스도'의 빛에서 생각할 다음 장의 주제이다. 신학이 진화론을 긍정하는 한, '우주적 그리스도'가 유신론적 진화 신학의 핵심인 것을 누구도 부정할 수 없을 것이다.

5. 창조와 성육의 통합으로서의 우주적 그리스도, 그 한국적 이해 - 약속을 넘어 '책임'으로!

진화 신학자 호트는 한 책의 발문[74]에서 다윈 진화론의 이념이 인간 사유, 도덕 나아가 영성을 포함한 살아 있는 현상을 자연적 방식으로 설명할 수 있음을 시인하며 이런 우주 진화론적 감수성이 기독교의 인격적 하느님 이해와 모순될 수 없다고 했다. '이론'이 아닌 '사실'로서 진화론이 하느님의 창조성을 현시한다고 본 것이다. 신적 창조Creatio continua 행위 속에서 다양성, 복잡성으로 나아가려는 내적 강요(우발성)를 확신했던 까닭이다. 이 점에서 신학자들은 창조의 방향성과 목적을 전제로 우발성을 동반한 자기 초월적 진화로 이해하는 진화론적 신학을 정초할 수 있었다.[75] 우주 속의 하느님 신비를 발견코자 과학과 신학 간의 공명Consonance을 추구했던 것이다. 그러나 진화신학은 종래와 같은 개인 예수에 대한 영성화, 즉 인간 중심적 구원론의 시각에선 성립될 수 없었다. 교회론적 그리스도와 역사적 예수상에서 비실체적인 우주적 그리스도로의 신학적 패러다임 변이가 신학계의 살아 있는 화두가 된 것은 최근의 일이었다.[76] 진화론의 등장과 생태 위기의 현실에서 예수 인격의 그리스도적 혹은 영적 의미를 우주 안에서 찾는 일을 신학의 사활이 달린 문제로 인식한 것이다. 그러나 실상 '우주적(영적) 그리스도'는 기독교 역사 초기부터 있어 온 개념이었다. 성육신을 속죄론의 차원에서만 보지 않고 창조의 완성으로 생각한 신학자들이 결코 적지 않았다.[77] 더욱 애써 잊고 있었을 뿐 성서 안에서조차 우주적 그리스도에 관한 단초를 찾는 일은 어렵지 않다.[78] 본 장에서 필자는 일차적으로 '우주적 그리스도'에 대한 서구 신학의 견해를 정리하되 그의 연장 내지 철저화로서 다석多夕 유영모의 '얼기독론'의 의미와 중요성을 역설할 것이다. 이는 신적 '목적'에 의존한 진화론적 신학이 생태학적 위기의 긴박성을 놓치고 있으며 요나스의 '무력한 신' 개념 역시 인간의 '책임'을 말하기에 미흡하다는 생각 때문이다.

본래 '그리스도'란 말은 '메시아'를 희랍어로 표기한 것이었다. 메시아란 말이 유대적 정황을 벗어난 헬라적 풍토에서는 의미를 줄 수 없었던 까닭이다. 이는 초기 기독교인들에게 예수의 메시아성이 아닌 그의 부활 사건이 중요했음을 뜻한다. 부활 속에서 예수는 하느님 현존을 영적으로 매개할 수 있었고 그것은 예수의 역사성을 넘어섰고 종말론적 우주와 관련되었다.[79] 예수 안에서 발생한 부활이 인간과 우주의 미래 - 우주의 전적 변화 - 를 기대토록 한 것이다. 이 점에서 부활 신앙이 그리스도를 통해 초문화적 영역을 함축했다는 평가도 가능하다.[80] 초대교회의 새로운 문화·정치적 상황에서 예수가 새로운 상징, 새로운 이야기로 재탄생되었다는 이야기다. 우주 찬가와 기독론을 연결시킨 빌립보서, 그리스도의 우주적 비전을 말한 골로새서,[81] 그리스도를 통해 만물의 화해를 노래한 고린도전서[82] 등이 그 대표적 경우이다. 에베소서의 경우 '교회론'의 관점에서 그리스도의 우주적 역할을 강조했을 뿐 전 우주를 구원하는 중심으로서의 그리스도에 대한 고백이 더욱 강조되고 있다.

이런 우주적 그리스도 이념은 특히 교부 이레니우스의 '총괄 갱신론' Recapitulation을 통해 확고하게 전승되었다. 그 역시 구원이란 죄로부터의 해방만이 아닌 전 우주가 새롭게 되는 차원인 것을 역설한 것이다. 우주론에까지는 이르지 못했으나 터툴리안 같은 교부 역시 창세기 본문에서 로마와 견줄 때 전혀 새로운 인간과 사회상을 찾은 바 있었다. 하지만 그리스도 안에서 전 우주가 갱신한다는 우주적 그리스도는 니케아 회의 이래로 자취를 감추고 말았다.[83] 한 인격 속의 두 본성homoousios의 물음으로 기독론을 축소시켜 버린 탓이다. 점입가경으로 어거스틴 이후부터 자연과 은총 두 영역을 연결시킬 수 있는 길이 원천적으로 봉쇄되고 말았다. 성서가 말하는 우주적 그리스도 이념이 탈각되는 시점이었다. 당시 사회 및 교회 통제기능을 위해 그는 초기 교부들과는 정반대로 창세기 1-3장에서 오히려 인간의 전적 타락상을 읽었던 것이다.[84] 다행히도 중세 프란시스 교단에 속한 보나벤튜라는 잠정적이긴 하나 단절된 우주적 그리스도 이념을 복원시켰다.[85] 성육신을 인간 중심적 속죄의 차원이 아닌 창조의 완성이라 했던 것이다. 성육신과 창조가 본래 둘이 아니었음을 재발견한 것이다. 아쉽게도 그의 신학은 동시대의 거목인 토마스 아퀴나스에 의해 묻혀 버리고 말았다. 하지만 기독교가 공식화했던 '한 인격 속의 두 본성'이란 니케아 - 칼케돈 도식은 실상 성서와 일치하기 어렵다.[86] 더욱이 양자역학, 진화론 나아가 두 번째 차축 시대[87]가 언급되는 상황에서 과거 기독론 공식은 깨어져야 마땅한 일이 되었다. 2차 바티칸 공의회를 주도했던 카톨릭 신학자 라너Rahner는 이들 새로운 세계관이 과거의 공식을 허물어 줄 것을 강력히 주문했다. 생태신학자로 알려진 지틀러Sittler 역시 향후 신학은 어거스틴이 아닌 이레니우스와 함께 새롭게 시작할 것을 요구한 바 있다.[88] 기독교가 말하는 구원은 오직 창조론의 궤도하에서만 유의미하다는 생각 때문이다. 구원의 힘이 인간에게만이 아니라 자연에게도 미치고 있다는 것이다. 진화론이 우주적 그리스도 이념과 만나야 할 분명한 이유가 바로 여기에 있다.[89]

이런 논의는 현대 신학자들, 특히 파니카Panikkar와 같은 아시아 신학자들에 의해 더 깊게 진행되었다. 앞서 언급한 소위 '제2의 차축시대'에 접어들었다는 시대 인식 때문이었다. 첫 번째 차축 시대가 개별성(자유), 초월을 발견한 시점이라면 두 번째는 개체를 넘어선 '통합'의 영성이 그리스도 이념의 핵심이 되는 시기라 말할 수 있다.[90] 즉 서로 나뉘어 발전된 종교들이 우주적 그리스도의 영성으로 수렴될 '결정적 때' New Kairos에 이르렀다는 말이다. 이런 분위기를 포착한 신학자가 바로 R. 파니카였다. 그는 성육신과 창조론의 통합을 '그리스도 현현Christophany' 이란 말로 재再정의했다.[91] 여기서 그리스도는 '실재하는 모든 것의 상징' the Symbol of the Whole of Reality을 뜻한다. 이 경우 '실재'는 각각의 종교 전통에서 언급해 온 '창조주'의 다른 명칭이다. 신이 전 우주 과정 속에 현존하며 육화하는 다양한 방식이 있다는 것이다. 이는 그리스도가 예수의 역사성으로 환원 내지 소진될 수 없다는 아시아 신학자의 획기적 발상이 아닐 수 없다. 해서 기독교 밖의 전통에서 다른 언어 다른 소리로도 그리스도를 말할 수 있는 소위 '복수적(다원적) 그리스도'의 시대가 열린 것이다.[92] 여기서 핵심은 그리스도가 각각의 창조주(실재)를 연결시키는 상징이란 점이다. 우주 과정 속에 현현하며 육화된 각각의 신을 소통키는 상징적 존재가 그리스도란 말이다. 파니카는 이런 복수적 그리스도를 다른 말로 '그리스도 창조' Christogenesis라 명명했다.[93] 그리스도 역시도 뭇 실재들과 소통하는 과정에서 그 스스로 진화하는 존재란 것이다. 그러나 진화하는 존재로서 그리스도는 인간의 참여 없이는 자신의 방향성을 가늠할 수 없다. 즉 진화의 향방이 그리스도 우주신비 Christogenesis에 대한 인간 참여 여부와 유관하다는 것이다.[94] 인간의 역할이 참으로 지대해지는 부분이다. 여기서 인간의 참여란 인간의 자기초월을 말하는 바, 분리된 자기 감각의 죽음을 뜻한다.[95] 내면의 변화 없이 우주 자연의 변화를 기대할 수 없다는 것이다. 해서 파니카는 진화론자들이 주장해 온 '인간원리' Antrophic principle 대신 '그리스도 원리' Christophic principle를 새로이 강조했다. 우주가 인간 삶을 위해 조율된 것이 아니라 창조된 실재들 간의 일치를 향해 정위되어 있다는 것이다.[96] 이를 위해 필요한 것이 우리 안에서의 '그리스도 탄생'이다.[97] 제2의 차축 시대에 살고 있는 우리에게 그리스도 진화에 참여할 수 있는 길이 열린 것이다. 그 옛날 예수가 신적 인간성의 충만한 실현이었듯 우주적 영역에서 자연과의 온전한 결합이 우리의 인격 속에서 발생되어야만 하는 것이다. 우주의 전 진화적 과정이 신에 의해 시작되었으나 그것이 지금 인간 속에서 지속되어야 한다는 말이다. 이 점에서 예수 역시도 하느님과 관계된 일체 인간의 상징일 수밖에 없다.[98] 인간 역시도 자신 안에서 그리스도를 낳도록 창조된 존재인 까닭에.

　이상에서 파니카의 우주적 그리스도를 약술했다. 이에 중점을 둔 이유는 다음 두 가지 점에서다. 첫째는 서구의 유신론적 진화론자들과 달리 종교 다원론적 시각을 견지했고 둘째는 인간의 무한 책임을 그리스도 신비와 연루시켜 강조했기 때문이다. 앞서 보았듯이 필자는 요나스의 '책임 원리'를 토대로 진화론의 생태학적 유의미성을 역설했다. 과정철학을 매개로한 진화론적 유신론의 공헌에도 불구하고 신적 목적성이 과도하여 현실의 종교적 상황과 맞지 않는다는 판단도 작용했다. 이 점에서 '실재'를 인정하고 강조했으나 그를 인간학적 개념으로 재설정한 파니카가 중요했다. 인간 책임성을 신비의 사건이자 통합적 영성의 본질로 보고 일체 인간의 공동창조자Cocreator성을 역설했던 까닭이다. 이 역시 성육신과 창조론의 통합적 시각에서 비롯된 결과였다. 여기서 필자는 한 걸음 더 앞으로 나갈 생각이다. 아직도 파니카에겐 우주의식의 복잡화란 이름하에 진화의 기독론적 구조가 전제된 듯 보이기 때문이다. 이것은 요나스의 시각과 상충될 수 있는 여지를 남긴다. 해서 필자는 다석 유영모의 '없이 계신 하느님 덜 없는 인간'과 '얼기독론'에 근거하여 요나스와 파니카의 생각을 좀 더 철저하고 온전케 하길 원한다. 이 과정에서 사실적 종말로 치닫는 생태학적 위기 현실과 한국적 주체성이 잘 들어날 수 있을 듯하다.

주지하듯 부제로 '종種의 기원과 종의 멸종 사이에서'라 하였다. 앞의 것이 진화론의 뜻을 함축한다면 나중 것은 생태학적 뉘앙스를 풍기는 단어이다. 오늘 우리가 진화론을 논하는 목적이 그것의 유/무신론적 성격을 논하는 데 있지 않고 그것을 매개로 생태적 위기를 타개할 방안을 모색하기 위한 것이었다. 이를 위해 특정 이념, 한두 종교들의 역할만 필요한 것이 아니다. 인간 자체가 달라져 새로운 문화를 개척하는 길밖엔 방도가 없는 듯하다. 이 점에서 파니카의 견해는 탁월했고 지금부터 짧게나마 살펴볼 다석 사상에서 그 정점을 볼 수 있다.[99] 다석에게 하느님은 본래 '없이 계신' 존재이다. 여기서 '없다'는 것은 모든 것을 있게 하는 토대이긴 하지만 그 스스로 의도와 목적을 지니지 않았다는 요나스의 견해와 맞물릴 수 있는 말이다. 하지만 '없이 계신' 신은 자신의 자리를 인간의 '밑둥' 곧 인간의 본성 속에 두었다. 인간을 말하지 않고 신을 말할 수 없는 까닭이다. 없이 계신 이는 그래서 인간의 밑둥에 있으며 그것을 다석은 '얼' 내지 '얼나'라 불렀다. 이런 '얼나'가 존재하는 한 하느님의 성령은 끊어져 본 적이 없다는 것이 그의 생각이었다. 인간뿐 아니라 삼라만상 속에 언제나 있었기에 그것은 바로 '없음'으로밖에 달리 표현될 수 없었다. 이는 유신론적 진화론의 맥락과 상응할 수 있는 다석의 핵심 개념이다. 하지만 다석 사상의 핵심은 항시 그런 신의 존재처인 인간 속에 있다. 그렇기에 다석은 유/불교를 막론하고 하늘로부터 계시 받지 못한 종교가 없다고 믿었다. '얼나'가 있는 한 신神의 존재는 부정될 수 없다(念在神在)는 발상이다. 그에게 신은 무시무종한 존재로서 처음부터 있었고 인간과 더불어 존재할 뿐이다. 하지만 '얼나'는 언제든 몸나와 더불어 짝을 이루고 있다. 몸의 욕구로부터 나온 '탐진치'가 '얼나'의 발현을 억제하고 방해하는 것이 현실이다. '없이 계신 이'와 달리 인간은 '있음'으로 존재의미를 드러내기에 그와의 교감이 어려운 것이다. 그렇다고 다석이 '몸나' 자체를 부정하는 것은 결코 아니다. 건강한 몸에서 열려진 마음이 나오고(放心) 그로부터 자신의 본성(바탈)을 태워 하늘에 이를 수 있다고 믿었던 까닭이다. 이는 예수가 가르친 '일용할 양식'의 중요성을 환기시킨다. 다석이 중용을 '알맞음'이라 번역한 것도 이런 맥락하에 있다. 다석에게 십자가는 이를 위해 대단한 의미를 지닌다. 제 뜻 버려 아버지 뜻을 구한 예수의 십자가가 그에게 '몸나'를 줄이고 '얼나'를 늘리는 것으로 재해석된 것이다. 바로 '일좌식一坐食 일언인 一言仁'이란 말이 다석식의 십자가 이해였다. 다석 스스로도 언제든 한 끼를 먹었고 늘상 다리 꿇고 앉았으며 어디든 걸었고 성적 욕망을 버렸다. 그래서 그는 '믿음에 들어간 이'의 노래, 자신의 오도송悟道頌을 남길 수 있었다. 이 길을 앞서 걸은 예수가 그에겐 유일한 스승이기도 했다. 스승 예수는 그러나 인습적인 속죄의 그리스도와는 거리가 있다. 다석에게 십자가는 대속代贖이자 자속自贖의 상징이었기 때문이었다. 십자가란 '몸나'를 지닌 예수를 '얼나'로 거듭나게 한 사건으로서 예수 그를 '없이 계신' 그분과 동일한 그리스도로 만든 사건이란 말이다. 그래서 다석은 '몸나'로서의 예수를 숭배하지 않았다. 오로지 '얼나'로 솟구친 십자가상의 예수를 그리스도로 고백했다. 이로써 예수가 영원한 생명의 수여자인 우주적 그리스도가 되었다는 것이 다석 기독론의 핵심이다. 여기서 관건은 인간 모두가 저마다의 '밑둥'을 근거로 자기 십자가를 져야 한다는 '얼 기독론'이다. 자신의 '몸나'를 줄여 '얼나'로 솟구치는 과제가 우리 모두에게 주어져 있다는 뜻이다. 예수를 값싼 대속적 존재로 만들지 말라는 것이다. 결국 '얼기독론'은 소유로부터 존재로의 방향 전환을 촉구하는 한국식 표현이다. 없이 있는 존재와 '하나' 되려면 인간 역시 '없이 살아야' 하는 까닭이다. 이렇게만 될 수 있다면 인간은 누구나 그리스도가 될 수 있다. 이는 파니카가 말한 '우리 안의 그리스도 탄생'의 순가이기도 하다. 다석의 '없이 계신 하느님'의 표상이 중요한 것은 인간이 항시 '덜' 없어 '더러운' 존재로 살고 있기 때문이다. 누구든 인간은 좀처럼 '없이 살려'고 하지 않고 그리 살기도 쉽지 않은 것이 현실이다. 더구나 '있음'에 무게를 둔 서구 신학의 경우 결코 '없이 살음'을 말할 수 없고 말할 자격도 없다. 꽃을 볼 때 온통 꽃의 테두리(있음)만 보지 그 꽃을 있게 한 허공, 곧 '빈탕'을 보지 못하는 탓이다.[100] 그렇기에 우주적 그리스도의 신비에 참여하려는 노력이 이론으로만 존재할 뿐 서구에서 현실화되기 어렵다. 수행 전통의 결여 내지 빈곤으로 인한 결과이기도 하다. 이 점에서 태초부터 '없이 있는' 우주적 그리스도, 하느님의 영과 '하나' 되려는 자속적自贖的 수행으로서의 십자가는 책임의 의미를 각인시킨다. '책임의 원리'는 지속된 수행의 과정을 통해 현실화될 수 있다는 것이 필자의 판단이다. '덜' 없이 사는 삶이 지속되는 한 세상은 분명 '더러워'질 것이고 진화의 방향은 '종種의 멸종' 쪽으로 가닥을 잡을 것이다. 하느님의 목적과 계획이 우주 속에 있다 한들, 탐진치적 인간 삶이 존속하는 한 생태적 희망을 갖기 어렵다는 말이다. 그래서 필자는 '설계'보다는 '약속'이 옳고 약속보다는 '책임'이 더 설득력을 갖는다고 말했다. 더구나 수행 전통을 지닌 아시아적 배경에서 '책임'의 의미가 각별하다고 생각한 것이다.

6. 나가는 글

최근 도킨스와 맥락을 같이하는 유물론적 진화론자 E. 윌슨의 『생명의 편지』[101]란 책을 정독했다. 이 책의 부제는 '과학자가 종교인들에게 부치는 사랑의 편지'로 되어 있다. 번역된 지 2년이 지나서야 손에 쥔 책이지만 필자의 문제의식과 맞닿아 있어 반갑고 뜻깊게 읽어 갔다. 비록 미국 내 보수 신학자 내지 보수 교회들의 무지몽매한 자연관, 내지 반反생태적 문제의식을 조심스럽게 질타한 내용이었으나 필자 보기에 대다수 기독교 교회의 정서를 반영한 책으로 보였다. 물론 진보적 경향의 신학자(목회자)들이 보기에는 기독교를 폄하한다고 느낄 부분이 적지 않다. 도킨스의 『만들어 진 신』의 내용이 그렇듯이 말이다. 이 점을 감안한다면 윌슨이 보낸 '생명의 편지'는 유물론적 진화론자가 오늘 기독교인 된 우리처럼 생태계의 미래를 염려하며 함께 이 일을 위해 손잡자는 내용으로서 거부할 이유가 전혀 없다. 기독교인 된 우리가 오히려 그에 대한 더욱 적극적인 답신을 그에게 보내야 옳다. 생태계의 문제는 유물론자들도 함께 걱정해야 할 몫일 수밖에 없는 것이다. 유물론적 진화론을 배척하고 그를 극복하는 이론도 나와야겠지만 그와 더불어 같이 할 수 있는 노력도 제거할 필요는 없다. 더구나 생태계 위기 극복을 위해 목회자들에게 그들이 손을 내밀고 있지 않은가? 이 점에서 필자가 강조한 '책임'은 유물론적 진화론을 인정하면서도 그를 넘어설 수 있는 보편적·영성적 방책이라 여겨진다. 믿음에 성실함을 더하는 길만이 미래에 희망일 수 있다면 다석의 자속적自贖的 십자가는 이 일을 위해 힘을 보탤 수 있을 것이다.

홀라키적 진화의 신학적 비전

하태혁 | 한남대학교

1. 빗장을 열며 : 홀라키적 진화를 통한 기독교 신앙의 모형 변이를 향해

'생명의 기원과 변화에 대한 진화론의 관점에 대해 무엇이라고 대답할 것인가?' '진화론의 세계 앞에서 기독교 신앙 자체를 어떻게 규정할 것인가?' 다윈에 의해 진화론이 주목받기 시작한 후로 150년 가까이 지속된 난제다. 처음부터 지금까지 진화론을 부정하고 스스로를 변론하는 관점이 지속되고 있다. 이런 관점의 극적인 형태 중 하나가 창조과학이다. 그러나 "창조과학이라 불리는 괴상한 것은 겁먹은 종교적 심성이 죽어 가는 것을 반영하는 무식한 고함소리"[1]라는 취급을 받기까지 한다. 이런 평가에 동의하지 않더라도 부정과 변론의 태도가 기독교 신앙을 점점 더 고립시키고 있는 것만은 분명하다. 진화론이 생물학의 주류로 자리 잡으며 인접학문들과의 활발한 간학문적 교류를 하고 일반인들에게 상식으로 자리 잡아 가고 있기 때문이다.

결국 진화론의 거센 물결 앞에서 기독교는 전혀 다른 새로운 대답들을 요청받아 왔다. 시도된 대답들은 분리와 통합의 두 가지 유형으로 나타났다. 진화론과 기독교 신앙을 다른 차원의 문제로 분리시키거나 새로운 모형 변이2를 통해 양자를 통합하려 한 것이다. 켄 윌버가 제시한 온우주의 홀라키적 진화의 관점을 살펴보려는 것은 바로 이런 요청에 대한 하나의 응답이다. 그가 역설하는 홀라키적 온우주Holarchic Kosmos의 진화 모델이 신학의 모형 변이를 통한 통합에 어떤 새로운 가능성과 화두를 제시해 주는지 살펴보려는 것이다. 이는 홀라키적 진화의 관점 속에서 진화론에 대한 기독교의 응답뿐만 아니라 기독교 신학의 새로운 지평을 열어 줄 가능성들도 엿보았기 때문이다.

그래서 '홀라키적 진화의 신학적 비전'이다. 홀라키적 진화를 통한 통합이 유일한 정답이라는 것이 아니다. 이것은 진리와 비진리의 편 가르기도 아니다. 홀라키적 진화의 눈으로 신학을 바라볼 때 새롭게 열리는 가능성의 세계를 그려 보겠다는 것이다. 진리 판단은 일단 내려놓고, 홀라키적 진화의 눈으로 하느님을, 세계를, 그리고 신앙을 한번 살펴보자는 것이다. 그러므로 이것은 홀라키적 진화의 풍경으로의 초대다. 홀라키적 진화의 신학적 비전을 통해 얻게 되는 열매들을 자유롭게 나누자는 초대다.

이를 위해 우선은 켄 윌버의 홀라키적 온우주론과 홀라키적 진화의 원리를 먼저 살펴볼 것이다. 그리고 이어서 이것이 적용되고 전개되는 구체적인 하나의 예로서 『에덴을 넘어』*Up from Eden*에서 제시된 인류 문화(의식)의 진화 과정을 추적할 것이다. 그리고 이것을 기초로 홀라키적 진화의 지평이 새롭게 열어주는 신학적 지평들을 구성적으로 살펴볼 것이다. 즉, 범재신론, 삼위일체론, 자연의 신학, 신화론神化論, 창조론과 종말론 영역을 홀라키적 진화의 지평에서 살펴본다는 것이다.

물론 켄 윌버의 관점은 인류 문화(의식)의 진화에 대한 해설인 『에덴을 넘어』가 먼저였고, 홀라키적 진화의 우주론은 계속 발전하여 나중에 종합되었다. 그러나 스스로도 이야기하듯이 『에덴을 넘어』에서 제시한 관점의 기본적인 구조는 그의 사상이 발전되는 과정 내내 유효하다.[3] 그리고 전자가 이해될 때, 즉 전체적인 맥락 속에서 살펴볼 때 후자에 대한 설명과 이해가 용이하기 때문이다. 인류 문화의 진화만을 살펴보는 것은 우선 그것만으로도 홀라키적 진화가 전개되는 양상과 그 의미를 살펴볼 수 있는 충분한 예가 되기 때문이다. 또한 문화 영역이 오히려 진화를 설명하기 난해한 영역이기 때문이다. 아우슈비츠, 자연 파괴 등의 문제들은 문화가 진화했다고 보기 어렵게 한다. 홀라키적 진화가 이런 난제를 어떻게 돌파해 나가는지 살펴봄으로써 홀라키적 진화의 특성을 보다 분명히 이해할 수 있을 것이다.

2. 켄 윌버의 홀라키적 진화론

1) 홀라키적 온우주 Holarchic Kosmos의 진화 : 존재의 대겹둥지의 연결 패턴

우선 모든 논의의 기초가 될 켄 윌버의 '홀라키적 온우주'를 살펴보자. 이것은 그의 실재관 혹은 우주관으로서 여기서 '온우주 Kosmos'는 물질계, 생물계, 정신계, 신계神界 모두를 내포하는 우주를 의미한다. 이것은 통상적으로 사용되는 코스모스 cosmos 또는 우주 universe와 구분해서 켄 윌버가 사용하는 개념이다. 코스모스나 우주가 유물론적 편향으로 인해 우주를 물질적 차원으로 환원시키는 문제점을 경계하려는 것이다. 동시에 물질만이 아니라 생명과 정신과 신계의 심층 구조를 회복시키려는 뜻이다. 온우주는 '영원의 철학' perennial philosophy에 뿌리를 둔다. 영원의 철학은 세계의 모든 위대한 전승 지혜들의 핵심에서 발견해 낸 실재에 대한 공통적인 관점이다. 이것은 실재가 물질, 신체, 마음, 혼, 정신(영)의 수준들로 엮여 있는 '존재의 대사슬' Great Chain of Being이라고 본다. 물론 전통에 따라 보다 많거나 적은 각기 다른 수준들로 표현되기는 하지만 기본적인 관점은 본질적으로 동일하다고 본다. 실재가 사물·마음·정신 등의 각기 다른 수준들로 엮여 있고, 각 상위 수준은 하위 수준을 포함하면서 하위 수준에서 찾을 수 없는 창발적인 속성을 내포하고 있다는 것이다. 예를 들어 생명은 물질을 내포하지만 물질로 환원될 수 없는 창발적 속성을 지닌 초월성이 있다는 것이다. 나머지 마음과 생명, 혼과 마음, 영과 혼도 이렇게 내포하며 초월하는 관계 속에서 실재가 구성된다. 그래서 이것을 아래 그림처럼 "존재의 대겹둥지" Great Nest of Being로 표현할 수 있다.⁴

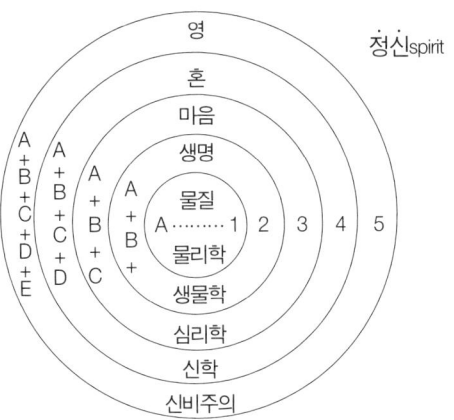

켄 윌버는 온우주의 각 수준에서 실재가 연결되는 패턴이 바로 진화의 원리라고 본다. 그는 『성·생태·영성』Sex, Ecology, Spirituality에서 진화의 패턴으로 파악된 스무 가지 원칙[5]을 제시한다. 이것은 "정향적 일반화"orienting generalization[6]에 근거를 둔다. 정향적 일반화란 광범위한 지식 분야들 속에서 발견되는 공통적인 패턴을 찾아내 정리하는 것이다. 물리학에서 생물학, 심리학, 사회학, 신학, 종교에 이르는 다양한 분야들 속에서 어떤 일반적인 주제를 찾아낸 것이다. 이것은 단순히 다양한 영역에서 동일한 패턴을 찾아내는 것만이 아니라 서로의 영역을 통해서 부분적인 패턴을 더 큰 패러다임으로 연결하고 보완하는 과정이기도 하다. 그러므로 진화의 원리는 단순히 영원의 철학에 근거한 형이상학적 추론이 아니라 다양한 지지 근거를 갖는 것임을 알 수 있다. 이제 그 가운데 가장 기본적인 다섯 가지 원칙을 통해 온우주의 홀라키적 진화의 특성을 살펴보려 한다.

제1원칙은 '실재는 '전체/부분' whole/parts으로 곧, '홀론' holon; holos 전체+on 부분으로 구성되어 있다'이다. 홀론은 그 자체가 전체이면서 또한 다른 전체의 부분인 존재를 의미한다. 예를 들어 한 온전한 원자는 한 온전한 분자의 부분이고, 그 온전한 분자는 한 온전한 세포의 부분이다. 또한 온전한 세포도 결국은 온전한 유기체의 부분이 된다. 이렇게 모든 현실적 존재들은 하나의 전체이면서 동시에 부분인 홀론이라는 것이다. 모든 존재가 홀론이기 때문에 홀론의 특성, 역동의 패턴을 파악하면 바로 진화의 원리를 파악할 수 있다. 스무 가지의 진화의 패턴 역시 바로 홀론의 패턴을 파악한 것이다.

여기에서 주목해야 하는 것은 '모든' 실재가 다 홀론이라는 점이다. 실재의 가장 낮은 수준과 가장 높은 수준에 이르는 모든 방향으로 오직 '전체/부분' 만이 있다는 것이다. 존재의 맨 위도 한 순간에는 전체이지만 다음

순간에는 더 큰 전체의 부분이 되는 홀론이다. 맨 아래 쪽의 아원자 입자도 더 아래 쿼크, 더 아래 아(亞)쿼크로 무한히 내려간다. 더 내려가면, 현대 물리학에 의하면 양자장의 확률 파동 세계인 기(氣)의 장과 만날 수 있을 뿐이다. 결국 실재의 실상에선 존재의 맨 위와 맨 아래라는 것 자체가 사라지고, 어떤 궁극적 물질로의 환원도, 궁극적 전체로의 지향이나 완결도 사라진다.[7]

제2원칙은 모든 홀론은 작인agency과 공존적 교섭communion, 초월 transcendence과 소멸dissolution의 네 가지 성향을 공유한다는 것이다. 모든 홀론은 하나의 전체이기 때문에 자기 독자성과 자율성을 유지하는 작인성(작용인으로서의 특성)을 갖는다. 그러나 동시에 부분이기 때문에 어떤 전체의 부분으로서 적응해 나가는 공존적 교섭성도 지닌다. 이것은 홀론의 수평적 역량에 해당한다. 홀론에는 수직적 역량에 해당하는 동인도 있다. 그것이 바로 초월과 소멸이다. 홀론은 작인성과 공존적 교섭에 실패하면 아(亞)홀론subholon으로 분해되고 소멸된다. 그러나 소멸과 반대되는 비상한 변용의 과정이 있다. 바로 새로운 홀론으로 창발하는 과정이다. 이것이 바로 홀론의 초월이다. 예를 들어 사물이 생명으로 진화할 때 생명은 사물을 내포하면서도 전혀 새로운 비환원적, 불가역적 특성을 지닌 수준으로 창발한다. 바로 이런 진화의 도약이 홀론의 초월적 과정이다. 신다윈주의가 주장하는 자연도태나 돌연변이로는 해명하기 어려운 비환원적, 불가역적 초월성이 있다는 것이다.[8] 그래서 켄 윌버는 진화를 이런 홀론의 자기초월적 창발의 과정으로 본다.

그래서 제3원칙은 '홀론은 창조적으로 창발한다' 이다. 홀론이 자기초월적 동인으로 인해 새로운 홀론으로 창발한다는 것이다. 예를 들어 아(亞)원자 입자는 원자로, 분자로, 폴리머(생체 고분자), 세포 순으로 전 단계를 초월하며 도약해 나간다. 홀론이 창발하는 도약은 전 단계에 의해서 결정될 수 없고,

전 단계로 환원될 수 없는 전혀 새로운 차원을 창조해 낸다. 그래서 홀론의 창발은 비환원적이고 불가역적이며 비결정적이다. 켄 윌버는 이런 창조적 창발에서 온우주의 모든 홀론이 지닌 추동이자 목적인을 본다. 자기초월이라는 방향성을 지닌 창조성이 그것이다. 결국 진화는 우연의 결과가 아니라 궁극적 창조성에 의한 추동이다. 바로 그 궁극적 창조성을 윌버는 '영' Spirit, 곧 '활동 중에 있는 영' Spirit-in-Action으로 본다.[9] 영은 최고 수준의 절대 영으로서 모든 것을 초월하면서 포함하고 또한 모든 것에 스며들어 있는, 세계의 밑바탕 없는 '근본 바탕' the Ground 또는 공空이다.[10]

제4원칙은 '홀론은 홀라키적으로 창발한다' 이다. 홀론의 창발에 늘 위계적 구조가 존재한다는 것이다. 이때 홀라키holarchy의 위계 구조는 부분들이 단순히 수직적으로 종속되기만hierarchy 하거나 수평적으로 덩어리진 것heterarchy과는 다르다. 홀라키는 아래의 것들을 내포하면서 새롭고 확대된 전체성을 이루는 계층 구조이다. 즉, 물질 없는 생명은 불가능하고 생명이 물질의 집합으로 환원될 수 없는 것과 같다. 이렇게 하위 단계 없는 상위 단계가 불가능하기 때문에 단순한 지배자적 계층 구조와 다르다. 그리고 상위 단계가 하위 단계의 단순한 집합으로 환원될 수 없기 때문에 '전체가 그 부분들의 합보다 더 크다' 는 전일적 계층 구조를 온전하게 구현할 수 있다. 켄 윌버는 자연의 모든 존재들이 바로 이런 자연스러운 홀라키적 계층 구조를 보여준다고 봤다.[11] 그래서 홀론은 홀라키적으로 창발한다는 것이다.

제5원칙은 '창발하는 각각의 홀론은 그보다 선행하는 것(들)을 초월하지만 내포한다' 는 것이다. 이미 앞서 언급한 홀론의 구조에서 홀론이 앞선 것들을 내포하면서 초월한다는 것을 살펴봤다. 제5원칙은 내포성에 대한 강조로 보인다. 예를 들어 세포가 그 안의 구성분자들을 넘어서지만 그럼에도 그 분자와 분자 안의 원자, 원자 안의 소립자를 다 포함하고 있다는 것이다. 이렇게 다 내포하고 있기 때문에 전면적 포섭이라고 한다. 초월은 부분들을 전체로 전환시키면서 포함하기 때문에 포함된 홀론들은 더 크고 새로운 전체의 속성 안에서 연결되고 동등하게 포섭된다.[12]

켄 윌버가 제시하는 홀라키적 온우주의 다섯 가지 연결 패턴을 살펴봤다. 온우주의 연결 패턴을 통해 드러나는 홀라키적 진화는 무엇인가? 그것은 물질, 생명, 정신, 영 등의 중층적 연결 패턴으로 구성된 우주가 스스로를 실현해 나가는 역동적 과정이자 궁극적 창조성으로서의 '활동 중에 있는 영'이 스스로를 구현해 나가는 과정이다. 특별히 그 현현의 과정은 내포하면서 초월하는 계층적 창발로서의 진화다. 그는 진화에 대해 다음과 같이 결론 짓는다. "진화는 초월하며 포함하고 또 계속 초월하며 포함하는 과정입니다. 그래서 이렇게 하는 것이야말로 '활동 중에 있는 영'의 바로 그 심장부를, 즉 진화적 충동의 바로 그 비밀의 문을 비로소 열고 들어가기 시작하는 것입니다."[13]

2) 문화적 진화의 원리와 변증 : 문화의식적 대사슬과 아트만 프로젝트

문화적 진화는 온우주의 진화 과정이 집합적 인간 의식을 통해 드러난 문화의 홀라키적 진화이다. 그러므로 동일한 진화의 패턴이 문화의식의 형식으로 구현된다. 문화적 진화의 원리는 구조적 원리인 '문화의식적 대사슬'과 추동적 원리인 '아트만 프로젝트'로 구체화된다. 먼저 문화의식적 대사슬부터 살펴보자. 앞서 언급한 것처럼 홀라키적 온우주론은 실재를 존재의 대사슬 구조로 보는 영원의 철학에 뿌리를 두고 있다. 존재의 대사슬은 실재가 물질, 신체, 마음, 혼, 정신(영)의 다른 수준들이 엮여 있다는 관점이고 홀라키적 진화는 이 수준들을 따라 내포하며 초월하면서 일어난다.

켄 윌버는 『에덴을 넘어』에서 이것을 문화적 차원에 적용하여 여덟 단계로 정리한다.

1. 물리적·물질적 자연; 우로보로스적
2. 생물학적 신체; 타이폰적
3. 낮은 마음; 언어-멤버십적
4. 진보한 마음; 에고적 개념
5. 낮은 혼; 또는 심령 수준, 화신
6. 높은 혼; 정묘 수준, 보신
7. 영; 한계와 법신으로서
8. 영; 바탕이나 청정신으로서[14]

이 단계를 켄 윌버는 아래 그림[15]과 같이 표현했다. 수준 1~4가 과거부터

4. 신보뤈 마음(합리적, 정신적 에고, 자기반성적)

3. 초기마음
(언어적, 신화적, 멤버십, 원시 논리적, 이중적)

2. 신체
(최상의 신체적 생명형태, 특히 타이폰마술적)

1. 자연
(물리적 자연과 낮은 생명형태 : 플레로마, 물질 : 우로보로스 - 파충류)

자기의식
(개인)

전의식
(전개인)

초의식
(초개인)

혼 ┬ 5. 심령(화신, 샤머니즘)
　 └ 6. 정묘(보신, 성자)

영 ┬ 7. 원인(법신, 현자)
　 └ 8. 궁극(청정신, 절대)

바탕무의식

존재의 대사슬

현재까지의 진화이고 수준 5~8은 진화의 미래이다. 단계의 명칭이나 그림을 통해서 알 수 있듯이 문화의 진화는 인간의 의식이 전의식(전개인)·자기의식(개인)·초의식(초개인)으로 진화하는 과정과 공명한다. '문화적'이란 "집단적 세계관, 윤리, 가치, 의미를 포함하는 상호 주관적 차원"[16]을 의미하기 때문이다. 공동체가 공유하는 집합적 세계관이기 때문에 문화의 진화는 의식의 진화를 따라 함께 변화한다. 그래서 문화의 진화는 진화하는 '문화의식의 대사슬'이라는 구조를 따른다.

 문화의식의 대사슬이 문화적 진화의 구조라면 아트만 프로젝트는 문화적 진화의 추동 원리이다. 홀라키적 온우주는 '활동 중인 영'의 자기 현현을 통해 내포하고 초월하면서 진화한다. 영의 자기 현현이 문화의식의 진화에 구현되는 구체적 추동 원리가 바로 아트만 프로젝트이다. 아트만 프로젝트는 인간의 궁극적 본질인, 궁극적 전체(수준7, 8)로서의 의식을 그것이 왜곡되어 투사된 상징적 대체물을 통해서 되찾으려는 시도를 말한다. 영원의 철학에 의하면 인간 존재의 근원적 본질은 궁극적 전체이다. 그것을 아트만(힌두교), 불성(불교), 도, 영 또는 의식(초의식), 신이라고 부른다. 에고 의식은 바로 이 아트만 의식을 직관하고 회복하려 한다. 그러나 에고 자체가 아트만의 전체성을 부정하는 분리된 자아이기 때문에 진정한 초월은 분리된 자아 감각 자신의 죽음을 수반한다. 그래서 에고는 자아 소멸의 근원적 두려움에 직면하고, 자아의 상실, 에고의 죽음을 피할 수 있는 상징적 대체물을 통해서 초월을 추구한다. 문화의식의 각 수준은 그 수준에서 직면하는 에고의 죽음을 피할 수 있는 대체물을 찾아낸 결과다. 그러나 그 대체물의 한계가 드러나 해체의 위기에 직면할 때, 다시 그것을 넘어서는(초월) 더 높은 수준의 대체물을 찾아낸다. 이것이 반복되는 과정이 문화의 차원에서 나타나는 진보의 변증법이다. 이렇게 아트만의 대체물을 통해서 (왜곡된) 초월을 이루어가는 아트만 프로젝트가 결국은 새로운 수준의 문화와 세계관을 창조하면서 역사를, 진화를 이끌어낸다.

진화의 과정에서 참자아가 회복될 때까지 분리된 허위의 자아는 두 가지 욕동欲動에 직면한다. 자기 존재의 영속화Eros에 대한 추구와 그 해체Thanatos에 대한 저항과 회피이다. 참자아로부터 분리된 허위 자아는 "죽음, 해체, 초월(타나토스)에 맹렬하게 저항하는 동시에 우주 중심성, 전능, 불멸(에로스)을 열망하고 가장한다.…이것들이 아트만 프로젝트의 긍정적·부정적 측면이다."[17] 그러나 아트만 프로젝트는 실패할 수밖에 없다. 에고의 소멸을 받아들이기 전에는 아트만은 깨어날 수 없고 대체자아인, 분리된 에고가 대체물에 의한 대리만족만을 끊임없이 붙들기 때문이다. 여기에서 문화는 내적 대체물인 에고에 의해 생산되는 외적 대체물이다. 그래서 문화는 에로스(삶, 권력, 안정, 쾌락, 초자연적 힘)의 원료와 약속을 제공하고 타나토스(죽음, 금기)를 피하고 저항하는 기능을 수행한다. 물론 문화가 아트만 프로젝트에 의한 대체물이기 때문에 베커Ernest Becker의 말처럼 "모든 문화는 죽음을 정복할 가능성에 대한 거짓말"[18]이다. 그럼에도 타나토스로부터 도주하는 '죽음 부정'이 문화를 형성하고 진화를 추동한다.

켄 윌버는 『에덴을 넘어』에서 문화의식적 대사슬의 각 단계에 아트만 프로젝트가 어떻게 작용하여 진화를 이뤄 왔는지 분석하고 또 앞으로 이뤄갈지를 제시했다. 그런데 신판의 서문에서 자신이 제시한 문화적 진화에 대한 변증을 펼친다. 아마도 문화적 차원의 홀라키적 진화가 심각한 반대에 직면했던 것으로 보인다. 대표적으로 전통주의자, 낭만주의자, 자유주의적 사회이론가에 의한 반론에 대해 다섯 가지 중요한 원리[19]를 제시함으로써 자신의 관점을 변증하고 있다.

켄 윌버는 전통주의자, 낭만주의자, 자유주의 사회이론가들이 문화적 진화를 반대하는 이유를 다음과 같은 비유적 반문으로 표현한다. "진화가 인간의 영역에도 작용하고 있다면 아우슈비츠는 어떻게 설명할 수 있을까? 어찌 감히 특정한 문화적 산물이 다른 것들보다 더 진화했다고 할 수 있을까? 감히 어떻게 그런 가치 순위를 매길 수 있을까? 이 무슨 오만이란 말인가?"[20] 전통주의자들은 아우슈비츠, 히로시마, 체르노빌 등의 참사들 때문에 문화적 진화를 믿지 않는다는 것이다. 이런 괴물을 낳은 변화가 진화일 수 없다는 것이다. 낭만주의자들은 한 걸음 더 나아가 원시적 순수성을 그리워한다. 문화가 오히려 산업오염, 노예제도, 빈부의 문제 등을 낳았고 이것은 진화가 아니라 오히려 추락이라는 것이다. 자유주의 사회이론가는 문화의 차원에서 언급되는 진보·진화를 오히려 폭력적 이데올로기, 사회적 계층 구조를 불러일으키는 문제로 본다는 것이다. 그래서 이런 반진화적 관점에 대한 변증으로서 다음의 다섯 가지 설명 원리를 제시한다.

첫째, 진보의 변증법. 윌버는 진화의 각 단계는 그 자체에 내재된 본래의 한계에 봉착하고 그것을 해결하려는 동인으로 인해 자기초월이 일어난다고 본다. 그러나 이런 자기초월적 진화가 치러야 할 대가가 있다고 봤다. 이전의 문제는 해결되지만 새로운 차원에선 그만큼 복잡해진 새로운 문제에 직면할 수밖에 없다는 것이다. 원자는 암을 앓지 않지만 개는 암을 앓는다는 예를 든다. 본질적으로 진화의 새로운 단계에는 새로운 잠재력과 경이와 함께 새로운 문제와 재앙이 있다는 것이다.

둘째, 분화와 분열의 구별. 진화는 분화와 통합을 통해 초월하는 과정이다. 이때 다음 단계의 통합을 이루지 못하고 분열할 때 문제가 발생한다고 봤다. 윌버는 마음과 신체가 분화되는 것과 분열되는 것, 문화와 자연이 분화되는 것과 분열되는 것의 차이를 예로 든다. 분화는 정상적인 진화의 과정이지만, 여기에서 지나쳐 분열될 때 병리적 증상으로 치닫는 것이다. "분화는 통합의 서곡이고, 분열은 재앙의 서곡"[21]이라는 것이다.

셋째, 초월과 억압의 차이. 분화와 통합의 다른 측면은 초월과 내포이다. 앞서 살펴본 바와 같이 홀라키적 진화는 내포하면서 초월하는 영의 자기초월이다. 이때 분화가 분열로 치달으면 초월은 억압의 병리적 증상을 일으킬 수 있다는 것이다. 인간의 문화가 자연을 넘어설 때 통합하지 못하고 분리되면 자연을 억압하고 부정하고 소외시키는 문제가 일어나는 것과 같다.

넷째, 자연적 위계와 병리적 위계의 차이. 통합하는 초월은 자연적 위계를 이루지만, 억압하는 초월은 병리적 위계를 낳는다는 것이다. 홀라키적 진화는 모든 실재가 전체/부분인 홀론으로서 내포하며 초월하는 과정이다. 자연적인 위계의 홀론은 정상적인 홀라키적 계층 구조를 이뤄 전체이면서 부분으로서 존재한다. 그러나 초월하면서 억압하는 병리적 위계에서는 지배자의 계층 구조로 퇴보하면서 전체만을 고집하며 부분이길 거부하게 된다는 것이다.

다섯째, 상위 구조에 대한 하위 충동의 강요. 병리적 증상으로 인해 분열, 억압이 나타날 때, 하위 충동이 상위 구조를 통해 더 큰 문제를 일으킬 수 있다는 것이다. 예를 들어 합리화된 기술의 진보가 종족주의, 인종 중심적인 충동에 의해 악용될 때 가스실, 원자탄 등의 황폐화가 가능해진다는 것이다.

켄 윌버는 문화적 진화의 구조와 추동의 원리를 통해서 문화적 진화의 본질과 방향을 해명하고 해석해 낸다. 그리고 다섯 가지 변증적 원리를 통해 인류 문화의 진화 과정에 나타난 진보와 재앙을 분명하게 설명할 수 있다고 봤다. 이 원리로 볼 때 문화의 홀라키적 진화 속에는 빛과 어둠이 나타날 수밖에 없다. 문화의 각 수준마다 온우주의 전체성인 아트만에 대한 직관이 에로스를 추구하게 한다. 그러나 부분적 자아의 소멸인 타나토스를 받아들이지 못하고 더 높은 수준의 대체 자아와 대체 대상으로 도약해 나간다. 대체물에 의한 한계가 드러날 때마다 새로운 수준의 대체물을 통해 진화하는 것이다. 이렇게 아트만에 이끌려 전체성, 영원성을 추구하면서도 타나토스로부터 도피하여 새로운 문화를 창조해 나가는 과정이 홀라키의 문화의식적 진화이다.

문화의식의 진화도 진보의 변증법을 따르기 때문에 새로운 경이와 함께 새로운 질병이 나타나고, 분화의 가능성과 함께 분열의 위험성도 나타난다. 또한 초월하면서 통합하기도 하지만 억압의 야수성이 나타나 자연적 위계를 허물고 병리적 위계를 낳기도 한다. 때론 하위 충동이 상위 구조를 통해 더 큰 황폐화를 낳을 수도 있다. 결국 이런 관점에선 인류 문화의 진화 과정에 나타나는 재앙들이 진화의 어두운 측면이면서 오히려 진화를 더욱 분명하게 보여주는 증거도 된다. 윌버는 이 원리들이 문화의 진화를 온우주 진화의 전체적 흐름 속으로 자리 잡게 할 뿐만 아니라 자유로운 통찰을 얻게 한다고 봤다. "무엇이 발달이며 어떻게 발달을 촉진할 수 있는지에 대한 이해는 실로 해방, 자유, 평등이라는 개방적 아젠다의 일부"[22]가 될 수 있기 때문이다. 홀라키적 진화 속에 나타나는 빛과 어둠의 관계 패턴을 명확히 읽어 낼 때 병리, 억압, 야만성을 경계하면서 참된 진화의 방향과 원리도 붙잡을 수 있다는 것이다.

3) 문화적 진화의 과정과 내용 : 아트만 프로젝트의 얼굴

문화적 진화의 첫 단계 곧 인류의 여명기를 켄 윌버는 '플레로마pleroma - 우로보로스uroboros 단계'로 지칭한다. 플레로마는 영지주의의 용어로서 물리적 자연의 잠재력을 의미한다. 우로보로스는 자신의 꼬리를 먹고 있는 뱀 형상의 원시적이고 신화적인 상징이다. 이는 자기 소유적인 모든 것을 지닌, 자기애적이며 낙원적인 상태이면서 파충류적인 상태에 매몰된 것을 의미한다. 이렇게 명명한 것은 원시적 인간의 자아가 아직 물질적 자연과 동물적 신체로부터 미분화된 상태였기 때문이다. 온우주의 진화 속에서 300~600만 년 전의 시기에 원인이 출현했을 때 원시 인간은 자아가 자연, 물질, 동물적 신체로부터 분명하게 분화되지 않은 혼융상태였다. 인간은 물질과 자연, 식물과 동물적 단계를 넘어서 진화했지만 그럼에도 아직은 "물리적 자연에 매몰되고(플레로마) 동물 - 파충류의 충동(우로보로스)의 지배"[23]를 받고 있었다. 물질과 자연의 세계에 꿈처럼 잠겨 하나를 이루고 자기의식적 반성이 결여된 전의식적 상태였다는 것이다. 이런 우로보로스 수준은 분리·지식·반성으로의 추락이 아직 일어나지 않은, 꿈 같은 전의식적 상태로서 에덴동산이라는 보편적 신화가 담고 있는 구조이다. 그래서 켄 윌버가 사용하는 우로보로스는 "대사슬의 모든 낮은 수준, 즉 물질, 식물, 낮은 동물의 몸을 지닌 생명을 지칭할 뿐 아니라 이런 낮은 수준들로부터 이제 막 벗어난 최초의 원형적 인간이라는 생명 형태를 지칭한다."[24]

석기시대경의 우로보로스는 약 20만 년 전경인 신석기시대에 이르면서 '마술-타이폰typhon 단계'로 이어진다. 본능적·무의식적 미분화 상태인 우로보로스 단계에서 벗어나기 시작하면서 타이폰 자아는 자연세계로부터 분리되기 시작한다. 그러나 신체는 자연으로부터 분리되기 시작했지만 타이폰 자아는 마음과 신체가 아직 미분화된 자아이다. 논리적·언어적·개념적 마음이 아직 발달하지 않았고 정신 능력은 마술적 이미지, 원시적 상징, 원형 언어적 구조로 구성되어 있기 때문이다. 또한 이 단계의 신체적 자아는 자연세계와 구별되면서도 마술적으로 혼합되어 있다. 주체와 대상, 다양한 대상들이 완전히 분화되지는 않아서 마술적으로 연결되거나 '무이원' 상태로 혼동되고 있는 것이다.[25] 물론 소수이지만 샤먼과 의술인처럼 수준 5에 접근할 만큼 진화한 예외도 있었다. 하지만 이 시기의 평균 의식은 분명 타이폰 자아였다. 그래서 절반은 인간, 절반은 뱀(우로보로스)인 '타이폰'으로 지칭한다.

우로보로스 자아는 본능적 수준에서 죽음에 대한 공포를 경험한다. 그러나 우로보로스적 융합에서 벗어나기 시작한 타이폰 자아는 자기의 필멸성과 아트만 결여의 고통에 대해 눈뜨기 시작하면서 실존적 공포, 불안, 죽음을 더욱 깊이 직면한다. 그래서 분리된 자아를 방어하고 그 자아가 안정적으로 영원히 지속되는 것으로 보이도록 노력해야만 했다. 우로보로스 수준에서는 죽음도 시간도 의식적으로 포착되지 않았고, 죽음에 대한 부정은 단순히 음식을 통한 물질적 자기 보존으로만 나타났다. 그러나 타이폰 자아는 단순하고 일시적인 현재로서의 시간을 경험하기 시작한다. 하지만 시간을 경험한다는 것은 죽음을 의식하기 시작하는 것이다. 그래서 개별화된 신체적 자아에게 죽음을 부정하기 위해 계속적인 현재에 대한 약속이 필요했다. 계속적인 현재를 유지하기 위한, '죽음에 대한 부정'이 바로 타이폰 자아의 아트만 프로젝트였다. 그것이 구현된 문화적 형태는 마술이었다. 마술적 의례, 마술적 의식 등의 마술적 죽음 부정이 아트만 프로젝트의 부정적 측면인 것이다. 아트만 프로젝트의 긍정적 측면은 에로스의 생산, 곧 분리된 자아의 영속화를 보장하기 위한 다양한 의례, 의식들로 나타났다. 타이폰 자아는 의례를 통해 물질적 세계를 통제할 수 있다고 믿었기 때문이다. 이처럼 '마술-타이폰 단계'는 죽음을 막고 스스로를 불멸로 만들기 위해 마술 의식적, 물신숭배적 사고를 사용한 순수하고 단순한 정령신앙의 시대였던 것이다.[26]

기원전 1만 년경에 이르면 '언어-멤버십 단계'에 도달한다. 이 수준에서 인간은 타이폰적 자아로서는 극복하기 어려운 죽음의 공포에 직면한다. 현재를 넘어서는 시간에 대한 인식이 생겨나면서 현재를 지속시키는, 타이폰적 아트만 프로젝트로는 해결할 수 없는 죽음의 문제와 마주친 것이다. 그러나 언어적 자아가 발달되는 진화가 이 문제를 새로운 차원으로 해결해 나간다. 언어를 통해 시간을 초월하고, 의사소통을 통해 공동체의 조화와 통제가 가능한 문화를 창조해 나간다. 농경문화를 시작으로 잉여생산물을 축적하고 언어적 상징을 통해 화폐의 유통과 축적도 이루어간다. 또한 거대한 공동체를 이루며 도시국가를 형성하기에 이른다. 이 모든 문화와 문명은 바로 '언어-멤버십 자아'가 타나토스를 거부하고 스스로를 영속화하려는 아트만 프로젝트의 결과였다.

그러나 '언어-멤버십 단계'의 아트만 프로젝트는 희생 제물, 전쟁 같은 '타인에 대한 살인 문화들'을 낳는다. 종교적 영역에서는 '위대한 어머니' (대모신 Magna Mater, 대지모 Mother Earth)를 숭배하면서 풍요를 기원하고 속죄하기 위한 인간 희생 제물을 바치게 된다. 물론 진실로 초월적인 일자에 대한 최초의 통찰을 담고 있는 '위대한 여신'과의 교감(수준6)을 통해서 스스로를 초월하는 자기희생도 있었다. 그러나 멤버십 단계의 평균 의식은 '위대한 어머니'를 바라보며, 풍요와 속죄를 위한 마술적 대리적 희생으로 대리적 초월에 집착하는 수준에 머물러 있었다. 타나토스를 피하며 에로스를 지향하기 위해 타인을 죽이는 이런 대리·희생이 전쟁이라는 대규모 살인까지 낳게 된다. "살인은 다른 존재의 삶을 대리적 희생물로 제공함으로써 마술적으로 죽음을 회피하기 위한 새로운 방식"이었다. "역사적으로 시간 의식 또는 농경 의식이 높아지고 아트만 프로젝트가 개화한 이 시기에 살인과 전쟁은 아트만 프로젝트의 부정적 측면, 대리 희생의 대대적 수단"[27]이 된 것이다.

기원전 2000년경부터 어디쯤에선가 시작해서 현재까지 지속되는 진화의 단계에 이르렀다. 바로 '정신-에고 단계'이다. 에고 수준에 이르자 자아가 자연과 신체로부터 분리되고 생각 자체가 자각과 조작의 대상이 되고 논리적 사고가 가능해진다. 신화-멤버십의 주기적이고 순환적인 시간은 선형적이고 역사적인 양식으로 변화된다. 선형적 역사의 시간은 에고가 권력을 무한히 집적하고 추가할 수 있는 불멸의 장으로서 자리 잡는다. 이로써 현대의 합리적이고 과학적인 모든 문명이 가능해졌다. 신화적으로 보면 자아가 땅 속의 '위대한 어머니'에게 승리를 거두고 스스로를 의지적이고 합리적인 중심으로 확립해 낸 '영웅 신화'의 단계이다. 종교적으로는 일신론적 차원인 보신 영역[28](수준 6)이 출현하고 가장 높이 진화한 영웅들 - 부처, 크리슈나, 예수, 노자 같은 현자들 - 은 인격신이나 여신까지도 넘어서는 궁극적인 원인 영역, 법신, 청정신의 영역[29](수준 7, 8)까지 도달한다.

그러나 분화는 분리로 치닫고 초월은 억압으로 치달아 신체와 마음의 분리가 일어나고 자연과 세계에 대한 착취와 억압이 나타난다. "에고적 자아는 위대한 어머니와의 신화적 동일시에서 벗어나 신화적 분화로 나아갔어야 하지만 그 대신 신화적 분리로 나아갔다.…너무 멀리 가 버려 초월과 분화는 억압과 분화로 바뀌었다. 이는 위대한 어머니의 분리이자 소외였다."[30] 에고적 자아가 아트만 프로젝트에 의해 자기 소멸을 부정하고 영속화를 추구하는 과정에서 에고적 자아를 지나치게 강화하면서 분화가 분리로 왜곡된 것이다. 대체 자아인 에고가 우주 중심성, 불멸, 영원성을 취하기 위해 변화하고 충동적인 자연과 신체의 세계를 대리 희생물로 분리시킨 결과다. 결국 합리적 에고가 기계적인 몸과 자연을 착취하는 시대가 열렸다. 또한 자연과 신체를 억압하는 이성 중심의 문화는 여성 원리보다는 남성 원리를 중시하며 성차별적 가부장문화를 초래했다.[31]

수준 4 에고 단계까지가 현재 진행 중인 진화 단계이다. 그 이후의 단계는 지금까지의 진화한 방향을 통한 미래에 대한 예측이다. 켄 윌버는 미래에는 수준 5의 화신 단계→수준 6의 보신 단계→수준 7의 법신 단계→수준 8의 청정신 단계로 진화가 일어날 가능성이 있다고 본다. 현존하는 명상의 기록들과 오늘날 명상가들의 경험을 통해 추론한 것이다. 명상 기록들을 볼 때, 과거 여러 시대의 초월적 영웅들은 진보된 의식 수준의 경로를 보여 주고 있다. 수준 2 타이폰 단계일 때 소수의 개인이나 샤먼은 수준 5의 화신에 도달했고, 수준 3 신화적 멤버십 단계에서 소수의 성인들은 수준 6의 보신에 도달했다. 수준 4 정신 - 에고 수준에선 소수의 현자들이 수준 7~8의 법신에 도달했다. 이렇게 평균 양식들의 진화와 함께 수준 5~8도 진화한 것이다. 그리고 이것을 오늘날도 명상가들이 동일한 단계로 경험한다. 그러므로 명상가들이 경험하는 의식의 위계적 경로와 동일한 초월적 영웅들의 위계 경로를 따라 미래의 진화가 일어날 가능성이 있다는 것이다.[32]

켄 윌버는 미래의 수준들 중에서 바로 다음 단계인 화신 단계의 사회만을 구체적으로 그려서 보여 준다. 화신[33] 단계는 심령적the Psychic 단계라고도 하는데, 종교적 경험으로는 몽환 상태, 신체적 황홀경 상태로서 세계와 자신의 경계가 해체되는 자연신비주의의 세계이다. 켄 윌버는 이 시기가 오면 진정한 지혜의 문화가 출현할 것으로 예상한다. 억압과 박해, 강박적 탐닉에서 벗어나 신체를 적절하게 이용하고, 자유로운 의사소통의 멤버십이 존재하며 상호적 자아 존중 속에서 에고를 적절히 이용한다는 것이다. 또한 화신 단계는 모든 사람이 영웅적 신비체(예수, 크리슈나, 부처 등)의 동등한 일원이라는 유대의식 속에서 심령 수준을 적절하게 이용하는 세계일 것이라고 예측한다.[34]

3. 홀라키적 진화를 통한 신학적 재구성

'활동 중에 있는 영'이 물질, 생명, 정신, 영의 중층적 연결 패턴으로 구성된 온우주를 통해 스스로를 실현해 나가는 홀라키적 진화. 그것은 내포하면서 초월하는 계층적 창발이었다. 집합적 인간 의식이 자기초월을 이루어 가는 '문화의 진화'를 통해서 온우주의 홀라키적 진화를 살펴봤다. 문화의 진화는 '문화의식적 대사슬'의 구조를 따라 '아트만 프로젝트'가 추동해 나가는 과정이었다. 다섯 가지 변증적 원리는 인류 문화의 진보와 재앙 속에 숨어 있던 진화의 흐름을 드러내 주었다. 그리고 마지막으로 이 모든 것이 구체화된 문화적 진화의 과정을 따라 홀라키적 진화의 미래까지 훔쳐봤다. 이제 홀라키적 진화의 창문을 통해 보이는 기독교 신학의 새로운 풍경을 함께 살펴보려 한다. 이것은 일종의 도약적 구성이다. 홀라키적 진화에 대한 검증이나 판단을 뛰어넘는 도약이고, 홀라키적 진화의 틀로 어떤 신학적 체계가 가능한지 그려 보는 상상적 구성이다.

1) 범재신론과 홀라키적 진화 : 홀라키적 진화의 불가역적 내재성

기독교의 전통적 신관은 절대 타자로서의 초월적 인격신, 곧 켄 윌버의 도식으로는 수준 6의 보신 단계의 신이다. 이런 신관은 하느님과 자연의 무한한 질적 차이를 강조함으로써 자연에 대한 탈성화와 도구화의 가능 근거로 작용했다. 그리고 하느님 밖에 존재하는 분리된 세계는 하느님 없이도 이해가 가능한 차원을 획득함으로써 무신론의 텃밭이 되었다. 또한 초월적 주재자로서의 인격신 이미지는 부조리한 역사 경험과의 모순으로 인해 잔혹한 신 이미지와 가부장적 지배 이데올로기를 양산하는 문제점을 낳았다.

게다가 이는 온우주 만물을 초월하면서도 동시에 모든 곳에 함께 있는 하느님에 대한 성서의 증언과 신앙인의 체험과도 상충되는 것이다.[35]

범재신론panentheism은 기독교의 이런 전통적 신관의 한계와 문제점을 극복할 수 있는 탁월한 통찰력과 충분한 대안적 가능성을 지니고 있다. 범재신론은 '모든 것 안에 현존하는 하느님'이기 때문에 절대 타자로서의 초월성이 지닌 세계와의 단절을 극복한다. 동시에 우주와 하느님을 동일시하는 범신론pantheism의 덫에 빠지지 않는다. 모든 것 안에 현존하는 하느님은 늘 그것을 넘어서는 초월성을 유지하기 때문이다. 이처럼 '모든 것이 하느님 안에 있다'고 보면서 초월성과 내재성을 동시에 긍정하기 때문이다.

이런 범재신론은 켄 윌버가 제시하는 홀라키적 온우주론의 틀에 의해 새롭게 해석되고 범재신론의 구체성을 획득할 수 있다. 모든 것 안에 하느님이 현존하고 동시에 하나님은 모든 것을 초월한다는 범재신론이 "홀라키적 창발성"과 "전면적 포섭"의 논리로 풀어질 수 있기 때문이다. 즉, 범재신론은 모든 것을 초월하면서 내포하는 절대영의 편재성과 창발적 초월성으로 이해될 수 있다는 것이다. 앞서 살펴본 바와 같이 홀라키적 온우주는 상위 단계가 하위 단계로 환원될 수 없는 불가역성을 지녔고 이 불가역성이 각 상위 단계의 초월성을 드러내준다. 이것이 결국은 절대 영의 궁극적 초월성과 절대적 근원성을 가능케 한다. 동시에 절대 영은 각 단계 하나하나를 자신 안에 내포하면서 새로움으로 넘어서는 전면적 포섭이기 때문에 내재성도 해명해 낸다. 하위 단계 없이는 상위 단계가 불가능하고 하위 단계를 포섭한 상태로서의 초월만이 가능하다는 측면에선 내적일 수밖에 없다. 결국 홀론의 창발성이 지닌, 초월하면서도 내포하는 구조가 불가역적 내재성의 가능 근거로 작용한다는 것이다.

앞의 그림, '존재의 대겹둥지'에서는 이것을 영이 원환 밖에 있는 것으로 표현한다. 영이 그 대원환들 자체이면서 대원환들이 그려진 종이 자체 곧 근본 바닥으로 묘사된 것이다. 이것은 "모든 존재 영역의 편재적·내재적 기반이 됨을 일컫고 있다. 다시 말해 모든 것을 초월하지만 동시에 모든 것을 포함하는 정신Spirit의 역설, 일종의 범재신론적 신비를 나타내고 있다."[36] 이렇게 범재신론을 홀라키적으로 재해석하는 것은 범재신론의 신화적 언어에 뼈대와 살을 붙여 준다. 모든 것 안에 현존하면서 모든 것을 초월해 있는 하느님, 그것은 신화적이고 신비적인 언어로서 아직 그 구체성을 획득하지 못했다. 그러나 이것이 홀라키적 온우주의 진화 과정을 통해 구체화됨으로써 그 다양하고 실제적인 의미들이 살아난다. 물질, 생명, 마음, 혼, 영 그리고 정신에 이르는 내포와 초월의 구체적 과정과 물리학, 생물학, 심리학, 신학, 신비의 실제적 관계들을 재구성하여 파악할 수 있다는 것이다. 게다가 이것은 우주적 진화 과정을 토대로 하기 때문에 그만큼 구체성을 내포한 이해를 가능케 한다. 그리고 범재신론의 구체성과 실제성은 신론의 틀인 홀라키적 구조가 구원론, 성화론, 종말론, 인간론, 자연론 등에도 동일하게 적용되는 통합적 구조의 일관성을 가능하게 할 것이다.

2) 삼위일체론의 홀라키적 지평 : 근본 바탕, 활동 중인 영, 홀라키적 그리스도

기독교 전통 내에서 삼위일체론은 가장 중요한 토대임은 의문의 여지가 없다. 비삼위일체적 하느님에게선 성육신 개념이 불가능하고, 비삼위일체적 그리스도는 총체적으로 인간이면서 총체적으로 신일 수도 없기 때문이다. 삼위일체 하느님 없이는 그리스도를 이해할 수 없고 기독교적 구원론도 불가능하다는 것이다.[37] 그러나 전통적인 삼위일체론은 하나의 구성적 의미를 지닌 신론이기에 절대화될 수 없고 또한 극복되어야 할 한계들을

때문에 남성 중심의 가부장적 배타성 역시 문제로 지적된다.[39]

그렇다면 홀라키적 진화의 구조 속에서 하느님과 예수 그리스도와 성령은 어떻게 체험되고 해명되며 해석될 수 있을까? 삼위일체론은 어떤 모습으로 재구성될 수 있을까? 앞서 살펴본 바와 같이 온우주의 홀론들을 창발하면서도 전면적으로 포섭하게 하는 궁극적 창조성을 켄 윌버는 영Spirit, 곧 '활동 중인 영'으로 보았다. 영은 최고 수준의 절대 영으로서 모든 것을 초월하면서 포함하고 또한 모든 것에 스며들어 있는, 세계의 밑바탕 없는 '근본 바탕' the Ground 또는 공空이다.[40] 홀라키적 진화의 구조에서 절대 영 혹은 영으로 표현한 궁극적 실재는 세 가지 차원/양상을 통합한 개념이다. 첫째는 공, 곧 "근본 바탕의 차원", 둘째는 온우주의 맨 밑에서 최고의 단계에까지 내재하면서 창발하게 하는 원동력인 "활동 중인 영의 차원", 셋째는 홀라키의 모든 차원을 전면적으로 포섭하여 온우주의 온수준[41]을 현현해 드러내 주는 "최고 수준인 영의 차원"이다. 존재의 대겹둥지로 보면 첫째는 종이 자체, 둘째는 환원 모두의 내재적인 창발적 생명력, 셋째는 환원 모두를 포섭한 최고 수준의 영으로 볼 수 있다. 켄 윌버는 이 세 가지 차원을 '활동 중에 있는 영'의 자기 현현이라는 진화의 맥락으로 묶어서 설명했다. 분리될 수 없는 이 세 차원을 구분해서 바라본다면 삼위일체론의 맥락과도 공명할 수 있지 않을까? 게다가 이 세 차원은 인간의 실존에서 각기 다르게 체험되지 않는가?

우선 밑바탕 없는 바탕, 근본 바탕의 차원은 궁극적 초월성과 근원성으로서의 하느님으로 볼 수 있을 것이다. 어떤 인간의 언어와 개념도가 닿을 수 없는 절대무이자 절대 근원인 신성Godhead으로서의 하느님으로 재해석하는 것이다. 삼위일체론이나 기타 어떤 신론으로도 규정할 수 없는 '신의 벌거벗은 본질'이자 삼위일체의 성부 하느님보다 더 근원적이고 원초적인 지니고 있다.

하나의 구성이라는 것은 무엇인가? 죄 없는 신이 인간의 죄를 대속해야만 구원이 가능하다고 본 전통적 구원론의 맥락에서 예수 그리스도는 하느님으로 고백된다. 그리고 성령도 역시 초대교회에선 하느님으로 고백되었다. 그러나 유대교 전통의 연속선상에서 하느님은 유일신으로 믿어졌다. 그로 인해 삼신론과 일신론의 균형과 조화가 요구되었다. 일신론에 빠지지 않으면서 세 하느님의 일체성을 고백하고, 동시에 삼신론에 빠지지 않으면서 그 일체성 속에 있는 세 하느님을 고백해야 했던 것이다. 그 균형을 위해서 종속론도 양태론도 부정하는 삼위일체 신론이 하나의 구성적 신론으로 제시된 것이다.[38]

그러므로 구원의 경험과 의미를 다른 해석의 틀로 바라볼 때 다른 구성의 삼위일체론은 가능하고 또한 가능해야 한다. 헬라적 사유나 다른 이방 종교 사상과의 경쟁 속에서 기독교 신앙의 본질을 지켜내려는 불가피한 상황의 결과로 볼 수 있다. 그러나 그렇다 해도 하나의 이론적 구성 안에 갇힐 수 없는 하느님의 신비는 늘 조심스럽고 겸허하게 열어 둬야 한다. 게다가 전통적인 삼위일체론은 오늘날 우리가 직면한 문제들을 해결하기엔 그 한계가 뚜렷한 관점이다. 성부 하느님은 육신의 아버지 개념과 연관되면서 하느님의 신비한 초월성을 철저하고 적절하게 표현하기 어려운 한계를 지닌다. 그리고 절대 타자로서의 인격성의 강조가 하느님을 대상화된 실체성의 범주에 갇히기 쉽게 만든다. 켄 윌버의 도식 속에서 유신론적 신비주의인 수준 6에서 수준 7의 무형상 신비주의와 수준 8의 비이원적 신비주의로의 진화가 요구되는 맥락과 같은 것이다. 제2격인 아들 예수 그리스도 역시 아버지 하느님과의 부자 관계로 인해 로고스로서의 우주적 그리스도가 지녔던 초월성과 내재성이 손상되기 쉽다. 물론 성부와 성자 모두 남성이기

때문에 남성 중심의 가부장적 배타성 역시 문제로 지적된다.[39]

그렇다면 홀라키적 진화의 구조 속에서 하느님과 예수 그리스도와 성령은 어떻게 체험되고 해명되며 해석될 수 있을까? 삼위일체론은 어떤 모습으로 재구성될 수 있을까? 앞서 살펴본 바와 같이 온우주의 홀론들을 창발하면서도 전면적으로 포섭하게 하는 궁극적 창조성을 켄 윌버는 영Spirit, 곧 '활동 중인 영'으로 보았다. 영은 최고 수준의 절대 영으로서 모든 것을 초월하면서 포함하고 또한 모든 것에 스며들어 있는, 세계의 밑바탕 없는 '근본 바탕' the Ground 또는 공空이다.[40] 홀라키적 진화의 구조에서 절대 영 혹은 영으로 표현한 궁극적 실재는 세 가지 차원/양상을 통합한 개념이다. 첫째는 공, 곧 "근본 바탕의 차원", 둘째는 온우주의 맨 밑에서 최고의 단계에까지 내재하면서 창발하게 하는 원동력인 "활동 중인 영의 차원", 셋째는 홀라키의 모든 차원을 전면적으로 포섭하여 온우주의 온수준[41]을 현현해 드러내 주는 "최고 수준인 영의 차원"이다. 존재의 대겹둥지로 보면 첫째는 종이 자체, 둘째는 환원 모두의 내재적인 창발적 생명력, 셋째는 환원 모두를 포섭한 최고 수준의 영으로 볼 수 있다. 켄 윌버는 이 세 가지 차원을 '활동 중에 있는 영'의 자기 현현이라는 진화의 맥락으로 묶어서 설명했다. 분리될 수 없는 이 세 차원을 구분해서 바라본다면 삼위일체론의 맥락과도 공명할 수 있지 않을까? 게다가 이 세 차원은 인간의 실존에서 각기 다르게 체험되지 않는가?

우선 밑바탕 없는 바탕, 근본 바탕의 차원은 궁극적 초월성과 근원성으로서의 하느님으로 볼 수 있을 것이다. 어떤 인간의 언어와 개념도 가 닿을 수 없는 절대무이자 절대 근원인 신성Godhead으로서의 하느님으로 재해석하는 것이다. 삼위일체론이나 기타 어떤 신론으로도 규정할 수 없는 '신의 벌거벗은 본질'이자 삼위일체의 성부 하느님보다 더 근원적이고 원초적인 신의 근저, "하느님 너머의 하느님"을 의미한다.[42] 이런 재해석은 기존의 삼위일체론이 지닌 인격적 실체로서의 관점이 지닌 대상화와 실체화를 극복하고 진정한 초월성을 담을 수 있게 해 준다.

두 번째 차원인 '활동 중인 영'은 온우주에 내재하는 하느님, 우리 안에 계신 하느님 곧 성령에 대한 재해석의 틀로 자리 잡을 수 있다. 내포하며 초월하는 홀라키적 온우주에서 맨 밑에서 최고의 단계에까지 내재하면서 창발적 진화의 원동력으로 작용하는 것이 활동 중인 영이기 때문이다. 활동 중인 영으로서의 성령은 근본 바탕인 하느님으로부터 끓어오른 자기 현현이고 온우주를 진화하게 하는 생명력이며 온수준으로 창발하게 하여 온우주의 신화神化를 이루어 가는 상승의 원동력이다. 이 활동 중인 영이 태초의 창조를 완성해 나가는 계속적 창조와 종말적 새창조를 이뤄가는 것이다. 이런 재해석은 기존의 성령론을 보다 구체화·체계화하는 장점을 지닌다. 성령이 어떻게 온우주의 각 영역을 창조해 나가는지 구체적으로 해명해 낼 수 있다는 것이다.

세 번째 차원인 "최고 수준의 영"은 우주적 그리스도의 성육신 곧 홀라키적 그리스도로 재해석해 낼 수 있다. 역사적 경험으로서 예수 그리스도 사건은 우주를 향한 하느님의 사랑과 용서 그리고 화해를 탈은폐하고 종말적 새 창조를 선취한 절정의 계시 사건이다. 이런 그리스도 사건을 홀라키적 진화의 구조 속에서 보면 온우주 속에 내재한 "활동 중인 영"의 내재적 생명력을 드러내 주고, 온우주가 근본적으로 하나라는 '합일의식' unity consciousness, 곧 온우주의 무경계성을 탈은폐시키고, 온수준의 창발적이고 계속적인 완성을 선취한 계시 사건으로 재해석할 수 있다. 온우주를 향한 무명의 집착과 분별지가 분리하고 차별해 놓은 모든 경계의 허위성을 드러내 줌으로써 지금 여기가 이미 경계 없는 하느님의 나라임을 드러내 주고 또한 그 하느님 나라가 온우주의 모든 수준에서 진화해 나갈 것임을 폭로한 사건이라는 것이다.

이런 재해석은 우주적 그리스도와 만나면서 홀라키적 진화의 구조에 새로운 차원, 곧 기독교적 독특성을 접붙이게 한다. 홀라키적 구조에선 활동 중인 영의 자기 현현과 전개로 온우주의 창발성과 진화를 기술하지만 그 진화의 알파와 오메가는 신비 속에 감춰져 있다. 또한 각 종교 전통의 예언자나 지혜자, 혹은 창시자는 단지 무경계에 도달한 선각자이자 진정한 영웅일 뿐이다. 그러나 기독교의 우주적 그리스도는 이렇게 침묵과 신비에 감춰진 영역을 보다 구체적으로 재구성하고 무경계 각성의 선각자가 지닌 의미를 구체화한다.

예수 그리스도는 이미 태초의 창조에 하느님과 함께 있었던 말씀, 곧 로고스이고 그를 통해서 온우주는 창조된다. 그리고 그는 하느님과 동등됨을 취하지 않고 자신을 비움으로써 인간 예수로 성육신하고 그 '자기 비움' kenosis을 통해 성령의 능력, 곧 활동 중인 영의 창발적 진화의 여백을 만든다. 또한 성육신 이전에는 하느님의 말씀으로, 초월적 지혜로, 부활 후에는 영화된 그리스도로 온우주 안에 함께 현존하는 우주적 그리스도인 것이다.

> 만물이 그분 안에서 창조되었습니다. 하늘에 있는 것들과 땅에 있는 것들, 보이는 것들과 보이지 않는 것들, 왕권이나 주권이나 권력이나 권세나 할 것 없이, 모든 것이 그분으로 말미암아 창조되었고, 그분을 위하여 창조되었습니다. 그분은 만물보다 먼저 계시고, 만물은 그분 안에서 존속합니다.
> (골로새서 1:16, 17)

> 그리스도는 있는 그대로의 만물 안에 존재한다. (나지안의 그레고리)[43]

이런 우주적 그리스도의 관점에서 볼 때 근본 바탕인 신성으로부터 끓어오른 그리스도가 온우주의 창조자이고 온우주와 인격적 관계를 맺는 인격 신이다. 우주적 그리스도는 온우주를 자기 밖에 창조하지 않고 자신을 비움으로써 자기 안에 낳은 위대한 여신이고 그런 자기 비움을 통해 온우주와의 경계를 허물어 비이원적 현현인 성육신을 이룬다. 켄 윌버가 제시하는 의식의 진화가 '인과적 영역' the Causal, 곧 무형상적 신비주의에까지 도달하여 다시 '비이원적인 것' the Nondual 곧 온우주의 모든 차원의 '진여' 眞如 Suchness 그대로가 되듯이, 성육신은 색즉시공의 차원에서 공즉시색의 차원으로 돌아오는 비이원적 현현의 경지인 것이다.[44] 이때 활동하는 영 곧 성령은 우주적 그리스도가 자신을 비우는 잉태와 출산 그리고 성육신의 현현에서 그 비움의 여백에 그득 찬 생명력이자 창조력, 창발적 초월의 원동력이다. 활동 중에 있는 영이 그리스도로 하여금 잉태하고 출산하게 하며, 육화한 그리스도를 우주적 그리스도로 진화하게 하여 온우주의 신화神化를 이뤄 간다는 것이다. 이런 관계는 예수 그리스도가 자신을 비울 때kenosis 하느님으로부터 성령이 임하여 사명을 이루어 가는 성서의 이야기 구조, 회법과도 공명하는 재해석이다.

이런 온우주의 홀라키적 그리스도, 곧 우주적 그리스도와 홀라키적 구조의 접목은 예수 그리스도의 배타적 절대 유일성도 재해석하게 한다. 예수 그리스도는 홀라키적 온수준의 무경계 각성과 창발적 진화의 새로운 차원을 현현해 준 계시의 절정임에 틀림없다. 그러나 그 절정은 배타적 유일성이 아니라 충만성으로 재해석할 수 있다. 예수 그리스도 사건은 우주적 그리스도, 곧 말씀Logos이 충만하게 그 절정으로 드러난 계시 사건이지만, 하나의 사건은 시공간의 한계로 인해 성육신 이전과 이후의 '말씀의 신적 초월성'을 모두 드러내거나 고갈시킬 수 없다.[45] 또한 성육신 이전과 이후에 보편적으로 계속되는 우주적 그리스도의 현현과 내재성을 부정할 이유도 없는 것이다. 타종교를 통해 드러난 활동 중인 영의 홀라키적 진화는 그리스도 사건과 상호보완적으로 그 충만성을 드러내고 진화를 이루어 가는 것이다.

삼위일체론을 이와 같이 홀라키적 구조가 지닌 세 차원을 통해서 재해석하는 것은 전통적인 삼위일체론에서 볼 때 몇 가지 반문이 가능할 것이다. 우선 세 차원으로 드러난 하느님은 어떻게 하나인가? 홀라키의 자기 현현과 전개의 과정 속에서 드러나는 세 차원은 분명 무경계의 차원에서 볼 때 구분될 수는 있어도 분리될 수 없는, 하나일 수밖에 없다. 게다가 근본 바탕인 신성의 차원에서 활동 중인 영과 홀라키적 그리스도가 끓어오르기 전엔 이미 하나인 하느님이다. 그 하느님이 진화와 현현의 전개 과정에서 다른 차원으로 드러나지만 이 역시 하느님의 불일불이不一不二의 관계를 벗어나지 않는다.

그러나 이렇게 보면 다시 삼위일체론이 양태론에 빠지는 것이 아닐까? 세 하느님의 긴장을 유지하지 못하고 한 하느님이 인간 역사 속에 각기 다른 가면을 쓰고 나타났을 뿐이라고 볼 수 있다. 그러나 홀라키적 구조 속에서는 대속적 속죄론의 맥락이 요구되지 않기 때문에 양태론에 빠진다 해도 문제가 될 수 없다. 또한 그리스도는 하느님의 아들이고 성령은 하느님의 영이라고 고백하는 성서의 전통과도 공명하고 있다. 그리고 신성으로부터 끓어오른 활동 중인 영과 홀라키적 그리스도는 신성의 차원에서 신비적으로 하나이며 끓어오른 출원의 차원에서도 신성과의 연속성을 지닌 각각의 하느님으로 해석될 충분한 여지를 지니고 있다. 양태론에 빠지지 않을 해석도 가능하다는 것이다.

보다 중요한 것은 사실 삼위일체에 대한 홀라키적 재구성이 기존의 관점이 지닌 한계를 충분히 극복할 새로운 가능성을 보여준다는 점이다. 우선 근본 바탕인 신성의 차원이나 온우주의 홀라키적 그리스도는 하느님의 초월성과 근원성을 보다 적절하고 충분하게 표현하고 있다. 인격성이나 실체적 대상화의 차원을 충분히 극복하고 있기 때문이다. 또한 남성적·가부장적 이데올로기의 가능성 역시 사라진다. 그리고 온우주 속에서 활동 중인 영의 내재적 차원과 홀라키적 그리스도의 비이원적 현현 곧 성육신은 절대타자로서의 신론이 지닌 계층적 이원론의 한계를 극복하게 한다. 앞서 살펴본 범재신론의 재구성을 가능하게 한다는 것이다. 그리고 이런 삼위일체론은 근본 바탕으로부터 홀라키적 그리스도의 종말적 새 창조에 이르는 그리스도 현현과 진화의 과정이 중심을 이룬다. 그로 인해 '자연의 신학'의 홀라키적 지평에서 살펴보겠지만 우주 없는 하느님의 불가능성을 담지하게 된다. 곧 보다 강력한 생태신학적 구성이 가능해진다는 것이다.

3) '자연의 신학' Theology of Nature 과 홀라키적 진화 : 억압 없는 초월의 회복

기독교 신학과 신앙의 오랜 역사는 자연을 구속사가 일어나는 무대와 배경으로 취급해 왔다. 그리고 절대타자로서의 초월적 신관에 근거한 계층적 이원론과 인간 중심주의 그리고 자연의 비신성화로 인해 자연은 착취의 대상으로 추락할 수 있었다. 물론 자연 파괴와 환경 위기의 문제를 오로지 기독교 신학의 탓으로만 돌릴 수는 없다. 그러나 그럼에도 그간의 기독교 신학은 생태계 파괴의 문제 앞에서 최소한 방관적 동조자였고, 계몽주의에 의한 자연의 도구화를 그대로 수용해 왔음을 부정할 수 없다. 결국 생태계 위기 문제가 부각되고 교회 밖으로부터 생태계 파괴의 원인으로 많은 비판을 받은 이후로 이런 기독교 자연관에 대한 근원적 한계를 직시하고 극복하고자 다양한 '자연의 신학'들을 시도하였다.

서구 신학에서 시도된 다양한 자연의 신학은 크게 볼 때 두 가지 경향으로 구분된다. 신앙고백적confessional 접근과 구성주의적constructive 접근이 그것이다.[46] 신앙고백적 접근은 기독교 전통과 성서에 대한 변증적인 관점에 근거해 복음주의적 입장을 재해석하여 전통적 신학 체계를 유지하려 한다. 예를 들면 창조 신학을 강조하면서 창조 세계에 대한 인간의 청지기적 소명을 강조하고 그것이 본래적인 기독교 신학이라고 주장하는 방식과 같은 것들이다. 구성주의적 접근은 신학이 근본적으로 구성적이라는 비판적 해석학에 근거하여 창조적인 자연관을 재구성하려 한다. 대표적인 예로서 맥페이그는 하느님의 몸Body of God이라는 은유를 통해 독특한 자연의 신학을 제시한다.

다양한 자연의 신학은 그 성공 여부를 떠나서 홀라키적 자연의 신학이 보여 주는 새로운 지평과 차이를 지닌다. 홀라키적 진화의 지평에서 자연의 신학을 바라보면, 범재신론적 지평에서 언급하였듯이 다른 자연의 신학에서는 찾기 힘든 구체성을 획득하게 된다. 홀라키적 온우주의 자연은 물질, 생명, 마음, 혼, 영 그리고 정신에 이르는 내포와 초월의 구체적 과정으로 전개되고 물리학, 생물학, 심리학, 신학, 신비의 실제적 관계들을 재구성하여 파악할 수 있다는 것이다. 사실 기존의 자연의 신학은 자연과 하느님, 자연과 인간의 관계 지평에서 논의되었다. 자연 자체의 본질과 구조에 대한 구체적 관점을 지닌 자연관으로 발전하지 못하는 한계를 지녔던 것이다.

게다가 켄 윌버가 제시하는 홀론적 생태학은 환경윤리에 대한 여러 학파들의 기본 사상을 포괄하면서 새로운 균형과 조화를 가능하게 한다. 그는 환경가치론의 측면에서 네 개의 학파를 언급한다. 첫째, 생물평등설은 모든 살아 있는 홀론이 평등한 가치를 지닌다는 것으로 심층생태주의자나 일부 에코페미니스트들의 관점이다. 둘째는 동물의 권리를 기본적 감정의 소유 여부를 기준으로 차등적으로 보는 관점이다. 셋째는 권리를 차등적으로 소유하는 존재들이 함께 진화하는 홀라키적 전개로 보는 관점이다. 넷째는 인간만이 권리를 갖지만 지구와 생물에 대한 관리의 책임을 지닌다고 보는 것이다.

윌버는 이런 관점들을 세 가지 가치(기저 가치, 내재적 가치, 외재적 가치)의 균형을 통해서 포괄하려 한다. 기저가치란 모든 홀론이 영의 완벽한 현현으로서 동등한 기저가치를 지녔다는 것이다. 그러나 모든 홀론은 전체이면서 부분이기 때문에 내재적 가치와 외재적 가치를 지닌다. 내재적 가치란 하나의 전체인 홀론이 자신 안에 홀론들을 내포하면서 그 깊이에 따라 지니는 독특한 가치를 의미한다. 그러므로 보다 더 심층적인 깊이를 지닐수록 더 큰 내재적 가치를 지닌다. 이때 내재적 가치는 하나의 전체성을 유지할 작인으로서의 권리를 의미한다. 그리고 외재적 가치란 홀론이 다른 전체의 부분으로서 전체를 위한 도구적인 가치를 지녔다는 것이다. 이 경우 더 많은 홀론의 부분이 될수록 더 많은 외재적 가치를 지닌다. 즉, 원자는 원숭이보다 더 많은 외재적 가치를 지닌다는 것이다. 외재적 가치는 전체의 유지를 위한 공존적 교섭으로서의 책임을 의미한다.

결국 "모든 홀론은 하나의 전체/부분이므로 작인과 공존적 교섭, 내재적 가치와 외재적 가치, 권리와 책임은 모든 홀론의 상대적 국면"[47]이라는 것이다. 그리고 홀론적 생태학은 개개의 홀론이 지닌 이 세 가지 가치를 모두 존중하려는 관점이다. 그래서 실용적으로는 가장 큰 폭으로 가장 큰 깊이를 보호하고 증진시키려는 것이다. 인간의 생명 유지를 위해서 가능한 한 최소한의 깊이를 소모하고 파괴함으로써 깊이를 보호하고, 동시에 폭도 간과하지 않는 것이다. 이처럼 홀라키적 '자연의 신학'은 단순한 자연관만이 아닌 윤리적이고 실천적인 판단의 구체적 기준과 근거를 제공한다.

가장 결정적인 차이는 온우주와 영의 관계에서 나타난다. 기독교의 '자연의 신학'은 범재신론에 근거해 자연의 중요성을 강조한다 해도 '자연 없는 하느님'을 상상할 수 있다. '자연 없는 하느님'은 가능해도 '하느님 없는 자연'은 불가능하다는 것이다. 맥페이그의 '자연의 신학'에서 자연을 하느님의 몸으로 보면서 몸과 정신의 관계를 통해 자연과 하느님의 관계를 해명한다. 몸인 세계에 내재하면서 그것을 넘어서는 초월인 정신으로서의 하느님, 곧 범재신론에 근거한 '자연의 신학'을 구성한 것이다. 이렇게 자연과 하느님의 유기체적 관계를 강조하지만 그럼에도 그녀는 하느님이 우주에 절대적으로 의존하지 않는 방식으로만 우주가 하느님께 의존한다는 점을 강조한다.[48] 우주 없이도 존재하는, 우주에 의존하지 않는 하느님, 우주로 환원되지 않는 하느님의 초월적 영역을 강조하는 것이다. 그러나 여기에서 "우주 있는 하느님"과 "우주 없는 하느님"과의 차이는 어떻게 되는 것일까? 전능하고 완전한 하느님으로서 우주에 의존하지 않는 하느님이기에 그 둘 사이에 본질적인 차이가 없어야만 한다. 하느님 자체만으로도 충분히 완전하고 충일해야만 하는 것이다.

그러나 켄 윌버의 홀라키적 온우주 구조에서는 존재의 맨 아래에서부터 맨 위까지 '전체/부분'인 홀론만이 있다. 물질 없는 생명도, 생명 없는 마음도, 혼 없는 영도 없다. 그렇다면 이런 홀라키의 구조 안에서 물질과 생명과 마음과 혼과 영이 없는 정신Spirit은, 신학적으로 말하면 "세계 없는 하느님"은 가능한가? 가능하면서 불가능하다. 물질에서 영에 이르는 온우주가 없다면 근본 바탕으로서의 영만이 가능하다. 그러나 동시에 물질에서 영에 이르는 온우주를 통해서만 가능한, 이 모두를 내포하며 초월한 정신은 불가능한 것이다. 여기에선 분명 "우주 있는 하느님"과 "우주 없는 하느님"은 근본적으로 차이를 지닐 수밖에 없다. 온우주를 통해 자신을 실현한 정신은 분명 기저가치로서의 온우주에 의존할 수밖에 없는, 근본 바탕으로서의 정신과 같을 수 없는 새로운 차원이기 때문이다.

이런 미묘한 차이가 맥페이그의 범재신론이 결국은 수직적 계층 구조의 한계를 완전히 극복할 수 없는 것과 구별되는 점이다. 맥페이그의 관점에서는 우주와 하느님이 결국 범재신론의 유기적인 관계성을 지니면서도 우주만이 하느님에게 의지하는 이원적 계층 구조의 한계를 벗어날 수 없다. 그러나 홀라키적 구조에서는 근본 바탕인 정신이 없는 온우주가 불가능한 수직적 계층 구조를 지니면서도 동시에 온우주 없이는 정신의 진화와 자기실현이 불가능한, 기저가치로서의 수평적 구조가 강조된다. 하이어라키hierarchy와 헤테라키heterarchy의 긴장관계, 그 균형과 조화가 하느님과 우주의 관계에서도 유지됨으로써 온우주의 모든 수준의 중요성이 기존의 '자연의 신학'에 비해 상대적으로 강조되는 것이다. 이것은 홀라키의 구조가 초월하지만 억압하지 않는 내포적 초월, 무억압적 초월이기 때문이다.

4) 신화神化와 홀라키적 진화 : 홀라키적 수행론

오직 믿음을 통한 구원을 강조하는 종교 개혁 전통의 개신교는 믿음과 행위의 이분법적 도식에 갇혀 성화 혹은 신화의 전통을 상실하는 우를 범해 왔다. 특히 한국 개신교에서는 신앙인들의 미성숙, 비윤리성의 문제들로 곪아 왔다. 믿음을 강조하면서 동시에 행위가 따라와야 함은 강조하지만 행위가 부수적인 결과의 차원에 갇히기 때문이다. 그러나 바울 서신에서는 구원이 "그리스도를 믿음"이 아니라 "그리스도의 믿음"을 통해서 가능하다고 봤다.[49] 그리스도에 대한 교리를 인지하고 받아들임으로써가 아니라 "그리스도의 믿음"이 자신의 믿음이 되어 그리스도의 삶이 내 안에 있는 "그리스도의 믿음"으로부터 솟아날 때 구원이 이뤄진다는 의미이다.

켄 윌버는 그리스도의 계시가 대상화된 유신론적 차원의 화신적 계시가 아니라 '나와 아버지가 하나'라는 비이원적 법신의 계시였다고 본다. 중요한 것은 개별적 자아의 영속화로서의 구원이 아니라 전체성으로서의 참나에 대한 발견, 깨달음이라는 것이다. 그리스도의 믿음 곧 깨달음이 나의 깨달음gnosis이 됨으로써 신의 아들이 된다는 영지주의 전통에 선 관점이다.[50] 홀라키적 진화의 문화적 차원으로 봐도 깨달음을 통한 신화가 강조된다. 문화적 차원의 진화는 아트만 프로젝트의 추동에 의해 이끌렸다. 그러나 아트만 프로젝트는 전체성으로서의 아트만을 망각하고 분리된 자아를 영속화하기 위한 왜곡된 투사였다. 결국 끊임없이 반복되는 타나토스의 불안에서 벗어나 참된 영원성에 이르는 유일한 길은 분리된 자아의 소멸을 수용하고 참자아인 아트만과 하나가 되는 길뿐이다. 아트만 프로젝트의 환상을 벗어나 아트만을 깨닫는 길은 나(분리된 개별적 자아)는 죽고 내 안에 그리스도가 살아 있음을 깨닫는 길, 그리스도의 믿음으로 그리스도가 되어 가는 성화의 길과 다르지 않다.

'행위 없는 믿음'의 문제로 인해 '그리스도의 믿음'을 통한 구원이 주목받는 상황 속에서 역사적 예수에 대한 연구는 영에 사로잡힌 신비가로서의 예수상을 주목케 했다. 그리고 그리스도의 믿음이 강조되면서 잊혀졌던 신화神化의 길이 주목받고 있다. 십자가의 성 요한, 아빌라의 데레사, 에카르트 등이 연구되고 관상기도, 예수기도, 성독(聖讀, lectio divina) 등이 교회에 퍼져 나가기 시작했다. 그러나 이런 신화의 방식들이 종교적이고 신비적 언어의 숲 속에 갇혀 혼란 중에 놓여 있다. 서로 다른 기도 방식들 간의 관계,

각 기도 방식의 역할, 심리 치료나 요가, 명상 등과의 관계 등이 뒤엉켜 있는 것이다. 게다가 신비주의 전통은 개인주의적 성화의 차원에 갇혀 있다는 비판에 직면해 있다.

켄 윌버가 의식의 스펙트럼을 통해서 제시하는, 동서양을 아우르는 통합 심리학은 이런 문제를 해결하는 탁월한 통찰력을 제공한다. 우선 그의 수행론이 지닌 범재신론적 홀라키 구조를 살펴보면, 신비적 언어로 감춰졌던 신화, 성화, 신비의 영역이 보다 구체적으로 분석되고 이해될 수 있는 길이 열린다. 수행론 역시 범재신론적 홀라키 구조에 의해 초월하면서 내포하는 홀론의 진화 구조가 전제된다. 단순히 인간과 우주, 인간과 신이 동일하다거나 단순히 연속적인 것이 아니다. 몸에서 영에 이르는 다양한 단계에는 분명 불가역적 불연속, 내포하고 초월하는 홀라키적 진화의 흐름이 있다. 그러나 그것은 단절적 경계가 아니라 결합하고 통일하는 접촉점인 선線이다. 선은 그 선의 안과 밖이 둘이 아니고 오히려 상호의존적으로만 존재할 수 있는 접촉점인 것이다.[51] 그렇기 때문에 홀라키적 온우주와 인간이 둘이 아니라 하나라는 합일의식, 곧 무경계가 가능해진다. 범재신론으로서의 기독교 신학과 수행이, 홀라키적 진화의 초월하면서 내포하는 불연속적 내포와 그 불연속적 내포의 경계가 그럼에도 선이라는 온우주의 무경계에 뿌리를 둘 수 있다는 것이다.

이런 홀라키적 무경계의 의식적 차원을 켄 윌버는 다양한 수준으로 스펙트럼화한다; 미분화적 일차적 모체, 감각물리적 수준, 환상적·정동적 수준, 표상심 수준, 규칙·역할심 수준, 형식적·반성심 수준, 켄타우로스(비전-논리적) 수준, 심혼 수준, 정묘 수준, 인과 수준, 비이원적 수준.[52] 홀라키적 수행론은 바로 이 각 수준을 내포하고 초월하면서 모든 경계를 허물어 내고 합일의식을 회복하여 홀라키적 온우주와 자신을 온전히 하나로 느끼게 되는 진화의 과정이다. 이런 의식의 스펙트럼은 기독교 신비가들의 신비적 단계를 분석하여 상호 비교하는 틀거지로 사용될 수 있다. 예를 들면 영적 단계들에 대한 다음 표와 같다.[53]

의식의 수준	성 테레사	성 디오니소스	닛사의 성 그레고리
규칙-역할성	1. 겸손	단순기도(음성)	
형식-반성심	2. 훈련과 기도	마음의 기도	죄의 어두움
비전-논리적	3. 모범적 삶		하느님에 대한 믿음
심혼 수준	4. 명상 기도	명상기도	
정묘 수준	5. 합일의 기도	침묵기도	빛
인과 수준	6. 정지-무형상	합일기도	볼 수 없는, 빛나는
비이원적	7. 영적 결혼	무지의 구름	어둠

이렇게 스펙트럼의 각 단계를 통해 다양한 전통과 기도 방법들을 구분해 보는 것은 각각의 수행법에 대한 적절한 자리매김을 가능하게 한다. 이런 자리매김은 어떤 기도법이 신화의 과정에서 어떤 의식 차원에 대해 적용되고 어떤 효과를 가져오는지 파악할 수 있고, 자신의 문제 상황에 알맞은 것을 적용할 수 있게 한다. 켄 윌버는 특히 각 수준에는 그 수준에 맞는 수행법만이 그 수준의 문제를 해결할 수 있다는 점을 강조한다. 깊은 기도에 이르러 비이원적 수준에 도달했어도 규칙·역할심의 영역에서 겸손의 태도가 해결되지 않았다면 교만의 한계를 벗어나기 어렵다는 것이다. 이는 교회의 현실 속에서 신비한 영적 체험에만 경도된 채 윤리적 차원에서는 미숙한 모습인 문제 상황을 이해하고 적절한 해법을 제공하는 방법론을 가능케 한다. 그러므로 이런 범주화는 정확한 진단과 치유의 영성을 위해 대단히 중요한 역할을 하게 된다. 켄 윌버는 『무경계』에서 다양한 심리학과 이런 기도, 명상법들의 관계 역시 명확히 제시했다. 이 역시 심리학과 영성의 경계와 역할을 명확히 함으로써 상보적으로 적용하고 치유할 수 있는 길을

열어 준다.

다시 한 번 주목할 것은 켄 윌버가 제시하는 홀라키적 수행론이 이처럼 치유와 회복의 성화, 신화神化를 위한 전 영역을 총망라한 온수준적 수행이라는 점이다. 그것이 육체적·감정적·정신적·영적인 영역 모두를 고려해서 각각의 영역에 적실한 방법을 다각적으로 탐색해서 적용할 수 있는 가능성을 열어 준다. 온수준적 수행의 뿌리는 온우주가 온수준을 내포하며 초월해나가는 홀라키적 진화이다. 홀라키적 진화의 회복이 열어 주는 신화적 수행의 세계라는 것이다.

사상한이 있는 대둥지

조금 벗어나지만 온수준적 수행은 동시에 온상한적 수행의 차원을 통해 더욱 풍성해진다. 켄 윌버는 존재의 대사슬로 드러난 온수준적 우주를 네 가지 영역으로 구분한다. 그것은 개인(체)적·집단적인 두 영역과 내면적·외면적인 두 영역을 구분하여 '내면적 - 개체적 나', '외면적 - 개체적인 그것', '내면적 - 집합적인 우리', '외면적 - 집합적인 그것들'의 사상한四象限으로 표현한다. 이 사상한을 존재의 대겹둥지에 함께 표현하면 위의 그림54과 같이 된다. 온상한적 접근은 온수준의 영역에 내포된 네 가지 차원들을 구분하되 분리시키지 않고 통전적 균형과 조화를 유지하는 관점이다. 이것 자체가 분열이 아닌 분화를 품어 안고 억압이 아닌 초월을 이루어 가는 진화적 구조의 반영이다. 감성적·정신적·영성적 차원에서 "좌상상한의 영역"을 수행하면서 육체적 차원인 "우상상한의 영역"과 관계적이고 집합적인 차원인 "좌하상한의 영역"과의 관계를 놓치지 않고 통전시킨다. 온수준, 온상한적 수행법은 켄 윌버의 『통합심리학』(2000)에 제시된 "온상한적 통합 수련/실천"[55]에 구체적으로 반영되어 있다. 결국 홀라키적 수행론은 온상한·온수준적 차원의 통전적 균형을 통해서 신비주의의 개인주의적 한계를 넘어서서 물질적·육체적 차원과 세계관과 사회 구조 차원까지 포괄하여 온우주적 완성과 치유를 위한 진화의 구체성을 획득한다.

5) 홀라키적 진화로 보는 창조와 종말 : 계속적 창조와 새로운 창조의 무늬

홀라키적 진화의 과정에서 창조와 종말은 어떻게 구체화될 수 있을까? 켄 윌버는 온우주의 진화를 역진화와 진화의 두 방향으로 설명한다. 진화는 앞서 살펴본 대로 대사슬의 가장 낮은 수준으로부터 상위 수준으로 전개되는 상승의 과정이다. 이것은 다자로부터 일자로 향하는 상승의 과정이자 지혜의 길이다. 지혜는 모든 현상들의 배후에 '일자' 一者, '공' 空이 놓여 있음을 알고, 다자로부터 일자로 귀환하는 '색즉시공' 色即是空의 차원을 말한다. '역진화' involution는 진화를 가능케 하는 배경, 곧 바탕(바탕무의식)을 향해 영이 스스로를 망각하고 비워 가는 kenosis '하향적' 움직임 전체를 말한다. 역진화가 진행되면서 영은 낮은 수준으로 갈수록 선행 수준을 망각하여 잃어 간다. 역진화의 각 수준에서 선행 수준은 무의식 속으로 잠들어 간다. 그래서 완전히 비워진 바탕은 선행하는 모든 수준들의 잠재적 총합으로서 바탕무의식이다. 이렇게 역진화가 완결되는 순간 진화가, 창조가 가능해진다. 이런 '하강의 길'은 바로 자비의 길이다. 일자가 자기를 비워 다자가 가능하게 하는 '공즉시색' 空卽是色의 차원이기 때문이다.[56]

창조의 배경인 태초가 바로 홀라키적 진화가 가능하게 하는 '자기비움', '자기수축'의 바탕무의식이다. 그래서 "태초에 하나님이 천지를 창조하실 때에 땅이 혼돈하고 공허하며, 어둠이 깊음 위에 있"[57]었던 것이다. 창조는 바로 이 바탕무의식으로부터 영이 자신을 실현해 나가는 상승의 길, 자비의 길이자 홀라키적 진화의 길이다. 그러므로 태초에 창조된 에덴은 죄가 없는 완전한 세계가 아니라 하느님으로부터 분리된 것(원초적 소외, 원죄)을 모르는 낙원 '같은' 무지/무의식의 세계이다. 선악과를 따먹은 것 자체가 원죄를 초래하지 않았다. "선악과를 따먹은 것이 원죄나 원초적 소외가 아니라, 원초적 소외에 대한 원초적 불안"[58]이 바로 원죄다. 에덴으로부터 쫓겨난 태초의 인간은 드디어 그 원초적 불안에 직면하면서 진화의 첫걸음을 뗀다. 그래서 창조된 에덴으로부터의 추락이 아니라 '에덴으로부터의 상승' Up from Eden이다. 성 이레니우스의 창조론이 켄 윌버가 제시한 홀라키적 진화론의 몸으로 새롭게 태어난 것이 아닌가?

이것은 기독교 종말론에서 이미와 아직의 균형에 대한 새로운 해석의 가능성을 안겨 준다. 기독교 종말론은 다양한 스펙트럼을 지녔고 그로 인해 여러 가지 논쟁 속에 휩싸여 있다. 미래적 종말론이냐, 실현된 종말론이냐? 개인적·실존적 종말론이냐 사회적·집단적 종말론이냐? 역사적 종말론이냐 우주적 종말론이냐? 그리고 하느님에 의한 종말이냐 인간에 의한 종말이냐?[59]

이런 다양한 스펙트럼의 축은 시간적으로 이미와 아직의 축, 개인과 사회의 축, 하느님과 인간의 축, 역사와 우주의 축 사이에서 다양한 경우의 수를 만들어 내고 그만큼의 혼란을 초래한다. 켄 윌버의 홀라키적 온우주론은 이런 다양한 축을 모두 통전시키고 있다. 사상한은 좌우를 통해서 주관과 객관을, 상하를 통해서 개인과 집단을 구분해 낸다. 동시에 각 상한은 온우주의 모든 수준을 내포하면서 초월하는 구조를 담고 있다. 이렇게 볼 때 종말은 온상한의 온수준적 진화를 이루어 가는, 색으로부터 공으로 진화하는 과정으로 풀어질 수 있다. 이렇게 종말론을 홀라키적 온우주의 진화 패턴 속에서 보면, 혼란을 야기하던 다양한 축을 모두 통합하면서도 각 축이 어떤 관계성 속에 놓여 있는지가 명확해진다. 또한 종말의 완성을 이루어 가는 진화의 길이 다양한 차원에서 체계화되고 구체화될 수 있다. 또한 모든 홀론 안에 내재하는 활동 중인 영이 홀라키적 창발로서의 우주적 종말을 이루어 가면서도 동시에 한 사람의 영혼 속에서 진화해 나가는 종말(神化로서의)과의 통전성(개인과 사회의 축 사이의)을 이루게 한다. 곧 하느님과 인간이 함께 적극적으로 이루어 가는 홀라키적 진화로서의 온수준·온상한적 종말이자 '계속적 창조'인 것이다.

홀라키적 진화의 구조가 완결된 전체가 없는, 계속되는 창발의 과정이라는 측면에 의문을 제기할 수 있다. 홀라키의 진화는 정신Sprit의 단계에서도 어떤 종착지나 완결이 없다. 신조차도 계속적인 내포와 초월의 과정 속에 있다고 보기 때문이다. 그렇다면 일종의 완결이나 완성을 전제하는 종말론과 어떻게 조화를 이루고 양립할 수 있는가? 그것은 창조와 종말에 대한 현대신학의 새로운 이해를 통해 충분히 가능하다. 몰트만에 의해서 제시되듯 창조는 태초의 창조에서 끝나는 것이 아니다. 태초에 시작된 창조는 세계 속에 내재하는 성령에 의해 계속 새롭게 창조된다. 이렇게 단순히 태초의 창조를 보존하거나 회복하는 것을 넘어선 '계속적 창조'는 결국 종말론적 새로운 창조로 하나의 완성을 이룬다. 여기에서 '계속적 창조'는 활동적인 영에 의한 홀라키적 진화의 과정으로 풀어질 수 있고, '새로운 창조'는 온상한 온수준의 홀라키적 진화와 균형의 완성과 공명하고 있다. 새로운 창조로서의 종말론적 완성을 정태적 완결로 볼 이유가 없듯이 온수준과 온상한의 홀라키적 진화의 완성 역시 계속적인 과정의 새로운 창발적 시점이자 계기로 볼 수 있다. 종말적 완성을 진화의 완결이 아니라 새로운 진화의 또 다른 과정으로 진입하는 것으로 볼 수도 있는 것이다. 그렇지 않다 해도 홀라키적 진화의 관점이 '계속적 창조'에 대한 새로운 해석들과 체계들, 그리고 실제적 구체성을 제공해 주고, 종말론의 긴장들을 통합하고 다차원적이고 실제적이며 구체적 접근을 가능하게 하는 틀을 제공하는 것임은 분명하다.

4. 빗장을 걸며 : "영적 위생학"으로서의 홀라키 신학[60]

홀라키적 진화의 눈으로 새롭게 그려 본 신학의 세계를 살펴봤다. 그것을 위해 켄 윌버가 제시한 '온우주의 홀라키적 진화의 세계'에서 시작했다. 홀라키적 진화의 원리에서 시작해 그것이 구체화된 문화의식적 진화의 길을 따라갔다. 그리고 그 길의 끝에서 펼쳐진 신학의 새로운 모습을 상상해 본 것이다. 그렇다면 살짝 엿본 홀라키적 진화의 신학은 무엇이라 이름 붙일 수 있을까? 아직 태어나지도 않은 신학일지라도 태명을 붙여 불러 보면서 글의 빗장을 걸려고 한다. 태명으로 그려 보고 불러 보고 대화할 때 그 신학도 그렇게 창조되고 자라날 것을 기대하며 기다릴 수 있기 때문이다. 결국은 전혀 다른 이름으로 부르게 되더라도, 너무나 엉성한 이름이기에 혼자만 부르다가 잊는다 해도…홀라키적 신학의 태명은 "영적 위생학"이면 어떨까? 그 영감은 니체로부터 시작되었다.

니체는 해머를 든 '파괴의 철학자'만이 아니라 시대의 병증을 진맥하고 처방전을 내리는 치유의 철학자로도 평가된다. 불교의 수동적 허무주의를 비판하는 그의 목소리에서는 자기 시대로부터 전염된, 허무주의적 퇴락의 병원균을 발견하는 의사의 모습이 보인다. 그러나 동시에 니체에게선 능동적 허무주의를 지향하면서 불교에서 섭생의 구체적 방식으로서 위생학적 측면을 긍정하는 관점도 보인다. 이런 니체의 관점에서 시대의 구체적 문제를 치유하려는 강한 의지와 시대를 정확히 진단하고 먼 미래를 꿰뚫어보는 놀라운 통찰력을 엿본다. 형이상학적 접근의 근본적 문제가 드러나고 이성적 접근보다는 몸의 총체적 접근이 간절히 요청되고 있는 오늘날의 병증을 이미 진단해 낸 것이다.

니체가 시대적 병증을 진단하고 처방하는 과정에서 새로운 가능성으로 강조한 "위생학"은 계속 곱씹게 된 비유였다. 시대와 삶의 문제에 다가가는 위생학적 방법론은 몸의 차원에 중심을 두고 진단하며 직접 치유해 나가는 것을 의미한다. 위생학은 허무주의의 실존적 문제를 해결함에 있어서 그 직접성과 총체성을 강조하는 비유적 표현이다. 그리고 형이상학적이거나 종교/교리적, 혹은 윤리적 차원이 지닌 권력 구조나 이데올로기적 억압 구조가 '있는 그대로'의 생을 왜곡하고 기만할 수 있는 위험성을 경계한 것이다. 그것은 허위와 기만이 허물어진 실존의 허무주의와 고통에 직접 직면하고 해결해야 함을 강조하고, 그 치료의 대상인 몸이 육체의 차원만이 아니라 인간의 총체성을 담은 몸이기 때문에 치료의 범위가 생의 총체적 차원임을 밝혀 준다.

이런 니체의 진맥법과 처방전은 오늘 우리에게도 여전히 중요한 통찰력을 제공해 주고 우리의 진맥법과 처방전을 향해 그 적실성을 물어 온다. 특별히 기독교 신학과 신앙의 자리에서 볼 때 그의 진맥법과 처방전은 신학과 신앙의 방법론에 대한 근본적인 전복의 기운을 느끼게 한다. 말씀과 계시, 교리와 신앙의 차원으로부터 현실로 다가가는 방식에 대해 의문을 품게 한다. 구체적 삶의 문제에 대한 직접적인 진단과 치료의 길을 가로막는 또 다른 자기 기만적 도피처이자 억압의 도구는 아닌지 자문하게 한다. 우리의 일상 속에서 악화되어 가는 시대의 병증을 정확하게 진단하고 가장 직접적인 치료의 길을 찾고 있는지, 무엇보다 몸의 총체성과 직접성을 담지하고 있는지 묻게 하는 것이다. 니체가 전복시키려 했던 주객 이분법, 초월과 내재의 이분법적 도식에 붙들린 기독교 신학과 신앙의 뿌리를 흔들어 허무의 한가운데서, 병증의 한가운데서 들려오는 계시에 귀기울이라는 것이 아닌가? 그 몸이 스스로 치유하는 생명력 곧 자연 치유력을 회복케 하라고 절규하는 것은 아닐까? 도대체 기독교적 위생학은 무엇일까? 영과 육의 이원적 구조 속에서 영의 구원으로 경도된 교회 현실을 극복하고 영과 육, 교회와 일상 모두를 치유할 처방은 무엇일까? 물론 교회는 영육이원론이 아니라고 선교에서는 몸의 필요를 중시하고 있다고 변명한다. 그러나 참으로 한 인간의 몸 전체를 치유하고 있는 것일까? 몸 전체를, 온우주를 치유하고 건강하게 하는 처방전이 교회와 신학 안에서 제시되고 추구되고 있는가?

켄 윌버가 제시한 온우주의 홀라키적 진화는 탈형이상학적 영성에 근거한 위생학적 신학의 가능성을 엿보게 한다. 켄 윌버의 통전적 관점은 형이상학적 틀로 보일 수도 있다. 그러나 그의 논거들은 형이상학과 신비적/체험적 깨달음 그리고 다양한 학문들, 이 세 기둥 위에 세워진 정향적 일반화이다. 즉, 인류와 온우주가 남긴 다양한 차원의 변화와 그 흔적들 속에서 일정한 무늬pattern를 찾아 그것을 그려낸 관점이라는 것이다. 또한 그 모든 무늬를 통합하는 온수준적이고 온상한적인 차원은 초의식적 영역의 영적 차원에 근거한다. 수행에 의해서 체험적으로 알 수 있는 영적 지식, 넓은 의미에서의 체험적 과학 지식에 근거한다는 것이다. 게다가 홀라키적 구조에는 어떤 고정된 출발점도 완결될 전체성도 없다. 끊임없이 변하는 홀론의 창발적 과정만이 있을 뿐이다. 이런 모든 측면이 탈형이상학적 영성의 가능 근거로 작용한다.

이런 탈형이상학적 영성은 온상한·온수준을 포괄하면서도 언제나 구체적 삶과 역사와 사회의 장에서 치유책을 제시하는 위생학의 차원에 뿌리를 내리고 있다. 이는 두 가지 예를 통해 명확해진다. 우선 종교와 과학의 통합적 관점을 보자. 이것은 단순히 종교와 과학만의 차원이 아니라 이 둘을 포괄하는 영성적 통합의 차원에서 그리고 종교와 과학이 충돌하는 구체적 일상의 장에서 다뤄진다. 형이상학적이고 변증적인 혹은 과학적이고 실증적인 논의의 장에 갇히지 않는 것이다. 켄 윌버에 의한 종교와 과학의 통합은 종교에도 과학에도 함몰되지 않는 새로운 영적인 가교이자 경험의 차원인 영성의 문제에 근거함으로써 현실에 깊이 뿌리내리는 실존적 가교인 것이다. 보다 더 구체적으로는 켄 윌버의 실존적 경험을 통해서 극명하게 드러난다. 그는 아내인 트레야의 암투병 과정을 함께 돌파해 나가면서 자신의 사상을 잉태했다.[61] 그 과정은 의학과 종교/세계관, 사회구조와 공동체의 모든 측면이 뒤엉킨 현실 속에서 문제 상황을 진단하고 치유해 나가는 위생학적 접근을 보여준다. 암투병이라는 구체적 상황을 온수준과 온상한의 측면에서 진단하고 치유해 나감으로써 단순히 투병의 생물학적 차원만이 아니라 온우주의 홀라키적 진화를 이루어 가는 수행적 차원으로까지 창발시키고 있다.

켄 윌버의 홀라키적 구조는 이렇게 삶의 실존적인 문제를 돌파해 나가는 과정 속에서 주객, 초월과 내재, 성과 속, 영과 육의 이분법적 도식에 갇힌 형이상학적이고 이성 중심적인 틀을 해체하여 다시 통전시킨다. 뿐만 아니라 니체에게서 제기된 몸의 총체적 치유가 온수준과 온상한의 다차원적 방식으로 구체화된다. 그렇게 잉태되어 태어난 온우주의 춤이, 홀라키적 진화의 춤이 탈형이상학적 영성의 위생학적 홀라키 신학을 그려 보게 하는 것이다. 온우주에 고동치는 홀라키적 진화의 리듬이 들려온다.

> "삶은 생명生命이다. 살라는 명령이다.
> 죽을 존재에겐 가혹한 명령이겠으나
> 주검을 짓밟고 서려는 생존을 내려놓을 땐,
> 죽음을 끌어안고 넘어서며 살라는 자유로의 부름이 아니던가?
> 죽음을 품고 넘어서는 생명으로 진화할 땐,
> 생명은 살리고 살리는 변화(生生之謂易)로의 초대가 아니던가?"

온 우주 속에서 활동 중인 영이 내포하면서 초월해 온 진화의 속삭임, 그 오래된 새로움이 화두가 되어 신학의 모형 변이를 유혹하고 있다. 역동적 진화의 리듬을 따라 잉태되는 홀라키 신학을 그려 보게 한다. "영적 위생학으로서의 홀라키 신학"이라고 불러보게 한다.

공감의 윤리에서 본 신 명령론과 도킨스의 진화생물학에 입각한 도덕 이론
- '괴로움에 대한 공감' 과 '공정성' 개념을 중심으로

최중민 | 감리교신학대학교

1. 들어가는 말

이 글은 필자기 구성한 '공감(共感, sympathy)의 윤리'를 제시한 후 그 입장에서 신 명령론과 진화론에 입각한 도덕 이론을 비판하는 것을 목적으로 한다.

이 글은 크게 두 부분으로 나누어진다. 첫 번째 부분은 필자가 주장하는 공감의 윤리가 구성되는 과정의 전개를 다룬다. 그것을 위해 객관성의 추구에 대한 이성의 한계와 역할을 인식론적으로 고찰해 볼 것이며, 괴로움에 대한 공감이 도덕 판단과 도덕 행위의 과정에서 어떤 작동을 하고 있는 지에 대한 고찰을 할 것이다. 그런 후 필자의 주관에 의해 구성된 도덕 규칙을 제시하며 첫 번째 부분을 마무리할 것이다.

두 번째 부분에서는 이렇게 구성된 공감이 윤리를 출발점으로 하여 도덕

규범을 신의 명령으로 환원하는 신 명령론과 생물학적 본성을 통해 도덕을 규정하는 리처드 도킨스Richard Dawkins의 진화생물학에 입각한 도덕 이론을 비판하는 것에 집중할 것이다.

2. 공감의 윤리 구성

필자가 말하는 '공감의 윤리'란 칸트Immanuel Kant의 의무주의와 '책임의 윤리'[1], 즉 도덕 행위의 대상을 목적 그 자체로 대하는 의무론적 윤리의 틀과 각 도덕 행위에 대한 책임에 근거한 보복주의retributivism[2]의 틀은 수용하되, 그 대상 자체를 이성적 작용이 가능한 존재자에 제한하지 않고 그 대상을 괴로움을 느낄 수 있는 존재자로 수정하는 윤리이다. 괴로움을 느낄 수 있는 것으로 간주되는 존재자를 목적으로 대하려고 할 때 도덕 행위자는 필연적으로 그 괴로움에 대한 '공감'을 동반하게 된다. 여기서 말하는 '공감'이란 괴로움을 느끼는 것으로 간주되는 존재자의 괴로움 현상에 대한 심리적인 반응이다. 타자의 괴로움 현상에 대해 자아가 가지고 있는 과거의 괴로움에 대한 기억이 그 현상에 투사되어 타자가 자신의 괴로움과 같은, 혹은 유사한 정서와 감각을 느끼고 있을 것이라는 확신의 행위가 공감의 윤리에서 말하는 '공감'이다. 다시 말해 공감이란 나의 괴로움에 대한 정보로 인해 내가 괴로움을 피하고 싶은 것처럼 타자도 그러할 것이라는 확신이며, 내가 과거에 괴로움을 느꼈던 것과 같은(혹은 유사한) 정념과 감각을 괴로움의 상황에 의해 느낄 수 있을 것이라는 심리적인 확신인 것이다.

이 공감은 자아가 도덕 행위를 하게끔 하는 원동력이 될 수 있지만 자칫 자아의 도덕 판단을 비합리적인 정념에 휘둘리게 하여 일관성 없는 도덕 행위로 전락시킬 위험이 있다. 즉 타자의 괴로움 현상에 대한 자아의 심리적인 반응만으로는 보편적이고 합리적인 도덕 판단과 행위를 실행하는 데에 한계가 있다는 말이다. 그러므로 여기서 자아는 합리적인 도덕 행위를 위해 도덕 행위의 대상에 대한 '정당한 대우'의 기준과 그 기준을 추구하게 하는 주체적 요소가 필요하게 된다. 공감의 윤리는 '정당한 대우'의 근거를 '공정성公正性'에서 찾으며, 이 공정성에 따른 행위를 크게 세 가지로 나눠 제시한다.[3] 이러한 필자의 도덕 이론은 도덕적 합의가 가능한 존재자이든 그렇지 않은 존재자이든 간에 괴로움을 느낄 수 있는 존재자들이 있다는 것이며, 괴로움을 느낄 수 있는 존재자들이라면 누구나 괴로움을 되도록 피하려 한다는 직관에 근거한다. 이 직관에 근거한 공정성은 방금 언급했듯이 괴로움을 피하고 싶어 하는 존재자에 대한 정당한 대우의 근거다. 정당한 대우란 괴로움을 피하고 싶어 하는 존재자를 목적으로 대하는 것과 함께 이것에 필요한 기준에 따른 대우를 의미한다. 뒤에 다룰 이 세 가지 기준은 존재자들의 각 능력에 대한 정당한 대우를 구별하는 기준이다.

필자는 또한 이 공정성이 추구가 이성에 의해 가능해짐을 주장한다. 이성은 객관적인 도덕 규칙을 확증할 수는 없지만 자아의 내·외부에 발생하는 괴로움의 현상에 대한 공정한 행위의 '추구'는 가능하다. 그러므로 공정성은 이성에 의해 자아의 도덕 행위를 '옳음'으로 유도하는 임시적 푯대라고 할 수 있다. 이 이성은 도덕 규칙의 반성 - 해체 - 구성의 반복을 가능케 하는 기제이기도 하다. 이 말은 이성에 의해, 혹은 다른 것(예를 들어 종교적 계시 등)에 의해 도덕 규칙이 객관화·고착화될 수 없다는 것을 의미한다. 왜냐하면 공정성에 대한 도덕 규범은 반성 - 해체 - 구성의 과정을 통해서 끊임없이 추구되는 것이기 때문이다. 뒤에 비판할 칸트의 정언명법과 신 명령론은 도덕 규범을 자아외부에 객관화하는 오류를 범하고 있다.

괴로움을 느낄 수 있는 존재자를 목적으로 대한다는 것은 그 존재자를 자아나 혹은 또 다른 타자의 수단으로서 대우하지 않는다는 것을 의미한다. 왜냐하면 그 존재자는 그 존재 자체로 도덕 행위의 목적이 되기 때문이다. 그러므로 필자의 공감의 윤리는 도덕 규범이 누군가의 행복이나 쾌락을 위한 효율성에 근거하여 구성되는 것을 반대한다. 어떠한 도덕 규범에 의해 다수가 이익을 보게 된다 하더라도 그 도덕 규범은 그 '다수'를 위한 도덕 규범일 뿐 그 범위에서 제외되는 존재자들의 이익을 배제하게 만드는 불공정한 도덕 규범이기 때문이다. '규칙 공리주의'를 이 문제에 대한 하나의 대안으로 삼을 수는 있으나 이 도덕 이론 또한 여전히 도덕 행위의 기준과 동기를 다수의 행복의 창출을 위한 효율성에 두며 도덕 행위의 대상자를 이 효율을 극대화하기 위한 수단으로 삼는다는 점에서 공정성을 의무로 삼는 필자의 공감의 윤리와는 거리가 있다. 뒤에 비판할 도킨스의 진화생물학에 입각한 도덕 이론 또한 도덕 규칙의 근거를 이익의 효율성에 둘 위험성을 가지고 있다는 점에서 필자의 비판 대상이 된다.

이제 필자가 말하는 공감의 윤리 안에서의 이성의 역할과 한계에 대해 고찰해 보는 것을 시작으로 공감의 윤리에 대한 구체적인 구성에 들어가 보자.

1) 공감의 윤리 구성을 위한 인식론적 전거 :
객관성의 확증 불가능성 안에서의 이성의 한계와 역할

공감의 윤리를 말한 대표적인 철학자로는 데이비드 흄 David Hume을 꼽을 수 있다. 그러나 필자가 흄 등의 철학에 입각하여 윤리학을 전개하지 않는 이유는, 필자는 여전히 이성에 의해 구성된 도덕 규칙의 중요성을 강조하고 있기 때문이다. 이는 필자가 공리주의와 결별한 결정적인 이유이기도 하다. 하지만 필자는 위에서도 언급했듯이 칸트의 정언명법과 같은 고착되고 불변적인 도덕 법칙을 고수하지 않는다. 왜냐하면 그것은 이성에 의해 끊임없이 반성되고 해체되고 다시 구성되는 과정적인 법칙이기 때문이다. 그것은 방금 언급한 것과 같이 필자의 도덕 이론 안에 이성의 역할과 그 이성이 추구하는 초월적인 것에 대한 설정의 차이에서 비롯된 이유이다.

필자의 공감의 윤리가 말하는 이성의 역할에 대해 알기 위해서는 먼저 이성의 한계에 대한 인식론적 이해가 필요하다. 왜냐하면 '도덕 판단에서 이성이 정말 객관성을 확보할 수 있는가?'에 대한 대답 여부에 따라 이성의 역할이 매우 다르게 설정되기 때문이다. 이 문제는 자아의 인식 행위가 무엇에 근거하고 있는지에 대한 탐구에서부터 출발한다.

자아[4]의 모든 인식 행위는 믿음을 전제로 하고 있다. 예를 들어 보자. 종교 행위는 당연히 자아의 믿음을 전제로 한다. 기독교는 말할 것도 없고 실체론적인 절대화를 거부하는 불교조차 그 인식의 출발점은 믿음이다. 자연과학은 객관적인 외부세계와 그 세계를 지배하고 있는 객관적 법칙이 있다는 것, 그 객관적인 것이 이성과 맞아떨어질[5] 수 있다는 믿음을 전제로 하고 있다. 그러므로 자연과학은 자아 외부 세계의 객관성[6]의 존재 여부와 자아의 존재 여부를 증명의 대상으로 삼지 않는다. 철학 또한 그 인식 행위 과정에서 믿음을 전제로 한다. 어떠한 해체주의와 불가지론의 입장에 서 있다 할지라도 그 입장을 신뢰하게 하는 논리에 대한 믿음이 전제되어 있다. 이와 같이 모든 입장은 나름대로의 믿음을 가지고 있으며 그 믿음의 대상과 근거는 각각 다르다. 이 믿음은 자아의 주관적 법칙[7]이다. 어떠한 법칙을 가지고 있느냐에 따라 자아의 삶의 사건이 달라진다. 또한 사건에 따라 자아의 주관적 법칙이 바뀌기도 한다.

자아의 모든 인식 행위가 믿음을 전제로 하고 있다는 것은 그것이 자아의 믿음과 독립되어 있는 객관적 사실(이것이 인식 밖에 존재하든 그렇지 않든)에 근거한 것이라는 확증을 가질 수 없음을 의미한다.(객관적인 사실이나 진리가 없다는 뜻이 아니라 그 존재 여부가 자아의 인식과 독립적으로 의심의 여지가 없게끔 증명될 수 없다는 뜻임을 주의하라.) 믿음 그 자체는 자아에게 절대적인 주관의 영역이다. 그리고 그것은 자아의 주관적 법칙으로 자리 잡는다. 그렇다면 자아의 법칙에 의해 해석된 진리를 객관적 사실로 확증 가능한가? 결코 그렇지 않다. 자아가 무엇을 인식하고 그것을 언어로 표현한 순간 그것은 확증 불가능성에 빠진다. 왜냐하면 그것은 자아의 법칙에 의해 해석된 것이며 그것을 증명하려고 제시하는 객관성 또한 자아의 법칙에서 자유로운 것이라고 할 수 없기 때문이다. 그 객관성 또한 믿음을 전제로 한다.

이 문제에 답해 보자. 빨간색이 자아의 인식 외부에 객관적으로 존재하는지 증명할 수 있는가? 이 문제에 답을 하려면 자아는 먼저 자아 외부의 시·공간이 객관적으로 존재한다는 것부터 증명해야 할 것이다. 그것은 불가능하다. 시·공간은 자아의 주관적 인식 행위 안에서 일어나는 '사건'[8]이며 자아 또한 그 사건의 일부이기 때문이다. 인식의 구성 행위가 곧 자아다. 이 구성과 독립된 객관적 자아란 없기에 그 조건의 만남과 연속 자체가 자아다.[9] 즉 자아는 독립된 주체가 아니라 조건화된 사건이라는 것이다. 그렇다면 자아는 그 자체로 정당성을 얻는 또 다른 객관성을 빌려와야 하는가? 그럴 수 없다. 다른 믿음에 의존할 필요가 없는 그 자체로서 정당화되는 믿음이란 존재하지 않기 때문이다. 믿음은 그 정합성에 의해 정당성을 얻을 뿐이다. 그러나 믿음은 그것이 제시하는 주관적인 게임의 법칙 안에서는 절대적이다.

한 가지의 비유를 들어 설명해 보겠다. 주관적 법칙들은 각각 다른 기타에서 다른 Hz로 튜닝된 기타와 같다. 그렇게 튜닝된 기타가 연주하는 스케일에서 '도'는 절대적인 음이다. 그러나 그 '도'는 그렇게 튜닝된 Hz 안에서만 절대적인 '도'이다. 다른 기타들은 다른 Hz로 튜닝되어 있기 때문에 그 안에서의 '도'는 또 다른 절대적인 음이다. '도'라는 절대적 실체가 존재하기 때문에 '도'가 존재하는 것이 아니라 약속한 Hz가 있기 때문에 '도'가 존재한다. 주관적 법칙들은 이와 같다. 그것은 그러한 주관성 안에서 절대적이다. '사건'이란 각기 다른 Hz로 튜닝하게 만드는 기준점을 제공한다. 예를 들어 440Hz로 정 튜닝되어 있는 기타의 5번 줄을 살짝 틀어서 441Hz로 만들어 버리는 것, 그래서 나머지 모든 줄들도 그 5번 줄에 의해서 튜닝이 모두 바뀌어 버리는 것, 그것이 바로 '사건'이다. '법칙'은 그 안에 절대적으로 존재하는 음계들이다. 결국 자아는 어떠한 사건을 만나느냐에 따라 믿음의 양태, 즉 주관적 법칙의 양태가 달라지는 것이다. '자아가 가지는 Hz의 기준은 객관적인 것인가?' 라는 질문에 긍정의 답도 부정의 답도 할 수 없는 이유는 바로 이것이다.

그러므로 모든 법칙과 사건은 자아의 주관과 관계된 것이라고 할 수 있다. 이 관계와 독립된 법칙과 사건이 인식 외부에 '객관적'으로 존재하는지 혹은 존재하지 않는지는 논리적으로 증명 불가능하다. 내가 어떠한 법칙과 사건을 언급하는 순간 나는 자아의 '소여성所與性'[10] 속에서 언급하는 것이 되기 때문이다. 객관적으로 존재하는 법칙과 사건을 포함하여 법칙과 사건의 존재 그 자체와 그것을 인지하는 자아의 존재 유무 또한 증명 불가능하다. 과연 외부 세계와 그것을 인지하는 자아가 '객관적'으로 존재하는지 어떻게 증명할 것인가?

그렇다면 우리는 이러한 질문 앞에서 '보편성'에 의존하여 답을 할 수 있을까? 앞서 언급한 "빨간색이 인식 외부에 객관적으로 존재하느냐?"는 질문 앞에 우리는 나와 같은 인식을 가졌다고 간주되는 존재자들이 보편적으로 행하는 빨간색에 대한 정의를 듣고 빨간색에 대한 객관성을 확보했다고 확신할 수 있을까? 누군가 이 질문에 그렇다고 한다면 그는 자아의 인식 안에서 파악되는 다수결의 원칙이 곧 진리를 규정한다고 말한 셈이 된다.

이것에 대한 자연과학의 답은 간단하다. 우리의 직관에 절대적으로 부여된 소여성 속에서 합리적인 정도의 차를 이성이 판단하게 하자는 것이다. 그러나 "무엇이 더 합리적인 설명이냐?"라는 토대주의적인 의도가 깔린 이 질문에 대한 자연과학자들 스스로의 대답은 매우 합리적인 설득력을 가질 뿐 여전히 그들이 의존하는 객관성과 이성의 맞아떨어짐 그 자체에 대한 철학자들의 의심을 명백하게 잠재우지는 못한다. 또한 실상에 대해 비과학적으로 접근하는 모든 인문학적 노력과 그 출발점을 거짓으로 확증하기에는 역부족이다. 그들이 실증주의적인 접근 방식에서는 다른 모든 인문학적 접근 방식보다 우위를 점하고 있다고 하더라도 그러한 우월성이 다른 모든 접근 방식과 그에 따른 결과물들의 진실 여부를 명백하게 증명하는 것은 아니다. 합리적인 우월성의 정도를 판단하는 이성조차 다른 믿음에 의존할 필요가 없는 그 자체로서 정당화되는 믿음의 영역에 서 있지 않기 때문이다. 어떠한 근거로 그것을 의심할 여지가 없다고 증명할 수 있다는 말인가?

필자는 객관적인 진리가 불가능하다거나 없다는 식의 상대주의를 말하는 것이 아니다. 반성 - 해체 - 재구성의 과정은 상대주의를 지향하지 않는다. 필자는 이성이 외부세계를 어떠한 오류 없이 온전히 파악했다고 믿는 독단을 경고할 뿐이다. 다시 말해 실재가 자아 외부에 객관적으로 존재하는지에 대해 증명하는 과정에서 자아의 인식과 독립적인 자명성에 대해서는 논리적으로 확증 불가능할 뿐이라는 것이다. 자아는 객관적인 지식을 얻을 수도 있으나 그것이 객관적인 지식이라는 자명한 검증을 하지 못할 뿐이다. 그래서 자아는 자아의 인식 안에서 구성되고 발견하였다고 믿는, 그래서 그것이 자아에게 절대적이라고 믿는 그 믿음 안에서 그 권위를 인정할 뿐이다. 우리가 인정하는 과학적 사실, 혹은 도덕적 믿음 또한 이러한 맥락에서 그 권위를 인정받는다.

철학자들과 신학자들은 자연과학의 접근 방식과 그에 따른 연구 결과에 대한 권위를 어느 정도 인정해야 한다. 그들은 현상에 대한 과학적 증거주의와 실증주의의 토대 위에서는 가장 선구자들이기 때문이다. 그들은 현상에 대해 어떠한 분야보다도 합리적으로 설명해 낸다. 그리고 그러한 그들의 설명은 다른 많은 학문 분야를 비롯한 인류 문명에 긍정적으로 공헌하기도 한다. 그래서 자연과학의 입지는 문명 사회에 절대적인 것으로 간주되기도 한다. 하지만 그럼에도 불구하고 과학자들은 실증주의와 그 근거인 이성에 대한 한계성을 인정하고 다른 분야의 진리적 성취의 가능성을 열어 놓는 자세가 필요하다.(물론 대다수의 자연과학자들은 관심조차 없겠지만) 실상實狀이 과학적 증거주의와 실증주의의 방식으로 온전히, 독립적인 객관성으로 포착될 수 있다는 그들의 확신 또한 일종의 주관적 법칙이기 때문이다.

이제 이 논의를 도덕과 함께 연관지어 정리해 보자. 지금까지 전개한 논리에 따르면 이성은 자아의 경험 세계 속에서 객관적이라고 간주하는 믿음에 의해 자아의 도덕적 판단을 오도할 수도 있다는 결론을 내리게 된다. 자아는 이성이 객관성을 명백하게 확보했다고 증명할 수 없다. 자아의 모든 인식 행위가 믿음에 근거하고 있듯 이성적 판단 또한 인식론적 조건 안에서 주관적 믿음에 근거한 자아의 인식 구성 행위일 뿐이기 때문이다. 판단과 독립된 주체란 없다. 판단이 곧 인식의 구성이며 그것이 곧 자아다. 그러므로 어떠한 이성적 판단도 그 자체로 자명한 객관성을 확보했다고 증명할 수 없기에 자아의 주관적 믿음 체계와 독립된 도덕 가치의 객관성 또한 이성의 판단의 영역이 될 수 없다. 자아의 인식 외부의 객관성의 여부조차 자아의 주관적 믿음에 의한 구성에 의존하고 있기 때문이다. 그러므로 자아는 언제나 도덕적 판단에서 이성의 한계를 고려해야 한다.

그렇다면 자아는 도덕의 영역에서 이성을 배제시켜야 할까? 결코 그렇지 않다. 이성은 여전히 자아의 도덕 판단의 과정에서 중요한 역할을 할 수 있다. 도덕 판단의 과정에서 이성의 역할은 객관적인 도덕 규범을 발견하거나 도달하는 주체가 아니라 기존의 도덕 규범을 끊임없이 반성 - 해체 - 구성하기 위한 수단으로서 작동할 수 있기 때문이다. 이성은 무엇을 위해 이러한 작업을 하는가? 자아의 초월적인 그 무엇으로서 자아의 이성을 통해 명령하는 '공정성公正性'의 추구를 위해서이다. 그것은 객관화될 수 없지만 끊임없이 도덕적 선택을 요청 받는 실존 속에서 이성으로 하여금 추구하게끔 유도하는 도덕 가치다.

그러나 이러한 도덕 판단이 이성의 독자적인 기능에 의한 것인가? 이성은 홀로 도덕 법칙을 구성할 수 있는가? 그렇지 않다. 도덕 법칙의 구성은 괴로움과 쾌락이라는 구체적인 경험의 내용과 함께 그것에 대한 이성적 반성에 의해 이루어진다. 공정성은 괴로움이라는 정보에 의한 도덕 규칙을 구성할 때 추구하게 되는 이성의 유혹자다. 그 과정에서 타자의 괴로움과 쾌락에 대한 공감은 공정성을 구성하고 추구하는 데 동반되는 중요한 도덕 판단의 기제다.

2) 도덕 판단의 목적 대상의 재설정

괴로움에 대한 정보가 도덕 법칙을 세우는 주요 재료라면 자아는 괴로움의 현상에게 도덕 판단을 요청 받게 된다. 그것은 어떠한 특수한 종種의 현상, 예를 들어 인간 사회 안에서의 괴로움의 현상만이 아닌 모든 괴로움의 현상에 차별 없이 응답해야 하는 공정성을 요청 받는 사건이다. 만약 이 요청에 대해 공정하게 응답하지 않는다면 그것은 도덕 판단이 아니든가, 아니면 공정성이 결여된 도덕 판단이다.

칸트는 도덕적 고려 대상을 인간에 한정시켰다. 왜냐하면 인간만이 도덕적 판단이 가능한 인간성, 즉 이성을 지닌 존재자이기 때문이다. 그러므로 칸트에게 인간은 목적 그 자체인 반면 이성적 능력이 결여된 비인간적 생명체들과 사물들은 이성적 능력을 가지고 있는 인간의 수단으로 간주된다.[11] 필자는 도덕적 의미로서 목적과 수단을 나누는 기준을 칸트가 말한 '이성'이라고 보는 것에 동의할 수 없다. 왜냐하면 방금 언급했듯이 모든 도덕적 판단은 이성적인 판단과 함께 감각적 혹은 정서적 경험의 투사를 동반하기 때문이다. 즉 모든 도덕적 판단은 '공감'과 이성적 판단을 동반한다는 것이다. 도덕적 판단에서 공감은 이성적인 성찰이 가능하게끔 하는 원동력이자 바탕 그 자체다. 또한 그것은 타자의 경험에 대한 자아의 괴로움과 쾌락의 정도에 대한 투사이다.

예를 들어 어떤 사람이 부당하게 다른 사람을 폭행했다고 가정해 보자. 우리는 이 사건에 대해 도덕적 판단을 내릴 때 폭행을 당했을 때의 상태 혹은 그 비슷한 자아의 경험을 상기하여 고려하게 된다. 즉 그 폭행의 행위가 타당한지 그렇지 않은지에 대한 이성적 판단은 언제나 그 폭행을 당한 상태 혹은 그와 비슷한 자아의 경험에 대한 공감과 투사를 전제로 한 판단이라는 것이다. 이 투사가 자아 외부의 사건과 얼마나 객관적으로 맞아떨어지느냐는 그리 중요한 문제가 아니다. 중요한 것은 다시 말하지만 자아의 도덕적 판단에 언제나 공감이 동반된다는 것이다. 만약 자아가 도덕 판단에 충실하려 한다면 자아는 모든 도덕 판단이 기능하게끔 작동하는 '공감을 통한 명령'을 무시해서는 안 된다.('공감의 명령'이 아님을 주의하라.) 그것은 곧 '자아의 인식 외부에 포착되는 괴로움의 현상'이 자아의 감정을 통해 이성에게 내리는 명령이다. 그러므로 도덕적 판단에 충실한 사람은 목적으로서의 대상을 이성을 지닌 존재자뿐만 아니라 괴로움을 느낄 수 있는 것으로 간주되는 존재자로 확장하게 된다.

제한된 이성의 능력 안에서 '구성되었고' 또 '구성되어 가고 있는' 공감의 윤리에 의한 도덕 법칙은 다음과 같다.

"괴로움을 느낄 수 있는 능력을 가지고 있는 것으로 간주되는 존재자들은 목적으로 대우해야 한다."

이러한 법칙에 근거한 공정한 도덕 행위는 다음의 세 가지로 나뉜다. 첫째, 괴로움을 느낄 수 있는 능력이 있으면서 동시에 도덕 법칙에 대한 소통과 합의가 가능한 존재자에 대한 대우다. 그들에 대한 대우는 그들의 행위를 결정 짓는 이성에 대한 정당한 대우를 뜻한다. 그것은 그들의 행위에 대한 대우를 다른 것들의 수단으로 간주하는 것이 아닌 그 행위 자체에 대한 공정한 대우를 뜻하는 것이기 때문이다. 예를 들어 앞의 예에서와 같은 부당한 이유로 폭행을 한 사람은 비난을 받게 하거나 처벌을 받게 하는 것이다.(이 대우에 대한 '정도'는 이러한 문제에 대해 훈련받은 공동체의 판단에 의존한다. 다만 쾌락을 추구할 수 있는 기회를 영구적으로 박탈할 권리는 없다.) 반대로 자아의 안락함을 넘어 이타적인 행위를 한 사람에게는 칭찬과 상을 주는 행위로 대우하는 것이다.(그 행위의 동기에 대한 논의는 논외로 한다.) 이 첫 번째 도덕 행위의 의미는 그들의 이성에 대한 존중의 의미와 같다고 할 수 있다. 다시 말해 이것은 그들이 도덕적 합의가 가능한 이성을 가지고 있으며 이에 대한 공정한 도덕 행위가 바로 그들의 행위에 비례하는 상(혹은 칭찬)과 처벌(혹은 비난)을 가하는 것이라는 점을 의미한다. 여기서의 공정성의 추구란 바로 도덕적 합의가 가능한 이들의 이성에 대한 존중과 그에 따른 공정한 대우인 상과 벌을 실행하는 것이다.

둘째, 괴로움을 느낄 수 있는 것으로 간주되지만 도덕적 법칙에 대한 소통과 합의가 불가능하다고 간주되는 존재자들(예를 들어 도덕적 합의가 불가능한 지적 장애인, 괴로움을 느낄 수 있는 비인간적 동물들)에 대한 대우다. 이 경우에는 이들의 행위에 대한 도덕적 판단은 의미가 없다. 즉 첫 번째 경우와 같은 의미로서의 상과 벌은 무의미하다. 두 번째 도덕 행위에서의 공정성이란 도덕 행위자의 능동적인 선택에 대한 대우, 즉 이성의 작동에 대한 대우가 될 수 없다는 말이다. 왜냐하면 그들은 도덕적 합의가 가능할 정도의 이성이 작용하고 있다고 간주될 수 없기 때문이다. 하지만 이러한 이유가 이들을 도덕적 소통과 합의가 가능한 이들의 수단으로 삼게 만드는 근거가 될 수는 없다. 왜냐하면 이들은 괴로움을 느끼는 존재자들이며 그렇기에 그들은 목적 그 자체로 대우받아야 하기 때문이다. 그러므로 여기에서의 공정성은 그들이 가지고 있는 괴로움을 느낄 수 있는 능력에 대한 존중의 행위를 의미한다. 첫 번째 경우와 같은 도덕적 합의가 가능한 이들의 이성에 대한 존중의 행위는 무의미하다. 그러나 그것이 괴로움을 느낄 수 있는 능력에 대한 존중까지도 무의미하게 만들지는 않는다. 괴로움을 느낄 수 있는 능력에 대한 존중은 합당하다. 그러므로 여기서의 공정성은 괴로움을 느낄 수 있는 그들의 능력과 괴로움을 피하려 하는 욕구에 대한 존중을 의미한다고 하겠다.

셋째는 도덕적 합의도 가능하지 않고 괴로움을 느낀다고 생각되지 않는 존재자에 대한 대우다. 괴로움을 느낄 수 있는 능력이 없는 것으로 간주되는 존재자들(예를 들어 식물, 광물 혹은 전체로서의 생태계)은 도덕적 고려의 대상에서 제외되어야 하는가? 그럴 수 없다. 왜냐하면 괴로움을 느낄 수 없는 존재자들과 그들을 포함하는 생태계는 괴로움을 느낄 수 있는 존재자들의 쾌락 성취의 수단으로서 도덕적 목적을 가지기 때문이다. 즉 목적으로 대우해야 하는 이들을 진정 목적으로 대하려 한다면 괴로움을 느낄 수 없는 존재자들 및 생태계 자체는 중요한 도덕 행위의 대상일 수밖에 없다는 것이다. 괴로움을 느낄 수 있는 존재자들은 괴로움을 느낄 수 없는 존재자들과 이것들을 포함하고 있는 생태계에 절대적으로 의존할 수밖에 없는 존재자들이다. 즉 괴로움을 느낄 수 있는 존재자들은 괴로움을 느낄 수 없는 존재자들에게 절대적으로 의존할 수밖에 없는 것이다. 여기서 또 하나의 도덕 법칙의 성립이 요청된다. 바로 괴로움을 느낄 수 없는 것으로 간주되는 존재자들에 대한 도덕 법칙이다. 그것은 에피쿠로스가 말한 "자연적이고 필연적인 욕망"의 해소를 위해서만 이들을 수단으로 삼아야 한다는 주장에 기초한다. 이 도덕 법칙은 인류에게 절제를 명령하고 있다.

에피쿠로스는 욕망을 다음과 같이 세 가지로 구분하였다. "욕망들 중 어떤 것은 자연적physikai인 동시에 필연적anangchaiai이며, 다른 것은 자연적이기는 하지만 필연적이지는 않고, 또 다른 것은 자연적이지도 않고 필연적이지도 않으며, 다만 헛된 생각에 의해 생겨난다."[12] "자연적인 것이면서 필연적인" 욕망이란 생존을 위해 음식을 섭취하게 하는 등의 욕망이다. "자연적이기는 하지만 필연적이지는 않은" 욕망은 생존을 위해 음식을 섭취하되 사치스러운 음식만을 고집하게 만드는 등의 욕망이다. "자연적이지도 않고 필연적이지도 않으며, 다만 헛된 생각에 의해 생겨난" 욕망은 잉여의 자본으로 산을 깎아 공장을 짓게 만드는 등의 욕망을 말한다. 필자가 말하는 절제의 대상은 "자연적인 동시에 필연적인 것"을 제외한 나머지 두 가지 형태의 욕망이라고 할 수 있다.

　그렇다면 어떻게 하는 것이 절제하는 것이고 어떻게 하는 것이 절제하지 않는 것인가? 각 개체가 쾌락을 추구하되 타자에 의존해야만 가능한 쾌락을 추구할 시에는 자신의 생물학적 생존에 필요한 최소한의 쾌락만을 추구하는 것, 즉 '자연적이면서 필연적인 욕망'만을 추구하는 것이 곧 절제하는 것이고, 그것을 초과하여 쾌락을 추구하는 것, 즉 '자연적이기는 하지만 필연적이지는 않은 욕망'과 '자연적이지도 않고 필연적이지도 않으며, 다만 헛된 생각에 의해 생겨난 욕망'을 추구하는 것은 절제하지 않는 것이다. 그 이상을 추구하는 순간 타자와 자아와의 조화와 균형은 깨지기 시작하며 폭력과 괴로움이 발생한다. 이러한 도덕 법칙의 실행은 결국 자아의 욕망을 얼마나 잘 다스리느냐에 달려 있다. 종교 혹은 영성은 이 중요한 영역을 담당하고 있다. 이 영역은 도덕과 종교가 함께 협력하여 구성해 나가야 할 영역이라고 하겠다.

　고통을 느끼게 하는 통점 및 괴로움과 쾌락 등의 정서를 가질 수 있게 하는 감각기관이 있는 포유류를 제외한 다른 생물체들이 이러한 능력이 없다는 것을 받아들인 상황에서 위와 같은 논리에 따른다면 인류는 채식주의 등 동물을 수단으로 삼지 않는 문화를 정립해야 한다는 당위의 명령에 따를 수밖에 없다. 필자 또한 윤리적인 이유 때문에 인류가 채식 등을 해야 하고 적절한 준비와 함께 그것을 지향해 나가야 한다고 주장한다. 그러나 인류는 아직 이러한 문화를 실천할 준비가 되어 있지 않다. 대다수의 먹을거리와 생필품, 의료품이 괴로움을 느낄 수 있는 동물을 수단으로 하여 생산되는 것들이다. 그뿐 아니라 상당수의 사람들이 육식을 하지 않고는 생존이 불가능한 상황에 처해 있다. 하지만 무엇보다 큰 문제는 이러한 도덕적 당위에 관심이 없는 사람들이 대다수라는 점이다. 그들이 이러한 도덕적 이유에 대해 관심이 없다고 해도, 인류와 자신의 안녕을 생각한다면 그들은 적어도 육식을 행하는 사회가 직면할 수밖에 없는 인류 생존의 문제에 대해 말하는 제레미 리프킨Jeremy Rifkin과 같은 학자들의 말에 귀를 기울여야 한다.[13] 그리고 사회적 인식의 변화를 꾀함과 동시에 구체적인 도덕 규칙과 제도의 구성에 힘써야 한다.

3. 공감의 윤리에서 본 두 가지 도덕 이론에 대한 비판

1) 초월적인 것에 입각한 도덕 이론에 대한 비판 :
신 명령론Divine Command Theory을 중심으로

도덕 이론을 크게 두 가지 종류로 나누려고 한다. 하나는 도덕을 자아의 인식과 경험을 초월해 있는 이치로 상정하고 이성이 그 초월의 영역을 추구해 나가는 형태다. 이러한 형태의 도덕 이론 안에서 도덕 가치와 규범은 이성이 추구하는 목적과 이상으로서의 의미를 지니게 된다. 이러한 의미가 윤리학 안에서 순기능을 발휘하려면 '초월의 영역'은 이성으로 하여금 스스로 초월의 영역을 온전히 포착했다고 할 수 없는 한계를 상기시키되 동시에 그것을 끊임없이 비판적으로 추구하도록 유도하는 목적으로서 상정되어야 한다.

그러나 만약 이 초월의 영역을 이성과 맞아떨어진다고 생각되는 객관적인 규범과 동일시하면 여러 가지 도덕적 문제를 야기하게 된다. 칸트의 정언명법에 의한 도덕 규범이 대표적인 예라고 할 수 있다. 제임스 레이첼스James Rachels는 정언명법 이론이 도덕 규칙들끼리의 충돌의 상황을 해결하지 못하고 있음을 지적한다.[14] 즉 절대적으로 지켜져야 할 도덕 규칙이 상황에 의해 포기되거나 변경될 수밖에 없는 상황에 대한 합리적인 설명이 결여된 도덕 이론이라는 것이다. 만약 조건에 의해 가변성이 정당화되는 도덕 법칙이라면 그것은 정언명법이 아닌 가언명법일 뿐이기 때문이다.

　이러한 혼란을 피하기 위해 신 명령론자들은 유신론적 종교에 근거해 도덕 법칙의 권위를 신의 명령에서 도출해 낸다. 그들에게 자아의 인식과 경험의 한계를 극복하는 방법은 '옳음'의 기준을 신의 명령으로 돌리는 것이다. 그러나 이러한 신 명령론은 옳고 그름의 기준을 신의 명령에 두고 있기 때문에 도덕 법칙을 자아의 인식 범위 안에 객관화하는 오류를 피하기는 하나 그로 인해 파생되는 논리적 문제를 명쾌하게 해결하고 있지는 못하다. 그러한 문제를 야기하는 대표적인 질문인 '무엇이 신의 명령인가?'라는 질문에 대한 답은 신 명령론자들 사이에서도 논란이 있지만 대다수의 신 명령론자들은 그들이 믿는 경전과 이에 근거한 신앙이 신의 명령을 따르는 것을 유도하고 있다는 것에 대체로 동의한다. 하지만 경전(예를 들어 기독교의 성서) 속의 모순된 가르침과 명령들은 여전히 무엇이 현재 자아에게 내리는 신의 명령인지 명쾌하게 이해하는 것을 어렵게 한다.[15]

　이러한 문제 때문에 신 명령론은 신의 명령에 의한 자의적이고 변덕적인 도덕 이론이라는 비판을 받아 왔다. 이것은 신이 자의적으로 불의한 명령을 내리더라도 그것이 신의 명령이라는 것 때문에 도덕적으로 정당한 것으로 여겨지는 것에 대한 비판이기도 했다. 물론 신 명령론자들은 이러한 비판에 대해 신이 결코 자의적이고 변덕적인 명령을 내리지 않을 것이라고 주장한다. 왜냐하면 신은 언제나 최상의 지혜로움과 덕을 갖춘 존재이기 때문이다. 그러나 이러한 반박에서조차도 여전히 신의 명령이 선하다는 논증은 빠져 있다. 왜냐하면 그들은 "신은 ~하기 때문에 선하다"라는 근거만을 댈 뿐이다. 문제는 여기에 있다. 그들은 신이 자의적이고 변덕적인 명령을 내리지 않을 것이라는 판단의 이유를 신의 속성에 대한 그들의 판단에 근거하고 있기 때문이다. 신이 선하다는 판단이 가능하려면 신 명령론자는 신을 판단하는 선악의 기준(옳고 그름의 기준)을 미리 가지고 있어야 한다.[16] 그러나 그러한 기준을 가지는 순간 그는 더 이상 신 명령론자라고 할 수 없다. 선악의 판단 기준이 신의 명령 이외에 다른 것이 있다는 것을 인정하기 때문이다.

기독교의 구약성서 중 창세기 1장에 나오는, 자연을 지배하고 그것을 수단 삼아 번성하라는 하나님의 명령을 예로 들어 보자. 창세기에 등장하는 이러한 신의 명령은 지금까지 많은 기독교인들에게 자연은 인간을 위해 만들어진 신의 선물이라는 믿음을 가지게 만들었다. 그리고 이러한 믿음은 그들의 교의학적 신념 속에 하나의 당위로 자리 잡았다. 그러나 이러한 종교적 신념에 근거한 당위를 보편적 도덕 법칙으로 일반화하려는 사람은 다음의 세 가지 질문에 대한 증명을 해야 하는 책임을 가지게 된다.

첫째, 자아 외부에 객관적 존재로서의 신이 정말 존재하는가? 둘째, 그러한 신이 존재한다면 구약성서의 창세기에 등장하는 신의 명령이 그 실재하는 신의 명령인가? 셋째, 그러한 신의 명령이 도덕적으로 옳은 것인가?

물론 첫째와 둘째는 증명 불가능한 것이다. 그것들은 그러한 종교의 주관적 믿음의 체계 밖에서는 보편적으로 통용되지 않는 언어들이기 때문이다. 그러므로 그들은 그러한 신념 체계를 보편적인 도덕 법칙으로 내세울 수는 없다. 이것은 보편적인 도덕 규범의 권위 아래 혹은 밖에서 출발하는 종교 윤리일 수는 있어도 이 종교 윤리가 다른 윤리를 포괄하는 우산의 역할을 할 수는 없는 것이다. 우리가 주목해야 할 세 번째 질문 역시 신 명령론이 대답할 수 없는 질문이다. 신 명령론은 다음과 같은 주장을 한다.

"신만이 옳고 그름의 기준이다. 신이 명령하는 것은 옳다. 왜냐하면 신은 언제나 옳기(지혜롭고 선하기) 때문이다."

이 명제는 그 안에 모순을 담고 있다. 신 명령론은 신의 명령 이외의 도덕적인 옳고 그름의 판단 기준을 인정하지 않는다. 오직 신의 명령만이 옳고 그름의 기준이 된다고 주장한다. 그러나 "신은 언제나 옳기 때문이다"라는 말은 신과 독립된 옳고 그름의 기준이 존재한다는 것을 전제로 하는 말이다. 결국 신 명령론은 "신은 언제나 옳기 때문이다"라는 말의 근거를 포기할 수밖에 없게 되며 결국 신이 언제나 옳다는 말을 할 수 없게 되어 버린다. 즉 신 명령론은 그 안의 모순으로 인해 자신의 명제를 정당하게 만들어 줄 근거를 잃어버리는 상황에 직면하게 되는 것이다. 결국 우리는 신 명령론의 명제 자체가 성립 불가능하다는 결론을 내릴 수밖에 없게 된다.

어떤 신 명령론자는 위와 같은 비판에 대응하여 신은 우리에게 신의 명령이 언제나 옳다는 것을 알 수 있는 능력을 주었다고 주장할지도 모르겠다. 그러나 앞서 언급했듯이 그렇게 주장하는 순간 그는 신 명령론자이기를 스스로 포기한 것과 같다. 그러한 주장은 신의 명령과 독립된 도덕 판단 기준을 그가 가진다는 것을 의미하기 때문이다. 만약 그러한 능력을 갖게 되는 것을 그가 인정한다면 그는 신 명령론이 아닌 아퀴나스의 자연법 이론을 따르는 것이 된다. 그것은 신에 의한 인간의 선악 판단이지 신의 명령에 의한 선악의 판단은 아니기 때문이다.

전지全知한 신이 도덕적으로 완전한 혹은 최상의 명령을 내리기에 그것에 따라야 할 당위성이 있다는 신 명령론의 주장을 일부분 받아들인다 하더라도 그 주장은 신이 명령하기 때문에 옳은 것이 아니라 그것(신이 명령하려는 것)이 옳다는 것을 신이 알기 때문에 명령한다는 반론을 받을 수 있다. 이러한 이유들로 인해 도덕 법칙의 권위를 신의 명령으로부터 끌어내려는 고전적 신 명령론의 시도는 실패할 수밖에 없다는 결론이 도출된다. 그러므로 고전적 신 명령론은 '신이 명령하기 때문에 옳은 것'과 '옳기 때문에 신이 명령하는 것'[17]을 명확히 구분할 필요가 있다. 만약 신 명령론이 여전히 신의 진지함을 고집하는 도덕 이론을 내세운다면 그 도덕 이론은 신의 명령이라는 당위성 아래 자아의 공감과 주체적인 공정성의 추구를 무력화하고 도덕 행위자의 상황과 동떨어진 도덕 규칙을 산출할 위험성을 안게 된다. 주체적인 도덕 행위가 가능하려면 자아가 어떠한 절대자에 의해 규정된 규범을 따르는 것이 아니라 자아의 내면으로부터 출발하는 공감과 이성의 작용인 공정성의 추구를 통해 능동적으로 도덕 행위를 하는 것을 유도하는 도덕 이론이어야 할 것이다. 이러한 도덕 이론이 전제될 때 그러한 주체적인 도덕 행위를 명령하고 유도하는 신의 역할의 고백은 그 믿음 안에서 얼마든지 긍정될 수 있을 것이다.

2) 세속적인 것에 입각한 도덕 이론에 대한 비판 :
리처드 도킨스의 진화생물학을 전제로 한 도덕 이론을 중심으로

도덕 이론의 또 한 가지의 부류는 도덕의 원천을 자아의 초월의 영역에 상정하는 것과는 다른 이론들이다. 이 이론들은 도덕을 자아의 경험 세계에 의해 만들어진 것으로 간주하는 것을 긍정하는 입장을 취한다. 이러한 관점에 입각한 도덕 이론을 지지하는 이들은 도덕 행위의 가변성을 열어

두면서 실용성 및 효율성을 도덕 행위의 주요 요소로 인정한다. 이러한 주장을 하는 사람들은 '무엇이 인간 본성에 가장 합치하는 효율적인 삶의 양태인가?' 혹은 '어떠한 행동 양식이 인간에게 가장 많은 행복을 가져다 주는가?'라는 물음에 근거하여 규범 윤리를 세우려고 시도하는 사람들이다. 이러한 관점의 대표적인 도덕 이론은 당연히 공리주의이겠지만 본 지면에서는 공리주의에 대한 비판은 잠시 뒤로 미루고 다른 이론을 가지고 접근해 보고자 한다. 여기서 말하는 '다른 이론'이란 리처드 도킨스Richard Dawkins 등에 의해 주장되는 신다윈주의를 바탕으로 한 진화론과 이를 전제한 도덕이론을 말한다. 왜냐하면 도킨스를 비롯하여 이러한 관점을 지지하는 사람들 대부분은 도덕이 인류의 진화의 산물이라는 관점을 전제로 하고 있기 때문이다. 그러므로 본 지면은 진화론과 도덕 이론의 관계를 고찰해 보는 것으로 대신하고자 한다.

진화론이 사실을 추구하는 중립적인 학문에 의한 이론이라고 하더라도 다른 분야에서 진화론을 받아들이는 이들은 진화론을 자신의 이론을 강화하는 수단으로 사용하곤 한다. 그것은 도덕 이론에서도 마찬가지이다. 그렇기에 진화론은 도덕 이론이 해석하고 적용하기에 따라서 긍정적인 영향과 부정적인 영향을 모두 줄 수 있는 가능성을 가진 이론이라고 할 수 있다. 그러므로 필자는 본 지면에서 도킨스의 진화생물학을 전제로 한 도덕 이론의 긍정적인 면과 부정적인 면을 차례로 고찰하고 반성해 보고자 한다. 먼저 이러한 진화론이 필자가 주장하는 공감의 윤리에 끼치고 있는 긍정적 영향부터 보도록 하자.

필자는 위에서 괴로움을 느낄 수 있는 것으로 간주되는 존재자를 목적으로 대할 것을 주장하는 도덕 법칙을 내세웠다. 그러나 이 도덕 법칙은 아직 몇 가지 난제를 안고 있다. 그것은 자아 외부의 생물체가 느끼는 것이 '괴로움'인지, 그 정도가 어느 정도인지, 그 생물체가 정말 괴로움을 느끼는 주체인지에 대해 확실히 알 수 없다는 점이다. 과연 괴로움을 무엇이라고 정의할 것이며 그것이 자아의 인식 외부의 다른 생명체에도 인간과 똑같이 적용 가능한 개념인가? 여기서 도덕은 과학의 힘을 빌릴 수밖에 없다. 진화생물학에서 말하는 자연선택은 생물체의 다양성 및 생존을 위한 적응을 위해 변화를 겪는 과정을 합리적으로 설명하는 이론 중 하나다. 자연선택은 생물체가 고통을 느낄 수 있도록 변화한 이유(고통을 느낄 수 있는 감각기관을 가진 생물이 그렇지 않은 생물에 비해 생존할 확률이 높은 것 등)에 대한 합리적인 설명을 시도한다. 물론 그들은 지구상에 고통을 느낄 수 없는 생물체 또한 나름대로의 진화 과정을 거쳤으며 이러한 진화의 방향(고통을 느낄 수 있는 능력의 진화의 방향)이 진보의 개념으로 이해될 수 없음을 주장하기도 한다.[18] 중요한 것은, 자연선택 이론은 인류가 현재의 능력을 갖추기 위해 괴로움과 쾌락에 대한 민감한 감각과 정서를 발달시켜 온 생명체라는 것에 대한 합리적 설명을 시도한다는 점이다. 도킨스의 진화생물학에서 유전자란 바로 이러한 진화를 꾀하는 주체로서 주장된다. 만약 이러한 진화생물학의 주장이 옳다면 괴로움에 대한 감각과 정서는 인간 고유의 것만이 아니라는 결론에 이르게 된다.

다른 각도에서 진화론이 공감의 윤리에 끼치는 긍정적인 영향에 대해 몇 가지 더 알아보자. 레이찰스는 진화론을 지지하면서 우주 안에서 인간의 생명이 다른 생명체보다 더 큰 의미를 가진다고 보는 관점을 오만한 관점으로 규정하고 이러한 점을 반성하는 도덕 이론을 '자만심이 없는 도덕 Morality Without Hubris'이라고 이름 붙인다.[19] 이러한 도덕 이론은 인간이라는 종의 특성(예를 들면 이성이나 양심)만이 왜 그 자체로 목적으로 규정되는 것을 정당하게 만드는지에 대한 합리적인 설명을 요구한다. 정연교는 다윈의 진화론이 규범윤리학에 끼친 영향을 언급하면서 진화론이 윤리의 세방화 glocalization에 공헌했다고 말한다.[20] 그는 세방화를 보편적 질서를 부인하지 않으면서도 다른 한편으로 문화적·지리적·역사적 특징과 개성을 강조하는 국제화 현상을 의미하는 것이라고 정의하면서 이를 가치 다원주의로 규정했다.[21] 즉 바람직한 문화나 가치가 갖추고 있는 공통적 요소를 인정하면서도 그 양태를 절대화하거나 고착화하는 것을 지양하는 것이다. 그렇기에 그는 윤리를 발견해야 할 진리의 영역으로 보는 것이 아니라 만들어 가야 할 창조의 영역으로 본다.[22]

이러한 관점을 받아들인다면 필자가 주장하는 공감의 윤리는 인간만을 목적으로 대우하는 '오만한 관점'을 지양하고, 괴로움을 느낄 수 있는 존재자를 목적으로 대우할 수 있는 '자만심 없는 도덕 이론'의 도출을 위해 끊임없이 도덕 법칙의 재구성에 힘쓰는 행위에 대한 이론적 토대를 마련하게 된다. 이러한 것들은 진화론이 도덕 이론에 끼치는 긍정적인 영향이라고 할 수 있겠다.

그렇다면 진화론이 도덕 이론에 끼칠 수 있는 부정적인 영향은 무엇인가? 이것을 알아보기에 앞서 우리는 진화론을 받아들이는 이들의 도덕 이해에 대해 알 필요가 있다. 진화론을 지지하는 이들의 도덕에 대한 이해는 간단하다. 그들에게 도덕은 자연선택의 산물로 이해된다. 인류에게 당위로서 인식되어 온 이타주의와 같은 가치들은 유전자의 생존과 이익, 그리고 그것의 복제의 효율성을 높이기 위해 고도로 포장된 이기주의일 뿐이라는 것이다.[23]

여기서 확실히 알아야 할 사실은 진화생물학자들이 곧 도덕 폐기론자들은 아니라는 점이다. 그들의 질문은 '도덕이 무슨 의미가 있는가?'가 아니라 '왜 인류가 도덕을 만들어 왔는가?'이다. 이러한 식의 접근이 도덕의 의미와 당위성을 해체시키는 것은 아니다. 도덕이 진화의 산물이라는 것을 받아들이는 것과 도덕적인 삶을 사는 것은 다른 문제이기 때문이다. 도킨스의 말처럼 우리의 뇌는 유전자의 독재에 반항한다.[24] 역사적 사실이 도덕 규범을 도출해 낼 수 없듯이 생물학적 사실 또한 도덕 규범을 도출해 낼 수는 없다. 이와 같은 이유 때문에 도덕에 대한 위와 같은 진화론의 주장은 필자가 주장하는 공감의 윤리와 전적으로 양립 불가능한 것은 아니다. 다만 필자는 위와 같은 진화생물학의 관점이 도덕 가치조차 유전자의 복제의 효율성을 위해 고안된 것으로 보는 관점으로 나아갈 것을 염려한다.

만약 그러한 주장을 하는 사람이 있다면 필자는 그에게 다음과 같은 질문을 던지고 싶다. '공정성'을 위한 도덕 규칙이 유전자가 스스로의 복제 욕구를 위해 만들어 낸 것이라면 그러한 규칙을 정당화하는 '공정성'은 무엇에 근거하여 만들어진 것인가? '공정성' 또한 유전자가 스스로의 복제 욕구를 위해 만들어 낸 것인가? 아니면 공정성이라는 도덕 가치를 이해할 만한 뇌의 발달을 유도하는 것인가? 이러한 질문은 우리가 도덕적 당위성의 근거를 어떻게 설정하고 있느냐에 관련된 것이다. 즉 '도덕은 이성에 의해 행해지는 옳음에 대한 추구이냐, 아니면 인간의 생물학적 본성에 대한 효율적 순응이냐?'인 것이다. '공정성'이라는 언어는 사건에 대한 인식의 투사의 산물이다. 즉 조건의 산물이라는 말이다. 여기까지는 진화론에 입각한 도덕 이론들과 필자의 주장이 크게 다르지 않다. 중요한 갈림길은 다음의 질문에 대한 답에 있을 수 있다. "우리는 어떠한 이유를 가지고 공정성을 추구할 것인가?"

도덕 가치가 자기 이익의 관심에 의해 고안된 것이라는 의미로 제한된다면 도덕은 '옳음'이 아닌 '효율'을 추구하는 것이다. 그러나 우리는 도덕이 옳음을 추구하는 것이라는 것을 알고 있다. 만약 그러한 '옳음' 또한 이기심 혹은 생물학적 본성의 유도에 의한 착각에 불과하다면 우리는 '옳음'과 관계된 모든 이성적 행위와 당위성을 거부하는 행위를 아무런 갈등과 망설임 없이 긍정하게 된다. 하지만 이성적인 판단을 하는 자는 '효율'과 '옳음' 사이에서 선택의 기로에 서게 된다. 이는 이성이 도덕 가치를 자아의 조건과 함께 경험을 통해 인식하고 추구하고 있다는 반증이다. 그것이 인식 외부에 객관적으로 존재하는지는 알 수 없다. 그럼에도 불구하고 우리가 요청받는 옳음에 대한 선택의 상황은 자기 이익에 대한 효율성의 관심과 독립된 당위의 영역을 인정하지 않을 수 없게 만든다. 이러한 맥락에서 도덕 가치는 우리에게 당위의 의미로서 '선택'하게 만드는 근거라고 할 수 있다.(선택하는 독립된 주체가 존재한다는 말은 아니다.)

도덕 가치란 타자의 괴로움에 대한 공감을 통한 명령, 그리고 공정성에 대한 이성의 선택에 의해 추구되는, 인식의 선험성에 의해 추구되고 경험에 의해 구성되는 그 무엇이다. 설사 도덕이 자기 해방적 관심 혹은 생물학적 본성에 의해 고안된 하나의 문화 체계에 불과하다는 주장을 인정하더라도 인간은 '옳음'과 '공정성'을 구성하여 당위를 부여하는 창조적 동물이라는 것은 긍정할 수 있다. 인간은 도덕적 '선택'을 요청받는 동물이며 어떠한 도덕적 선택을 하는 순간 그것이 도덕적으로 옳은 이유를 공정성이라는 당위에서 찾아야만 하는 동물이다. 왜냐하면 도덕적 선택은 옳음에 대한 공정하고 일관적인 행위의 규범과 가치를 추구하는 것이기 때문이다. 그러므로 끊임없이 선택을 요청받는 실존 속에서 도덕 가치는 여전히 유효한 기제로 인정 가능하다.

또한 유전자가 자기 복제 욕구를 위해 도덕 가치를 선택한다고 인정한다고 해도 그러한 '선택'이 가능하려면 선택되는 도덕 가치에 대한 선험성이 유전자가 유도하는 인식과 경험의 범위 안에 있어야 한다. 도덕 가치가 유전자가 유도하는 인식 안, 혹은 외부에 객관적으로 존재하는지는 알 수 없다. 그러나 적어도 자연선택론을 지지하는 사람은 도덕 가치가 유전자에 의해 선택되려면 그것이 인식 내부에 표상화될 수 있게끔 하는 근거를 긍정할 수밖에 없다는 주장을 인정해야 한다. '나쁘다'는, 개가 짖는 소리나 원숭이의 비명과 달리 호불호를 넘어 복합적 인식 기능에 수반하는 개념 체계의 일부로서 기능하기 때문이다.[25]

정리하자면 필자는 도킨스의 진화생물학에 입각한 도덕 이론이 도덕 가치를 생존의 효율성의 기능으로 환원해 버리는 관점으로까지 나아갈 수 있는 위험성을 주의해야 함을 주장한다. 만약 이 점을 주의하지 않는다면 그 도덕 이론은 행위 공리주의가 범했던 오류, 즉 모든 윤리적 당위를 행복의 양과 효율성으로 환원함으로써 빚어졌던 도덕적 오류와 비슷한 오류를 반복하게 될 것이다. 도덕 규범은 유전자의 생존과 복제의 효율성에 기반하여 도출되는 것이 아니다. 만약 진화론이 도덕의 기반을 효율성에 둔다면 효율성과 괴로움을 느낄 수 있는 개체의 권리 및 정의의 기반이 상충되는 경우 이러한 관점에 근거한 윤리적 판단을 하는 사람은 자기 이익의 효율성을 위해 그 개체의 권익을 희생시키는 판단을 정당화하게 된다. 그러한 행위는 공정하지 못하다.

생물학적 이익 혹은 정신적·감각적 쾌락은 우리가 추구하는 도덕 가치와 전혀 상관없는 것이 아니다. 그러나 만약 쾌락을 다른 도덕 가치들의 상위 가치로 상정한 후 그것들을 쾌락을 성취하기 위한 수단으로 환원하게 된다면 여러 가지 도덕적 문제를 야기하게 된다. 왜냐하면 레이찰스의 말처럼 쾌락은 우리가 마땅히 추구해야 할 것으로 여기는 도덕 가치(예를 들면 공정성)를 추구할 때 얻게 되는 대응적인 것이지 그 자체가 목적으로서 추구되는 것은 아니기 때문이다.[26] 즉 쾌락을 위해 공정성을 추구하는 것이 아니라, 공정성을 추구하기 때문에 쾌락을 얻는다는 것이다. 만약 쾌락을 위해 공정성을 추구한다면 자아는 공정성이 자아의 쾌락에 도움이 되지 않을 때 그것을 배제하게 된다. 그럴 때 그것은 더 이상 일관성 있는 공정한 도덕 이론이 될 수 없다. 이것이 필자가 효율성에 의해 도덕 규범이 구성되는 것을 우려하는 이유이다.

도덕 가치는 추구되는 것이지만 그것은 효율성에 의해 추구되어서는 안 된다. 도덕 가치는 타자의 괴로움에 대한 공감과 공정성에 대한 이성의 명령에 의해 구성되고 추구되는 것이기 때문이다. 그것은 당위로서 우리에게 명령한다. 쾌락을 추구하지 말라는 것이 아니다. 쾌락은 추구되어야 한다. 괴로움에 대한 공감과 공정성의 추구는 일종의 쾌락의 추구이다. 다만 그것은 공감을 통해서, 그리고 공정성을 추구하는 이성의 반성 아래서 추구되어야 하는 것이다.

4. 맺음말

지금까지 필자가 주장하는 공감의 윤리와 이것이 신 명령론과 진화론적 도덕 이론에 가하는 비판에 대해 고찰해 보았다. 그러나 다시 말하지만 필자가 주장한 공감의 윤리와 이것이 제시하는 도덕 법칙은 과정적인 것이다. 그러므로 필자의 도덕 이론 역시 반성과 해체의 과정을 다시 겪어야 하는 이론인 것이다. 현상은 변하며 이에 대한 끊임없는 도덕적 성찰은 계속되어야 한다. 이 변화의 흐름에 민감하지 않은 도덕 행위는 그 행위의 동기는 도덕적일지언정 그 행위의 결과는 비도덕적이거나 혹은 설득력을 얻기 힘든 행위일 수 있기 때문이다.

다만 필자는 위에서 언급된 공감의 윤리가 비인간적 생명체들을 무분별하게 수단화하는 것에 대한 재고와 그로 인한 도덕 규범의 재구성에 과정적으로 도움이 될 것이라는 확신을 가질 뿐이다. 이러한 확신의 전이를 위해 필자가 행한 신 명령론과 도킨스의 진화생물학에 대한 비판은 이러한 의미에서 정당하다고 주장한다. 그리고 이 또한 또 다른 형태의 건전한 도덕 이론의 구성에 도움이 되리라는 확신을 갖는다.

진화론의 우연 개념과 진리 사건의 우연성 개념
- 진화론과 신학과 철학의 접점 모색

박일준 | 감리교신학대학교

1. 우연·필연의 이분법적 폭력을 넘어서

전통적으로 우리의 사유 속에는 '진리 = 필연'이라는 사고가 편만해 있다. 그리고 신학적으로 이 '진리 = 필연'이라는 등식을 통해 그 진리를 뒷받침하는 궁극적인 것은 '필연'이라는 논리가 전개되며, 따라서 '신'은 이 세상에 필연적인 것으로서의 진리로 재현representation된다. 본고는 필연적 진리로서의 하나님이라는 신학적 개념이 담지한 억지를 넘어, 진리 = 우연으로서 현재 상황에 불법적인 것the illegal으로 현시present된다는 최근의 인문학적 담론을 통해 진화론과의 접점을 모색한다. 이는 진화론이 함축하는 우연성 개념을 신학 담론의 '창조성' 개념으로 읽어내 보고자 하는 것이다. 이를 통해 '필연성'으로서의 진리 개념이 담지한 인간 중심주의적 발상을 뒤집어 보고자 함이다. 진리는 불변하고 고정되어 있다는 생각은 고정된 것을 찾고 발견하고 확인해야 하는 인간의 습성들을 '진리'라는 이름의 것에 투사한 결과적 추론이지, 결코 '진리' 자체에 담지된 속성이나 본연의 모습이 아니다. 인간의 원망이 투사된 결과로서 진리가 '필연성' 개념에 함축되어 있다는 말이다. 본고는 진리를 '알려질 수 없는 것' the unknowable으로 정의하는데, 이것은 우리가 진리를 근원적으로는 알 수 없지만, 진리가 우리의 인식과 지각의 한계와 능력 안에서 가능한 기표들signifiers을 통해 전해진다는 것을 의미한다. 따라서 우리가 우리의 사유 범위 안에서 인식하는 진리란 진리의 일부 혹은 진리의 그림자이지, 결코 진리 그 자체일 수 없는 것이다. 만일 진리가 본연의 모습으로 우리에게 드러난다면, 그것은 우리에게 우연aleatory적인 것 혹은 요행적인 것으로, 혹은 전혀 기대치 못한 어떤 것으로 다가온다. 우리는 진리를 믿고, 주사위를 던지듯, 도박한다. 그래서 진리는 믿음으로만 구하여질 수 있다. 이 진리를 향한 도박은 진화 과정의 시행착오들trial and error과 매우 근접한 개념이다. 진화의 과정을 살아가는 개체들은 과정의 목적이나 방향성을 결코 알 수 없다. 과정 전체 혹은 과정 자체를 알거나 확인할 수 없다. 자신이 이 과정 중에 선택받을 걸 믿고 확신하며, 최선을 다할 뿐.

잘 알려진 대로 진화론은 생명 발생의 우연성을 함축한다. 진화론을 구성하는 자연선택 기제는 우연과 필연의 구성물이지만, 생명의 발생 자체가 우연성에 기반한다고 보는 진화론의 근원적 방향성이 창조란 '하나님의 섭리에 의한 것으로 신적 설계를 통해 이루어졌다'고 보는 기독교적 창조론과 정면으로 배치되는 것으로 지금까지 간주되어 왔다.[1] 그러나 이 진화/창조의 이원적 대립은 기존 학문의 흐름을 반영하거나 추세를 이어가는 것이 아니라, 전대가 물려준 (이유 있는) 대립을 현재의 상황 속에서 확대 재생산하는 것에 불과하며, 그러한 확대/재생산이 과거의 정치 권력을 현재의 상황 속에서 그대로 유지하고 이어가겠다는 발상에 불과하다.[2] 학문 이론은 권력 기제로부터 자유롭지 않기 때문이다.

　진화의 우연적 발생을 인문학적 창조성으로 읽어 낼 수 있는 가능성의 모색은 진화론적 우연성 개념과 신학적 창조론에 담지된 정치적 폭력성을 걸러내는 일로부터 시작되어야 한다. 진화론의 우연성 개념은 지금에 와서는 나쁘게 변질된 정치적 메시지를 함의하고 있다. 바로 진화 = 진보라는 막연한 생각 말이다. 진화는 결코 진보를 말하지 않으며, 다양성의 증가를 말한다고 굴드는 말한다. 진화 = 진보 등식은 결국 살아남은 것이 무조건 아름다운 것이라는 정치적 논리를 담고 있다. 보다 더 큰 선을 위해 자신을 희생한 개체들은, 어떤 명분으로 미화되든지 간에, 패자loser라는 말이다. 마찬가지로 종래의 신학적 창조론은 기존하는 것이 하나님이 목적하신 것이라는 정치적 메시지를 담지하고 있다. 하나님은 오늘의 승자들을 예비하셨고, 그래서 그들은 하나님의 선택받은 백성들로서 누리며 살 권리가 있다는 메시지는 창조론이 정치적으로 남용되고 악용되는 경우에 해당할 것이다. 우연성의 개입으로서 진화는 다양성과 복잡성의 증가를 의미하지 결코 '진보와 승리'를 의미하지 않는다. 그렇다면 우리는 진화를 창조적 과정으로 읽을 수 있는 가능성을 모색할 수 있다. 창조되는 모든 현실적인 것이 진리가 아니다. 창조는 실현되기 위해 수많은 실패와 눈물을 동반하는 과정이다. 마찬가지로 하나님의 창조는 피조된 질서를 완성된 질서로 고정시켜 놓고, 기존의 권력 질서를 그대로 용인하는 과정이 아니다. 그 창조 안에는 하나님 나라의 대역전 과정이 살아가는 일상의 매 순간마다 놓여 있으며, 그 하나님 나라를 향해 희생당한 영혼들의 노력은 지워지거나 삭제되거나 멸종당하는 것이 아니라, 우리의 슬프고 아련한 기억 속에 그리고 그러한 실수와 실패를 반복하지 않으려는 진리를 향한 의지 속에 살아 있는 것이다. 따라서 진화와 창조는 오늘 여기서 벌어지고 있는 고통과 슬픔에 초연한 과정이 아니다. 오히려 그러한 아픔과 좌절을 바탕으로 새로운 생명이 창조적으로 도약하는 과정에서 진화와 창조는 만나고 있다는 것이 본고의 요지이다. 새로운 것의 우연한 도래 - 이것을 화이트헤드와 바디우의 사건철학으로 해명해 보고자 하는 것이 본고의 기본 시도이다 - 하나님의 전적인 개입으로서 계시를 의미했을 이 말은 이제 기득권의 '하나님 진리의 필연성' 도식 속에서 반신학적인 말이 되어 간다.

사실 신학적 창조론이 사람들의 마음을 사로잡아 왔던 것이 이유가 없는 것은 아니다. 우리는 이 땅 위에서 살아가면서 끊임없는 무의미의 침입들을 경험한다. 잘 달려오던 인생들이 갑자기 무의미해지는 암울한 순간들을 대할 때마다, 우리는 왜 내가 지금 여기에 이렇게 살고 있어야 하는지를 묻게 된다. 창세기 1장은 바로 그런 물음에 처한, 바빌론으로 끌려간 히브리 노예들의 내적 대답이었다. 노예 신분이라는, 전혀 삶의 소망을 가질 수 없는 상황에 처해서 하나님이 이 어둠의 세상을 뚫고 빛의 세상을 창조하여 우리가 살아갈 새 세상을 창조해 주실 것이라는 믿음, 그 창조에 대한 믿음은 단지 거기에 쓰인 기사가 문자 그대로 과학적으로 입증되어야 힘을 발휘하는 그런 류의 본문이 전혀 아니다. 우리 인간은 그렇게 "내재적으로 의미를 상실한 세계 속에서" 끊임없이 우리 자신의 의미와 가치들을 그 세계에 부여하면서, "우리 인간의 창조적 소명을 실현"하는 중이기 때문이다.³ 호트에 따르면, 자연 과정 속에는 다원적 설명 기제들이 밝혀 주는 것보다 "더 깊은" deeprer than 의미들이 담겨 있다고 본다.⁴

그런데 현재 과학주의자들과 성서적 문자주의자들은 이보다 깊은 의미를 거절하고, 현상 세계를 표면의 기표들로만 관찰하고 해석하거나, 본문을 기표들의 문법으로서만 파악하려는 성향을 보이고 있다. 이것이 우리

시대의 문제이다 : 문자주의. 자연은 눈에 보이는 과정보다 깊은 의미들을 담지하고 있고 그리고 우리가 성스럽게 여기는 본문들도 문자로 읽혀지는 것보다 깊은 의미들을 담지하고 있다.[5] 그런데도 과학주의는 현상을 보다 깊은 의미 구조로 읽어 내기보다는 자연의 책에 쓰인 문자에만 집착하면서 "우주적 문자주의" cosmic literalism로 빠져들고, 성서적 문자주의는 문자의 의미는 고정되어 있어서 그를 넘어선 심층성이란 없다고 주장하면서 자신들만이 유일한 진리인 문자를 그대로 읽고 있다고 주장한다.[6] 그러면서 이 과학적 그리고 종교적 문자주의는 동시에 자신들의 소위 문자적 해석을 다른 분야, 즉 종교적 문자주의는 과학 분야를 그리고 과학적 (우주적) 문자주의는 종교 분야를 해석하기 위한 발판으로 삼으면서, 자신들의 문자적 해석에 상대방의 해석적 특징들을 가미해 자신들의 논리를 강화하고, 상대방을 제국주의적으로 제압하기 위한 "잡종적 독법" hybrid reading이 된다.[7] 이러한 혼종적 독법은 정치적 의도를 위한 혼종성이라는 점에서 종교와 과학 모두에 유해한 혼종성이다. 자신의 혼종성을 숨기기 위해 자신의 순수성을 주장하면서, 다른 분야나 다른 이들의 혼종성을 비판하는 전략을 구사하는데, 사실 이 은폐의 전략은 제국주의 시대에 제국의 주체가 담지하고 있었던 부끄러운 주체의 자화상이기도 하다.

우리에게 필요한, 즉 종교와 과학의 만남을 위한 독법은 그러한 혼종적 독법이 아니라, 다원적 독법 혹은 "독법의 다중성" 혹은 "설명적 다원주의"의 독법이다.[8] 다원적 독법은 단순히 여러 다양한 독법들의 단순한 병치를 말하지 않는다. 의미 있는 해석적 다원주의가 되려면 각 다양한 독법들에 일관성을 부여하는 지점이 요구된다. 호트는 그것을 진화론 분야에서 "새로움을 포용하는 가능성"이라고 말한다.[9] 그리고 신학 분야에서는 그것을 "하나님의 무용성 혹은 은폐" unavailability or hiddenness of God라고 보았다.[10] 하느님조차 이 새로움의 도래로 열려질 수밖에 없다. 하나님 자신이 창조자 아니신가? 그렇다면 하나님을 가장 잘 모르는 주체는 바로 하나님 자신이시다. 알지 못했던 것이기 때문에 새로운 것이다. 따라서 그 새로움의 도래를 가져오는 분이시라면, 그리고 그것이 진정으로 새로운 것이라면, 하나님 자신도 그에 대해 새로워야 하기 때문이다. 우리의 관점에서 새로운 해석의 도래는 기존의 조건들로부터 귀결하지 않는다. 그렇게 때문에 새로운 것이다. 바로 그것이 새로움의 정의이다. 이미 기존하는 것에서 논리적으로 그리고 경험적으로 출현하는 것이라면, 그것은 정의상 '새로움' novelty이 될 수 없다. 바로 이 '새로움'이 열려지는 자리, 바로 그 지점이 '우연성'과 '창조성'이 교차하는 지점이다.

2. 전통적 창조론의 논리

사실 전통적으로 기독교는 세상을 그리고 우주를 "전지전능한 하나님의 수작업"으로서 만들어진 것으로 본다(Ayala 2006, 1).[11] 핵심은 하나님[12]이 자연 세계의 모든 과정들을 이미 "설계"design했다는 것이다.[13] 그리고 이러한 사유는 세상은 우연이 아니라 하나님의 섭리, 즉 필연에 기반해 있음을 역설한다. 이러한 발상 혹은 정치적 기획은 곧장 진화론에 대한 반대로 이어진다. 진화론에 반대하는 운동들은 대체로 19세기에 연원하는 두 종교 운동에 근간을 두고 있다: 제칠일안식교와 성령운동Pentecostalism. 창세기의 7일간의 창조에 교리적 뿌리를 두고 있는 제칠일안식교는 "근래 창조설" recent creation of life과 대홍수의 보편성을 강하게 주장하는데, 이들의 창세기 해석은 20세기 후반 "창조과학" creation science의 뿌리가 되었다.[14] 성령운동주의자들은 대체로 이 창조과학의 이론들을 수긍하면서도, 좀 더 다양한 견해들을 관용한다는 차이점을 갖고 있다. 1920년대 아칸소, 미시시피, 오클라호마 그리고 테네시 주 등에서, 공립학교에서 진화론을 가르치는 것에 대한 금지 법안을 통과시키는 데 성공했지만, 1968년 미국 대법원이 공립학교에서 진화론을 가르치는 것을 금지하는 모든 법이 위헌이라고 판결한 이후, 성서 근본주의자들의 전략은 진화론과 창조론을 균형 있게 다루어야 한다는 명목으로 "균형 잡힌 가르침"balanced treatment을 요구하는 법안을 제정하는 방향으로 나아가고 있으며, 그 핵심에는 '지적 설계론'이 놓여 있다. 1987년 루이지애나의 "창조론 법령"에 대하여 위헌 판결을 내리면서, 미국 연방대법원은 "초자연적 존재가 인류를 창조하였다는 종교적 믿음을 전개하여, 그 법령은 용납 불가하게 종교를 뒷받침하고 있다"고 선고하였다.[15] 진화론을 하나의 이론으로 다루며, 그 이론이 담지한 결함들과 흠들을, 지적 설계 이론을 포함한 다른 대안적 이론들과 더불어, 학생들에게 알도록 해야 할 것이라는 펜실베니아 도버 지역 교장협의회의 선언은 2005년 12월 20일 연방 지방법원 존스 판사Judge John E. Jones III에 의해 위헌으로 선고되었다.[16] 이 선고문에서 존스 판사는 지적 설계 이론은 비판적 검토나 연구가 이루어지지 않은 것이기에, 과학이 아니라 종교에 더 가깝다고 지적한다.[17]

하나님의 창조를 '설계' design로 설명했던 가장 광범위하고 권위 있는 저작들의 저자는 영국의 성직자였던 윌리엄 페일리William Paley 1743-1805이다. 1780년대 노예 무역과 노예제 폐지를 외치는 연설가로 명성을 날리던 페일리는 질병으로 더 이상 연설가의 일을 감당할 수 없게 되자, 신학적 저술에 전념하게 되었고, 그 결과 『자연 신학Natural Theology』이 출판되었는데, 인간과 그들의 기관들뿐만 아니라 모든 유기체들과 그들의 환경과의 관계 등 모두가 명백한 설계의 징후를 드러내고 있어서, 이는 곧 하나님의 존재를 추론할 수밖에 없는 증거들로 작용한다는 것이 책의 주요 내용이다. 이 책에서 페일리는 하나님의 설계를 추론할 수 있는 세 가지 증거들을 제시하는데, 첫째가 "인간의 눈," "뼈들과 연골들과 관절들의 정확한 기계적 조정을 보여 주는 인간의 골격 구조," 그리고 "혈액 순환과 혈관의 배치"가 그것들이다.[18] 이를 통해 페일리는 자연 질서는 "우연성에 반한다"against chance고 논증한다. 이를 논증하는 페일리의 유명한 예가 바로 땅에 떨어진 시계의 비유이다. 시계의 정교함과 복잡성을 고려할 때, 그것이 자연 과정의 우연한 발전으로 그곳에서 자연 발생했다고 보기 어려우며, 따라서 그것을 만든 시계공을 전제할 수밖에 없다는 것이다. 즉 "환원 불가능한 복잡성"을 보이는 자연은 그 설계자를 고려하지 않을 수 없다는 주장이다.[19]

이러한 페일리의 설계 논증은 두 가지 명백한 난점들을 대면하게 되는데, (1) "불필요하거나 잉여적인 것으로 보이는 기관들이나 부분들"과 (2) "불완전하고 심지어 역기능적인 기관들"이 존재한다는 것이다.[20] 만일 전지전능한 설계자에 의해 자연 세계가 만들어졌다면 불필요한 기관들의 존재나 불완전하고 역기능적인 기관들은 설계의 불완전성을 의미하고 이는 곧 신의 설계 능력에 결함이 있었음을 의미하는 것이 될 것이다. 즉 지적 설계 이론의 치명적 결함은 "유기체들이 완벽하게 적응"한 상황을 염두에 두고, '설계'를 설명 가설로 제시하지만, 진화란 '최적의 적응'이 아니라 주어진 환경 내에 주어진 조건들을 따라 불완전하게 적응하는 것을 의미하기 때문에 그리고 주어진 환경이란 것이 고정된 것이 아니라 상시 변화할 가능성을 갖고 있기 때문에 특정 상황에서 완벽하게 적응한 것으로 보이는 면을 두고 '완벽한 설계'를 거론하는 것은 성급한 결론이라는 점이다.[21] 여기서 우리는 창조론이 기독교가 전통적으로 지키려는 신앙의 근간을 온전히 지탱하지 못하고 있음을 보게 된다. 말하자면 창조과학 이론이나 지적 설계 이론 모두 정치적 오염과 이론적 난점들을 담지하고 있고, 그 정도는 진화론이 정치적으로나 이론적으로 오용될 가능성과 특별한 차이점을 보이지 않는다. 이는 그렇기 때문에 창조를 주장하는 그 어떤 이론도 모두 틀렸다거나 혹은 진화론이 좀더 이론적으로 강점을 지니고 있음을 주장하려는 것이 아니다. 진화론이나 창조론이나 모두 성서에 쓰여 있는 하나님의 계시에 대한 인간의 해석적 노력이 될 수 있으므로, 우리는 자신의 관점과는 다른 생각과 표현을 드러내는 다른 의견들과의 차이를 인정하면서 소통을 해 나가야 한다는 것과 우리는 하나님을 믿는 신앙인이지 진화나 창조에 대한 이론적 증거들을 추구하는 사람들이 아니라는 것, 그렇다면 이제 하나님을 믿는 신앙인들로서 진화 이론이 신학적으로 함축하는 바들을 진지하게 성찰해 보면서, 세계를 바라보는 두 관점들 사이의 균형을 회복하려는 신학적 노력이 필요하다는 것이 필자가 본고를 통해 말하고자 하는 바이다.

3. 진화의 구성과 구조

진화론을 구성하는 큰 패러다임은 우선 '적응' 개념과 관련된다. 진화와 자연선택을 적응 과정으로 보려는 이들은 진화란 환경에 적응해 나가는 과정으로서, 이 과정을 통해 비적자들이 제거되어 나가는 과정이라는 사실을 강조하는 데 역점을 둔다. 이와는 반대의 입장에서, 즉 진화는 적응이 아니라는 입장에서 진화를 설명하는 이들은 (대표적으로 굴드와 리원틴이 있는데) 진화는 다양성의 증가 혹은 복잡성 혹은 창조성의 증가로 보려는 의도를 드러낸다. 이들의 입장에서 '적응'을 강조하는 생물학의 패러다임은 기존 체계의 적자들을 '적응에 성공한 자'로 규정함으로써, 기존 체계의 우수성을 선전하려는 정치적 의도를 함축한다고 보는 것이다. 여기서 심각한 정치적 문제점은 바로 진화 = 진보라는 등식이다. 이 등식이 우리의 사유 속에 무비판적으로 사용될 때, 진화론은 학문을 가장한 이데올로기로 변질되며, 그것을 리원틴은 "나쁜 생물학"bad biology으로 날세워 비판한다.

다윈은 대학 시절 페일리의 책을 읽었고 당시 페일리의 책은 대학 교육 과정의 일부였다. 그의 『종의 기원』은 "유기체들의 설계와 또한 그들의 불완전성들, 역기능들, 기이함들 그리고 잔혹함들을 과학적으로 어떻게 기술할 수 있을지에 대한 페일리의 난제를 해결하기 위한 지속적인 노력"이었다고 적고 있다.[22] 다윈은 유기체들의 복잡성들과 다양성과 기능들을 "자연 과정들의 결과로서" 설명하였다.[23] 이를 위해 다윈이 도입하는 개념이 바로 "자연선택"natural selection이다. 다윈에게 자연선택이란 곧 환경에 적응적이고, 개체에 이익이 되는 변이들을 만들어 낸 유기체가 다음 세대로 전달될 빈도수가 높아지고 전체 집단으로 연장될 가능성이 더 많아질 것이며, 그렇지 못한 개체들은 자신들이 속한 종으로부터 제거될 것이라는 것이다. 여기서 유기체들은 "설계"의 지표들을 드러내지만, 창조주가 애초부터 부여하는 "환원 불가능한 복잡성"이 아니라, "점진적이고 축적적으로, 단계적으로 발생하여, 개체들의 번식 성공을 통해 점차 복잡한 정교함을 더해"가는 복잡성이자 설계이다.[24] 결국 환경에 적응하는 개체들은 보존되며, 환경에 적응하지 못하는 개체들은 제거되어 갈 것이라는 것이다. 이를 통해 다윈은 페일리가 기술하려 했던 동일한 문제, 즉 특정 기능들을 수행하도록 설계된 유기체들의 적응적 구성을 어떻게 기술할 것인가의 문제를 해결하고자 하였다. 다윈의 천재적 기략은 바로 "유기체들이 특정의 목적들 때문에 설계되었"지만, 창조주의 설계가 아니라 자연선택에 의해 "기능적으로 조직되었다"고 설명한 부분이다.[25] 각 유기체들과 그들의 부분들은 특정한 삶의 방식들과 특정한 기능들을 수행하도록 '자연선택에 의해' 설계되었다.

여기서 한 가지 주목해야 할 사실은 다윈은 '진화'가 자신의 이론이라고 생각해 본 적이 없다는 것이다. 오히려 다윈은 진화를 설명하는데 '자연선택'을 도입한 것을 자신의 이론이라고 보았다. 즉 진화가 아니라 자연선택을 자신의 이론으로 이해하고 있었다는 것이다. 왜냐하면 유기체들의 진화는 이미 19세기 중엽 자연주의자들에 의해 일반적으로 받아들여지고 있던 개념이기 때문이다.[26] 다윈의 자연선택설이 당시 받아들여지고 있던 다른 진화 이론과 갖는 결정적인 차별성은 자연선택설을 도입함으로써 다윈은 진화가 "필연적으로 진보나 발전을 의미"한다고 생각하지 않았다는 점이다.[27] 또한 진화가 언제나 형태 변화로 귀결된다고 믿지도 않았다. 그는 "살아 있는 화석," 즉 "수백만 년 동안 전혀 변화하지 않은 채 남아 있는 유기체들"의 존재를 알고 있었기 때문이다.[28] 우리가 진화 이론의 핵심으로 잘못 알고 있는 "적자생존"은 다윈 자신의 개념이라기보다는 다윈의 후예들, 즉 헉슬리T.H. Huxley나 허버트 스펜서Herbert Spencer에 의해서 정초된 것인데, 특별히 후자는 바로 그 '적자생존' 개념을 도입하여 유행시켰던 장본인이다. 물론 『종의 기원』의 이후 편집본을 출판할 때 다윈이 이들의 개념을 받아들여 책을 출판한 것도 일견 사실이다. 실제로, 다윈은 『종의 기원』 맨 마지막 페이지에, "자연선택은 오로지 각 개체에 의해, 개체를 위해 작동하므로 모든 정신과 물질적 자질은 완성을 향해 진보되어 갈 것"이라고 적고 있다.[29] 자신의 자연선택 개념은 국지 환경에의 적응을 말하고 있어서, 진보를 함축하고 있지 않음에도 불구하고, 말년의 다윈은 진화와 진보를 상관시킴으로써 당대 지방 최고 부호 지주의 가문 출신이라는 성장 배경을 자신의 이론을 통해 드러내고 말았다고 여겨지기도 한다.30 하지만 본래 진화의 이론으로 되돌아가 본다면, 진화란 "적극적인 개량이 아니라 비적응적인 개체의 제거를 통"한, 그래서 "그 자체로는 아무 것도 할 수 없는 소극적인 힘"에 불과하다.31

1) 적응으로서의 진화

자연선택은 간략히 말하자면 "유전적 변이들의 차별적 번식"(the differential reproduction of hereditary variations)32 혹은 "한 집단 내에서 발생하는 유전자 빈도 상의 변화"33이다. 이러한 정의에 근거하여 아얄라는 자연선택을 "적응" adaptation을 의미한다고 주장하는데,34 적응을 말하는 이유는 "외부의 설계자" external designing agent, 곧 '하느님' 혹은 신을 진화의 설명에서 배제하려는 것이다.35 여기서 언급해야 할 중요한 사실 하나는 자연선택은 '적응'을 촉진하지 '진화' evolution를 촉진하지 않는다는 사실이다.36 자연선택이란 단적으로 말해 선호하는 유전적 변이들이 세대에서 세대를 거치면서 보존 증식하고, 적응적 장점이 덜한 개체 변이들이 제거되어 나가는 과정이며, 이를 통해 유기체들은 해당 환경에 보다 더 잘 적응하게 된다. 에른스트 메이어Ernst Mayr는 이를 두 인과율의 상호작용으로 설명하는데, 근사적 인과율 proximate causation과 근원적 인과율 ultimate causation이 그것들이다.37 이는 곧 자연선택을 단일한 인과율의 단선적 작용으로 보는 것이 아니라 다양한 인과율들이 상호작용하여 일구어 내는 과정으로 보는 것으로서, 진화 현상을 설명하는 "다원주의" pluralism를 주장하는 것이다.38 즉 근원적 인과율은 유전적 변이들을 촉진하고, 근사적 인과율은 (환경에 의한) 선택을 촉진하며, 이

두 인과율 간의 상호 작용이 진화 과정을 이끌어간다고 메이어는 보는 것이다.[39] 따라서 이 상호작용을 단순히 표현하면, "변이"variation와 "올바른 선택"selection proper이라고 할 수 있을 것이다.[40] 유전자들은 돌연변이 과정을 포함하여 유전자 재조합을 야기하는 여러 원인들과 과정들을 통해 많은 변이들을 생산해 내고, 그 중 환경에 보다 잘 적응하는 유기체를 생산해 내는 유전자들이 다음 세대로 전달되면서, 덜 적합한 유기체 개체들이 제거되는 방식으로 선택이 이루어진다. 이 과정을 메이어는 "무작위적이지 않은 제거"nonrandom elimination 과정이라 했다.[41] 이때 발휘되는 "선택력"selection force은 단순히 환경적 인자들만을 가리키는 것이 아니라 "표현형적 성향들"phenotypic propensities과 복합적으로 작용하여 이루어진다.[42] 그렇게 선택은 무작위적으로 아무렇게나 이루어지는 것이 아니라, 환경과의 적응도fitness라는 날선 기준으로 이루어진다. 이 과정을 "우연"이나 "필연"의 어느 한 쪽으로 설명하는 것은 선택 과정에 대한 임의적인 단순화에 불과하다. 그리고 진화는 이 자연선택과 적응 과정의 "결과로서"as a consequence 발생할 따름이다.[43] 다시 말해 진화란, 즉 "시간을 따라 진행되어 가는 진화적 변화와 진화적 다양화는[,] 적응을 촉진하는 자연선택의 부산물들by-products로서 따라오는" 것이다.[44]

그 진화적 변이의 핵심은 바로 유전 소재들의 변화이다.[45] 진화는 여기서 두 단계로 구성된다 : 먼저 유전적 변이들이 발생하고, "다음 세대로 가장 효과적으로 전달된 그 유전적 변이들 사이에서 선택이 일어난다".[46] 이 유전적 변이들은 먼저 "돌연변이"mutation라고 알려진 과정을 통해 일어나는데, 돌연변이는 "적응의 관점에서 보면 무작위적인random 과정"이다.[47] 이 과정은 유기체의 적응과 번식 과정을 전혀 고려하지 않은 채 일어나는 맹목적인blind 과정이다. 돌연변이 과정의 무작위성만으로 진화가 이루어진다면, 유기체는 곧 해체되고 말 것이다. 자연은 이 돌연변이 과정의 무작위성을 보완하는 과정을 담지하고 있는데, 그것이 바로 '자연선택'으로서, 적응에 부적합한 변이들을 진화 과정에서 제거해 나가면서 동시에 적응을 강화시켜 주는 변이들을 보존하고 증식케 만들어 준다. 이 과정은 환경에 최적합한 적자를 선택하여 전체 종이 동일한 환경에서 획일성을 갖춘 채로 진화해 나가도록 하는 것이 아니라, 다양한 변이들의 증식을 도모한다. 돌연변이가 이 다양성의 증가를 우선적으로 도모하는 과정이라면, 자연선택은 적합하지 않은 다양성을 제거하는 과정이라고 볼 수 있을 것이다.

비록 인간이나 다세포 유기체들 사이에서 돌연변이가 일어나는 확률은 생식 세포의 경우 "1/100,000에서 1/1,000,000의 비율"이지만, 돌연변이는 끊임없이 발생하여 자연으로 진입하고 자연은 그러한 끊임없는 돌연변이들의 발생으로 다양한 개체들을 얻게 된다.[48] 인간의 얼굴과 골격이 얼마나 급작스럽게 다양하게 변화하고 있는지를 보면, 그 다양성의 폭이 얼마나 넓은지 체감하게 된다. 또한 돌연변이는 농약에 저항력을 지닌 곤충들과 설치류의 등장에서 알 수 있듯이, 변화하는 환경에서 살아남을 수 있는 변이들을 만들어 낸다. 질병을 일으키는 박테리아나 기생충이 항생제에 대한 저항력을 높여 가는 과정도 동일한 돌연변이 과정이다. 개체가 항생제를 주입 받으면, 특정의 박테리아나 세균들이 죽게 되지만, 그 와중에 백만분의 1의 비율로 그 균들이 돌연변이를 일으켜 저항력을 갖는 변이를 만들어 낼 수도 있다는 것이다. 따라서 치료 항생제의 구성은 날로 다양해지고 복잡해질 수밖에 없고, 균류나 박테리아 류의 돌연변이도 그만큼 다양하게 된다. 바로 이와 같은 돌연변이의 능력으로 인해 자연선택은 단순히 비적자the unfit를 솎아 내는 과정에 불과한 것이 아니라, 거의 개연성이 없는 유전적 결합들을 증가시켜 줌으로써 "새로움"novelty을 창출하고, 이런 면에서 자연선택은 "창조적 과정"a creative process이라 할 수 있다.[49] 즉 자연선택은 "무작위적 과정"이 아니라 "무작위적이지 않은"nonrandom 과정이다.[50] 말하자면, 돌연변이가 생기는 비율은 단순히 무작위적인 과정을 넘어서서, 자연선택 과정에 새로움을 도입하는 결정적인 요인인 것이다.[51] 하지만 이는 박테리아의 구조에 복잡성을 더해 가는 새로움은 아니다. 여기서 진화와 관련하여 결정적인 요점은 자연선택에 의한 진화는 시간을 따른 "증식적 과정"an incremental process이지, 결코 필연적으로 복잡성의 증가로 나아가는 과정은 아니라는 것이다.[52] 예를 들어 지구상에서 가장 오래된 생물체는 박테리아로서 약 35억년 동안 지구 위에서 살아왔지만, 그들의 복잡성은 그다지 크게 증가하지 않았다. 즉 복잡성의 증가가 반드시 진화는 아닌 것이다. 따라서 아얄라는 진화를 창조적 적응으로 보고 있는 셈이다. 말하자면 변해 가는 환경 속에서 돌연변이와 자연선택 과정 등을 통해 창조적으로 적응 장애들을 극복해 나가는 과정으로서 말이다.

2) 적응을 넘어서

적응fitness으로서의 진화를 말하는 이론이 부딪히는 난점은 바로 자연선택이 언제나 유기체의 적응도를 개선하는 방향으로 나아가지는 않는다는 사실에 있다.[53] 즉 자연선택에 너무나 많은 비중을 두고 진화를 보기 때문에, 진화 과정이 담지한 비선택적 요인들의 역할을 거의 전적으로 무시하고 만다는 것이다. 유전적 표현형이 언제나 동형접합체(예를 들어 AA 혹은 aa)로만 나타날 경우, 우리는 최적의 적응을 말할 수 있지만, 대부분의 경우 유전적 표현형은 이형접합체(즉 Aa)인 경우가 많고, 이 경우 적응은 최적의 상태에 이르지 못한다.[54] 오히려 대립유전자들은 안정적 긴장관계를 유지하면서, 다형태성을 보존해 나간다. 사실 적응이란 언제나 최적의 적응이 아니라 satisficing, 즉 적당한 선에서 만족하는 경향이 더 크다.[55] 말하자면 자연선택은 "선견지명"을 갖고 있지 않으며, 그래서 "냇물과 같이 즉시 이용 가능한 가장 저항이 작은 길목의 경로를 따라 맹목적으로 만들어 간다."[56] 따라서 우리가 대면하고 있는 자연선택의 승자들은 그저 "역사적 변화의 산물이며, 각 시대의 산물은 당시에 우연히 주위에 있었던 대체의 '좋은 쪽'을 나타낼 뿐이다".[57] 과격하게 말해서, 적응도fitness 개념이란 자연선택 단위를 생물 개체individual에 한정시키려는 의도를 가진 정치적 개념에 불과하다.[58] 자연선택의 핵심은 자연선택은 선견지명이나 사전에 짜여진 계획 등을 갖고 있지 않다는 것이다. 자연선택이 일정한 목적성을 보여 주는 경우도 있지만, 그것은 환경에 적응하기 위한 방향성이지 미래의 환경을 미리 예측하여 계획하고, 도모해 나가는 그러한 목적성과는 거리가 있다. 그래서 종의 멸종이 진화에서는 드문 장면이 아니다. 사실 지구상에 살았던 생물 종의 99%가 "특별한 이슈 없이" 멸종했다는 것을 우리는 알고 있다.[59] 바로 이런 맥락에서 적응으로서 진화를 간주하고, 진화와 진보를 결합시켜 이해하려는 시도는 결국 현재 생존하고 있는 종들을 '적응에 성공한 종들'로 간주함으로써, 현재 존재하고 있는 종들의 고유한 특별성을 부여하고, 그럼으로써 기존의 체제와 특권을 유지하려는 정치적 욕망이 학문의 텍스트 속에 투사되고 있는 셈이다.

그렇다면 우리는 진화를 '진보'가 아니라 '다양성의 증가' 혹은 '다양화" plurification[60]로 말할 수도 있을 것이다. 우리가 진화를 말할 때 통상적으로 인용하는 진화의 모델은 "점진주의자" 모델인데, 작고한 생물학자 굴드 Stephen J. Gould는 이 점진주의적 진화 기술을 "외삽주의" extrapolationism라고 강하게 비판한다.[61] 말하자면 기존의 점진주의적 진화 기술은 종의 단기적이고 국지적 변화들에 근거하여 전체 생명 역사를 추정하는 오류를 범하고 있다는 것이다. 종의 출현은 진화에서 큰 규모의 변화를 가리키는 것인데, 생물학자들은 그것을 언제나 지역적이고 사소한 변화들의 축적된 결과로서 잘못 이해한다는 것이다. 그래서 굴드는 "단속평형설" punctuated eqilibrium을 주장하는데, 이 이론에 따르면 종 분화는 급격하게 일어나는 사건이고, 이 급격한 분화 사건 이후에는 상대적으로 장구한 안정기가 따라온다는 것이다.[62] 이 안정기에는 국지적 변화들이 거대 규모의 변화로 축적적으로 나아갈 수 있는 것이 사실이지만, 적어도 종 분화 사건은 그러한 축적적인 결과로 출현하는 것이 아니라는 것이다. 예를 들어 기후 변화가 일어나고 있는 시기에 특정한 모양의 새 부리에 자연선택의 압박이 가해질 수 있지만, 장구한 시간의 흐름 속에서 보면 그러한 변화들은 결국 "임시적이고 무방향적"일 수밖에 없다.[63] 사실 화석 기록들을 보면 종 분화는 점진적으로 서서히 일어난 사건이 아니라, 급작스럽게 일어난 사건임을 증거하는 기록들이 더 많음을 볼 수 있다. 급작스런 변화로 종 분화가 일어난다는 것은 종 분화가 어떤 환경에 대한 점진적인 적응의 결과가 결코 아니라는 결론을 뒷받침해 준다.

진화란 어느 이상적인 (고정된) 상태에로 적응해 나가는 것이 아니라, "시스템 전체의 변이"로서 "그 무엇으로도 환원될 수 없는 '변이' variation 그 자체" 이다.[64] 굴드에 따르면 우리가 진화를 진보 혹은 발전과 연관시키게 되는 기본적인 원인은 진화를 기본적으로 인간 중심의 관점에서 고찰하기 때문이다. 예를 들어 진화를 설명하는 그림 속에서 무척추 동물로부터 척추동물로의 진화 이후 무척추 동물은 두 번 다시 등장하지 않지만, 진실은 무척추 동물은 그 이후 전혀 멸종당하거나 사라지지 않았다는 것이다.[65] 즉 진화를 바라보는 우리의 시각에는 언제나 인간을 창조의 면류관이나 생명의 정점으로 보려는 "사회적 편견과 심리적 희망이 만들어 낸 망상"이 도사리고 있다는 것이다.[66] 더구나 생명 역사의 초기부터 지금까지 확고하게 자신의 생명을 지속시켜 나가고 있는 박테리아 류의 규모와 역사를 고려한다면, 고등 생명체의 출현을 중심으로 생명의 역사인 진화를 읽어 나가는 것이 얼마나 편협할 수 있는지를 가늠할 수 있다.[67] 전체 생명의 다양성을 생각할 때, 동물 유기체들은 전체 생명의 순환 시스템에서 '부가되는' "사소한 존재"에 불과하다.[68] 생명 진화의 시스템 안에서의 다양성의 증가는 어떤 방향성을 나타내지 않는다. 한쪽 방향으로의 다양성의 증가는 다른 쪽 방향에서의 다양성의 증가를 통해 평균값을 유지한다. 하지만 변화한 어느 한 쪽만을 다루면, 시스템은 마치 어느 한 쪽으로 진화해 나간 듯한 인상을 주기 마련이다. 이것이 바로 진화의 자료들을 다루며 우리들이 저지르는 실수라고 굴드는 말한다. 평균값에 주목하고, 한쪽의 극단적인 변화를 증거로 전체 시스템을 설명하면, 바로 이같은 '방향성'의 오류가 언제나 나타난다. 그래서 굴드는, 진화를 말할 때, 이제 평균값이 아니라 다양한 변수들의 증가에 주목해야 한다고 말한다.[69] 평균값에 주목하면서 고등생물체의 발생에 주목할 때, 진화는 늘 한 집단이 다음 단계의 집단으로 변해 가는 모습으로 등장한다. 하지만 진화란 줄기가 여러 가지 다양한 방향으로 분기해 나가는 "분기 진화" cladogenesis의 모습으로 이해할 때 더 잘 이해된다.[70]

굴드와는 다소 다른 방향에서 리처드 리원틴Richard Lewontin은 한 유기체의 개체 발생ontogeny은 "[유기체가] 운반하는 유전자들과 그 유기체가 일생을 거쳐 살아가는 외부 환경들의 시간적 과정과 개별 세포들 내 분자적 상호작용들의 무작위적 사건 사이의 고유한 상호작용interaction의 귀결"이라고 말한다.[71] 유전자와 환경과 유기체의 분자 차원의 사건들이 상호작용하여 개체를 발생시켜 나가는 것이지, 어느 한 인자가 결정적인 역할을 감당하는 것은 아니라는 말이다. 개체 발생은 환경에 "부수된"(contingent on) 과정으로서 결코 유기체의 유전형만으로 결정되지 않는다.[72] 즉 상호작용의 복잡성을 고려할 때, 유기체의 발달을 상세하고 정확하게 예측하는 일은 불가능하다. 발달 과정, 즉 정확한 표현형의 발현은 "올바른 유전자와 올바른 사회적 환경"의 상호작용의 결과이지만, 우리는 그 "이상적인 '정상' 환경"을 구체적으로 예측할 수 없다.[73] 이러한 관점에서, 발생하는 변이들variations은 "유전적 변이나 환경적 변이의 귀결이 아니라," "발달 소음"developmental noise의 발생으로서 "분자적 상호작용의 수준에서 세포 내 무작위적 사건들의 귀결"이다.[74] 이러한 의미에서 "적응" 개념은 진화에 대한 적합한 묘사가 아니며, 오히려 "구성"construction 개념이 진화를 보다 더 근접하게 묘사한다.[75] 유전자와 환경이 서로 상호작용하는 가운데 분자 수준에서 일어나는 유기체의 상호작용이 해당 유기체의 표현형을 결정하고, 더 나아가 환경과 유전자는 서로에게 변화하는 '환경'으로 작용하고 있어서, 발달 과정은 끊임없이 상호작용의 섭동으로 이루어진다. 유기체와 환경 간의 상호작용은 먼저 유기체가 환경을 자신의 시각으로 구성construct하는 과정으로 시작된다.[76] 외부적·객관적 환경이 그곳에서 살아가는 모든 유기체들에게 동일할 것이라는 착각을 하지만, 동일한 시공간 환경을 박쥐와 인간이 접할 때, 그 두 유기체가 느끼는 외부 환경은 극단적으로 다르다. 그렇기에 외부 환경은 "객관적 실재"로 주어지기보다는 유기체가 외적 환경을 인식하는 구조에 의해 구성된다고 리원틴은 보는 것이다. 이 과정에서 단지 외부 환경을 자신의 구조로 구성하는 것뿐만이 아니라, 외부 환경을 지속적으로 변경alter시켜 나간다. 왜냐하면 그 동일한 환경을 살아가는 다른 종들과 서로 경쟁하며, 서로 어울리며, 환경은 계속 변화무쌍한 모습들을 보여 주기 때문이다. 따라서 해당 유기체도 이 변화 과정에 동참하고 있으며, 적극적으로 자신의 생존과 삶을 위해 환경을 개선해 나가려는 노력을 경주하게 된다. 그래서 리원틴은 "유기체들이 변화하고 있기 때문에 세계도 변하고 있다"고 말한다.[77]

유기체의 의한 환경의 구성은 결국 유기체의 변환transduction의 결과이고, 이는 곧 생물 유기체의 내적 구조, 즉 유전자 구조에 기반을 두고 있다.[78] 하지만 유기체의 발생을 귀결하는 이 인자들은 상호작용을 통하여 작동하고 있기 때문에 유전자가 "결정적"decisive이라고 말하는 것은 다소 빈약한 이해를 반영한다. 예를 들어 단백질 구조를 결정하는 정보의 전부가 유전자 안에 저장되는 것은 아니다. 폴리펩타이드 사슬이 단백질의 3차원 구조로 접혀들어 갈 때, 이 구조적 접히기에 대한 정보가 폴리펩타이드 사슬을 구성하는 아미노산에 의해 상술되는 것은 아니기 때문이다. "세포가 정상적이지 못할 경우, 인간 유전자를 액체 배양기에서 성장하고 있는 미생물들에 집어 넣어둘 경우," 단백질의 접히는 구조는 다른 결과를 낳는다.[79] 왜냐하면 정확한 구조의 형성은 정확한 접힘을 가능케 하는 환경적 매개자들을 정확하게 요구하기 때문이다. 이 상호작용의 구조는 "상호 관계들"reciprocal relations에 놓여 있는 것이어서, 한 유기체는 전적으로 유전자에 암호화되어 있는 것은 아니지만, "역설적으로, 유기체의 활동들이 환경을 구성construct하기 때문에 환경은 유기체의 유전자들 속에 부호화되어 있다".[80] 이는 곧 유기체와 환경의 "상호-진화"co-evolution를 의미한다.[81] 결국 진화란 '적응'이 아니라 창조적 구성construction이고, 그 창조적 구성 작용이 유기체와 환경과 유전자의 삼중진화triple helix[82]를 이루며 창조적으로 나아가게 만든다고 볼 수 있다.

진화를 단순히 임의적이고 무작위적인 과정들의 무심한 흐름이 아니라,

무언가를 창조해 내고 구성해 내는 과정으로 바라본다면, 진화는 분명 신학적으로 대단히 근접한 개념이다. 진화를 창조적 과정으로 보기를 거절한 데에는 나름대로 역사적·신학적인 이유가 있었다. 하지만 그러한 대립은 과학과 종교 사이의 올바른 관계를 정립하는 길이 아니다. 진화는 무의미하고 무목적적인 물질 세계를 기술하는 한편, 종교는 혹은 신학은 우주의 의미와 목적을 부여하는 길이라고 대립과 갈등을 우회하는 전략을 상정할 수 있다. 그러나 신학은 과학이 말하지 못하는 것을 말한다는 것은 신학은 과학이 말하는 것에 대하여 침묵해야 한다는 (받아들이기 어려운) 입장을 수반함을 잊어서는 안된다. 서로 다른 영역에서 서로 다른 일을 하고 있으니, 간여하지 말자는 것은 결국 우주와 자연과 삶에 대한 보다 포괄적이고 창조적인 해석을 포기하는 것과 같다. 서로 다른 사실들을 비추고 있으니, 양자 간의 종합적 사유는 애초부터 불가능하기 때문이다. 이러한 이원론적 우회 전략은 굴드가 제시한 NOMA(non-overlapping magisteria) 개념으로 유명한데, 굴드는 그의 책 『Rock of Ages』에서 "종교와 과학 간의 잠정적인 갈등에 대해 은혜스러울 만큼 간단하고 전적으로 편리한 해결책"이라 일컬어진다.[83]

교도권, 즉 magisterium이란 "한 분야의 가르침이 의미 있는 담론과 해법을 위한 적합한 도구를 사용할 수 있는 영역"을 가리킨다. NOMA란 종교와 과학의 교도권이 중첩되지 않는다는 것을 가리킨다. 이렇게 굴드가 제시한 해법과는 달리 본고는 종교와 과학이 동일한 방향을 다른 방식으로 가리키는 길들임을 보일 것이다. 다시 말해 진화론에 대한 재해석, 즉 진화의 우연성을 무작위성이나 임의성에 초점을 두지 않고 그것이 동반하는 창조성에 중점을 두고 바라볼 경우, 인문학, 특히 철학과 신학 분야에서 말하는 창조성과 매우 근접한 개념이 될 수 있음을 보여주고자 한다.

4. 창조성과 사건을 도래하는 진리 : 화이트헤드와 바디우[84]

진화론을 신학적 창조론과 접목시켜 나가는 작업은 약간의 무리수를 감행하는 작업이다. 왜냐하면 진화론의 근본적 전제는 결국 '신을 배제한 이론적 추론'일 수밖에 없기 때문이다. 만일 모든 것이 신의 의지와 행위의 결과라면, 우리가 그 어떤 것을 이론적으로 구성할 이유가 없다. 그저 신의 의지를 바라며 기도하면 되지 않을까? 그리고 신이 원해서 한 일인데, 거기에 무슨 이유와 근거를 알 수 있으며, 그리고 그렇다면 이론을 통해 그 어떤 미래적 예측을 하는 것도 무의미할 것이다. 신이 어떤 변덕을 부릴지 어떻게 알겠는가? 따라서 생명의 과정을 '진화 이론'을 통해 구성한다는 것은 애초부터 '신을 배제한' 상태에서 이론적 예측을 위한 구성이다. 이는 곧 진화론적 관점은 근원적으로 신학적 창조론과 충돌할 수밖에 없는 태생적 이유를 갖고 있음을 의미한다. 그런 의미에서 진화론과 창조론을 하나의 이론으로 접목시킨다는 것은 무의미할 수도 있다는 말이다. 왜냐하면 그 두 가지는 어떤 하나의 사태를 바라보는 두 개의 상반된 관점처럼 보이기 때문이다. 그런데 이러한 상황은 결코 우리에게 건강한 상황을 만들어 주지 않았음을 우리는 창조 대 진화 담론의 구도에서 발견하게 된다. 과학과 종교가 서로를 적대적으로 바라보며, 서로를 비난하며 서로의 결함을 찾으려는 시도들은 무모하기도 하지만, 불필요한 에너지의 소비이기도 하다. 진화론과 창조론의 접점을 찾으려는 시도는 두 이론들과 관점들을 아우르는 또 하나의 거대한 메타-담론을 추구하려는 것이 아니다. 오히려 그 두 담론이 지향하는 근원적 불일치와 차이들 "사이"에서 그 두 관점에 양 발을 걸치며 삶을 살아 내야 하는 우리가 그 차이와 긴장을 통해 우리 삶을 예인하는, 그러나 스스로의 모습을 직접적으로 드러내지는 않는 근원적 실재

-이를 그분이라 하든 그것이라 하든 간에-에 더 가까이 다가가 살 수 있는 방향성을 잃지 않기 위함이다. 이는 곧 진리를 향한 우리 삶의 지향성을 상실하지 않으려는 균형 잡기의 노력이다.

본고에서 진화론과 창조론의 접목을 시도하는 접점은 바로 '우연성'이다. 진화론에서 말하는 우연은 일종의 무작위성randomness으로서 어떤 고의적인 설계의 행위나 원인이 없다는 말이다. 반면 신학에서 우연성에 가장 가까운 개념은 '창조성creativity'인데, 의도치 않았던 새로운 것이 다음 사건 계기에서 출현한다는 의미에서 그렇다. 하지만 이 창조성은 '무작위성' 개념과는 근원적으로 다른데, 무작위성은 애초 설계도 의도도 혹은 다음 계기를 의도적으로 예인해 갈 그 어떤 것도 부재하다는 것을 가리키는 반면, 창조성은 새로운 창조적인 어떤 것의 출현을 위한 노력이나 준비를 부인하지는 않기 때문이다. 더 나아가 창조성 개념은 '신' 개념을 거절하지 않는다는 점에서 진화론의 '우연' 개념과 근본적으로 태생을 달리한다. 이러한 차이점들에도 불구하고, '창조성'은 진화론의 우연 개념과 또 다른 관점에서 접점을 갖고 있는데, 그것은 바로 창조적 새로움은 의도하고 계획된 결과를 가리키지 않는다는 점에서 그 자체로 우연성의 요인들을 담고 있다는 사실이다. 이 우연성이 바로 무작위적 우연과의 접점이다. 이는 진화론의 무작위적 우연이 철학의 창조적 우연과 등가라는 것을 말하려는 것이 아니라, 동일한 사태의 두 측면을 기술하는 다른 방식일 수도 있음을 보여 준다. 그리고 이 두 관점들 사이의 차이가 오히려 우리가 사태 그 자체의 관점으로 볼 수 없는 어떤 것을 간접적으로 드러낼 수 있다는 것이 본고의 논점이다. 결국 사물의 사태란 우리가 직접적으로 경험하는 것의 경계 안에서 온전히 다 이루어지는 일은 아닐 것이다. 우리가 자연을 바라볼 수 있는 범위가 생물학적으로 이미 제약되어 있기 때문이다. 동일한 생태 공간을 더불어 살아간다 하더라도, 서로 다른 두 생물 종들은 그 동일 시공간을 서로 다르게 인식할 수밖에 없는 법이다. 그것은 두 세계가 아니라, 두 종들이 그 세계를 경험하는 방식들이 다르기 때문이다.

철학적 관점에서 조명하는 '우연성' 개념은 특별히 화이트헤드의 창조성과 바디우의 우연으로서의 진리 개념에 잘 드러나는데, 이 두 학자들은 사태를 바라보는 독특성을 공유한다. 즉 기존 사실들과 체계들이 조명하지 못하는 자리를 찾아내어, 그곳으로부터 기존 사유의 전복의 거점을 확보한다. 화이트헤드에겐 그것이 "환원 불가능한 완고한 사실"이었고, 바디우에게는 바로 "공백으로서의 존재를 드러내는 진리 사건"이다. 완고한 사실과 진리 사건이 기존의 체계 관점으로는 당연한 것이나 필연적인 것의 도래가 아니라는 점에서 이것은 늘 "불법적"illegal인 것으로 간주된다.[85] 하지만 기존의 관점이 불법적이고 우연한 것으로 간주하는 지점으로부터 도래하는 것이 우리에게 기존 상황의 논리가 감추고 있었던 진리를 드러낸다는 점에서, 그 우연적이고 불법적인 지점은 진리의 지점이 된다. 이 진리의 우연발생 지점을 진화론의 우연발생과 더불어 같이 읽을 수 있는 가능성이 있다고 필자는 생각한다.

1) 궁극적 우연으로서 창조성 : 화이트헤드

화이트헤드에게 "궁극적인 것"the ultimate이란 곧 "그의 우연들 때문에 현실적"인 것으로서, 역으로 현실성이란 이 우연들이 탈각되면 성립되지 않는다.[86] 여기서 우연이란 우연발생하는 것을 가리키는 것으로서, 현실은 바로 이 우연발생하는 것으로 인해 그 현실성을 유지해 나아간다는 것이다. 기존 계기들의 관점들을 넘어서는 어떤 것이 도래하지 않는다면 기존의 것들은 이미 과거의 것이고, 과거의 것이란 이미 지나간 것, 그래서 지금 현 시점에서는 존재하지 않는 것, 즉 멸망한 것이다. 끊임없이 비존재로 쇠멸해 가는 과정은 새로운 어떤 것이 우연발생을 통해 현재로 진입하지 않는다면, 엔트로피 제2법칙이 말하듯, 고요하고 정적인 죽음의 침묵 속으로 잠겨 들어갈 수밖에 없다. 그래서 현재는 언제나 기존의 것들로부터 유래하지 않은 어떤 새로운 것의 진입을 통해 유지되며, 이는 기존의 관점으로부터 보자면 예측하거나 예정되어 있지 않던 어떤 새로운 것의 등장을 말한다. 이러한 새로움의 등장은 과거 계기들에 대한 현실 계기의 주체적 파악으로부터 시작된다. 과거 계기들로부터 유래하는 기존의 상황은 현재 계기의 주체적 파악이 없다면 존재하지 않는 것, 즉 비존재인 것이다. 그것을 존재케 하는 것은 현존재의 파악이다. 이 현존재의 파악 속에는 과거 계기들 속에 담겨 있지 않은 새로운 어떤 것의 진입이 있는데, 그것은 주체성의 형식으로 나타난다. 현존재의 파악을 이끌어가는 이 주체성은 곧 신의 시초적 본성으로부터 유래하는 주체적 목적으로서, 결국 신 혹은 하느님은 곧 이 우연의 근원이 된다. 이 주체적 목적의 '개입'으로 실재 세계 안으로 새로움novelty이 도입되고, 그를 통해 세상은 '나아간다' 이 '나아감'이 화이트헤드에게는 궁극적이며, 엄연하며, 환원불가능한 사실이다. 신의 본성으로부터 유래하는 이 주체적 목적 혹은 주체성은 기존하는 과거 계기들의 관점에서 보면, 자신들의 관점을 능가하는 어떤 새롭고 우연적인 것의 침입이다. 그런데 이 새롭고 우연적인 주체의 형식이 현재의 계기를 주도적으로 이끌어 나간다면, 결국 현실 계기는 '기존의 관점이 우연이라 말하는 것'이 주도하는 계기가 된다. 따라서 현재 실재란, 기존 관점으로부터 보자면, 결국 우연에 기반한 것이다. 근원적으로 우연이란 "창조성"이고, 신, 즉 하나님은 그 창조성의 "시원적이고 비시간적인 우연" primordial, non-temporal accident이다.[87] 물론 우연으로서 창조성은 그 우연이 창조성의 계기로 나아가지 못하고, 악마적인 계기로 돌변할 수 있는 위험성을 수반한다. 세계의 창조적 나아감creative advance이 그렇게 악마적 계기로 나아가지 않도록 현실 계기들을 설득으로 유인하는 역할을 감당하는 하느님[88]의 역할이 그래서 중요하다. 그 신으로부터 부여되는 주체적 목적은 전적으로 신의 의지에 근거한 폭력적 부과가 아니라 "세계의 유기적 현실체들의 복합 성질들이 신적 본성 속에서 적합한 표상representation을 획득하는 방식"에 근거하여 신의 귀결적 본성으로부터 시초 본성으로 소통된 내용, 즉 현실 계기들이 신의 귀결적 본성에 남긴 영향력에 근거하여 부여된다.[89] 따라서 매순간 현실 계기들의 선택들이 신의 귀결적 본성에 영향을 미쳐, 다시 신의 시초 본성을 통해 주체적 목적의 형식으로 이후 계기들을 예인해 가는 힘이 된다. 그러나 이러한 순환적 과정은 단순히 기존의 것들을 반복하는 과정이 아니라, 신과 세계가 소통하는 과정을 통해 서로가 예측하지 못했던 새로움들을 현실 계기들에 더해 간다. 이런 맥락에서 화이트헤드의 하느님은 현실적 계기들에게 "궁극적 한정성" the ultimate limitation이고, 그의 존재는 또한 "궁극적 불합리성" the ultimate irrationality이 된다(Whitehead 1953, 178).[90] 현실 계기의 주체적 목적이 신의 시초적 본성으로부터 유래하기 때문에 그 신은 '궁극적 한정성'이 되고, 기존 계기들이 합리적으로 추론하고 예측하고 계산하고 준비하는 범위를 넘어서 새로운 어떤 것을 주체적 목적이 도입하기 때문에 기존 계기들의 관점에서는 불-합리한ir-rational 어떤 것으로 신은 다가온다. 바로 이런 의미에서 하느님은 현실적 계기들에게 불합리irrational하다.[91]

화이트헤드에게 결국 실재란 우연성 혹은 창조적 우연에 기반한다. 그것은 신의 본성이 담지한 우연성만을 가리키는 것이 아니다. 현실을 살아가는 모든 현실 계기들에게 동등하게 적용되는 진리이다. 현실 계기들의 삶은 적어도 인간적 삶의 차원에서 "일종의 비밀스럽고 상상적인 배경 색조"를 띠고 있지만, 그 계기들의 추론 과정에는 결코 명시적으로 드러나지 않는다.[92] 이 배경적 색조는 우리가 세계를 바라보는 기본 정서를 반영한다. 그것은 곧 우리가 살아가는 세계의 기존 견해와 관점들을 반영하는 것이다. 그렇기 때문에 이는 현실 계기들의 기존the existing을 구성하고 있고, 그렇기에 이 기존은 당대 이론들과 체계들의 근원적 가정 속에 담겨 있지만, 너무나 당연히 받아들여지고 있는 것이라서 결코, 의식적으로나 무의식적으로나, 인지되지 않는다.[93] 현실적 계기가 창조적 나아감을 온전히 달성하기 위해서는 바로 이 너무도 당연한 관점들과 체계들을 넘어가야 하는데, 그러한 넘어감을 가능케 하는 새로운 관점들과 견해들은 당대에 언제나 "어느 정도 우둔함"a certain aspect of foolishness으로 여겨진다.[94] 이는 현실 계기들이 담지하고 있는 기존the existing의 관성이 담지한 힘을 나타낸다. 새로움은 그렇게 기존의 것과 날카로운 대조 속에 등장한다. 이는 그 새로움은 언제나 기존의 것이 담지한 허점과 위선과 약점을 가리키며 등장한다는 것을 의미하고, 그래서 기존 체계는 언제나 그 새로움을 기존의 것들로 다스리고 길들이고 교화시키려는 관성을 갖기 마련이다.

화이트헤드에게 철학은 바로 그 기존 체계의 힘에 안주하는 것이 아니라, 기존의 관성을 거스를 수 있는 새로움을 주목하는 것이고, 그것을 화이트헤드는 "환원 불가능한 완고한 사실"[95]이라고 말한다. 말하자면, 기존 담론이 담지하고 있는 전제들이 미처 조명하지 못하는 엄연한 사실이 있다면, 이제 그것은 우둔한 사실이 아니라, 바로 기존 체계의 허점과 위선을 밝히는 사실이 되며, 바로 그 엄연한 사실을 주목하는 일이 철학의 주요 작업이라는 것이다. 세계는 이 "환원 불가능한 완고한 사실들" irreducible and stubborn facts과 일반 원리들general principles 간의 관계에 대한 "격렬하고 열정적인 관심" 그리고 그들 간의 "연합"union이 시대마다 새로움novelty을 형성해 나가는 곳이라고 그는 말한다.[96] 우리가 구축하고 있는 일반 원리들은 우리의 경험들에 근거한 "실패와 성공의 복합체"[97]로서, 우리가 세상을 바라보는데 많은 유익을 제공하는 것이 사실이지만, 그것이 시간의 흐름에 따라 지속적으로 변화하고 있는 세계와 더불어 소통할 수 있는 능력을 상실하게 되면 일반 원리의 보편성은 모든 차이와 새로움들을 억압하는 폭력으로 변질된다. 따라서 환원 불가능하고 완고한 사실들이란 기존의 사유 체계를 통해 제시되는 일반 원리들의 보편성에 굽히지 않는 완고한 사실들을 가리킨다. 이 완고한 사실은 곧 기존의 우리 사유 체계와 '보편 원리' 간의 틈새를 벌려 놓으면서, 우리의 사유 체계가 우주적 보편 원리에 새롭게 적응하도록 만드는 자극stimulus이다. 사유는 늘 그 완고한 사실들을 보편 원리로 봉합한다. 이 봉합이 우리 사유에 균형을 허락하며, 그것은 곧 우리의 삶이 유연하게 흘러가도록 하는 "소금"salt이다.[98] 새롭게 도래하는 환원 불가능한 사실들을 일반 원리의 "보편성"universality으로 봉합하는 것, 바로 그것이 근대 정신이 인류 문명에 남겨 놓은 족적이다.[99] 그것을 한마디로 엮으면 곧 "자연 질서"Order of Nature에 대한 확신이다.[100] 완고한 사실의 구체성과 전체를 아우르는 보편성의 이 이중성은 시대를 새롭게 하는 소금이다. 즉 환원불가의 구체성은 보편성을 비집고 나가기를 도모하고, 전체를 아우르려는 보편성은 언제나 그렇게 삐져 나가려는tangential 구체성들을 자신 안으로 품기 원한다. 그리고 이 과정은 과학적 이론의 수립을 통해 중단되지 않는다. 왜냐하면 거기에는 언제나 이론에 포함되지 않는 요소들, 그래서 단지 주어진 것으로 기술될 수 없는 것(들)이 "법 위에" 존재하고, 이 요소들은 언제나 "불합리한"surd or irrational 것으로 간주되지만, 바로 이 불합리한 요소들이 기존의 이론이 담지한 한계를 바라볼 수 있도록 해 주기 때문

이다.[101]

따라서 완고한 사실들을 고집하는 것은 언제나 "이성에 호소하는 반란"이 아니라, 오히려 "반지성적" anti-intellectual 반란일 수밖에 없다.[102] 기존 지식 담론의 체계로는 그것은 그저 "완고하고 굽힐 줄 모르는" 고집/불통에 불과하기 때문이다. 즉 기존 지식 담론과 '소통하지' 못하는 것이다. 그렇게 불통의 구체적 사실들을 붙들고 시작한 근대 과학은 그럼에도 불구하고, 보편성을 등진 것이 아니라, 기존 지식 담론에 저항적이었지, 사유의 보편성 자체를 포기한 것은 아니었다. 이 보편성은 "명확하고 정연한 시스템" a definite articulated system을 통해 구체적으로 작동한다는 믿음을 동반한다.[103] 서구 사상 속에서 이 보편성에 대한 믿음은 곧 "하나님의 합리성에 대한 중세적 고집"으로부터 유래한다.[104] 바로 이 점에서 중세 신학과 근대 과학은 연속성을 갖는다. 완고한 사실에 대한 고집은 올바른 이성의 사용과 병행되지 않으면, 단순한 회의론으로 귀결되고 만다. 그것을 방지할 수 있는 힘, 즉 "방법론적 사유의 다양한 추상들"을 조화롭게 엮어 갈 수 있는 능력이 필요하고, 바로 그것이 철학의 역할이다.[105] 결국 "이성에 대한 신앙 faith in reason"은 곧 "사물들의 궁극적 본성들을 조화롭게 한데 엮는 신뢰"이며, 이를 통해 우리는 독단을 배제해 나갈 수 있다.[106] 그러나 여기서 그 이성의 힘은 추상적 도식을 통해서 발휘되는 것이 아니라, 추상적일 수밖에 없는 일반 사유 구조들을 삐져 나가는 '완고하고 환원 불가한 구체적인 사실들'을 통해 보편 원리를 늘 새롭게 해석해 나가는 데 놓여 있음을 잊어서는 안 된다. 이 완고한 사실들의 굽히지 않는 고집은 매 시대가 담지한 "무의식적 가정들"을 돌파해 나가는 원동력이기 때문이다.[107]

이 새로움을 배태시키는 창조성이란 무엇인가? 이 물음은 화이트헤드의 유기체 철학을 탐구하는 이들에게 늘 궁금한 물음이다. 창조성은 '신' 혹은 '하느님'과 등가되지 않는다는 견해가 많은 철학자들에게 호소력을 담지한다면, 로버트 네빌Robert C. Neville 같은 신학자는 결코 창조성을 하나님과 분리하여 생각하지 않는다. 그래서 네빌에게 창조주 하나님이란 신학적 명제는 하나님이 세상의 그 모든 우연을 창조해 내는 분이시라는 것이 중요하지만, 적어도 화이트헤드의 철학 속에선 '우연'은 신조차도 조작할 수 없는 순수한 새로움novelty이다. 신은 이 우연들의 개입들을 선한 쪽으로 유인하는 유혹자이지만, 그러나 우연의 흐름을 조작하거나 주도하지는 않는다. 그렇다면 화이트헤드에게 창조성이란 곧 우연적 발생이 나아가야 할 방향성을 예인하는 신의 유혹적인 손길을 이름하는 것이다. 그 우연적 발생들이 악마적이고 파괴적인 힘으로 변질되지 않도록 하는 손길 말이다. 그는 그렇게 선한 방향으로 현실 계기들을 이끌어 가려고 노력할 뿐, 우연을 자신의 의지와 능력으로 만들어 내거나 조작해 내지 않는다. 이런 점에서 화이트헤드의 창조성은 진화론의 우연 개념과 나름대로의 접점을 갖는다. 특별히 리원틴의 구성construction으로서의 자연선택 과정은 언제나 새로움을 창출해 내는 과정으로 볼 수 있고, 그리고 화이트헤드의 창조성은 언제나 신과 세계의 상호작용을 통해 창출되는 새로운 주체적 목적의 형성이라는 점에서 매우 근접한 개념들이다. 세상 혹은 실재란 결국 '나아감'advancement이고, 그 나아감은 '우연'적이라는 것이 중요한 것이 아니라, "창조적"이라는 사실을 인식하는 것이 매우 중요하다는 것이다. 과학 이론 특별히 진화 이론이 '우연적 기원'을 가정할 수밖에 없는 근원적 이유는 '신이라는 설명 인자'를 이론 속에 끼워 넣을 수 없기 때문에 혹은 끼워 넣어서는 안 되기 때문이다. 화이트헤드에 따르면, 그 우연으로 여겨지는 자연선택의 과정들은 세계를 새로움으로 이끌어가는 창조성의 구현으로서 볼 수 있고, 그 창조성이 조화와 평화로 나아가도록 우리의 삶의 이상을 끊임없이 제시해 주고 우리로 하여금 그의 실현을 위해 행동하도록 촉구하는 하느님이 계시다는 사실은 진화론이 말할 수 없지만, 그러나 우리 삶의 과정들을 위해 반드시 말해져야만 하는 것을 언어로 옮겨 주고 있다는 점에서 화이트헤드의 '창조성'은 진화론과 더불어 같이 조명되어야 할 충분한 이유를 갖는다.

2) 바디우의 우연으로서의 진리

철학자 바디우Alain Badiou는 노골적으로 철학이 추구하는 진리는 '우연'이라고 선포한다. 그리고 철학은 진리를 생산하지 않고, 진리 공정들truth procedures이 생산해 내는 진리들truths을 주체의 방식으로 연산하는 일에 스스로를 한정시킨다고 말하는 점에서 바디우는, 전통 철학의 관점에서, 반철학자anti-philosopher에 스스로를 귀속시킨다. 그리고 철학이 지향하는 진리를 '필연'이나 '일자'의 범주들에 귀속시키지 않은 채, 진리를 다수로 열어 놓는다. 그 다양한 진리들 속에서 주체가 진리를 향한 실천의 동력을 얻게 되는 것은 그 어떤 객관적인 증거나 보증이 있기 때문이 아니라, 오로지 주체 자신의 내적인 확신confidence을 통해서이다. 나의 진리를 향한 도박을 가능케 하는 힘, 그것을 바디우는 '촉성' forcing이라 불렀다. 이러한 바디우의 진리와 주체 이해는 얼핏 진화론적 맥락과 관계없는 듯해 보이지만, 자연선택의 과정을 살아가는 각 개별 유기체의 주체의 관점으로 자연선택을 조망하게 되면, 각 유기체에게 진리란 혹은 실재란 혹은 자연 과정이란 그렇게 우연으로서의 진리로 다가오게 된다는 것을 알게 된다. 화이트헤드가 진리의 우연성을 우주론적인 관점에서 장구하게 기술하고 있다면, 바디우에게는 그러한 객관적 입장의 흉내라도 내 볼 거점이 존재하지 않는다. 하지만 바디우는 그것을 오로지 주체의 관점에 의거하여 기술하면서, 진리의 '우연성'이 각 주체에게 왜 목숨을 건 '도박'처럼 혹은 운명을 건 도박처럼 이루어질 수밖에 없는지를 잘 기술해 주고 있다. 그 과정에서 왜 진리가, 주체가 처한 여러 가지 정황들을 통해 예측하거나 계산할 수 없는 영역에서 도래하고, 왜 그것이 결정 불가능성으로 도래하는지를 잘 설명해 준다. 따라서 진리란 우리에게 기존 상황이 당연시하는 것을 확증하거나 보증하는 과정이 아니라 오히려 기존 상황의 체계 지식들을 무너뜨리고 구멍 내는 과정으로 다가온다는 것, 그래서 그렇게 구멍난 체계를 다시 세우기 위해 주체는 진리라는 새로운 변수를 연산에 대입하여 등식을 성립시키려는 이율배반적이고 모순적인 동기를 그 자체 안에 담고 있고 그래서 그의 사랑은 언제나 '둘의 형식'이라는 것을 밝혀 주었다. 리원틴의 '구성' construction을 인간 유기체의 주체의 관점에서 기술한다고 본다면, 바디우의 우연으로서의 진리 기술은 진화론과 접점을 갖고 있고, 그 접점은 결국 우연성을 진리로 보는 것이다.

바디우에게 진리란 기존 상황의 백과사전식 앎의 체계로는 포착할 수 없는 것이다. 그래서 진리란 늘 상황을 빠져나가는 것으로서만 포착 가능하다. 진리가 이렇게 지식의 체계 안에서 포착되지 않고, 그 체계를 빠져나가는 것으로 간주될 때, 철학은 진리를 생산하지 못한다. 왜냐하면 진리는, 이 바디우의 관점에서 보자면, 전혀 생산되는 어떤 것이 아니기 때문이다. 이제 철학은 "진리들을 전제하고, 의미와의 분리의 고유한 체제에 따라, 빠져나옴의 방식으로, 진리들을 분배"하는 역할을 감당해야 한다.[108] 이러한 의미에서 바디우는 반철학적이다. 진리 생산의 주체의 자리를 철학으로부터 탈각시켰기 때문이다. 철학은 진리 공정들(과학[수학], 예술[시], 정치[해방의 정치], 사랑)에서 생산된 진리들을 주체의 방식으로 연산한다. 이는 곧 철학으로부터 존재론을 빠뜨리는 것을 의미하는 동시에 진리는 여러 다수의 공정들을 통하여 생산되는 다수multiple라는 것을 의미한다. 그래서 철학이란 "단지 여러 공정을 갖는 진리들이 그것들을 식별해 주는 단수적 진리성을 통해 말해지는 언어 상황에 불과한 것"이 된다.[109] 말하자면, 실재의 수준에서 진리는 다수이지만, 주체의 수준에서 진리는 하나인 것처럼 말해진다는 것이다. 그것은 곧 진리는 주체에게 '하나' one로 다가오는 것이 아니라, 주체와의 만남을 통해 '특이성' singularity으로 확보된다는 것을 의미한다. 복수의 진리가 주체의 연산을 통하여 '특정한' 진리로 선포되는 것, 그것을 바디우는 주체의 촉성forcing이라 이름하는데, 이는 주체가 선포하는 진리는 이제 '말해지는 진리'로서 주체의 상황 속에서 고유의 특이성을 확보하는 진리와 그 주체의 선포가 언어를 통해 도저히 담아낼 수 없는, 그래서 말해지지 않는 진리의 측면이 동시적으로 존재한다는 것을 의미한다. 그래서 바디우는 진리는 주체를 통하여 '반만 말해진다'고 하였다.[110] 주체의 차원에서는 '반the half'이 말해질 수 있지만, 기존 담론 체계의 관점에서 진리는 체계 밖의 자리로 빠져나가 있다. 따라서 바디우가 진리를 말하는 전략은 기존 담론이 차지하고 있는 자리를 빠져나가, 기존 체계 속에서 빠져 있는 자리를 거점으로 삼아, 진리를 새롭게 구축하는 전략이다. 철학은 이제 주체의 자리에서 (기존) 상황이 공백으로 간주하는 진리를 호명하는 위치에 선다. 진리를 생산하지 않고, 생산된 상황의 진리들을 연산하는 자리에 선다는 것은 결코 철학의 작업을 격하시키는 것만은 아니다. 왜냐하면 존재는 바로 그 호명으로서 존재하기 때문이다.

   진리의 다수성은 사실 존재의 다수성에 기인한다. 바디우에게 존재란 다수multiple이고, 그 다수는 다수로서 무한하다. 그리고 "이 무한한 다수들이 제시하는 것 또한 무한한 다수들"이다.[111] 존재가 호명으로 존재한다면,

불릴 수 있는 이름은 무한히 다양할 수 있다. 그 다양한 이름들은 호명하는 존재에 대하여 반만 말한다. 각기 다른 방식으로 말이다. 그래서 존재는 무한한 다수로 존재한다. 이 무한한 다수들의 중심에는 다름 아닌 공백the void 이 자리 잡고 있다. 여기서 공백은 텅 비었다는 의미의 공백이 아니라, 다수를 셈하는 우리의 방식, 즉 각 다수로서 존재를 '하나'로 셈하여 개체 삼는 우리의 방식에 존재의 근원적 다수성은 계산되지 않는다는 점에서 '공백'을 말한다.[112] 각각의 호명은 그 존재를 가장 충실하게 나름의 방식으로 불러 세우지만, 그러나 존재론적으로 한 존재를 그 존재에 충실하게 명명할 수 있는 길은 존재하지 않는다. 굳이 칸트를 들먹이지 않더라도, 언어는 실재로부터의 추상(抽象 abstraction)이고, 그렇기에 실재의 관점으로부터 보자면 언어란 실재의 특정 측면에 대한 과장일 수밖에 없다. 결국 한 존재를 향한 무수한 호명 속에는 공허함이 자리 잡는다. 그 공허는 '존재의 다수성을 셈하는 우리의 추상적 방식이 담지한 공허'이다. 이때 바디우는 이 공허한 다수적 존재를 떠받치기 위해, 화이트헤드의 귀결적 본성과 같은, 초월의 자리를 모색하지 않는다. 오히려 그 어떤 초월에도 반대한다. 오히려 주체의 호명을 통해 진리는 철저히 내재적이다. 하지만 그 내재된 진리는 역설적으로 (상황으로부터) 공백the void 혹은 비존재로 간주된다. 우리가 상황을 셈하고 다수의 존재를 셈하는 방식을 벗어나 있는 그 어떤 것도 존재로 간주될 수 없기 때문이다. 그래서 진리는 빠져나옴subtraction을 통해서 우리에게 도래하고, 그 진리는 기존 상황에 늘 잉여적이고, 가외적인 것이 된다. 하지만 그렇게 잉여적인 것이기 때문에 기존 상황에 항상 어떤 새로움을 더해 준다. 그 새로움이 있어 삶은 나아가는 것이지만, 상황의 관점에서 보자면, 그 새로움이 있어 언제나 상황의 체제는 위험에 처하기 마련이다. 따라서 상황의 체재는 언제나 이 새로운 것, 즉 상황의 통제로부터 빠져 나오는 것을 억압해야 할 충분한 정권의 논리를 확보하는 셈이다. 그래서 바디우는 진리의 행위를 "빠져나옴의 광기"[113]라고 말한다. 체제가 보편이라는 명분으로 자신의 권력기제를 일반화하는 손길의 바깥으로 빠져나가는 행위이기 때문이다. 그래서 진리는 상황의 지식 체계로부터 "거의 말해지지 않고, 게다가 아예 말해지지" 않는다.[114] 공백은 그 체계의 관점으로부터는 말해질 수 없기 때문이다. 하지만 말해질 수 없다는 것이 현시되지 않는다는 말은 아니다. 공백의 진리는 현시present되지만, 그러나 재현represent되지는 않는다.

현시되지만 재현되지는 않는 진리, 그 진리의 도래는 무언가의 도래, 즉 사건으로부터 시작한다. 체제의 논리가 계획하고 예측하고 대비한 것이 아닌 어떤 것의 도래이기 때문에 사건이다. 그 도래는 기존의 체계에 우연적인 순수한 덧붙임으로서 "계산 불가능하고 교란적인 부가附加"를 의미하는데, 이 "우연적인 덧붙임이 반복을 중단시킴에 따라 하나의 진리가 그 새로움 속에서 생겨난다".[115] 따라서 우연적인 진리의 도래는 체계에 새로움을 더해 줌으로써, 상황의 체제가 새롭게 그의 보편성을 세워 나가야 할 이유를 제공한다. 하지만 이 새로움은 기존의 시각에서 어떤 알 수 없는 것의 "분출"로 여겨지는데, 이 분출은 사건의 "결정 불가능한" 면을 나타낸다.[116] 이 결정 불가능성을 내재하면서, 사건은 "나타나자마자 사라져" 버리며, 그래서 "단지 덧붙임의 섬광"처럼 지나가며, 사건의 경험이란 곧 "그 사라짐의 경험"이 된다.[117] 그렇다면 진리는 그렇게 사건을 통한 그 사라짐에 대한 경험이 되고, 진리의 공정들(과학[수학], 예술[시], 정치[해방의 정치], 사랑[둘의 사랑])은 진리를 바로 빠져나옴의 과정을 통하여 드러내며, 주체는 이 진리의 빠져나오는 과정을 연산한다. 이때 이렇게 사라져 가는 진리를 붙잡을 수 있는 유일한 방법은 바로 진리를 "촉구하는 것" 즉 "촉성"forcing이다.[118]

이상의 맥락에서 진리 주장은 일종의 "내기"와 같다.[119] 그리고 그 결정은 내기처럼 근거가 없다. 오로지 "하나의 공리公理"일 뿐이다.[120] 그 결정 이후 주체의 개입은 "상황 속에서의 공리의 귀결에 대한 조사"의 무한한 과정인데, 어떤 확고한 법칙을 통해 주도해 나갈 수 없기 때문에 그 조사는 "우연한, 또는 개념을 결여한 도정"이며, 어떤 지표와 목적을 상실한 "연속적 선택"일 수밖에 없다. 이 결정 즉 진리를 주장하는 결정은 단지 '선포'에 그치는 것이 아니라, 이후 주체의 행위 속에서 힘을 발휘해 나가기 때문에 주체는 끊임없이 그 진리의 공리를 조사하지만, 그 조사는 어떤 필연성이나 비판의식으로 이루어지는 것이 아니라, 주체의 '우연한' aleatory 내기를 통해 주어진 진리 주장에 대한 우연한 그러나 어쩔 수 없는 조사이다. 주체의 촉성으로 주장되는 진리는 여기서 그 진리가 운명적 필연이었는지, 주체의 우연한 장난기로부터 비롯되었는지 말해지지 않는다. 알 수 없기 때문이다. 그래서 이 결정, 이 선택은 "개념을 결여한 선택", 달리 표현하자면 "판별 불가능한 두 항과 마주친 선택"이다.[121] 그 어떤 정식도 상황의 두 항을 판별해 주지 못하므로,[122] 둘 가운데 어느 하나의 선택은 "절대적으로 순수한 선택"일 수밖에 없다.[123] 주체는 바로 이 선택 속에서 조직된다: 그리고 "두 가지 판별 불가능한 것 사이에서 사라"지고 소멸한다.[124] 그래서 주체는 진리를 결정하는 '우연적인' "주사위 던지기"로서 구성되며, 그를 통해 사라진다.[125] 이것은 곧 주체가 어떤 차이를 담지한 특정 형태로서가 아니라, 그가 처한 상황들로부터 야기되는 특이성singularity으로서 존재한다는 것을 의미하며, 뒤집어 말하자면, 주체는 그 어떤 차이도 담지하지 않는 우연한 주사위 던지기 자체이며, 그렇기에 주체는 두 항들 사이의 (부재하는) 균열과 차이를 "뛰어 넘"어, "비차이적"in-different으로, 즉 무차별적으로 실존한다.[126] 즉 주체는 알맹이가 없다.

주체의 우연한 주사위 던지기로 결정되는 진리는 주체가 담지한 언어를 통해서 반만 말하여질 수 있기 때문에 도리어 무한하다.[127] 왜냐하면 진리의 한계 상황을 규정할 척도는 언제나 상황으로부터 유래하지만, 진리는 상황을 빠져나가기 때문이다. 상황의 하위집합이라는 유한성 속에서 내재적으로 작동하는 진리가 무한성을 발휘할 수 있는 것은 바로 진리가 속한 집합은 "유적 하위집합"이기 때문에 가능한 것이다.[128] 유적 하위집합이란 "구성될 수 없는 집합들"을 말하는데, "유일한 술어적 표현에 상응하거나 그러한 표현에 의해 총체화되기에는 너무 규정되어 있지 않은 것"을 가리킨다.[129] 진리의 무한성을 뒷받침하는 이 '규정될 수 없음'은 곧 그것이 "완료될 수 없다는 것"을 의미한다.[130] 말하자면 유한 상황 속에서 전개되는 진리는 "자신의 무한한 존재에 대한 구성에 이를 수 없다"는 것이다.[131] 즉 진리는 완전히 말해질 수 있는 시간을 확보하지 못한다는 것이다. 바로 이 점에서 진리는 "무력"하다.[132]

진리의 이 시간적 무력함은 결국 진리란 완료되지 않은 상태에서 "선취를 허용하는 지점"에 놓여 있다고 볼 수 있다.[133] 이 선취의 작동 기제를 수학적 개념인 "포어싱"forcing의 번역어인 "촉성"이라 한다.[134] 진리에 대한 언급 혹은 명명은 이 "전前 미래 형태로" 확립된 것으로서, 진리는 여기서 반쯤-말하기이다. 그래서 바디우는 진리 보다는 진실성veracity을 말한다. 이는 진리와의 괴리를 은폐하지 않는다. 그것은 곧 진리의 무력함, 즉 말하거나 완료할 수 있는 힘을 지니지 못한 무력함을 말한다[135] 그래서 진리는 비록 거세되어, 자기 자신으로 거의 존재하지 못하지만, 이 전 미래적 시제 속에서 진리는 "자기 자신의 존재를 선취하면서, 진실하게 말해질 수 있는 것을 승인하는" 힘이다.[136] 역으로 여기에는 반드시 "명명할 수 없는 것," 즉 "촉성할 수 없는 것" 내포된다.[137] 바로 이것이 실재reality이고, 그래서 실재는 "진리의 역능을 중단시키는 단 하나의 항, 단 하나의 지점에 의해 확증"

되는데, 그 지점은 "고유하게 촉성 불가능한 항"이다.[138] 그리고 이 항은 "명명 불가능"하다.[139] 이 명명 불가능한 지점, 촉성이 불가능한 지점은 "유일"하다.[140] 이 지점은 "실재의 낟알" 혹은 실재의 핵심으로서, 이 "실재의 낟알"은 "진리의 기계에 제동을 거는"데, 진리의 기계는 곧 "촉성의 기계, 즉 완료될 수 없는 진리의 관점에서 유한한 진실성들을 생산하는 기계"이다.[141] 여기서 진리에 걸리는 제동과 진실성의 돌파가 대립한다.[142]

한 유기체가 주어진 삶의 시간과 운명을 맞이하면서, 자신의 삶을 어떻게 받아들이고 수용하며 나아갈 수 있을까? 분명히 운명의 장난의 희생물이 되는 인생은 되고 싶지 않을 것이다. 그러나 냉혹하게도 현실 세계 속에서 누군가는 제거되어 나간다. 그래서 진화 이론은 지금 현실에 '부적자' the unfit를 제거해 나가는 냉혹한 과정이 생물의 살아가는 과정이라고 말한다. 그것은 생명이 무작위적으로 구성된다는 것을 말하기도 하지만, 동시에 우리는 생명 과정을 통해서 언제가 그 냉혹함을 맞이해야 한다는 것을 예고하기도 한다. 사실 이 냉혹함과 (신이라는 가설이 배제된 이론적 예측이 가져다주는) 불안이 함께 작용하여 우리는 진화론에 대한 거부감을 생래적으로 내장하는지도 모른다. 하지만 그 냉혹한 현실을 마주해야 할 때가 있다. 적어도 삶의 시간들 속에서 책임감 있게 살아가기 위해서 말이다. 생명 과정을 운영하는 기제가 '자연선택'의 기제를 통해 냉혹하게 작동한다면, 우리는 지구촌 자본주의 세계 속에서 '공정한 무한경쟁'이 말하는 바를 통해 그것이 우리 삶 속에서 정확히 무엇을 의미하는지를 정확하게 그리고 뼈저리게 느낄 수 있다. 그 장난 같은 우연의 삶 앞에서 지금 삶의 이 주체는 어떻게 생을 이끌어 나아갈 것인가? 바로 이 물음에 바디우는 아주 진지하게 답할 수 있는 중요한 철학자이다. 그는 현실적으로 진리가 다수인 점을 수긍한다. 그러나 또한 현실의 지금 이 순간을 살아가는 개체에게 '진리'란 하나일 수밖에 없음도 인정한다. 그 다수와 일자 사이에서 바디우는 우연의 주사위 던지기를 강하게 권면하는 촉성forcing의 구조를 발견한다. 그것은 바로 믿음faith의 구조이다. 운명의 주사위를 던질 때, 주사위의 답은 한정된 범위 내에서 결정되었지만, 누구도 그 답을 미리 알지 못한다. 결국 주사위에 진 사람은 게임을 떠나야 한다. 그것이 바로 진화론이 말하는 '비적자 제거 과정으로서 자연선택' 아니던가? 지금까지 우리는 창조/진화의 기묘한 이분법과 갈등 구조 속에서 진화론이 우리 삶에 직접적으로 미치는 영향력을 주목하지 못했다. 진화와 창조는 생명의 기원이라는 아주 오래 된 문제를 놓고 벌어지는 종교인과 비종교인 간의 관점 차이가 낳는 싸움이라고 간주하면서 말이다. 하지만 그 두 관점은 우리가 삶을 바라보는 중요한 두 가지 근원적인 틀의 구조 문제를 지적한다. 우선 '신을 삶을 위한 설명 인자로 개입시킬 것인가 말 것인가' 그리고 '신 담론이 우리보고 나아가라고 가리키는 삶의 윤리적 지평이 과연 객관적 실재인가'의 문제 말이다. 여기서 바디우는 진리란 바로 우리의 지식 체계가 추방한 자들과의 만남 사건으로부터 도래하고 사라진다고 주장한다. 말하자면, 우리는 신의 객관적 실재를 증명하려는 기존의 신학 담론을 통해서, 진리 혹은 진리가 주장하는 신을 만나기 거의 불가능하다고 말하는 것이다. 왜냐하면 진리는 처음부터 우리가 생각하고 사유하는 기초인 지식 체계의 바깥에서부터 체제 안으로 부딪혀 들어오다 사라지기 때문이다. 그 부딪힘과 만남 그리고 사라짐의 순간 (들)이 진리 사건을 구성한다. 그 우연한 만남은 우리가 알지 못하던 다른 세계를 혹은 우리가 알고 싶어 하지 않는 다른 세계의 문을 열어 놓고 떠나간다. 그 문을 통해 우리는 우리의 체제가 '존재한다고 인정하지 않는 자', 즉 있는 자들이 아니라 없는 자들의 세계를 접하게 된다. 바로 그 없는 자들의 세계가 우리 있는 자들의 세계를 향한 진리를 구성한다는 것이다. 이러한 바디우의 우연으로서의 진리는 바로 우리가 지구촌 무한경쟁의 자본주의 체제 속에서 어떻게 진리를 확보하고 소통해 나아가야 할지에 대하여 의미 있는 방향성을 제시한다. 곧 진화론이 전하는 냉혹한 현실의 삶 속에서 우리는 체제 바깥으로 밀려나 정당하고 기본적인 삶의 권리조차 외면당하며 살아가고 있는 가난한 자들의 세계가 우리가 구축한 기존 세계로 난입하도록 해야 하고, 그를 통해 우리의 상황이 보편으로 규정한 '반쪽의 진리'를 온전한 진리로 세워 나가야 한다. 그것은 우리가 전혀 예상할 수 없다는 점에서 우연한accidental 사건이 되겠지만, 그러나 그 기대치 못했던 사건이 우리에게 나아갈 방향성을 가리키며 미래적 시점을 지향시켜 준다는 점에서 우리는 그 사건의 '전 미래성'을 향해 도박을 감행할 수 있는 '우연적' aleatory 힘을 믿어야 한다.

5. 우연의 두 측면 : chance와 aleatory

진화론에서 말하는 우연은 chance이고, 화이트헤드의 우연은 기존의 관점에서 '우연'으로 간주되는 것이며, 바디우의 우연은 진리를 향한 우리의 믿음으로써, 그 운명 앞에서 기꺼이 운명의 주사위를 던지며 바라는 요행의 힘을 가리키기도 한다. 그래서 그것을 사건으로 받아들이는 것을 바디우는 우연aleatory이라고 표현하였는데, 이는 요행이나 도박성의 우연을 말한다는 점에서 진화론의 우연론과 철학의 우연론은 상당한 거리를 지니고 있다. 그럼에도 불구하고 두 분야의 우연 해석을 병치시켜 본 이유는 우리의 기존 관점들, 즉 '진화 = 진보' 혹은 '진리 혹은 하나님 = (기존의) 필연' 등이 담지한 폭력성들을 전복하고자 하는 의도이다. 기존 시각들 속에 담지된 정치적 역학관계는 대칭되는 관점들의 시점을 획득하기 전까지는 전혀 드러나지 않는다. 그래서 '내'가 보고 있는 시점이 '정치적'이라는 사실조차 의식하지 못한다. 바로 그러한 무-의식적 삶을 기존 권력 체계는 체제 내의 사람들에게 요구하며, 더 무서운 것은 그러한 무-의식적 삶을 체제 내 사람들이 권력 구조에게 요구하도록 만든다. TV 볼 시간을 벌기 위해서나, 백화점에서 쇼핑할 시간에 바빠서나, 한 게임이라도 더 할 시간을 만들기 위해서나 등등.

우리는 진화론을 연구해 나가는 학자들 가운데서 적응으로서의 진화를 넘어서서 구성으로서의 자연선택 과정과 진보가 아닌 다양화의 과정으로서 진화를 이해하려는 일군의 생물학자들을 살펴보았다. 그렇게 진화를 새롭게 이해하려는 노력 가운데에는, 기존의 진화 담론이 담지한 진보 신화의 폭력성이 있고, 그 진보 신화의 폭력성은 기존 권력 체계의 힘을 보다 더 강화시켜 주는 쪽으로 오작동할 여지를 많이 갖는다는 점을 환기시키려는 노력이 있음도 살펴보았다. 그 자연선택의 과정 속에서 '비적자를 솎아 내는 과정'이 어떻게 전체 종의 삶을 다양하고 풍성하게 이끌어 나아가는지를 살펴보면서, 그 과정이 담지한 창조적 측면을 강조하였다. 그리고 그러한 노력들은 결국 인간 삶은 강한 자만이 살아남는다는 생물학적인 냉혹한 진실을 넘어선 새롭고 창조적인 차원을 담지해야 한다는 (들려지지 않는 목소리의) 염려를 배경 소음으로 깔고 있다. 그럼에도 불구하고, 진화론의 우연은, 창조성이 발휘되는 계기가 되기도 하지만, 여전히 "비적자들을 제거해 나가는 냉혹함"이 있다. 바로 이 점에서 진화론의 우연은 냉혹하다.

화이트헤드의 창조성은 결코 '창조성'을 찬양하는 담론이 아니다. 그의 창조성 개념 안에는 왜 창조적인 것이 기존 지식 체계의 힘 앞에서 '완고하고, 고집 불통한 것'으로 간주될 수밖에 없는지, 그리고 더 나아가 왜 그것이 불법적인 것으로 간주되어야만 하는지를 고발하는 구조가 있다. 화이트헤드의 창조성 개념이 특별히 진화론과 철학적 담론 간의 대화에서 감당하는 중요한 역할은 바로 '신 = 필연'이라는 전통 철학의 도식을 벗어나 '궁극적인 것 = 우연'의 구조를 새롭게 열어주었다는 것이다. 즉 창조성은 화이트헤드의 철학 속에서 결코 '신' 혹은 '하느님'에게 귀속되어 있는 하부 과정이 아니다. 오히려 신조차도 받아들이고 따라야 하는 실재의 근본 모습이다. 하느님은 그 창조성이 악마의 힘으로 빗나가지 않도록 예인하는 설득력을 발휘하여, 세계를 조화롭고 평화로운 과정으로 이끌어 가시고자 하는 분이시다. 이는 곧 진화론의 '우연' 개념이 담지한 '냉혹함'을 다른 방식으로 지적해 주는 담론이 된다. 사실 과학자들에게 자신이 주장하는 이론이 냉혹하다는 것은 그 어떤 가치 판단이나 선입견으로 인해 영향 받지 않았다는 훈장이 될지도 모른다. 하지만, 그렇게 냉혹한 세계가 그려질 수밖에 없는 것은 어찌 보면, 과학 작업의 근원적 가정, 즉 신이나 궁극적 실재를 배재한 채 물리적 인과관계를 통하여 세상이 구성되고 있는 관계망을 들여다보고자 했기 때문에 생길 수밖에 없는 어쩔 수 없는 과학 이론의 한계이다. 화이트헤드의 철학은 바로 그렇기 때문에 때로 외면 받는다. 과학적이지 못하다는 것이다. 왜 신이라는 설명 가설이 전체 우주 과정을 설명하는데 필요한지를 보다 엄밀하게 설명하지 못한다는 것이다. 창조성 개념으로 이치에 맞게 설명하여 논리적 철저함을 지킬 것이지, 왜 신이라는 불편한 설명 인자를 도입하여 애매한 구석들을 만들어 놓았는지 이해하지 못하겠다는 것이다. 하지만 화이트헤드는 왜 신 혹은 '하느님'이라는 설명 인자가 과학적 설명 속에서 배제되어야만 했는지를 이해하는 몇 안되는 철학자였다. 만일 과학적 설명 안에 '신이라는 설명 인자'를 도입하여, 예를 들어 진화론과 자연선택이 함축하는 냉혹함을 제거하고자 한다면, 굳이 생물학이라는 분야가 존재해야 할 이유가 없지 않을까? 내 관점과 서로 다른 관점이 있어서, 내 관점에서는 주목되지 않던 내 이론의 결함이 다른 각도에서 보면 쉽게 눈에 띄일 수 있다는 것, 그리고 삶과 학문은 그러한 적절한 긴장과 비판을 통해 발전해 나아간다는 너무도 자명하고 당연한 사실을 우리는 잊고 사는 것은 아닌지….

바디우가 말하는 우연으로서의 진리 안에는 기존의 권력과 지식 체계 바깥으로 내몰려 나가 그 존재를 정당하게 인정받지 못하는 '존재들'을 향한 관심이 살아 있다. 진화론은 우리 삶이 근원적으로 '우연'에 근거하고 있음을 알려 준다. 그 우연은 우리 삶이 무가치하다거나 무의미하다는 것을 의미하지 않는다. 솔직히 고백해 보자. 우리가 태어나던 날, 그 누가 그날부터 삶의 의미와 목적을 염려하며, 앞으로 태어난 이 세상에서 어떻게 보람을 느끼며 살지를 염려했는지를…. 우리가 생각하는 의미와 목적과 보람은 모두 우리의 살아온 지식 권력 체계가 우리에게 부여해 준 사유의 구조 안에서 생산된 것들이다. 그 안에서 우리는 자연선택이 들려 주는 '비적자 제거 과정'을 정치적으로 이해한다. 무한 경쟁과 실력과 능력 없는 자의 탈락은 심지어 생물 세계에서조차 진실이라는 메시지 말이다. 바디우의 우연 개념은 진화론의 우연 개념이 함의할 수도 있을 이 정치적 메시지를 교정한다. 진리란 그 비적자의 존재성으로부터 유래한다는 것이다. 비적자는 우리 체제의 우수성을 말하는 것이 아니라, 우리 체제가 돌보지 못하고 외면하고 있는 생명의 진실을 고발한다. 그 모든 부정의를 구할 수는 없다. 그리고 정의와 평화를 구현하려는 우리의 노력이 전체 지구의 무한 경쟁 사회 속에서 자본주의를 선하게 만들어 나가는 데 얼마나 기여를 하는지 예측조차 하기 어렵다. 너무나 미약한 힘으로 느껴지기 때문이다. 바디우는 여기서 우연의 힘을 진리의 힘이라 선포한다. 바디우의 우연은 기원의 불확실성을 가리키는 우연이 아니라, 미래의 불확실성을 가리키는 우연이다. 그러한 불확실성에 눈감는 믿음이 아니라, 그럼에도 불구하고 그 진리의 미래를 향한 의지가 그 불확실성을 압도해 나가는 주체의 힘이다. 그렇다면 바디우의 우연은 진화론의 우연을 부정하는가? 그렇지 않다. 진화론의 우연이 담지한 냉혹한 힘을 주체가 어떻게 진리의 힘으로 수용할 수 있는지를 보여 주고 있다는 점에서 바디우의 우연으로서의 진리 개념은 진화론과 철학 간의 의미 있는 접점을 형성해 주고 있다고 보여진다.

주석

도킨스와 윌슨의 생물학적 토대주의와 유신론 이해 연구 | 김장생

1 찰스 다윈, 김관선 역, 『인간의 유래 I』, 파주: 한길사, 2006, 162-166쪽.
2 W. D. Hamilton, "The Genetical Evolution of Social Behavior," *Journal of Theoretical Biology* 7(1964), p.1-52.
3 R. L. Trivers, "Evolution of reciprocal altruism," *Quarterly Review of Biology*, 46 (1971), p.35-57.
4 윌슨은 다섯 가지의 기준을 제시한다. 1. 반복 가능성 2. 경제성 3. 측정 4. 발견 기법 5. 통섭. 에드워드 윌슨, 최재천·장대익 역, 『통섭: 지식의 대통합』, 서울: 사이언스북스, 2005, 112-113쪽 참조. 도킨스는 검증 가능성, 증거의 뒷받침, 정밀성, 정량화 가능성, 일관성, 상호 주관성, 재현 가능성, 보편성, 점진성, 문화의 배경에 대한 독립성을 제시한다. 리처드 도킨스, 『악마의 사도』, 271쪽.
5 증거주의와 과학적 증거주의는 구분이 되어야 한다. 뒤에서 살펴볼 아우구스티누스의 계시적 증거주의 또한 증거주의로 보아야 하기 때문이다.
6 리처드 도킨스, 이한음 역, 『만들어진 신』, 서울: 김영사, 2007, 427쪽; 에드워드 윌슨, 이한음 역, 『인간본성에 대하여』, 서울: 사이언스 북스, 2000, 67쪽.
7 에드워드 윌슨, 『인간 본성에 대하여』, 67쪽.
8 에드워드 윌슨, 『통섭』, 100쪽.
9 위의 책, 36쪽.
10 에드워드 윌슨, 『인간의 본성』, 77쪽.
11 리처드 도킨스, 『만들어진 신』, 189-194쪽.
12 Paul Feyerabend, *Against Method: Outline of an Anarchistic Theory of Knowledge*, p.205.
13 Karl Popper, *The logic of Scientific Discovery* (London: Harper & Row, 1968). 1장에서 4장까지 반증 가능성의 기준에 대해서 다루고 있다.
14 리처드 도킨스, 이한음 역, 『악마의 사도』, 서울: 바다출판사, 2005, 41-42쪽.

15 에드워드 윌슨, 『통섭』, 91-93쪽.
16 위의 책, 125쪽.
17 한 가지 염두에 두어야 할 점은 현대 진화생물학계의 두 학파가 과학 이론에 대한 서로 다른 이해를 가지고 있다는 것이다. 도킨스, 데닛(Daniel Dennet), 메이너드 스미스 (J. Maynard Smith)와 같은 학자들과 굴드, 엘드리지(N. Erdridge), 그리고 르윈턴 (R. C. Lewinton)과 같은 학자들은 진화의 본성에 대한 이해의 차이를 두고 양분된다. 전자 그룹이 주로 과학 이론의 실재성과 유일성에 강조점을 둔다면 후자는 과학 이론의 실재성을 중요시하면서도 과학 이론의 실재성이 자연에 유일하게 실재하는 원리라고 보지 않는다. 그는 과학이 독립적인 학문의 영역인 것처럼 종교나 다른 도덕적 법칙들 또한 자신들의 독립적 영역을 갖는다고 본다. 제이굴드, 이명희 역, 『풀 하우스』, 서울: 사이언스북스, 2002 참조.
18 찰스 다윈, 『종의 기원』, 145쪽. 그가 자연선택의 단위에 대해 개체선택보다는 혈연선택에 가까운 말도 남기곤 하였지만 ("맛이 좋은 야채를 요리하면 그 야채의 개체는 파괴되지만, 원예가는 그와 같은 품종의 씨를 심는다. 또 소를 키우는 사람 역시 같은 계통에 눈을 돌려 번식시킨다. 『종의 기원』, 132쪽; 애국심, 충성심, 복종심, 용기, 동정심을 소유하여 부족 내의 다른 이들을 돕고 공동의 선을 위해 자신을 희생하는 사람들이 많은 부족일수록 다른 부족을 압도하게 될 것이다. 이것이 자연선택일 것이다. 『인간의 유래 I』, 162쪽.) 그가 말하고 있는 혈연 선택은 개체 선택을 근간으로 한 것으로 보아야 한다.
19 V. C. Wynn-Edwards, *Evolution through Group Selection*(Oxford: Blackwell Scientific Publications, 1986)
20 최근, 소버(Sober)와 윌슨(Wilson)은 다층 선택 모형(multi-level selection mode)을 말하며 선택은 집단 내 개체 간에도 또한 집단 간에도 일어나므로 이러한 다층의 선택 수준을 무시하여 집단 내 적응도의 평균값을 계산하는 오류를 피해야 한다고 주장한다. 다음의 책 참조. E. Sober and D. S. Wilson, *Unto Other: the Evolution & Psychology of Unselfish Behavior*(Cambridge: Harvard University, 1998)
21 G. C. Williams, *Adaptation and Natural Selection*(Princeton: Princeton University, 1966)
22 에드워드 윌슨, 『사회생물학 I』, 20쪽.
23 위의 책, 92쪽.
24 Edward O. Wilson, "Group Selection and Its Significance for Ecology," *BioScience* 23

(1973), 631-8쪽 참조: 에드워드 윌슨, 『사회생물학』, 5장.
25 리처드 도킨스, 『확장된 표현형』, 228쪽.
26 리처드 도킨스, 『이기적 유전자』, 28쪽.
27 리처드 도킨스, 『확장된 표현형』, 198쪽.
28 "나는 여기서 동기의 심리학에 관심을 기울이지 않는다. … 나는 저변에 몰래 깔려 있는 동기가 이기적이라는 것을 의미하는 것이 아니며 오히려 생존의 기회에 있어서 행위의 실제적인 결과가 우리가 원래 생각하는 것과는 정반대라는 것을 의미하는 것이다." 리처드 도킨스, 이기적 유전자, 4-5쪽.
29 킴 스티렐니, 장대익 역, 『유전자와 생명의 역사』, 서울: 몸과 마음, 2002, 51쪽.
30 리처드 도킨스, 『확장된 표현형』, 167쪽.
31 리처드 도킨스, 『이기적 유전자』, 314쪽.
32 리처드 도킨스, 『확장된 표현형』, 504쪽.
33 에드워드 윌슨, 이병훈·박시룡 역, 『사회생물학 I』, 서울: 민음사, 1997, 31쪽.
34 에드워드 윌슨, 이병훈 역, 『자연주의자』, 서울: 사이언스북스, 1997, 332쪽.
35 에드워드 윌슨, 『통섭』, 232쪽.
36 앞의 책, 247쪽.
37 앞의 책, 184쪽.
38 앞의 책, 289쪽.
39 앞의 책, 233쪽.
40 앞의 책, 270쪽.
41 『인간의 본성』, 100쪽; 『통섭』, 247쪽.
42 에드워드 윌슨, 『인간 본성에 대하여』, 105쪽.
43 Hans Ebeling, 'Das Subjekt in der Moderne,' *Subjektivität und Selbsterhaltung*, herausgegeben von Hans Ebeling, Suhrkamp, 1996, 344쪽.
44 에드워드 윌슨, 『인간 본성에 대하여』, 25쪽.
45 리처드 도킨스, 이용철 역, 『눈먼 시계공』, 서울: 사이언스 북스, 2004, 261쪽.
46 리처드 도킨스, 『이기적 유전자』, 308쪽.
47 알리스터 맥그라스, 김태완 역, 『도킨스의 신』, 서울: SFC, 2007, 235쪽.
48 리처드 도킨스, 『확장된 표현형』, 217쪽.
49 리처드 도킨스, 『이기적 유전자』, 308쪽.

50 앞의 책, 311쪽.
51 리처드 도킨스, 『만들어진 신』, 295쪽.
52 리처드 도킨스, 『확장된 표현형』, 219쪽.
53 앞의 책.
54 에드워드 윌슨, 『인간의 본성』, 246쪽.
55 앞의 책, 239쪽.
56 앞의 책, 254쪽.
57 에드워드 윌슨, 『통섭』, 423쪽.
58 리처드 도킨스, 『만들어진 신』, 248-9쪽.
59 앞의 책, 264-266쪽.
60 앞의 책, 428쪽.
61 앞의 책, 430쪽.
62 앞의 책, 338쪽.
63 앞의 책.
64 다윈, 『종의 기원』, 154쪽.
65 마이클 비히, 김성철 역, 『다윈의 블랙박스』, 서울: 풀빛, 2001, 205쪽.

도킨스의 진화론과 불멸성에 대한 소고 | 이한영

1 원래 이 글은 다음과 같은 구도로 네 가지 본문으로 기획되었다. 아쉽게도 이 글에서는 1번에 대한 것만 다루게 되었지만, 나머지 것들이 다른 기회에 각각 보충되어 완성될 것이다. ① 이기적 유전자와 밈 - 불멸과 죽음: 그대 아직도 불멸을 꿈꾸는가? ② 눈먼 시계공 - 목적과 맹목적: 인간은 목적을 가지고 있지 않은가? ③ 만들어진 신 - 망상과 의식: 망상인가? 참 의식인가? ④ 환원적 세계와 다원적 중층 세계 - 유전자의 눈과 영의 눈: 누가 어디를 바라보는가?

2 유전학을 다윈의 진화론에 접목시킨 신다윈주의는 1930년대 피셔, 홀데인, 라이트가 각각 개체군 유전학을 수학적으로 다루는 이론의 기초를 제공했으며, 이 성과를 토대로 도브잔스키, 마이어, 심프슨, 헉슬리가 "현대적 종합을 탄생시켰다. 필립 키처, 주성우 역, 『과학적 사기』 *Abusing Science: The Case Against Creationism*, 서울: 이제이북

스, 2003, 37쪽. 꾸준히 집단선택론을 주장해온 대표적인 학자로는 데이빗 윌슨이 있으며, 유전자, 개체(유기체), 집단 수준 등 다양한 수준에서 자연선택이 일어날 수 있다고 주장(다수준선택론)하는 대표적인 학자로는 엘리엇 소버가 있다. 이 두 사람이 함께 한 책으로는 David Sloan Wilson and Elliott Sober, *Unto Others: The Evolution and Philosophy of Unselfish Behavior* (Harvard University Press, 1999)가 있다.

3 리처드 도킨스, 홍영남 역, 『이기적 유전자』 *The Selfish Gene*, 서울: 을유문화사, 2002/ 2006/ 2009, 55쪽. 특히 45-55쪽에서 그룹(집단) 선택설에 대해 비판하고 있다.

4 리처드 도킨스, 『이기적 유전자』, 8쪽. 아마도 76년 당시에는 이것까지는 인식하지 못했던 것 같으며, 책 출판 이후 받아 왔던 비판들에 대한 변명 내지는 항변을 하고 있는 것이다.

5 제임스 러브록, 홍욱희 역, 『가이아: 살아 있는 생명체로서의 지구』 *Gaia: A New Look at Life on Earth*, 서울: 갈라파고스, 2004, 52쪽. 시스템 이론 중 하나인 가이아 이론에는 흥미로우며 새겨들어야 할 생태학적인 관점이 있다. 하지만 정통과학이라고 말할 수 없는 과학 이상의 이야기를 다루고 있다는 점을 유념해서 보아야 할 것이다.

6 예를 들어, *Ibid.*, 172-3쪽. "… 만약 그렇다면 이것은 개체의 이타주의로 나타나겠지만, 그것은 어디까지나 유전자의 이기주의에서 생겨난 것이다."

7 예를 들어, 장대익은 진화론의 계보를 '진화론의 나무'를 통해 잘 보여주고 있다. 장대익, 『다윈의 식탁: 진화론의 후예들이 펼치는 생생한 지성의 만찬』, 파주: 김영사, 2008. 188-9쪽의 그림 참조. 이 책은 같은 다윈의 후손이면서도 첨예한 대립각을 세우고 있는 적응주의와 반적응주의 양 진영을 도킨스와 굴드를 중심으로 재미있는 이야기로 구성하였다. 하지만 글의 논조는 확연하게 도킨스의 입장을 지지하고 있다. 그러나 아무리 공정한 서술이라도 자신의 입장이 어떤 식으로든 반영되는 것은 어쩔 수 없는 일이 아닌가?

8 10-11쪽. 참고로 같은 곳에서 그는 첫 저서(76년) 당시에는 운반자(개체)와 자기복제자(유전자)를 명확히 구별하지 못했다고 고백하고 있다.

9 *Ibid.*, 72-3쪽.

10 *Ibid.*, 412쪽 이하.

11 *Ibid.*, 403-404쪽.

12 필립 키처, *op. cit.*, 27-28쪽.

13 리처드 도킨스, *op. cit.*, 404쪽 이하. 이러한 예들로는 비버 댐, 새 집, 날도래 애벌레

의 집 등이다.

14 윌슨의 혈연 선택에 관한 도킨스의 비판은 같은 책 181쪽 이하에 나와 있다. 또한 제이슨 굴드는 다른 관점에서 윌슨의 사회생물학을 '생물결정론'이라고 비판하고 있다. 특히 스티븐 제이슨 굴드, 『다윈 이후』 *After Darwin*, 서울: 사이언스북스, 2009, 32장353-368쪽을 참조할 것.

15 〈기억〉은 뒤에서 보게 될 환생, 윤회 구조 속에서 대단히 중요하다. 전설상의 윤회사상에서부터 피타고라스, 플라톤, 플로티누스 등 그리스 철학자, 중세 신학의 아버지 아우구스티누스, 그리고 고도로 철학화된 유식불교에 이르기까지 〈유출 - 환원〉 또는 〈윤회〉 구조 속에서 "기억"은 전생에 대한 기억이며, 순수함의 유지와 회복이며, 재탄생의 종자(種子)로서 기능한다.

16 리처드 도킨스, *op. cit.*, 332쪽, 335-349쪽.

17 스티븐 제이슨 굴드, 『풀하우스』 *Full House*, 서울: 사이언스북스, 2002, 234-258쪽. 특히 246쪽.

18 어슐러 구디너프, 김현성 역, 『자연의 신성한 깊이』 *The Sacred Depths of Nature*, 서울: 수수꽃다리, 2000, 160-161쪽.

19 도킨스, 『이기적 유전자』, 92-108쪽. 도킨스 역시 "유성생식은 자기복제가 아니라"는 점을 잘 알고 있다. 그러나 구디너프와 도킨스는 이 점에서 상반된다. 구디너프는 이것을 아름다운 창조로 보지만, 도킨스는 "성적 파트너에 의한 오염"이라고까지 주장한다(92). 도대체 무엇이 유전자의 순수함을 오염시킨다는 것인가?

20 *Ibid.*, 185쪽.

21 *Ibid.*, 189쪽.

22 베단타(Vedanta)라고도 한다. 베다 성전의 종결부 anta이며 동시에 모든 베다 성전의 궁극적 의미인 anta를 나타내는 것으로 생각되고 있기 때문이다.

23 高崎直道・早島鏡正・原實・前田專學, 정호영 역, 『인도사상의 역사』, 서울: 민족사, 1988, 32-35쪽.

24 『브리하드 아라냐카 우파니샤드』 IV, 4. 재인용. *Ibid.*, 36-37쪽. 또한 조수동 편저, 『무아와 연기』, 서울: 문창사, 1998, 68쪽에도 인용되어 있다.

25 피타고라스 학파에서 보듯이, 윤회사상은 고대의 범신론적인 신앙과 모종의 밀접한 상관관계를 이루고 있다.

26 윌리엄 거스리, 박종현 역, 『희랍철학입문: 탈레스에서 아리스토텔레스까지』, 서울:

서광사, 2000, 54-55쪽.
27 물론 소크라테스 자신의 기록이 아니라, 플라톤의 저서이므로 플라톤의 사상이 스승 소크라테스의 입을 통해 반영되고 있다고 보아야 할 것이다.
28 플라톤, 박종현 역주, 『플라톤의 네 대화편 : 에우티프론, 소크라테스의 변론, 크리톤, 파이돈』, 서울 : 서광사, 2003, 250-252쪽.
29 *Ibid.*, 310-311쪽. 여기서 '다시 태어난다(palin gignesthai)' 는 것은 어원상으로 '혼이 몸을 바꿔가면서 그 안으로 들어가 있게 됨'을 의미하는 말이다. 참고로 출생을 의미하는 '제네시스(genesis)' 는 '어떤 것이 어떤 것으로 되다' 라는 뜻을 가지고 있다. 윤회를 시사하는 대목이다.
30 *Ibid.*, 317-318쪽.
31 *Ibid.*, 429쪽.
32 *Ibid.*, 453쪽.
33 윌리엄 거스리, *op. cit.*, 127-129쪽.
34 湯淺泰雄, 『ユングとキリスト教』(京都 : 人文書院, 1976), 123-4쪽.
35 정신병력을 가진 사람들에게도 마찬가지다. 그들이 보고 느끼고 생각하고 사는 세계는 일반인들과는 매우 다르다. 이러한 사실은 인간이 의식적 존재라는 것을 보여준다. 그런데 수행자들이 명상을 통해 체험한 의식세계와 정신병력자들이 체험하는 의식세계는 어떻게 다른가? 어떤 면에서 우리 모두가 각각의 환상에 세계에 살고 있나는 '나야' 사실은 더당하다. 우리는 누구나 자신의 안경(또는 눈)을 통해 세상을 살아간다. 이 무명(無明, 무지)의 환상을 깨닫고 있는 그대로의 현실을 보는 것이 광명(光明, 지혜)이 아닌가? 그것이 실로암 물가의 소경이 눈을 뜬 기적이 아닌가?
36 요하네스 헤센, 이강조 역, 『인식론』, 서울 : 서광사, 1986.
37 앞의 책, 41쪽.
38 Aristoteles, *über die Seele*, II, 5. 재인용.
39 어떻게 과학적 환원주의 세계관(근대성)과 고대의 정령적 환생윤회 사상과 맞닿을 수 있을까? 심하게 말해, 이 둘은 과학과 미신이라는 양극단으로 볼 수도 있다. 그런데도 이 둘은 신기하게 잘 통한다. 창조과학도 일종의 미숙한 환원주의다. 또한 주술적 의식을 가진 신흥종교들도 과학적 환원주의를 애용한다. 이 양자는 자신들의 신앙이 과학(환원주의)에 의해서 정당화될 수 있다고 주장한다. 이는 잘못된 환원주의라 아니 할 수 없다.

40 도킨스, 『이기적 유전자』, 94쪽. 잠재적 불멸성이란 결국 업(業)을 이야기 하는 것이 아닌가? "행위와 그 후에 남은 잠재력을 Karma라고 부르고 업이라고 부른다." 이즈미 요시하루, 효탄·김원영 공역, 『과학자가 본 불교철학』, 서울: 경서원, 1999, 210쪽. "이 경우 업은 윤회의 바퀴를 돌리는 원동력이며 인과응보를 가져오는 힘도 된다. 이것이 윤회사상에 있어서 업이라는 것이다… 윤회 전생의 생각 밑에는 생명 불멸의 사상이 깔려 있는 것이다."

41 도킨스, 『이기적 유전자』, 172쪽.

42 Ibid., 64-65쪽.

43 파드마삼바바, 로버트 서먼 영역, 정창영 한역, 『티벳 사자의 서 : 중간계에서 듣고 이해함으로써 그 자리에서 절대 자유의 경지에 이르게 하는 책』, 서울: 시공사, 2000, 60-61쪽.

44 Ibid., 92쪽.

45 흥미롭게도, 윤회사상과 관련된 고대사상들은 동서양을 막론하고, 종자(種子)설, 기억(記憶), 인식=존재라는 생각을 공유하고 있다.

46 예를 들어, 달라이 라마의 환생에 대한 신앙 등을 들 수 있다.

47 파드마삼바바, 『티벳 사자의 서』, 12쪽.

48 Ibid., 448쪽.

49 기독교에서도 부활의 의미를 어떻게 이해할 것인가에 대한 유사한 차이가 있다. 지혜서의 눈으로 볼 때, 바울 서신이나 요한복음에서의 부활에서 보는 바와 같이 그것은 '거듭남(重生, 新生)'의 의미를 가지고 있다. 신을 아는 지혜가 인간을 다시 태어나게 한다는 것이다. 그것은 천상계에서의 재탄생이 아니라, 새로운 인간으로서의 탄생이다. 바울의 말처럼, '옛 사람을 버리고 새 사람을 입는 것' 이다 : "옛 사람과 그 행위를 벗어 버리고 새 사람을 입었으니 이는 자기를 창조하신 이의 형상을 따라 지식에까지 새롭게 하심을 입은 자니라." (골로새서 3:9)

50 이즈미 요시하루, op. cit., 226쪽. 파드마삼바바, op. cit., 62-71쪽. 욕심과 지혜의 사이에 있는 인간의 의식 상태 또는 의식 수준에 대한 것이라 하겠다.

51 이즈미 요시하루, op. cit., 209쪽, 211쪽.

52 梶山雄一·上山春平 공저, 정호영 역, 『공(空)의 논리』, 서울 : 민족사, 1989, 241-242쪽.

53 조수동 편저, op. cit., 154쪽.

54 無盡藏, 『佛敎槪說』, 一鵬佛敎大學, 1980, 30쪽.
55 여기에 열반적정(涅槃寂靜)을 하나 더 더한 것을 사법인(四法印)이라고 한다. Ibid., 223쪽.
56 성경도 "욕심이 잉태한즉 죄를 낳고 죄가 장성한즉 사망을 낳는다"(야고보서 1:15)고 말하고 있다.
57 참으로 이 세상의 정치, 사회, 종교를 볼 때, 모든 문제가 이 생존의 욕심을 둘러싼 아귀다툼이라 아니할 수 없다. 예수는 광야에서 사탄으로부터 이 시험을 받았다. "돌이 떡이 되게 하라"는 시험에 "사람은 떡으로 살 것이 아니라 하나님의 입으로부터 나오는 말씀으로 살 것"이라고 하면서 시험을 물리쳤다(마태복음 4:4). 또한 물질적 배부름에 눈이 먼 사람들에게 생명의 떡을 먹으라고 설교하였다. 그러나 많은 사람들이 예수를 떠나갔다(요한복음 6장). 모든 인생의 문제가 여기에서 나오는 것이라 아니 할 수 없다.
58 "바리새인들이 하나님의 나라가 어느 때에 임하나이까 묻거늘 예수께서 대답하여 이르시되 하나님의 나라는 볼 수 있게 임하는 것이 아니요 또 여기 있다 저기 있다고도 못하리니 하나님의 나라는 너희 안에(among) 있느니라." (누가복음 17:20-21) "예수께서 대답하시되 진실로 진실로 네게 이르노니 사람이 물과 성령으로 거듭나지 아니하면 하나님의 나라에 들어갈 수 없느니라." (요한복음 3:5)
59 바울은 이렇게 말한다. "너희는 유혹의 욕심을 따라 썩어져 가는 구습을 따르는 옛 사람을 벗어 버리고 오직 너희의 심령이 새롭게 되어 하나님을 따라 의와 진리의 거룩함으로 지으심을 받은 새 사람을 입으라." (에베소서 4:22-24)

목적 없는 합목적성과 합목적성 없는 목적 | 신익상

1 존 호트, 김윤성 역, 『다윈 안의 신』, 서울: 지식의숲, 2005, 318쪽.
2 같은 책, 325-6쪽.
3 같은 책, 328쪽.
4 로버트 존 러셀, 「'행위하는 신'은 진정 자연 안에서 활동하는가?」, 테드 페터스 엮음, 김흡영 외 역, 『과학과 종교 : 새로운 공명』, 서울: 동연, 2002, 160쪽. 참조.
5 같은 글, 163-4쪽.

6 같은 글, 165-6쪽.
7 같은 글, 162쪽. 참조.
8 일리야 프리고진, 이덕환 옮김, 『확실성의 종말』, 서울: (주)사이언스북스, 1997, 16쪽.
9 그는 다음과 같이 말하고 있다. "이제 우리는 신이 세계의 구조를 새로이 ('혼돈에서 질서로') 정리함으로써 (고전적) 세계를 창조하는 것이 아니라, 오히려 고전적 세계를 산출하는 양자 과정을 창조함으로써 (고전적) 세계를 창조하는 것이라고 주장할 수 있다." (로버트 존 러셀, 앞의 글, 163쪽.)
10 로버트 존 러셀, 앞의 글.
11 일리야 프리고진, 앞의 책, 제1장, 제6장 참조.
12 디터 타이헤르트, 조상식 옮김, 『쉽게 읽는 칸트 : 판단력 비판』, 서울: 이학사, 2003, 77쪽.
13 "니치(niche) 란 원래 작은 조각품이나 꽃병을 올려 놓기 위해 벽면을 오목하게 파서 만든 장식 공간을 칭하는 말이었는데 생태학에서는 한 생물이 환경 속에서 갖는 역할, 기능, 또는 위치 및 지위를 의미한다. 구태여 공간의 개념으로 설명하자면 환경에서 생물이 차지하고 있는 다차원 공간을 뜻한다. 생물은 누구나 환경 속에서 자기만의 독특한 공간, 즉 역할이나 지위를 차지하고 있다는 개념이다."; 최재천, 「동물의 행동과 인간의 본성」, 『샘』, 서울: 한생명, 2002, 2002년 봄호(제13호), 87쪽.
14 글, 88쪽.
15 최재천, 『최재천의 인간과 동물 : 자연에서 배운다 알면 사랑한다』, 서울: 궁리, 2007, 368 ; 최재천, 「생명과학의 발전과 새로운 사회 윤리」, 『과학 종교 윤리의 대화』, 서울: 궁리, 2002, 86쪽 참조.
16 같은 책, 369쪽 참조.
17 최재천, 「동물의 행동과 인간의 본성」, 96쪽.
18 최재천, 앞의 책, 348쪽 참조.
19 최재천, 「생명과학의 발전과 새로운 사회 윤리」, 87쪽.
20 최재천, 앞의 책, 349-57쪽 참조.
21 같은 책, 358-60쪽 참조.
22 도정일 · 최재천, 『대담 : 인문학과 자연과학이 만나다』, 서울: humanist, 2005, 560-1쪽 참조.
23 같은 책, 569쪽.

24 같은 책, 571쪽.
25 리처드 도킨스, 『만들어진 신』, 서울: 2007, 162쪽.

진화론과 지적 설계론에 대한 신학적 저항의 모색 | 박일준

1 본고는 2009년 10월 6일 감리교신학대학 웨슬리 채플 세미나 실에서 〈진화론, 지적 설계론 그리고 신학〉이라는 주제로 기독교통합학문연구소 주관으로 열렸던 토론회에서 발표한 원고를 출판용으로 수정한 것이다.
2 리처드 도킨스, 홍영남 역, 『이기적 유전자』(30주년 기념판), 서울: 을유문화사, 2006, 348쪽.
3 도킨스의 종교 비판이 담지한 역설적 모순에 관해서는 다음을 참고하라: 박일준, 「도킨스의 종교 비판에 대한 종교철학적 고찰 - 『만들어진 신』을 중심으로」, 『인문학 연구』, vol.35, 충남대출판부, 2008.08, 297-327쪽.
4 참조 - 박일준, 「화이트헤드와 바디우의 주체 개념 비교」, 『화이트헤드 연구』18, 2009.6, 9-45쪽.
5 굴드(Stephen J. Gould)는 진화를 '진보'(progress)라는 패러다임이나 복잡성의 증가(the increase of complexity)로 읽어 내려는 기존의 진화론적 이해에 이의를 제기하고, 진화는 가장 안전하게 말해서 '다양성의 증가만을 확실하게 의미한다' 고 주장한다 (이명희 역, 『풀하우스 : 진화는 진보가 아니라 다양성의 증가다』Full House : The Spread of Excellence From Plato to Darwin, 서울 : 사이언스북스, 2002). 또한 진화를 '적응'(adaptation)의 관점에서가 아니라, '구성'(construction)의 관점으로 보려는 리원틴(R. Lewontin)이나 '단속적 평행설'(punctuated eqilibrium)을 통해 종의 발생을 설명하려는 굴드의 이론은 기존 진화 이론들이 미처 고려하지 못했던 '우연성' 의 요소를 새롭게 진화라는 패러다임 속에서 다루어주고 있다.
6 John D. Caputo, The Weakness of God : A Theology of Event(Bloomington & Indianapolis : Indiana University Press, 2006), 59-62쪽.
7 John F. Haught, Deeper than Darwin : the Prospect for Religion in the Age of Evolution (Cambridge, MA : Westview Press, 2003), 19쪽.
8 Haught, Deeper than Darwin, 19-20쪽.

9 Haught, *Deeper than Darwin*, 25쪽.
10 Haught, *Deeper than Darwin*, 39쪽.
11 Haught, *Deeper than Darwin*, 31쪽.
12 Caputo, *The Weakness of God*, 129쪽.
13 Caputo, *The Weakness of God*, 128쪽.
14 최근 창조론자(the creationists) 논증을 넘어서서 지적 설계 논증이 사람들에게 회자되기 시작한 데에는 후자를 새롭게 주장하기 시작한 사람들이 전문 지식을 갖춘 이들이라는 사실이 크게 작용한다. 지적 설계 논증 자체가 새로운 것이 아니라, 분야의 전문가들이 새롭게 학문적 논증의 형식을 갖추어 진화론에 대항할 수 있는 하나의 대항 담론을 형성해 가고 있다는 점에서 최근의 지적 설계론은 초기의 창조과학회가 담지하던 비전문성을 극복하고 있다고 보여진다.
15 Michael J. Behe, *Darwin's Black Box : the Biochemical Challenge to Evolution, 10th Anniversay Edition* (New York : Free Press, 2006).
16 Behe, *Darwin's Black Box*, 29-30; 155-156; 178; p.189-192.
17 Stuart Kauffman, *At Home in the Universe : the Search for the Laws of Self-Organization and Complexity* (New York : Oxford University Press, 1995), p.8.
18 Kauffman, *At Home in the Universe*, p.60.
19 Kauffman, *At Home in the Universe*, p.25.
20 Kauffman, *At Home in the Universe*, p.18.
21 Kauffman, *At Home in the Universe*, p.27.
22 Andy Clark, *Being There : Putting Brain, Body, and World Together Again, fifth printing* (Cambridge, MA : The MIT Press, 2001), p.14.
23 Behe, *Darwin's Black Box*, p.248.
24 손호현, 『인문학으로 읽는 기독교 이야기』, 서울: 한들출판사, 2008, 184쪽.
25 앞의 책, 174-175쪽.
26 통상 종교를 '우파의 논리'로 보려는 통념을 전복하여 필자는 종교를 '좌파의 논리'처럼 기술한 측면이 없잖아 있기 때문에 다시금 내 자신에게 되묻는 물음이다.
27 주원이는 필자의 6세 (당시) 아들이다. 집에서 키우던 장수풍뎅이가 죽자, 온종일 슬픔에 잠겨 울음을 터뜨리다가, 장수풍뎅이를 위한 무언가를 하자는 엄마의 제안에 응하여, 죽은 장수 풍뎅이에게 편지를 썼다.

28 Gilles Deleuze and Felix Guattari, *A Thousand Plateaus : Capitalism and Schizophrenia*, translation and Foreword by Brain Massumi (New York : Continuum, 2007), p.10-11.
29 Deleuze and Guattari, *A Thousand Plateaus*, 11.

진화론과 우주적 그리스도 그리고 "없이 계신 하나님" | 이정배

1 R. 도킨스, 이한음 역, 『만들어 진 신』 *The God Delusion*, 김영사, 2006.
2 신학자와 진화론자 간의 대화를 토대로 묶어진 서적들이 세간에 주목을 받았다. 신재식 外, 『종교전쟁』, 사이언스북스, 2009; 김기석, 『종의 기원, 신의 기원』, 동연, 2009 참조.
3 최근 창조론을 과학적 사실로 믿는 '창조과학회'와는 별도로 혹은 그의 발전적 형태로서 소위 '지적 설계론'이 보수 기독교계에서 적극 수용되는 추세이다. 진화론을 무신론으로 보기에 유신론적 종교들의 지지를 얻고 있는 것이다. 필자가 책임자로 있는 감신대 부설 기독교통합학문연구소에서는 〈진화론, 지적 설계론 그리고 신학〉이란 주제로 각계 전문가를 초청하여 공동 심포지움(2009.10.6)을 개최한 바 있다. 당시 강사로는 진화론을 대변한 뇌과학자 박문호 박사, 지적 설계론 학회 회장인 이승엽 교수 그리고 감신대의 박일준 박사가 참여했고 그때 나온 38쪽에 이르는 자료집에 이들 논문이 수록되어 있다.
4 최근 한 조사에서 지난 천 년간 서구 기독교 역사에서 가장 위대한 영향력을 행사한 사람을 선택하는 자리에서 다윈은 9위, 칼뱅은 50위를 차지했다. 첫 번째 사람은 인쇄술을 발견한 구텐베르크였고 종교개혁자 루터가 그 뒤를 이었다. 이 결과를 놓고 보면 서구 기독교 세계도 과학의 중압감을 떨치지 못하고 있는 듯 보인다.
5 '과학적 무신론'으로 불리는 것은 진화론과 유전자학을 결부시켜 이해했기 때문이다.
6 여기에는 한국에 많이 알려진 『통섭』의 저자인 E. 윌슨, 인지 심리학자인 D. 데넷 등이 속한다.
7 마이클 루스, 이태하 역, 『다윈주의자가 기독교인이 될 수 있는가?』, 청년정신, 2002 참조.
8 일반적으로 종교와 과학 간 대화에는 다음 네 가지 방식이 있다. 대립, 독립(상호 무관

심), 공명 그리고 통합. 이들 중 어느 입장을 취하느냐에 따라 다른 결과를 도출할 수 있는 것이다. Ian Barbour, *Religion in Age of Science*, NewYork, Haper San Francisco 1990, 1장 내용 참조. 존 호트, 구자현 역,『과학과 종교, 상생의 길을 가다』, 코기토, 2003.

9 특별히 토마스 베리 신부의 책들이 중요하다. 김준우 역,『신생대를 넘어 생태대로』, 에코조익, 2006. 그의 또 다른 주저『위대한 작업』*The Freat Work*도 대화출판사(2009)에서 번역되었다.

10 J. Moltmann, 김균진 역,『창조 안에 계신 하느님』, 한국 신학연구소, 1986.

11 다음 몇 권의 책들이 필자의 이런 관심을 충족시키는 데 큰 도움이 되었다. J. Haught, *God after Darwinism, A Theology of Evolution*, Westview Press 2000 ; Ilia Delio, *Christ in Evolution*, NewYork : Marknoll Orbis Books 2008.

12 여기서 필자는 多夕 유영모의 '얼 기독론' 을 염두에 두고 있다. 우주적 그리스도의 한국적 표현인 '얼 기독론' 을 통해 인간 책임의 문제를 철저화할 생각이다. 이정배, 『없이 계신 하느님, 덜 없는 인간』, 모시는 사람들, 2009.

13 본 논쟁은 J. Haught, 앞의 책, 10장에서 본격적으로 다뤄지고 있다. 저자는 과정신학의 입장(약속)을 견지하나 필자는 '책임' 의 시각을 강조할 것이다. H. Jonas, *Das Prinzip Verantwortung*, Frankfurt am Main : Insel Verlag 1983.

14 마크 라이너스, 이한중 역,『6도의 악몽- 지구 온난화와 환경 대재앙 시나리오』, 세종서적, 2008 참고. 비록 최종 결과가 1년 후로 미뤄졌으나 2009년 12월 코펜하겐 기후회담에 세계 정상들이 대거 참석하여 이산화탄소 감축 방안을 논한 것은 이런 위기감을 반영한 것이다.

15 데이비드 C. 린드버그 外, 이정배·박우석 역,『신과 자연, 기독교와 과학 그 만남의 역사』상권, 이대출판부, 1998, 1장 내용 참조.

16 위의 책, 6장 내용, R. 후이카스,『종교개혁과 과학혁명』, 솔로몬출판사, 1992. 특히 개신교 신학의 본질로 언표된 '신앙유비' Analogia fidei의 반자연주위적 성격을 주목하라.

17 뉴턴 자신은 기계론적 자연 대신 자연의 활력(active force)을 강조했으나 자연법칙과 신적 작용을 등가적으로 보는 오류를 범한 것이다. 이를 뉴턴적 이신론이라 부르기도 한다. 데이비드 C. 린드버그, 앞의 책, 338-344쪽, 동 저자, 하권, 494-495쪽.

18 다윈 진화론은 19세기 개신교 신학에 다음 세 방향에서 영향력을 미쳤다. 진화론(자

연선택)을 거부하는 정통신학, 종교와 과학을 상호 독립적으로 본 자유주의 신학, 진화론에 맞게 기독교 신학을 재구성하려는 경험주의적 신학, 일명 기독교적 다원주의자로 불리는 영국 성공회 사제그룹 등. 데이비드. C. 린드버그, 위의 책, 하권, 498-520쪽.

19 필자는 본 개념을 폴킹혼에게서 배웠다. J. 폴킹혼, 이정배 역, 『과학시대의 신론』, 동명사, 1999 ; 이정배, 『종교와 과학의 대화에 근거한 기독교 자연신학』, 대한기독교서회, 2005, 105-136쪽. 참조.

20 찰스 다윈, 이민재 역, 『종의 기원』 *On the Origin of Species*, 을유문화사, 1995. 이하 내용은 본 책에 근거하여 필요한 부분을 발췌 정리한 것이다.

21 이런 주장을 한 사람은 다윈의 忠犬으로까지 불렸던 토마스 헉슬리였다. 당시의 주교였던 윌버포스와의 진화론 논쟁은 대단한 의미를 지닌다.

22 여기서 언급할 것은 다윈 역시도 처음에는 '자연도태'를 말하지 않았다는 점이다. 그 역시 '종의 불변성' 문제를 쉽게 부정할 수 없었던 까닭이다. 주목할 또 다른 사안은 '자연선택' 이론과 멜서스의 '인구론' 간에 상호 연결고리가 있다는 점이다.

23 당시 자연신학의 대표적 주창자는 M.L. Clarke Paley였다.

24 '지적 설계론'이 한국 교회의 핵심 담론인 상황에서 다윈에 의한 부정은 격노할 일일 것이다. 하지만 다음과 같은 반론을 주목한다면 그 상한 마음이 누그러지지 않을까 싶다. "어떤 지적인 존재가 이런 현실 세계를 미리 설계해 놓았고 그들은 그렇게 너덥고 끔찍한 세상에서 그토록 참혹한 현실을 살게 되었다고 말할 수 있을 것인가…?" 박일준, 「신학적 창조론의 모색-우연의 신학적 해석으로서 목적성과 창조성」, 기독교 통합학문연구소 발표 미간행 논문(2009.10.6), 바로 이런 맥락에서 다윈 자신도 하느님께서 생명의 종을 특별히 창조했다는 주장을 거두어야 한다고 말한 바 있다. 신재식, 「다윈 진화론의 자연신학 비판과 다윈 이후 진화론적 유신론 연구」, 미간행 논문, 9-10쪽.

25 초기 다윈은 지연신학을 읽을 정도로 성서에 마음을 빼앗겼으나 이신론을 거쳐 불가지론자가 되었다. 하지만 다윈은 자신을 결코 무신론자로 생각한 바 없었다.

26 그의 주저로는 일천 쪽 이상의 분량을 지닌 다음 책이 있다. S. J Gould, *The Structure of Evolutionary Theory*, The Belknap Press of Harvard Univ. Press, 2002. 다윈 진화론의 불완전함을 수정하려는 의도로 쓰여진 책이다. 전통적 다원주의를 전제하나 진화와 발생의 관계 모색을 그 내용으로 삼았다.

27 장대익, 『다윈의 식탁』, 김영사, 2008. 본 작업을 위해 필자는 이 책의 도움을 크게 받았다. 이하 내용은 본 책의 내용을 나름대로 심화시켜 정리한 것이다.
28 반(反)적응주의는 일명 최소적응주의로 불리기도 한다.
29 다윈은 자연선택(적응)의 기본단위가 개체이지만 집단을 위해 개체가 희생하는 방식으로 인간의 도덕성이 발전되어 왔다고 말한 바 있다. 그래서 자연선택의 단위가 '집단'이란 말도 가능할 수 있다.
30 이들에겐 유전자 자체가 자신을 표현함에 있어 '차이 제조자' Difference maker로서 역할한다는 신념이 있다. 결정론의 틀하에서 우발성을 인정하는 모양세를 하고 있다는 것이다.
31 이 점에서 다윈 자신은 하나의 종(種)이 변화하는 기간은 상상할 수 없을 만큼 길지만 그 種이 같은 형태를 유지해 온 기간에 비하면 오히려 짧다고 말한 바 있다. 이것은 '사라진 고리'에 대한 다윈 식의 해명이었고 等速說을 지지하려는 확고한 의도로 보인다. 진화론 자체가 폭이 넓다는 사실을 강조한 것이다.
32 재론하겠으나 필자 보기에도 단속 평형론은 지적 설계론자들에 의해 오용된 흔적이 많다. 굴드의 원래 의도와는 상관 없이 말이다.
33 진화와 진보를 등가적으로 이해한 사람은 당시 영국 사회를 개조하려 했던 H. 스펜서였다. 진화론이 정치가에 의해 왜곡된 대표적 경우라 하겠다. 빅토리아 왕조시대의 영국인들은 사회 진보를 진화론의 시각에서 이념화했다.
34 이는 물질 현상, 생명 현상 나아가 정신 현상으로의 질적 도약을 의미한다. 홀라키론에서도 비가역성은 긍정되고 있다. 하지만 홀라키론에서 퇴행이 진화와 더불어 말해지고 있다. 하지만 신(新)다원주의에는 퇴행 개념이 없다. 켄 윌버, 조효남 역, 『모든 것의 역사』, 대원출판, 2004, 참조.
35 특별히 도킨스는 진보를 주위 환경에 성공적으로 적응한 특성들이 축적된 상태로 여긴다. 그에게는 이런 진보가 진화인 셈이다.
36 종교를 '정신 바이러스'로 여기며 차라리 무종교가 세계 평화에 기여할 것이란 그의 주장에 호감을 표한 독자들이 많았다는 사실을 한국 기독교계는 비판에 앞서 깊이 성찰해야 할 것이다. 당시 기획자들의 분석에 의하면 출판 호황은 한국에 잠정적 무신론자들 수가 많음을 반증한다고 했다.
37 장대익, 앞의 책, 249-278쪽. 여기에서 장대익은 도킨스의 3부작이라 일컫는 이들의 내용을 상세히 정리해 놓았다. 이하의 내용은 본 책을 재(再)서술한 것이다. 『이기적

유전자』, 을유문화사, 2006 ; 『확장된 표현형』, 을유문화사, 2004 ; 『눈먼 시계공』, 사이언스북스, 2004 참조.

38 도킨스에게 있어서 '눈먼 시계공' 이란 말은 자연선택의 본질 그 자체를 드러내는 은유인 것이다.

39 R. 도킨스, 『만들어진 신』, 292쪽 이하 내용.

40 '밈' (meme)은 'memory' 의 'm' 과 'gene' 의 'ene' 의 합성어, 일종의 조어(造語)이다.

41 이런 입장은 같은 무신론이라도 『통섭』의 저자 E. 윌슨과도 변별된다. 윌슨의 경우 인간 마음은 초월자를 믿게끔 진화해 왔다는 '종교 적응주의' 를 표방했기 때문이다. 무신론자인 D. 데넷 역시도 '밈' 의 역할을 병리적으로만 보지 않았다. 유전자 수준에서 이기적이지만 상위의 수준에서 협동적일 수 있는 가능성을 인정한 것이다.

42 그래서 도킨스는 종교라는 '밈' 을 제거할 것을 본 책에서 강조했다. 종교가 대물림 되는 현실 속에서 그것이 결국 세상에 악을 초래한다고 보았던 것이다.

43 신재식 外, 앞의 책, 557-563쪽.

44 각주 26번 참조.

45 본고의 제목이 '생태학적 관점에서 본 진화론' 인 것을 유념하라. J. Haught, 앞의 책, 9장 여기서도 생태학과 진화론의 관계가 언급되어 있다. 굴드는 생명 역사에서 '우발성' - 여기에는 환경적 요인도 포함된다 - 은 피할 수 없는 운명이라 보았다.

46 굴드 자신은 이를 '숭첩뇌시 않은 삶의 권역들' (Non-Overlapping Magioteria)이라 했다. 일명 NOMA라 줄여 말하기도 한다. 장대익, 앞의 책, 206쪽.

47 위의 책, 212-214쪽. 그러나 정작 지적 설계론 자들은 굴드의 NOMA, 즉 과학과 종교를 상호 인정하는 태도를 거부했다. 진화론의 유신론적 근거를 배격할 목적에서이다. 종교를 자연주의적 틀 안에 가두는 결과를 초래한다고 보았던 까닭이다. 결국 이것은 종교와 과학 간 화해를 불가능한 것으로 보고 종교, 곧 기독교의 창조설만을 인정하려는 시대착오적 환상이라 여겨진다. 이승엽, 앞의 글, 14-16쪽. 참조.

48 왜냐하면 종래의 창조/진화 간의 대립을 유/무신론의 대립으로 이끌었기에 폭넓은 지지층을 확보할 수 있었던 것이다. 전자가 종교와 과학 간 대립 양상이었다면 후자는 종교 자체를 부정하는 결과로 비쳐졌기에 세를 결집할 수 있었다.

49 J. Haught, 김윤성 역, 『다윈 안의 神』, 지식의 숲, 2005, 287쪽.

50 위의 책, 342쪽. 우주의 생성 과정 안에서 유한자에게 생겨나는 고통과 오류 등의 필

연적 반응을 일컫는다.

51 위의 책, 291쪽, 294쪽.
52 C.F. 비이제커, 『자연의 역사』(삼성문고 1982)를 보라.
53 A. 화이트헤드에 의하면 우주 진화의 매사건 속에 객관적 불멸성이 축적되어 미래에 영향을 준다고 했다. 그래서 진화 과정에서 사라져 버리는 것은 아무 것도 없다고 하였다. 존 호트, 앞의 책, 325쪽.
54 위의 책 295-296쪽. 312-315쪽. 이 경우 神은 진화론적 생성 전체를 보존하는 '영원한 실재'(eternal entity)로서 자연 진화의 배후에 존재한다.
55 위의 책, 312쪽. 본 인용문은 화이트헤드의 다음 책에서 출처된 것이다. A. Whitehead, *Science and Modern World*, Newyork : The Free Press, 1967, 191-192쪽. 본 책의 한국어 번역판은 다음과 같다. 김준섭 역, 『과학과 근대세계』, 을유문화사, 1993.
56 위의 책, 302쪽.
57 여기서 호트는 '완벽하게 주어진 세계란 자신을 내주는 하느님 사랑과 논리적으로 적하치 않다'고 했다. 우주를 우발성의 영역으로 보는 것은 그러나 종래의 영지주의적 이원론과 비교될 수 없다. 위의 책, 342-343쪽.
58 J. Haught, 앞의 책, 151쪽.
59 위의 책, 152-153쪽.
60 위의 책, 160쪽 이하 내용.
61 위의 책, 161-162쪽.
62 역으로 우주와의 관계를 탈각시키는 금욕적 고립주의를 죄(죄성)라 불러도 좋을 것이다.
63 위의 책, 10장(165-184)은 본 사안을 주제로 했다. 이하 내용은 10장 내용을 비판적으로 정리한 것이다.
64 여기서 J. 호트는 과정사상의 시각을 선호했으나 필자는 그 입장을 뒤집어 생각할 것이다. 우주적 그리스도를 한국적으로 전개시키려는 의도 때문이다.
65 위의 책, 172-176쪽. 참조. 여기서 J. 호트는 요나스의 주제들 중 특별히 *Mortality and Morality*(Evanston : Northwestern Univ. Press 1996)에 의거하여 논지를 전개하고 있다.
66 이를 영어로 표현하면 'mind asleep' 혹은 'mind in the state of latency' 이다. 위의 책, 170쪽.

67 J. 몰트만 역시 '짐쭘' 내지 '쉐키나'와 같은 카발라 신비주의의 개념들을 신학화했다. 그러나 그는 유대적 맥락을 탈주한 방식으로 그리 한 것이다. 즉 '무로부터의 창조'와 '삼위 일체론'의 단초를 이로부터 생각했기 때문이다. J. 몰트만, 앞의 책, 112-120쪽 참조.

68 이를 일컬어 신학은 '겸비의 기독론'(Kenotic Christology)이라 명명한다.

69 이런 입장을 철저히 밀고 간 학자는 불트만 좌파에 속한 바젤의 신학자 프릿츠 부리(Fritz Buri)교수이다. 다음 책들이 관련된 저서이다. *Zur Theologie der Verantwortung* (Bern 1971) ; *Wie koennen wir heute noch von Gott verantwortlich reden?*(Tuebingen 1967)

70 위의 책, 176쪽, H. Jonas, 앞의 책, 126쪽 참조.

71 그러나 요나스에게 남는 결정적 질문은 우주 초기에 있어 '잠자는 의식'을 일깨우는 것이 무엇인지, 혹은 무생명에게 생명과 의식을 허용하는 것이 누구인지에 대한 물음이 분명치 않다는 점이다. 우주 자연 속의 하이라키 구조에 대한 언급이 없는 것도 논쟁거리이다. 위의 책, 182-183쪽.

72 H. Jonas, *Das Prizip Verantwortung*, p.234 ; 이은선·이정배,『현대이후주의와 기독교』, 다산글방, 1992, 349-353쪽.

73 프릿츠 부리는 '은총으로서의 책임'(Verantwortung als Gnade)이란 말로서 자신의 책임 신학의 핵심을 설명한 바 있다. 부리 교수는 '책임'을 주제로 요나스와 자신의 시각을 비교한 논문도 쓴 바 있다.

74 Illa, Delio, *Christ in Evolution*, Newyork : Marknoll, Orbis books 2008, ix-xi. 참조. 호트는 가톨릭 신학자인 델리오(Delio) 책의 서문을 써주었다.

75 지난 장에서 언급했듯 필자는 요나스에 따라 '목적' 개념과 비판적으로 관계한다. 우발성을 동반한 목적 내지 계획이긴 하지만 그것 역시 하느님의 최종 질서를 낙관하는 듯 보이기 때문이다. 대다수 진화 신학자들이 이 범주를 떠나지 못하고 있다. 이를 부정하면 곧바로 유물론적 진화론과 같은 것으로 폄하되지만 요나스의 경우 자연의 능동성과 인간의 책임성을 긍정하면서도 신을 포기하지 않는 제3의 길을 제시하고 있는 것이다.

76 매튜 폭스, 송형만 역,『우주 그리스도의 도래』, 분도출판사, 2002, 121-132쪽. 참조.

77 I. 델리오의 *Christ in Evolution*은 이 점을 밝힐 목적으로 쓰여진 책이다.

78 매튜 폭스, 앞의 책, 133-168쪽. 여기서 저자가 언급하는 성서 본문 몇 편을 소개하면

다음과 같다. 빌립보서 2:1-24, 로마서 8:14-39, 골로새서 1:15-20, 에베소서 1:3-14, 히브리서 1:1-4 등.

79 I. 델리오, 앞의 책, 39쪽.
80 위의 책, 같은 면.
81 각주 78 참조. 특별히 골로새서는 그리스도가 창조의 목적임을 강조한다.
82 고린도 전서 1장 17절 참조.
83 I. 델리오, 앞의 책, 48쪽.
84 바로 이 점을 주목하여 연구한 종교사학자의 저서를 소개한다. 일레인 페이겔스, 류점석 外역, 『아담, 이브 뱀-기독교 탄생의 비밀』, 아우라, 2009, 본 책 1장과 6장 내용을 보라.
85 I. 델리오, 앞의 책, 3장에서 저자는 본격적으로 Franciscan Cosmic Theology를 전개하고 있다.
86 위의 책, 49쪽.
87 본래 '차축 시대' 란 말은 기독교 계시신앙을 부정하려는 철학자 야스퍼스의 역사철학적 개념이었으나 '두 번째 차축 시대' 란 말을 사용한 학자는 달리 있다. *Ewert H. Cousins, Christ of the 21st Century*, Rockport, Mass,: Element Books 1992. 위의 책, 9쪽 이하 내용.
88 위의 책, 50-51. J.A. Lyons, *Cosmic Christ in Origin & Teilhard de Chardin*, London : Oxford Univ. Press. 1982. 9-10쪽에서 재인용.
89 우리 시대의 핵심 과제는 그리스도와 우주를 상호 연결시키는 작업일 수밖에 없다. 위의 책, 127쪽.
90 위의 책, 9-11쪽.
91 이하 내용은 위의 책 7장과 결론 부분에 소개된 파니카의 신학 내용을 비판적으로 정리한 것이다. 다음 책을 참고하라. R. Panikkar, *Christophany : The Fullness of Man*, trans by A. DiLascia, Marknoll, Newyork. : Orbis books, 2004.
92 위의 책, 169. 이 점에서 기독교인이 되는 의미를 I. 델리오는 다음 두 가지로 규정했다. 첫째는 자신 안에서 그리스도를 활기 있게 만드는 일이고 둘째는 다른 종교문화와의 관계 속에 들어가는 일이라 한 것이다. 위의 책, 179쪽.
93 위의 책, 152쪽.
94 위의 책, 152-153쪽.

95 위의 책, 153쪽. 이 말은 우리 시대의 통합 영성가, 켄 윌버(Ken Wilber)의 말인데 저자는 이에 대한 출처를 각주에 밝혀 놓지 않았다. 이에 관해서 필자의 책, 『켄 윌버와 신학 - 홀라키적 우주론과 기독교의 만남』, 시와 진실, 2008, 67-112쪽 참조.
96 위의 책, 167-168쪽.
97 심지어 I. 델리오는 그리스도의 재림을 우리 안에서의 그리스도의 탄생이라 부르기도 한다. 위의 책, 157쪽.
98 위의 책, 174쪽. G. 카우프만, 김진혁 역, 『예수와 창조성』, 한국기독교출판사, 2009, 3장 논문. 여기서 저자는 역사적 예수상을 '생 역사적 창조성'의 빛에서 재해석함으로 유사한 결론을 도출해 냈다.
99 다석학회 편, 『多夕 강의』, 현암사, 2007 참조. 이정배, 『없이 계신 하느님, 덜없는 인간』, 모시는 사람들, 2009. 이하 내용은 필자의 多夕 이해를 기초로 자유롭게 재 서술된 것임을 밝힌다.
100 『多夕강의』, 458쪽, 529쪽. 이런 관점에서 쓰여진 필자의 논문을 참조하라. 이정배, 「多夕 신학 속의 불교」, 『불교평론』, 2009년 가을, 11권(40호), 263-291쪽.
101 E. 윌슨, 권기호 역, 『생명의 편지』, 사이언스 북스, 2007.

홀라키적 진화의 신학적 비전 | 하태혁

1 존 쉘비 스퐁 감독, 김준우 역, 『기독교 변하지 않으면 죽는다』, 한국기독교연구소, 2001, 66쪽~67쪽.
2 원시 그리스도교적 묵시 문학적 모형→고대교회적 헬레니즘 모형→중세 로마가톨릭 모형→종교개혁 프로테스탄트 모형…근대 계몽주의 모형→현대의 다양한 모형들(변증법적 신학, 실존신학, 해석학적 신학, 해방신학, 제3세계 신학 등) 김승철, 『대지와 바람』, 다산글방, 1994, 14쪽 참고. 기독교의 역사는 모형 변이의 역사라고 부를 수 있다. 기독교는 소규모의 예수 운동으로부터 지금에 이르는 과정에서 끊임없이 새로운 인식체계의 대전환(paradigm shift)과 마주쳤다. 그리고 이에 어울리는 수많은 모형 변이들을 통해 적응하며 성숙해 왔고 지금도 그 변이들은 진행 중이다. 과학이 제시하는 우주관(물리학)과 생명의 기원(진화론) 그리고 인간의 내적 삶(심리학)에 대한 이해는 현대 기독교의 모형 변이를 요구케 하는 중요한 문제들이다.

3 켄 윌버, 조옥경·윤상일 역, 『에덴을 넘어』, 한언, 2009, 18쪽.
4 켄 윌버, 조효남 역, 『감각과 영혼의 만남』, 범양사출판부, 2000, 26~29쪽.
5 스무 가지 원칙 모두는 다음 참고. 켄 윌버, 조효남 역, 『모든 것의 역사』, 대원출판사, 2004, 551쪽, 552쪽.
6 켄 윌버, 『모든 것의 역사』, 47~49쪽.
7 앞의 책, 51~54쪽, 580쪽.
8 켄 윌버는 진화의 도약, 그 창발성으로 인해 다원주의나 신다원주의의 설명은 이제 받아들여지기 어렵다고 판단한다. 우연에 기댄 자연선택과 돌연변이로는 창발적 도약을 설명하기 어렵다는 것이다. 진화는 진보가 아니라는 관점이 주를 이루는 진화론자 진영에서 많은 반론을 제기하겠지만, 진화론자 진영에서도 진화 과정에 8번의 불가역적 도약이 나타났고 그 도약이 진보적인 특성을 지녔다는 관점이 제시된다. 진화론에 대한 윌버의 비판은 『모든 것의 역사』, 56쪽, 57쪽, 61쪽, 62과 『에덴을 넘어』, 37쪽, 38쪽, 452~454쪽를 참고. 불가역적 도약과 진화의 진보성 문제는 다음을 참고. 장대익, 『다윈의 식탁』, 김영사, 2008, 178~185쪽. 존 메이너스 스미스, 이올스 스자스마리, 한국동물학회 역, 『40억 년간의 시나리오』, 전파과학사, 2001.
9 켄 윌버, 『모든 것의 역사』, 60~64쪽, 581쪽, 582쪽.
10 쏘이라는 표현은 인격적 신과의 거리를 유지하려는 의도의 반영이다. 켄 윌버, 『모든 것의 역사』, 63쪽, 81쪽.
11 켄 윌버, 『모든 것의 역사』, 64~68쪽.
12 앞의 책, 68, 69쪽.
13 앞의 책, 69쪽.
14 켄 윌버, 『에덴을 넘어』, 448쪽. 용어들의 의미나 각 수준에 대한 설명은 뒤에 문화적 진화 과정을 살피면서 정리할 것이다.
15 앞의 책, 47쪽. 이 그림이 원(圓)인 이유를 윌버는 단지 간결하게 표현하기 위해서일 뿐, 수준 1과 수준 8이 충돌하는 것이 아니라고 한다. 1~8 수준은 수직적으로 볼 때 단계를 밟아 상승하는 계층구조이고, 궁극적으로 볼 때 절대로부터 나와 절대로 돌아가는 것을 표현한다는 것이다. 물론 『에덴을 넘어』의 결론부(444~464쪽)에 가면 진화와 역진화, 과학적 추락과 신학적 추락, 상승과 하강의 구조를 통해서 그 역동적 관계성을 다른 그림으로 해명한다.
16 켄 윌버, 조옥경 역, 『통합심리학』, 학지사, 2008, 202쪽.

17 켄 윌버, 『에덴을 넘어』, 53쪽, 54쪽.
18 켄 윌버, 『에덴을 넘어』, 55쪽에서 재인용. 어니스트 베커(Ernest Becker, 1924~1974)는 미국의 인류학자로서 죽음과 정신에 대한 연구서 『죽음의 거부』The Denial of Death로 퓰리처상을 수상했다. 같은 책 34쪽의 역주 참고.
19 켄 윌버, 『에덴을 넘어』, 20~26쪽 ; 켄 윌버, 『통합심리학』, 206~211쪽.
20 켄 윌버, 『에덴을 넘어』, 18-19쪽.
21 켄 윌버, 『통합심리학』, 208쪽.
22 앞의 책, 211쪽.
23 켄 윌버, 『에덴을 넘어』, 68쪽. 켄 윌버는 우로보로스의 수준을 이와 같이 규정하는 것을 증명하거나 반증할 결정적 방법은 없다. 그러나 그는 충분히 이렇게 추론할 수 있는 다양한 근거들을 제시한다. 노이만의 심리학적 진화, 겝서의 시대 발달 이론, 그리고 에른스트 카시러, 베르쟈예프 등의 이론과 고고학적 증거들이다. 피아제와 융, 프로이트 전통 등의 현대 에고 심리학자들, 일반 인지심리학자들의 이론도 추론의 근거로 제시한다. 자세한 내용은 같은 책, 67~76쪽 참고.
24 켄 윌버, 『에덴을 넘어』, 68쪽.
25 앞의 책, 91~94쪽. 윌버는 이 시기의 그림에 나타나는 다양한 타이폰 그림들, 동물 조상과 연결된 토템적 동일시 등의 인류학적 자료를 타이폰 단계에 대한 근거로 제시한다. 그리고 유아의 초기 의식에서 세계와 자아가 하나라는 피아제의 관점, 발달 초기 단계의 자기 마음이 아니라 신체에 집중된다는 프로이트의 관점이 타이폰 수준과 연관이 있다고 본다. 계통 발달이 개체 발달과 일치하지는 않아도 유사점을 지닌다고 전제하기 때문이다.
26 앞의 책, 118~127쪽, 146쪽, 147쪽. 물론 초의식 영역(수준 5까지)으로 도약한 진정한 샤먼도 분명 존재했다. 모든 단계에 대한 묘사는 집단의 평균 의식이다.
27 앞의 책, 252쪽.
28 보신(報身, sambhogakaya)은 수용신(受用身)이라고도 하는데, 오랫동안 선행을 쌓고 수행하여 무량한 공덕을 갖추게 된 몸을 뜻한다. 붓다의 몸인 법신은 보신을 통해서만 세상에 나타날 수 있다. 보신 영역은 보통의 깨어 있는 의식보다 더 정묘하다는 뜻으로 정묘 영역이라고도 하는 유신론적 신비주의 영역이다. 켄 윌버, 『에덴을 넘어』, 62쪽 ; 『모든 것의 역사』, 344쪽, 345쪽.
29 (法身, dharmakaya)은 진신(眞身)이라고도 하는데 육체나 형상화된 존재가 아니라

우주에 편만한 진리 자체를 의미한다. 법신 영역은 무신론적(무형상) 신비주의의 영역이다. 청정신(svabhavikakaya)은 화신·보신·법신 삼신의 통합인, 법신 종교의 정점으로서 비이원신비주의의 영역이다. 앞의 책, 62쪽, 379쪽 ; 『모든 것의 역사』, 370쪽, 372쪽.

30 켄 윌버, 『에덴을 넘어』, 298쪽.
31 켄 윌버는 자연발생적 기능으로는 문제가 되지 않았던 가부장제가 압제적 지위로 작용하면서 문제가 되었다고 본다. 또 가부장제가 발생하게 된, 정신분석학적, 발달 심리학적, 신화적 원리를 제시한다. 앞의 책, 334~365쪽.
32 켄 윌버, 『에덴을 넘어』, 381~383쪽, 477~480쪽.
33 화신(化身, nimanakaya)은 응신(應身)이라고도 하는데, 대승불교에서 붓다가 중생을 구제하기 위해 여러 가지 형상으로 변해서 나타나는 화신을 생각했다. 켄 윌버, 『에덴을 넘어』, 62쪽.
34 앞의 책, 484~486쪽.
35 전통적 신관의 문제점은 길희성, 『마이스터 엑카르트의 영성 사상』, 분도출판사, 2003, 10~16쪽 참고. 성서와 신앙 체험에서의 범재신론적 측면은 마커스 보그, 한인철 역, 『새로 만난 하느님』, 한국기독교연구소, 2001, 68~96쪽 참고.
36 Daniel A. Helminiak, *Religion and Human Science : An approach via Spirituality*, 272~273, 이정배, 『기독교 자연신학』, 212쪽 재인용.
37 Raimundo Panikkar, *The Unknown Christ of Hinduism*(NewYork; Orbis Book, 1981), p.28.
38 삼위일체 교리의 형성 과정과 그 신학적 의의에 대해서는 다음을 참고. 서창원, 『살림의 신학』, 한들출판사, 2001, 34~40쪽.
39 Sallie McFague, *Body of God : An Ecological Theology*(Minneapolis : Fortress Press, 1993), 191~193쪽.
40 켄 윌버, 『모든 것의 역사』, 63쪽, 81쪽.
41 온수준은 존재의 대사슬이나 대겹둥지에서 물질, 생명, 마음, 정신 등의 수준들 모두를 의미한다.
42 길희성, 『마이스터 엑카르트의 영성 사상』, 분도출판사, 2003, 73~75쪽.
43 매튜 폭스, 송형만 역, 『우주 그리스도의 도래』, 분도출판사, 2002, 121쪽에서 재인용.
44 인과적 영역과 비인과적 영역에 대해서는 다음을 참고. 켄 윌버, 『모든 것의 역사』,

360~380쪽.

45 그리스도 사건을 말씀 현현의 충만성으로 재해석하는 종교신학의 관점은 다음을 참고. Jacques Dupuis S.J., *Christianity and the Religion; from confrontation to dialogue*, trans. Phillip Berryman(NewYork; Orbis Books, 2002), p.129~132.

46 신앙 고백적 접근과 구성적 접근의 구분에 대해서는 다음을 참고. 신재식, 「현대 "자연의 신학"에 대한 연구 : 샌트마이어와 맥페이그를 중심으로」, 호남신학대학교 편, 『생태학과 기독교 신학의 미래』, 한들출판사, 1999, 140~144쪽.

47 켄 윌버 저, 『모든 것의 역사』, 534쪽.

48 Sallie McFague, *Body of God : An Ecological Theology*, p.149.

49 바울 서신에서 $\Pi\sigma\tau\iota\ \tau\omega\ X\rho\iota\sigma\omega$를 '그리스도의 믿음'으로 번역할지 '그리스도에 대한 믿음'으로 번역할지의 문제를 분석하여 '그리스도의 믿음'으로 번역해야 함을 논증한다. 박익수, 『바울의 서신들과 신학 II』 335~400쪽.

50 켄 윌버, 『에덴을 넘어』, 371~373쪽.

51 켄 윌버, 김철수 역, 『무경계』, 무우수, 2005, 55~58쪽.

52 켄 윌버, 『모든 것의 역사』, 272쪽.

53 Ken Wilber, *Intergral Psychology*(Boston; Shambhala Publications, 2000), 211쪽에 제시된 표를 간략하게 선택적으로 축약한 것이다. 본래의 표에는 좀 더 각 단계의 경계가 유동적으로 제시되어 있다.

54 켄 윌버, 『통합심리학』, 106쪽.

55 앞의 책, 160쪽, 161쪽, 켄 윌버, 『모든 것의 역사』, 595쪽.

56 지혜의 길과 자비의 길에 대해서는 켄 윌버, 『모든 것의 역사』, 411쪽, 412쪽을, 진화와 역진화에 대해서는 켄 윌버, 『에덴을 넘어』, 447~451쪽을 참고.

57 『새번역성경』 창세기 1:1, 2a에 대해 각주로 제시된 또 다른 번역이다. 이 해석은 무로부터의 창조에 있어서 '무'에 대한 새로운 해석이 가능하게 한다. 켄 윌버가 제시하는 바탕무의식의 망각과 혼란에도 어울리는 번역이다.

58 켄 윌버, 『에덴을 넘어』, 445쪽.

59 다니엘 L. 밀리오리 저, 장경철 역, 『기독교 조직신학 개론』, 한국장로교출판사, 1994, 334쪽.

60 치유의 문제는 중요한 통찰이다. 예수의 사역에서는 용서와 치유가 하나였다. 게다가 그 치유가 사회와 우주에 이르는 차원을 지녔었다. 이런 역사적 예수의 치유 사역

은 그러므로 켄 윌버의 온수준 온상한적 위생학을 통해서 더 잘 해석될 수 있다.
61 아내 트레야와 함께 한 암투병 이야기에 대해서는 다음을 참고. 켄 윌버, 김재성·조옥경 역, 『세상에서 가장 아름다운 용기』, 한언, 2006.

공감의 윤리에서 본 신 명령론과 도킨스의 진화생물학에 입각한 도덕 이론
| 최중민

1 문성학, 『칸트 윤리학과 형식주의』, 대구: 경북대학교출판부, 2006, 11쪽. 문성학은, "도덕적으로 행위한다는 것은 자신의 행위에 책임지는 방식으로 행위한다는 것을 의미한다"는 칸트의 주장을 근거로 해서 칸트의 윤리학을 '책임의 윤리학'으로 부르기도 한다.
2 James Rachels, 김기순 역, 『도덕 철학』 The Elements of Moral Philosophy, 서울: 서광사, 2004, 202쪽. 레이찰스는 칸트의 윤리 이론에서 형벌 이론을 보복주의로 정의했다. 왜냐하면 칸트에게 인간 존중이란 인간이 그 행위에 대해 책임을 다 할 수 있는 능력과 그 행위를 결정한 인간의 이성에 대한 존중을 의미한다고 주장했기 때문이다. 칸트에게 '인간성을 목적으로 대하는 것'이란 이성적 행위자가 각 행위에 맞는 책임을 지게 하는 것이기도 했다.
3 첫째, 괴로움을 느낄 수 있으면서 도덕적 합의가 가능한 이성적 존재자들에 대한 대우, 둘째, 도덕적 합의가 가능하지는 않지만 괴로움을 느낄 수 있는 존재자들에 대한 대우, 셋째, 도덕적 합의도 가능하지 않고 괴로움도 느낄 수 없는 존재자들에 대한 대우이다. 이것에 대해서는 뒤에 더 자세하게 다룰 것이다.
4 필자는 자아의 존재 여부 또한 불확증성의 영역 안에 둔다. 그러므로 본 지면에서 필자가 언급하는 '자아'란 존재 여부에 관련된 논리적 확증성을 확보하였다고 간주하는 개념이 아님을 밝힌다. 이 개념은 필자의 구성에 필요한 전거로서 확증하지 않은 채 사용되는 임시적 개념임을 밝힌다.
5 Edmund Husserl, 이영호·이종훈 역, 『현상학의 이념 엄밀한 학으로서의 철학』 *Die Idee der Phomenologie], Philosophie als strenge Wissenschaft*, 경기: 서광사, 2006, p.57.
6 Husserl, p.51.

7   자아가 지평을 갖는다는 것은 자아가 그 안에서 스스로의 법칙을 만들어 가진다는 것을 의미한다. 이것은 자아와 외부 세계의 존재 여부가 어떻든 간에 자아가 경험하는 것들(사건)에 대한 해석의 방식과 관련된다. 자아는 인식 과정에서 경험된 것들에 대한 나름대로의 가치 판단을 하며 그러한 판단의 양태는 자아의 인식 과정 속에서 하나의 법칙으로 자리 잡는다. 이 '자리 잡는다' 는 말이 변화하지 않는다는 것을 뜻하는 것은 아니다.
8   물론 '사건' 또한 자아 외부에 객관적으로 존재하는지는 확증 불가능하다.
9   물론 이러한 논리를 엄밀하게 밀고 나가면 '자아' 라는 것은 성립되지 않는다. 그것은 조건의 만남이 연속되는 사건이기 때문이다. 그러므로 도덕은 사건에 대한 사건으로서의 반응에 대한 것이라고 할 수 있다.
10 Husserl, p.85.
11 Immanuel Kant, 이석윤 역, 『판단력 비판』 *Kritik der Urteilskraft*, 서울: 박영사, 1974, 305쪽.
12 Epikouros, 오유석 역, 『쾌락』, 서울: 문학과 지성사, 2008, 20쪽. 이 책은 에피쿠로스가 썼거나 혹은 썼다고 추정되는 여러 문헌들을 '쾌락' 이라는 제목을 달아 한 권의 책으로 엮은 것이다. 그러나 책 겉표지에 '오유석 옮김' 으로 되어 있기에 '오유석 편' 으로 표기하지 않고 '오유석 역' 으로 표기했음을 밝힌다.
13 Jeremy Rifkin, 신현승 역, 『육식의 종말』 *BEYOND BEEF*, 서울: 시공사, 2009, 221-276쪽.
14 Rachels, 189쪽.
15 여기서의 문제는 이 경전에 대한 도덕적 해석이 신 명령론자들 사이에서도 다르다는 것이다. 왜냐하면 어떠한 유신론 종교의 경전(예를 들어 기독교의 성서) 속에서는 일관된 신의 명령을 찾아보기 어려우며 부분마다 각기 다른 가르침이나 모순된 명령을 하고 있기도 하기 때문이다. 경전 속에서 발견되는 다양한 신의 명령 중 무엇이 현재 신이 자아에게 주는 명령인지는 또 다른 논의거리가 된다.
16 Kai Nielsen, *Ethics Without God* (London : Pemberton, 1973), chap. p.3.
17 Rachels, p.77.
18 Stephen Jay Gould, 『다윈 이후』 *EVER SINCE DARWIN : REFLECTION ON NATURAL HISTORY*, 서울: 사이언스북스, 2009, p.44.
19 Rachels, p.233.

20 정연교, 「윤리의 세방화를 촉진시킨 다윈과 다원주의」, 최재천 외, 『21세기 다윈혁명』, 서울: 사이언스북스, 2009, 44쪽.
21 정연교, 44쪽.
22 정연교, 44쪽.
23 Richard Dawkins, 『이기적 유전자』 The Self Gene, 서울: 을유문화사, 2010, 45-46쪽.
24 Dawkins, 130쪽.
25 정연교, 42쪽.
26 Rachels, 159쪽.

진화론의 우연개념과 진리 사건의 우연성 개념 | 박일준

1 "창세기는 종교적 계시와 가르침의 책이지, 결코 천문학이나 생물학의 논문이 아니다"고 아얄라는 주장한다(Francisco Ayala, *Darwin and Intelligent Design* [Minneapolis: Fortress Press, 2006], p.104). 따라서 하나님이 세계를 창조하셨다는 사실을 믿는 것과 자연 과정들에 의해 우주의 모든 사물이 초래되었다는 과학적 사실을 신뢰하는 것이 동시적으로 가능하며, 이것들이 반드시 갈등을 야기하지는 않는다(F. Ayala 2006, 104).

2 과학적 학문에서 말하는 것과는 다른 진리를 기독교는 전하고 있다는 발상 안에는 신학의 정치적 기득권을 사수하려는 의도가 함축되어 있음을 보게 되는 것은 우리가 역사적 사실들을 검토해 볼 때, 신학은 학문의 세계와 유리되는 분야가 아니었음을 알게 될 때이다. 예를 들어, 토마스 아퀴나스는 지식의 두 원천을 구분하였는데, "이성"과 "신적 계시"였다(F. Ayala, *Darwin and Intelligent Design*, viii). 따라서 두 가지 진리가 존재하는데, "성육신과 삼위일체처럼 오직 신적 계시에 의해서만 알려질 수 있는" 진리와 "인간의 이성에 의해 다가갈 수 있는" 진리이다. 아퀴나스에게 하나님의 존재는 인간의 이성으로 다가갈 수 있는 영역의 진리였다. 그러면서 아퀴나스는 합리적 진리와 계시는 "양립 불가능한 것이 아니라"(not incompatible)고 주장하면서, 모순들은 "성서에 대한 잘못된 해석의 결과이거나 불완전한 추론의 결과로 나타날 뿐"이라고 하였다(F. Ayala, *Darwin and Intelligent Design*, viii). 또한 어거스틴은 『창세기 주석』에서 "기독교인들은 과학적 문제들을 성서로 해결지으려 해서는 안 된다. … 하늘

의 형태 문제에서 성서 기자들은 사람들에게 그들의 구원에 하등 도움이 안 될 사실들을 가르치고자 원하지 않았다"고 적고 있다(F. Ayala, *Darwin and Intelligent Design*, viii). 덧붙여, "만일 성서의 권위가 분명하고 확실한 추론과 대립각을 세우고 있다면, 이는 반드시 성서를 해석하는 사람이 그(성서)를 올바로 이해하지 못한다는 사실을 의미한다"고 말한다(F. Ayala, *Darwin and Intelligent Design*, viii). 일반 학문의 해석과는 전혀 다른 해석들만이 신학의 고유한 해석이라고 말하는 신학자들은 대개 일반 학문에 대한 학습 능력을 상실한 이들인 경우가 많다. 자신들의 학문적 무능력을 신학적 고유성이라고 말하는 이 치사하고 발칙한 정치적 뻔뻔함. 더구나 진화와 창조에 관하여 닛사의 그레고리(Gregory of Nyssa, 335-394)와 어거스틴은 하나님이 모든 피조물들을 시초부터 창조하신 것은 아니라고 보았다. 피조물들 중 일부는 하나님이 피조하신 것으로부터 역사의 시간을 통하여 진화한다고 본 것이다. 그래서 닛사의 그레고리는 우주는 연속하는 두 단계로 도래하게 되었는데, 첫 번째 단계는 동시적이고 즉각적인 단계이고, 두 번째 단계는 형성적이고 점진적인 단계라고 보았다. 어거스틴은 하나님이 많은 동식물 종들을 직접적으로 창조하시기보다는, 간접적으로, 즉 그들의 잠재성으로 창조하셔서, 자연 과정들에 의해 그 잠재성들이 실현되도록 하셨다고 보았다(F. Ayala, *Darwin and Intelligent Design*, p.25).

3 John F. Haught, *Deeper than Darwin: The Prospect for Religion in the Age of Evolution* (Cambridge, MA: Westview Press, 2003), p.7.
4 J.F. Haught, *Deeper than Darwin*, p.15.
5 J.F. Haught, *Deeper than Darwin*, p.16.
6 J.F. Haught, *Deeper than Darwin*, p.17.
7 J.F. Haught, *Deeper than Darwin*, p.19-20.
8 J.F. Haught, *Deeper than Darwin*, p.42.
9 J.F. Haught, *Deeper than Darwin*, p.60.
10 J.F. Haught, *Deeper than Darwin*, p.160.
11 F. Ayala, *Darwin and Intelligent Design*, p.1.
12 본고는 하나님/하느님 구분을 거절한다. 이는 하나님이나 하느님 용어가 그 언어기표들이 가리키는 실재를 충실하게 '재현' 하거나 '지시' 하지 못한다는 것을 강조하기 위함이다. 다시 말하면, 본고에서 사용되는 하나님 혹은 하느님의 용법은 그 어떤 일관성이나 원칙을 준수하지 않는다. 그러한 원칙이나 일관성에 대한 집착이 도리어 기

표들이 지시하는 실재를 왜곡하고 있다고 보기 때문이다. 그러나 이 무원칙주의는 말 그대로 '혼동'을 의미하는 무원칙이 아니라 무/원칙인데, 원칙을 담지하고 있지 않은 가운데 나름대로 질서를 갖고 사용된다는 뜻이다. 즉 철학이나 인문학 담론에서 지시하는 궁극적인 어떤 것을 가리킬 때에는 주로 '하느님'이라는 표현을, 그리고 기독교 신앙과 결부된 경우에는 주로 '하나님'이라는 표현을 사용한다. 결국 하나님/하느님 기표들이 가리키는 실재는 기표들이 함축하는 바를 넘어선 존재이다.

13 지적 설계론(intelligent design theory)은 일종의 "만병통치약"이다(F. Ayala, *Darwin and Intelligent Design*, xi) : "지적 설계 주장은 하나님의 존재에 대한 과학적 지지의 모양새로 스스로를 거짓되이 제시하면서, 자신들의 종교적 믿음들을 소중히 여기고 있는 선한 의지의 사람들에게 지적 설계 주장이 수긍될 수 있도록 만든다"(F. Ayala, *Darwin and Intelligent Design*, xi).

14 F. Ayala, *Darwin and Intelligent Design*, p.97.

15 F. Ayala, *Darwin and Intelligent Design*, p.98.

16 F. Ayala, *Darwin and Intelligent Design*, p.99.

17 왜 '완벽한 설계'를 주장할 수 없는 것일까? 먼저 포유류의 골격 구조가 매우 유사하다는 것을 보게 된다. 각 종들이 살아가는 방식들이 무척이나 다른데 골격 구조가 매우 유사하다. 실용적인 관점에서 보자면, 거북이와 고래가 수영을 하거나, 말이 달리거나, 사람이 글씨를 쓰거나 새가 앞다리 구조로 날갯짓을 하는 것 등은 완벽한 설계로 보이지 않는다. 각 활동에 보다 적합하고 완벽한 설계를 할 수 있었을 것으로 여겨지지만, 나름대로 각 환경에 '적합하게' 적응하고 있는 것처럼 보여진다. 즉 각각의 삶의 스타일에 나름대로 적응한 골격 구조이지만, 처음부터 완벽한 설계에 근거해 창조된 것으로 여겨지지 않는다는 것이다. "지적 설계"(intelligent design)를 말하기에는 유기체들의 구조가 너무나 완벽과 거리가 멀다(F. Ayala, *Darwin and Intelligent Design*, 34). 아얄라(Ayala)에 따르면, "자연선택은 유기체들의 환경에 대한 적응을 기술"하는 것으로서, 이 적응을 목적하는 유기체의 '몸'이란 "지능적인" 완벽한 설계를 지니고 있는 것이 아니라, "불완전하고 기능장애들(dysfunctionalities) 투성이다"(F. Ayala, *Darwin and Intelligent Design*, x).

18 F. Ayala, *Darwin and Intelligent Design*, p.3.

19 F. Ayala, *Darwin and Intelligent Design*, p.5-6 ; 페일리의 이 시계 논증은, 퍼어스의 용어를 빌린다면, "귀추법"(abduction)을 사용한 것이다. 즉 시계를 설명할 수 있는 다른

가설(자연 진화)보다 누군가의 설계를 통해 만들어졌다는 설계 가설이 더 설득력을 담지하고 있음을 보여 줌으로써, "우연"이 아니라 "설계"가 더 타당함을 주장하기 때문이다(E. 소버, 『생물학의 철학』, 71쪽). 당시로서 페일리의 논증은 나름대로의 설득력을 담지하고 있었는데, 예를 들어, 데이비드 흄은 창조설을 비판하면서, 지적 설계론을 만족스럽게 비판해 내지 못한다. 지적 설계론과 "무작위적 발생설"을 경쟁 이론으로 놓고 비판을 위한 비교를 시도했기 때문이다. 무작위적 발생과 비교해 볼 때 설계 이론이 담지한 장점은 확실하다. 우리는 시계처럼 복잡하고 정교한 생물체를 놓고, 무작위적 발생 사건들의 산물로 보는 것보다는 지적 설계의 산물로 보는 것이 더 상식적으로 호소력을 지니고 있기 때문이다.

20 F. Ayala, *Darwin and Intelligent Design*, p.7.
21 엘리엇 소버(Elliot Sober), 민찬홍 역 『생물학의 철학』(*Philosophy of Biology*), 서울: 철학과 현실사, 2004, 93쪽.
22 F. Ayala, *Darwin and Intelligent Design*, p.12.
23 F. Ayala, *Darwin and Intelligent Design*, p.12.
24 F. Ayala, *Darwin and Intelligent Design*, p.14.
25 F. Ayala, *Darwin and Intelligent Design*, p.19.
26 F. Ayala, *Darwin and Intelligent Design*, p.20.
27 F. Ayala, *Darwin and Intelligent Design*, p.22.
28 F. Ayala, *Darwin and Intelligent Design*, p.22.
29 스티븐 제이 굴드(Stephen Jay Gould), 이명희 역 『풀하우스: 진화는 진보가 아니라 다양성의 증가다』(*Full House: The Spread of Excellence From Plato to Darwin*), 서울: 사이언스북스, 2002, 197쪽.
30 S. 굴드, 『풀하우스』, 195쪽.
31 S. 굴드, 『풀하우스』, 309쪽.
32 F. Ayala, *Darwin and Intelligent Design*, p.53.
33 E. 소버, 『생물학의 철학』 20; 하지만 이러한 진화에 대한 정의는 사실 "유전자 형과 같은 유전자 조합(combination)의 빈도를 기술하지 못"하고, 한 종에 속한 개체 유기체들의 수적 변화를 포함하지도 못하기 때문에 진화에 대한 완벽한 정의로는 여러 면에서 부족하다고 소버는 또한 지적한다(『생물학의 철학, 25쪽; 26쪽).
34 진화를 구성하는 기본 요소는, 소버에 따르면, 세 가지가 있는데, (1) 개체들 사이의

변이, (2) 변이에 따른 적응도의 차이 그리고 유전성이다. 이 요인들을 고려할 때, 진화란 "적응도상의 유전성 변이(heritable variation in fitness)"를 의미한다.(E. 소버, 『생물학의 철학』, 35)

35 F. Ayala, *Darwin and Intelligent Design*, pp.54-55.
36 F. Ayala, *Darwin and Intelligent Design*, p.55.
37 Ernst Mayr, *This Is Biology: the Science of the Living World*, (Cambridge, MA: the Belknap Press of Harvard University Press, 1997), p.67.
38 E. Mayr, *This Is Biology*, p.68.
39 E. Mayr, *This Is Biology*, pp.172-174.
40 E. Mayr, *This Is Biology*, p.188.
41 E. Mayr, *This Is Biology*, p.198.
42 E. Mayr, *This Is Biology*, p.189.
43 F. Ayala, *Darwin and Intelligent Design*, p.57.
44 F. Ayala, *Darwin and Intelligent Design*, p.57.
45 소버에 따르면 유전자의 빈도 변화를 유발할 수 있는 원인들에는 (1) 돌연변이, (2) 이주(migration), (3) 무작위적 유전적 부동(random genetic drift), 그리고 (4) 유전자 재조합(genetic recombination) 등이 있다.(『생물학의 철학』, 50-51쪽).
46 F. Ayala, *Darwin and Intelligent Design*, p.58.
47 F. Ayala, *Darwin and Intelligent Design*, p.58.
48 F. Ayala, *Darwin and Intelligent Design*, p.60.
49 F. Ayala, *Darwin and Intelligent Design*n, p.61; p.62.
50 F. Ayala, *Darwin and Intelligent Design*, p.62.
51 아얄라는 박테리아를 예로 드는데, E. coli 박테리아는 실험실 배양기에서 번식할 수 있으려면 아미노산 히스티딘을 필요로 하는데, 액체 배양 물질을 담은 유리관에 그런 박테리아를 몇 개만 집어넣어도 하루 이틀 사이에 이, 삼백억 마리로 증식한다. 여기에 항생제 스트렙토마이신 한 방울을 떨어뜨리면, 대부분의 박테리아가 죽게 되는데, 이삼 일 후 다시 수억 마리의 박테리아가 배양기에 살아 우글거린다. 왜냐하면 박테리아가 1억 마리당 한 마리의 비율(1/108)로 돌연변이를 일으켜 스트렙토마이신에 저항력을 갖는 박테리아가 2-3백 마리 정도 살아남아 다시 증식을 하기 때문이다. 이렇게 스트렙토마이신에 저항력을 갖게 된 박테리아를 히스토신이 공급 안 되는 배양기

로 옮겨 놓으면, 대부분의 박테리아가 죽게 되지만, 히스토신 없이 성장 인자를 만들어 낼 수 있는 돌연변이 박테리아가 앞의 경우처럼 살아남아, 다시 증식을 해서, 수억 마리의 박테리아로 성장한다. 이때 주목할 만한 것은 이 돌연변이 과정을 통해 이전 세대의 박테리아가 지니고 있지 않던 '새로운' 특성들이 박테리아에게 생겼다는 것이다. 즉 자연선택 과정은 단순히 무작위적인 돌연변이 과정이 아니라, 특정 상황에 적응하고 장애들을 새롭게 극복해 나아가는 창조적 과정이다(F. Ayala, *Darwin and Intelligent Design*, pp.62-64).

52 F. Ayala, *Darwin and Intelligent Design*, p.64.
53 E. 소버, 『생물학의 철학』, 236쪽.
54 E. 소버, 『생물학의 철학』, 240쪽.
55 Herbert Simon이 자신의 책 *The Sciences of the Artificial* (2nd edition [Cambridge, MA : MIT Press, 1981])에서 제시한 개념으로서, 영어의 satisfaction과 suffice 라는 단어를 합성하여 만든 신조어이다. 이는 사람들이 어떤 물건을 고르거나 선택을 할때, "충분히 좋다고 마음속에 떠오르는 첫 번째 선택을 [주로] 받아들인다"는 사실을 가리키기 위해 창안되었다(E. Sober and D.S. Wilson, *Unto Others: The Evolution and Psychology of Unselfish Behavior*, 2nd printing [Cambridge, MA: Harvard University Press, 1999], p.241). 이러한 심리 기제는 각 사람이 불필요한 숙고로 에너지를 낭비하지 않도록 해주는 진화적 이유가 있다고 소버와 윌슨은 설명한다; 참고 - 박일준, 「이기주의와 이타수의 논생 : 도킨스와 윌슨의 논쟁 - 시이의 관점에서」, 『조직신학논총』 23, 2009, 231; R. 도킨스, 『확장된 표현형』, 99쪽.
56 리처드 도킨스, 홍영남 역 『확장된 표현형: 〈이기적 유전자〉 그 다음 이야기』 *The Extended Phenotype*, 서울: 을유문화사, 2004, 100쪽.
57 Ibid..
58 R. 도킨스, 『확장된 표현형』, 345쪽.
59 F. Ayala, *Darwin and Intelligent Design*, 68쪽.
60 Stephen Jay Gould, *The Structure of Evolutionary Theory* (Cambridge, MA: The Belknap Press of Harvard University Press, 2002), p.611; 여기서 '복잡성' 혹은 복잡화(complexification)와 다양화(plurification)의 차이를 잠시 언급하고 넘어가는 것이 필요할 듯하다. 통상 어떤 종이 다양화된다는 것은 진화를 진보 혹은 고등화로 보는 입장에서는 차이가 없겠지만 진화가 종이 보다 고등한 종으로 발전 혹은 진보해 나가는

것을 의미하지는 않는다고 보는 입장에서는 복잡화와 다양화는 근원적으로 다르다. 한 종의 생물적 구성이 복잡화된다는 것은 그 종이 고등하게 진화하는 방향으로 나아간다는 것을 함축한다. 하지만 다양화란 기존에 존재하는 종과 다른 특이성을 새로이 확보한다는 것을 의미하는 것으로 이것이 반드시 고등화되었다는 것을 의미하지는 않는다. 이전보다 더 다양한 개체들로 번식해 나아간다는 것을 의미할 뿐, 그 다양해진 개체들이 모두 고등하게 진화했다는 것을 말하지는 않는다.

61 Lisa H. Sideris, *Environmental Ethics, Ecological Theology and Natural Selection*, Columbia Series in Science and Religion (New York: Columbia University Press, 2003), p.15.
62 Ibid..
63 Ibid..
64 S. 굴드, 『풀하우스』, 12쪽; 14쪽.
65 S. 굴드, 『풀하우스』, 24쪽.
66 S. 굴드, 『풀하우스』, 38쪽.
67 S. 굴드, 『풀하우스』, 250쪽.
68 S. 굴드, 『풀하우스』, 258쪽.
69 S. 굴드, 『풀하우스』, 67쪽.
70 S. 굴드, 『풀하우스』, 93쪽; 이와 연관된 진화론 내부의 또 다른 논쟁은 바로 자연선택의 단위(unit of selection)가 무엇인가에 관한 것이다. 굴드의 말을 빌리자면, 진화는 결국 "개체 선택"(individual selection)이다. 하지만 다양한 진화 이론들을 고려할 때, 진지하게 물어져야 할 궁극적인 물음은 곧 '개체란 무엇인가?'의 물음이다(S.J. Gould, *The Structure of Evolutionary Theory*, p.599). 윌슨과 소버(E. Sober and D.S. Wilson)는 자연선택 단위의 다양성을 주장하면서 개체(individual)와 집단(group) 모두 유기체로 간주될 수 있다는 점에서 환경에 적응하는 한 단위의 유기체로서 집단과 개체 모두를 선택 단위로 간주할 수 있다고 주장하면서, 다차원 선택 이론을 주장하였다(E. Sober and D.S. Wilson, *Unto Others*). 하지만 굴드는 다윈의 이론으로 되돌아가서 자연선택을 살펴보면, 진화의 선택 단위는 분명히 개체라고 주장한다. 물론 다양한 생물 조직화의 단계들을 살펴볼 때, 그 다양한 층위들에서 다양한 선택들이 이루어져, 유기체적 특성을 보여 주는 것이 사실이지만, 그러한 유기체적 특성을 보여 주는 조직 단위들이 자연선택의 단위로 작용하는 것은 그들이 '개체'들로서의 특성을 연출하기 때문이지 결코 유기체적 집단이기 때문이 아니다(S.J. Gould, *The*

Structure of Evolutionary Theory, p.600). 개체란 그 생명의 명확한 시작 지점과 종결 지점을 갖고 있으며, 그 시작과 종결 사이 기간 동안 "충분한 안정성"을 유지한다(S.J. Gould, The Structure of Evolutionary Theory, p.602). 하지만 이러한 기준만 가지고 자연선택 단위인 '개체'를 정의할 경우, 우리는 '지구'와 같은 사물도 하나의 개체로 간주해야 하는 상황에 놓이게 된다. 그래서 굴드는 다시 "유전성"(heredity)과 "번식"(reproduction)이라는 기준을 거기에 더하여 개체를 정의하고자 한다(S.J. Gould, The Structure of Evolutionary Theory, 610). 즉 개체란 번식을 통해 다음 세대를 출산할 수 있어야 하고, 그 과정에서 다음 세대로 주요한 유전적 특성들을 물려줄 수 있어야 한다는 것이다. 이 과정에서 굴드의 관점으로 진화란 "보다 고등한 개체들의 창발적 속성들"에 작용하는 자연선택을 통해 작동해 나아가는 것으로서, 이 관점에 근거하여 도킨스의 유전자 선택설 혹은 자기-복사자 선택설을 자연선택 단위에 대한 "전적으로 개념적인 오류"(a purely conceptual error)라고 비판한다(S.J. Gould, The Structure of Evolutionary Theory, p.614; p.613). 즉 자연선택은 유전자들 혹은 자기 복사자들에 대한 선택이 아니라 그들을 통해 연출되는, 유전자보다 상위의 창발하는 표현형적 성질들에 대하여 작용하는 것이고, 그렇다면 자기-복사자들은 그러한 표현형들을 만들어 내는 "작용 인자들"(causal agents)이지 결코 선택 단위가 아니라는 것이다(S.J. Gould, The Structure of Evolutionary Theory, p.614). 따라서 복사자(replicator)와 운반자(vehicle)로 구분한 도킨스의 유전 기제를 다소 변형하여, 복사자와 상호작용자(interactor)로 구분히면서, 굴드는 자연선택은 복사의 수준에서 이루어지는 것이 아니라, '상호작용'의 수준에서 일어나고 있음을 지적한다(S.J. Gould, The Structure of Evolutionary Theory, p.615). 따라서 도킨스는 자연선택 단위 논쟁의 층위를 혼동하고 있다고 굴드는 비판한다. 더 나아가, 선택 단위의 목표는 단순한 복사가 아니라, 다양성의 증가이며 이를 통해 변화하는 환경에 보다 적응된 후대를 만들어 낼 것을 목적으로 한다(S.J. Gould, The Structure of Evolutionary Theory, p.621). 요약하자면, 굴드는 도킨스가 운반자라고 하던 상호작용자(interactor)를 "선택인자"(agent)로 보고, 도킨스의 복사자를 "전달자"(transmitter)라고 보면서, 자연선택의 단위를 "개체"(individual)로 정리한다(S.J. Gould, The Structure of Evolutionary Theory, p.633). 얼핏 당연해 보이는 굴드의 주장은 '종'을 하나의 개체로 보려는 발상이 담겨 있으며, 이 종 분화 과정을 '단속 평행설'(punctuated equilibrium)으로 설명한다. 이를 다루는 것은 본고의 제한된 지면으로 가능치 않은 일이며, 단지 굴드가 말하는 '개체 선택' 개념에는 '종 선택' 개념이 함축되어 있음을 지적하고자 한다.
71 Richard Lewontin, *The Triple Helix: Gene, Organism and Environment* (Cambridge, MA: Harvard University Press, 2000), p.20.
72 R. Lewontin, *The Triple Helix*, p.20.
73 R. Lewontin, *The Triple Helix*, p.30.
74 R. Lewontin, *The Triple Helix*, p.36.
75 R. Lewontin, *The Triple Helix*, p.48.
76 R. Lewontin, *The Triple Helix*, pp.51-54.
77 R. Lewontin, *The Triple Helix*, p.58.
78 R. Lewontin, *The Triple Helix*, p.63.
79 R. Lewontin, *The Triple Helix*, p.73.
80 R. Lewontin, *The Triple Helix*, p.100.
81 R. Lewontin, *The Triple Helix*, p.101; 리원틴의 이런 구성 패러다임은 일정한 정치적 함의를 갖고 있는데, 예를 들어 환경 운동에서 "환경 보존"이라는 구호는 리원틴의 시각에서 기존 체계를 유지하고 보존하자는 정치적 구호로 들릴 수도 있다. 왜냐하면 '환경'은 애초부터 변화하고 있어서, '보존할 그 무엇'으로 존재하지 않기 때문이다(Lewontin, *The Triple Helix*, pp.67-68). 환경 파괴의 외적 물질적 요인들이 인간 삶의 조건들의 퇴화를 야기하는 원인들이 아니라 작용인들에 불과하며, 오히려 산업 자본주의의 세계화 과정이 발전시킨 생산 구조를 뒷받침하는 우리의 "협소한 합리성"(narrow rationality)이 그 원인이다. 우리의 운동은 바로 그 작용인들과 원인 간의 혼동 때문에 근원적인 해법을 대면하지 못하고 있는 셈이다(R. Lewontin, *The Triple Helix*, p.105). 이와 연관하여 모든 것이 모든 것과 연관되어 있다고 주장하는 극단의 전일주의(holism)도 생명의 세계를 이해해 나가는데 때로 장애가 된다. 모든 것이 서로 연관되어 있기 때문에 그 어떤 것도 하부 차원으로 분석되거나 나누어질 수 없다는 극단의 사고는 모든 것의 상호 연관성을 극단적으로 한쪽 방향으로만 생각하는 꼴이다. 왜냐하면 그러한 주장은, 모든 것이 모든 것과 더불어 효과적으로 연결되어 있는 것은 아님을 염두에 둘 때, 세계에 대한 기술로서 적합한 기술이 아니기 때문이다(R. Lewontin, *The Triple Helix*, p.110).
82 본고에서 인용한 리원틴의 책 제목이다.
83 Online resource: http://en.wikipedia.org/wiki/Stephen_Jay_Gould

84 본고의 이 부분에 기술된 내용들은 이미 박일준, 「화이트헤드와 바디우의 주체 개념 비교」, 『화이트헤드 연구』 18, 2009, 9-45쪽에서 자세히 상술되었던 내용들을 일정 부분 반복한다. 보다 자세한 내용들은 이 논문을 참고하라.
85 Alain Badiou, *Being and Event*, trans. by Oliver Feltham (New York: Continuum, 2006), p.201-212.
86 Alfred North Whitehead, *Process and Reality: An Essay in Cosmology. Gifford Lectures Deliverd in the University of Edinburgh During the Session 1927-28*, Corrected Edition by David Ray Griffin alnd Donald W. Sherburne (New York: The Free Press, 1978), p.7.
87 *Ibid.*.
88 화이트헤드의 God은 전통 기독교 담론에서 말하는 '하나님' 개념과 상당히 다르다. 그 차이를 강조하기 위해 보수 기독교에서 사용하지 않는, God의 최초 번역어를 다시 사용한다.
89 A.N. Whitehead, *Process and Reality*, p.12.
90 A.N. Whitehead, *Science and the Modern World: Lowell Lectures*, 1925 (New York: The Free Press, 1953), p.178.
91 *Ibid.*.
92 A.N. Whitehead, *Science and the Modern World*, p.7.
93 이를 언급하면서 화이트헤드가 염두에 두고 있는 시대의 무의식적 가정은 "단순 정위"(simple location)의 가성이나(A.N. Whitehead, *Science and the Modern World*, p.49). 구체적으로 "순간적인 물질 편성의 단순 정위"(the simple location of instantaneous material configuration)인데, 이를 화이트헤드는 "잘못 놓여진 구체성의 오류"(the Fallacy of Misplaced Concreteness)라 칭한다(A.N. Whitehead, *Science and the Modern World*, p.50; p.51). 이것이 정신의 비물질성에 대한 이론과 연합하여, 정신과 물질의 근대 이원론으로 등장하였다. 사실 단순 정위의 가정은 그 가정을 통해 예측되는 결과들 중 일부를 과장하여 부풀림으로써 이루어진 것이다. 철학적 합리적 도식의 입증은 그 도식의 일반적 성공에서 찾아져야 하는 것으로 결코 그 제일 원리들의 고유한 확실성이나 시원적 명석성 속에서 찾아져서는 안 되는 것이다(Whitehead, *Process and Reality*, 8). 철학이 할 일 중 하나는 "과학적 제일 원리들을 구성하는 반쪽짜리 진리들에 도전하는 것"이다(Whitehead, *Process and Reality*, p.10).
94 A.N. Whitehead, *Science and the Modern World*, p.47.

95 역사적 차원에서 '환원불가의 완고한 사실'은 "선행사건들과 귀결들의 경험적 사실들"을 의미하고, 과학에서는 "귀납적 추론 방식"과 "실험"을 말하고, 기독교 신학에서는 "기독교의 기원들에 대한 호소"(appeal to the origins of Christianity)를 가리킨다 (A.N. Whitehead, *Science and the Modern World*, p.39).
96 A.N. Whitehead, *Science and the Modern World*, p.3.
97 A.N. Whitehead, *Process and Reality*, p.15.
98 A.N. Whitehead, *Science and the Modern World*, p.3.
99 *Ibid.*.
100 A.N. Whitehead, *Science and the Modern World*, p.4.
101 A.N. Whitehead, *Process and Reality*, p.42.
102 A.N. Whitehead, *Science and the Modern World*, p.8.
103 A.N. Whitehead, *Science and the Modern World*, pp.11-12.
104 A.N. Whitehead, *Science and the Modern World*, p.12.
105 A.N. Whitehead, *Science and the Modern World*, p.18.
106 *Ibid.*.
107 A.N. Whitehead, *Science and the Modern World*, p.24.
108 알랭 바디우(Alain Badiou), 이종영 역, 『조건들』(*Conditions*), 서울: 새물결출판사, 2006, 138쪽.
109 A. 바디우, 『조건들』, 250쪽.
110 A. 바디우, 『조건들』, 240쪽.
111 A. 바디우, 『조건들』, 236쪽.
112 존재의 다수성과 공백을 드러내는 것이 바로 수학이고, 그렇기에 수학은 "무한의 세속화"를 실행하며, 그런 점에서 수학은 "존재론"이다(A. 바디우, 『조건들』, 236쪽). 수학이란, "모든 성스런 것의 폐기와 모든 신의 공백 속에서 드러나는 영원한 인류사에 다름 아닌 것이기 때문이다"(A. 바디우, 『조건들』, 237쪽).
113 빠져나음(sous-traction)은 '빼냄'(ex-traction)과 다르다(A. 바디우, 『조건들』, 239쪽). 빠져나음은 "아래로 빠지는 것"을 의미하고, '빼냄'은 "어떤 것에서 뽑아내는 것"을 의미하기 때문이다.
114 A. 바디우, 『조건들』, 240쪽.
115 A. 바디우, 『조건들』, 252쪽.

116 *Ibid*.
117 A. 바디우, 『조건들』, 252-253쪽.
118 A. 바디우, 『조건들』, 267쪽.
119 A. 바디우, 『조건들』, 253쪽.
120 *Ibid*.
121 *Ibid*.
122 판별 불가능한 다수, 즉 유한한 다수에서의 선택은 유한하며, 따라서 주체의 행위는 "유한하다"(A. 바디우, 『조건들』, 255쪽). 이 유한한 주체, 즉 판별 불가능한 것의 선택을 통해 빠져나오는 진리의 주체는 이 주체의 하위 집합이 "무한하고, 완료될 수 없다"는 것을 말한다(A. 바디우, 『조건들』, 255쪽). 유한을 경계할 차이를 담지하고 있지 않기 때문이다. 따라서 그 행위 속에서 유한한 주체는 "그 결과에 있어서 또는 그 존재에 있어서 유적이다"(A. 바디우, 『조건들』, 256쪽). 그 판별 불가능성, 즉 비차이성은 진리 주체 행위의 유한성과 존재의 무한성 사이를 측량할 척도의 부재 상황을 발생시킨다. 이 유한과 무한 사이에서 진리는 거의 말해지지 않는다. "말해지는 것은 언제나 검증의 국지적 질서에 속하기 때문이다"(A. 바디우, 『조건들』, 256쪽). 진리의 도정이 판별 불가능한 것으로부터 유적인 것으로 이동하면서 바로 진리의 "거의-말해지지-않는다"는 것이 언표된다(A. 바디우, 『조건들』, 256쪽). 이 관계를 지탱하는 것은 곧 "명명 불가능한 것"이다(A. 바디우, 『조건들』, 257쪽). 유적 손재는 재현되지(represented) 않기 때문에, 유적 존재는 선취를 통해 현시(present)될 따름이다. 이 "진리의 유적 존재를 선취하는 가설은 … [곧] 거의-말하지-않기에 대해 촉성[forcing]을 하는 것이다"(A. 바디우, 『조건들』, 257쪽). "이 촉성은 무한한 유적 진리의 관점에서 모두-말하기의 픽션을 성립시키는 것이다."(A. 바디우, 『조건들』, 257쪽) "촉성은 진리의 무한한 유적 성격을 전미래적으로 표상하는 것으로, 한 진리가 명명 불가능한 것에 대해 마침내 이름을 부여할 수 있다는 것을, 진리에 있어서 모두-말하기의 역능을 근본적으로 시험하는 것으로 삼는다"(A. 바디우, 『조건들』, 257-8쪽).
123 A. 바디우, 『조건들』, 254쪽.
124 *Ibid*.
125 *Ibid*.
126 A. 바디우, 『조건들』, 255쪽.

127　A. 바디우, 『조건들』, 272쪽.
128　A. 바디우, 『조건들』, 273쪽.
129　A. 바디우, 『조건들』, 272쪽.
130　A. 바디우, 『조건들』, 275쪽.
131　*Ibid*..
132　A. 바디우, 『조건들』, 276쪽.
133　*Ibid*..
134　*Ibid*..
135　A. 바디우, 『조건들』, 277쪽.
136　*Ibid*..
137　A. 바디우, 『조건들』, 279쪽.
138　A. 바디우, 『조건들』, 280쪽.
139　*Ibid*..
140　A. 바디우, 『조건들』, 281쪽.
141　*Ibid*..
142　*Ibid*.; 바로 여기서 욕망이 발생한다 : "명명 불가능한 것을 명명하려는 욕망. 고유한 것의 고유한 것을 명명에 적응시키려는 욕망(A. 바디우, 『조건들』, 258쪽)." 이것이 곧 "악의 형상"인데, "명명 불가능한 것에 대한 명명의 촉성은 개별성 자체의 부인이기 때문이다"(A. 바디우, 『조건들』, 258쪽). 더 끔찍한 것은 바로 "유적 빠져나옴의 이름으로 명명 불가능한 것을 빠져나오게 해 명명의 환한 대낮 속에 증발시켜 버리는 것"인데, 이른 바디우는 "재난"이라 이름한다(A. 바디우, 『조건들』, 258쪽). "명명 불가능한 것의 명명을 촉성하려는 욕망이 픽션 속에서 꼬리를 이을 때, 악은 진리의 재난이다"(A. 바디우, 『조건들』, 258쪽). 악은 살해와 죽음 혹은 생에 대립하는 것이라기 보다는 오히려 "빠져 나옴에 대한 부인"이며, "악이 건드리는 것은 자기 긍정 속에 있는 것이 아니라 오히려 일자의 허약함 속에 숨어 있는 익명적인 것이다. 악은 타자의 이름에 대한 비존중이 아니다. 악은 오히려 어떤 대가를 치르건 명명하려는 의지이다"(A. 바디우, 『조건들』, 258쪽). 바로 이 점에서 악은 "진리 과정을 근본적 조건으로 갖는다"(A. 바디우, 『조건들』, 259쪽). 악의 조건은 : "결정 불가능한 것의 지점에서 진리의 공리가 있고, 판별 불가능한 지점에서 진리의 도정이 있으며, 유적인 것의 지점에서 진리의 존재를 선취하고, 명명 불가능한 것의 지점에

서 명명을 진리 속에서 촉성할 때"이다(A. 바디우, 『조건들』, 259쪽) 다시 말하자면, 진리에의 욕망 안에는 "사고의 불가피한 폭력"이 담겨 있다(A. 바디우, 『조건들』, 259쪽) "모든 진리의 작동 방식은 빠져나옴이다. 하지만 빠져나옴은 명명 불가능한 것의 형태 아래, 빠져나오는 도정을 규제하고 경계 짓는 것이다. 진리의 윤리에는 단 하나의 준칙만이 있다 : 궁극적인 빠져나옴을 빠져 나가게 하지 말라[간직하라]" (A. 바디우, 『조건들』, 260쪽).

찾아보기

【ㄱ】

가난한 자 292
가외적 286
가이아 74
가이아 이론 75
개신교 신학 151
개체 50, 156
개체 발생 152, 270
개체 선택 44
객관성 230
객관적 실재론 42
객관적 인식 24
객체적 불멸성 111
결과적 변증 64
결정론 102
결합론 102
계속적 창조 218, 219
계통 발생설 152
고린도전서 170
고전역학 113
골로새서 170
공 104
공감 25, 226
공감의 윤리 24, 225, 226, 236, 247
공감을 통한 명령 236
공空 185, 202, 216

공동창조자 173
공리주의 229, 245
공백 286
공백의 진리 287
공백으로서의 존재를 드러내는 진리 사건 276
공생 116
공정성 227, 237, 248
공정성의 추구 234, 251
공정한 도덕 행위 236
공정한 무한경쟁 290
공즉시색 205
과정 129
과정신학 97
과정철(신)학 151
과정철학 165
과학 222
과학 이론의 실재주의자 39
과학과 신학 간의 공명 169
과학적 근본주의 71
과학적 무신론 150, 162
과학적 (우주적) 문자주의 133, 257
과학적 유물론자 71
과학적 증거주의 43, 69, 233
과학주의 134
과학주의자 256
괴로움 234, 246
교회론적 그리스도 169
구디너프 83
구성 25, 271
굴드 17, 23, 25, 81, 155, 157, 160, 268

궁극적 불합리성 278
궁극적 한정성 278
궁극적이며, 엄연하며, 환원불가능한 사실 277
궁극적인 것 276, 294
귀소본능 90
규칙 공리주의 228
균형 잡힌 가르침 259
그리스도 우주신비 172
그리스도 원리 172
그리스도 창조 172
그리스도 현현 171
그리스인 86
근대의 종합 37
근본 바탕 185, 202, 205, 206, 207
근사적 인과율 264
근원적 인과율 264
기대된 바 140
기독교적 위생학 221
기생하는 밈 159
기억 80, 97, 108
기억 유전자 80
기저 가치 209
기획 논증 37
김장생 19

【ㄴ】

나쁜 생물학 17, 262
내재적 가치 209
네빌 282

노자老子 90
노현자 90
논리적 변증 64
눈 먼 시계공 37, 61, 159
뉴턴의 신학적 자연관 152
니체 220, 221, 223
니치 116

【ㄷ】

다니엘서 90
다수 285
다양성 81, 97
다양성의 증가 23, 25, 261, 268, 270
다양화 268
다원적 독법 257
다원주의 264
다윈 14, 45, 76, 98, 132, 179, 262
단성생식 82
단속평형실 269
단속평형론 157, 160
당위 251
대모신 195
대아大我 104
대지모 195
대화 12
데미우르고스 89
데카르트의 이원론 152
뎀스키 67
도덕 65
도덕 가치 248, 250

도덕 법칙 236
도덕 이론 240
도덕 판단 234
도덕 행위 227, 228
도박 284
도킨스 14, 17, 35, 36, 41, 57, 61, 71, 74, 76, 77, 78, 79, 80, 86, 93, 94, 95, 97, 98, 105, 108, 122, 145, 155, 157, 158, 226, 245, 250
독법의 다중성 257
돌연변이 265
돌연적 거대진화 81
동굴의 비유 26
동물의 권리 209
두 번째 차축 시대 171
들뢰즈 146

【ㄹ】

라너 171
러브록 43, 74
러셀 112
레이찰스 240, 246
로고스 167, 204
리가멘트 108
리원틴 17, 23, 25, 270
리좀 146
리프킨 240

【ㅁ】

마술 194

마술-타이폰 단계 193, 194
막 태어난 갓난 신생아를 향한 무한 책임 168
만들어진 신 37, 61
말씀 205
망상 73, 101
맥페이그 208, 210, 211
맹목적 자기복제자 80
맹목적인 자기복제자 47
멘델 45
모방 89, 90, 93
모방(미메시스) 93
모방(밈) 93
모방의 단위 80
모사 93
모사(모방) 91
모사설 91, 92
모형변이 223
목적 109
목적성 131
목적 없는 합목적성 112, 115
몰트만 150
몸나 174
몸의 부활 164
무경계 205, 213
무경계성 203
무명無明 101, 106
무목적적 목적 79
무성생식 82
무신론 98
무신론자 71, 109

무신론적 진화론 21
무아 104
무작위성 153; 175
무작위적이지 않은 제거 265
무지개의 신비 37
무한경쟁 15
문자주의 132, 257
문화 유전자 57
문화 전달의 단위 80
문화의 기원 56
문화의 진화 79, 186, 198
믿음 230
믿음faith의 구조 291
밀러 38
밈 19, 56, 61, 73, 79, 80, 86, 94, 97, 98, 105, 127
밈설 93

【ㅂ】

바디우 25, 129, 130, 256, 283, 290
바르도퇴돌 99
바이러스 76
박일준 21, 25
박테리아 76, 81, 82, 83
반反본질주의 159
반적응주의적 진화론자 71
반종교주의자 71
반진화적 관점 190
반철학자 283
발달 소음의 발생 271

백과사전식 앎의 체계 284
범경험주의 165
범신론 84, 199
범신론적 90
범신론적 신앙 89
범아일여梵我一如 84
범재신론 199, 200, 207, 208, 210, 211, 213
법신 196, 197, 212
법신 단계 197
법인法印 103
베리 150
베히 67, 139, 141
변이 265, 271
변화 81
벤튜라 170
보복주의 226
보신 197, 198
보편성 280
복사 90, 93, 95
복누직 그리스도 172
복음주의자 71
복잡성 81
복잡성 혹은 창조성의 증가 261
복잡성(다양성)의 증가 157
복잡화 97
복제 95, 108
복제성 47
부활 164
분기 진화 270
불교 91, 98
불멸 73, 74, 80, 81, 104, 108

불멸성 79, 94, 96, 105
불멸의 유전자 83
불멸의 이기성 76
불멸의 코드 81
불법적 276
불법적인 것 253
불성 188
불이不二 104
브라흐만 84, 85
비국소적 실재론 111
비대칭이론 119
비이원적 205, 207, 212, 213
비적자 제거 과정으로서 자연선택 291
비적자들이 제거되어 나가는 과정 261
비적자를 솎아 내는 과정 293
빌립보서 170
빠져나옴 286

【ㅅ】

사건 230, 231
사건 철학 256
사랑 9
사상한四象限 215
사실 150
'사실' 로서 진화론 168
사회생물학 36, 46, 53
사회생물학자 59
삼독三毒 103
삼법인三法印 103
삼신론 201

삼위일체론 200, 201, 202, 206
삼중진화 272
삼학三學 103
상기 89
상기설想起說 87, 89, 91
상리공생 116
상호 이타성 38, 52
상호작용 156, 270
상호호혜이론 119
새로운 창조 219
새로움의 도래 258
색즉시공 205
생명의 기원 179
생명의 편지 176
생명철학 166
생물평등설 208
생물학 12, 13
생물학적 증거주의 69
생물학적 진화론 37
생존경쟁 15
생존기계 76, 81, 94, 107
생태적 관점 23
샤르댕 150, 162
서면 96
선택력 265
설계 138, 161, 176, 258, 262
설계론 153
설계의 작인 137
설명적 다원주의 257
성性 82
성령 203, 204

성령운동 258
성서적 문자주의 257
성서적 문자주의자 256
성육신 204, 205
소여성所與性 231
소크라테스 87, 89
수목적 체계 146
숙명론 102
숙업론 102
스티렐니 49
스펜서 57
시·공간 230
시계의 비유 260
시스템 전체의 변이 269
신 112, 188, 294
신 다원론 42
신 명령론 243
신 명령론자 242
신 존재 증명 137
신=필연 294
신新다원주의 73, 76, 95, 105, 157, 245
신성 206, 207
신의 명령 242
신의설 102
신이 만든 틈새 65
신이라는 설명 인자 282
신익상 21
신적 창조 168
신학 8, 12, 28
신학대전 67
신학자 233

신학적 저항과 탈주 16
신학적 창조론 255, 256
신학하는 이들 18
신화 205, 211, 215
신화적 멤버십 단계 197
실재 278, 289
실재의 낟알 290
실재적 계기 165
실증주의 233

【ㅇ】

아낙시메네스 87
아래로부터의 경험 152
아리스토텔레스 92, 93
아퀴나스 67, 137, 170
아트만 84, 85, 86, 188, 192
아트만 프로젝트 186, 188, 189, 194, 195, 196, 212
악마의 사도 37
알레테이아 91
알려질 수 없는 것 254
약속 135, 163, 176
'약속' 이후의 '책임'의 신학 168
양성생식 82
양자역학 111, 113
양자적 혼돈 114
양태론 201, 206
어거스틴 170
언어 - 멤버십 단계 194
얼 174

얼기독론 169, 173, 175
얼나 174
업 85, 98
업(카르마) 105
없는 자 11, 291
없이 계신 하느님 175
'없이 계신' 존재 173
없이 계신 하느님 덜 없는 인간 173
에고 188, 189
에고적 자아 196
에덴을 넘어 181
에드워즈 44
에로스 167, 189, 194
에르Er 신화 89
에베소서 170
에코페미니스트 209
에피쿠로스 238
역사적 예수 169
역진화 216
열반 104
영 188, 191, 198, 199, 202, 210, 213, 217
영 또는 의식 188
영원의 철학 182, 183, 188
영적 위생학 219
영혼 불멸 84, 86, 89, 104, 105
영혼 불멸설 94, 98
영혼 윤회설 95
영혼의 불멸 105
예수 175
오르페우스교 86
오화설五火說 85

온상한 215, 216, 218, 222
온수준 205, 215, 216, 218, 222
온우주 181, 183, 186, 193, 198, 202, 204, 207, 208, 210, 215, 216, 218, 219, 221, 222
온우주적 진화 192
올바른 선택 265
옳음 241
외부의 설계자 264
외삽주의 268
외재적 가치 209
요나스 23, 151, 165
요리서 157
욕망 238
우로보로스 192, 193
우로보로스 자아 194
우발성 81, 124, 153, 157
우연 253, 254, 277, 282, 283
우연(우발성) 154
우연/필연 21, 125
우연과 필연 123
우연성 97, 117, 123, 126, 130, 136, 138, 152, 253, 258, 275
우연성의 개입으로서 진화 255
우연적 292
우연발생 276
우주 181
우주 발생적 에로스 166
우주론적 논증 67
우주의 역사 115
우주적 그리스도 169, 175, 201, 204, 205
우주적 그리스도론의 한국적 이해 151

우주적 문자주의 257
우파니샤드 85
우파니샤드 철학 84
운명설 102
운반자 51, 76, 94
운송체 127
울트라 다위니즘 160
원숭이 재판 126, 143
원초적 계획 166
원초적 목적 165
원형 90, 95
위대한 어머니 195, 196
위생학 220
윌리엄스 44
윌버 24, 180, 181, 184, 185, 187, 189, 191, 192, 193, 197, 198, 199, 201, 205, 208, 210, 212, 213, 214, 216, 217, 219, 221, 222
윌슨 17, 35, 42, 46, 60, 78, 145
유기체와 환경의 상호진화 272
유물론 37
유물론적 진화론 177
유성생식 82, 97
유식불교 91, 97, 100
유신론자 109
유신론적 진화론 21, 174
유신론적 진화론자 71
유아기적 의식 90
유영모 169, 173
유전자 47, 50, 73, 78, 79, 81, 86, 94, 95, 97, 107, 108, 118, 156, 157, 248
유전자-문화 공진화 54

유전자 빈도상의 변화 264
유전자 풀 73, 78, 83, 95
유전적 변이들의 차별적 번식 264
유전적 진화 79
유전형 77
유출 89, 95, 97
유출-환원적 세계관 91
육도윤회 99
윤리의 세방화 247
윤리학 120
윤회 90, 96, 101, 103, 104
윤회 전생 100, 105
윤회 환생설 98, 105
윤회사상 86, 89, 102
윤회설 85, 87, 94, 97, 99, 100
윤회적 91
융 90
의식의 스펙트럼 213
이기성 73, 74, 75, 81, 94, 97, 118
이기적 48, 74
이기적 유전자 14, 36, 61, 73, 74, 86, 93, 105, 126, 128, 158
이데아 93, 95
이데아설 89
이데아의 모방 90
이도설二道說 85
이레니우스 217
이성 229, 236
이정배 22
이타성 74
이타적 유전자 75

이타주의 145
이한영 19
인간 본성에 대하여 36
인간 원리 172
인간 중심주의 207
인구론 14
인문학 16
인문학적 입장 72
일신론 201
일자一者 216, 283
있는 자 10
잉여적 286

【ㅈ】

자기 비움 204
자기 없는 신 167
자기보존 78
자기복제 59, 80, 82, 83, 94, 108, 159
자기복제자 127
자기비움 217
자기수축 217
자기조직화 139
자기초월 185, 190, 191
자기초월적 184
자만심이 없는 도덕 246
자발성 140
자속自贖의 상징 175
자아 234
자연 신학 259
자연과학 232

자연선택 43, 74, 76, 78, 81, 95, 153, 156, 159, 246, 254, 262, 266
자연선택설 14
자연선택의 개념 73
자연선택의 기본 단위 156
자연의 신학 207, 210
자연이라는 책 132
자연적 창발 140
자유의지 114
잡종적 독법 135, 257
재법무아설 103
재창조 138
저항 19
적멸寂滅 87
적응 95, 157, 261, 264, 267
적응/반적응의 논쟁 156
적응도 268
적자생존 14, 263
전면적 포섭 199
전지全知한 신 243
절대 타자 198, 207
절제 238
정신 바이러스 159
정신 - 에고 단계 196
정신 - 에고 수준 197
정언명법 240
정연교 246
정의 11
정향성의 문제 109
정향적 일반화 183
제2의 차축시대 171

제칠일안식교 258
존재의 대겹둥지 182, 199
존재의 대사슬 24, 182, 186, 187
존재의 대연쇄 97
존재한다고 인정하지 않는 자 291
종교 19, 59, 63, 71, 105, 108, 120, 144, 158, 162, 222
종교 윤리 242
종교의 기원 61
종교적 문자주의 133, 257
종속론 201
종의 기원 12, 152, 263
종자種子 98
주체 130, 288
주체성 127, 129
주체의 우연한aleatory 내기 288
죽음 73, 82, 83
중간계 99
중관불교 100
지구와 생물에 대한 관리의 책임 209
지멸止滅 104
지속된 창조 165
지속성 47
지적 설계 가설 141
지적 설계 이론 137
지적 설계론 21, 22, 67, 123, 139, 149, 150, 259
지적 설계론자 71, 161
지혜 105
진리 10, 39, 253, 283, 285, 286
진리 공정들 283, 284

진리=우연 253
진리=필연 253
진리를 결정하는 우연적인 주사위 던지기 288
진리의 공정들 287
진리의 다수성 285
진리의 우연성 283
진리의 환원성 40
진보 81
진보 신화의 폭력성 293
진보의 변증법 190
진실성 289
진아眞我 104, 108
진화 150, 164
진화 유신론 168
진화=진보 255, 262
진화론 11, 18, 21, 22, 73, 123, 150, 152, 179, 246, 274
진화론적 신학 155, 162
진화론적 유신론 163
진화론적 패러다임 132
진화생물론 246, 248, 250
진화생물학 59, 155, 158
진화의 주체 45
집단선택론 47
집단선택 이론 44

【ㅊ】

참나 104
참의식 73

참자아 212
창발 184
창발적 전체성 140
창조 218
창조 안에 계신 하느님 150
창조과학 134, 179, 258, 261
창조과학자 71
창조론 11, 21, 136, 137, 274
창조론자 18
창조설 258
창조성 129, 185, 253, 255, 258, 275, 277, 293
창조의 면류관 269
창조적 과정 267
창조적 구성 272
창조적 나아감 278
창조적 우연 278
창조주 하나님 282
책임 176
책임의 윤리 226
철학 71, 284
철학자 233
청사진 157
청정신 단계 197
체제 8
초월 192
초월적 인격신 198
촉성 283, 285, 287, 289
최재천 116, 120
최종민 24
축적된 진화 81

【ㅋ】

카오스 이론 97, 114
카우프만 139
칸트 109, 120, 226, 235
칼뱅 149
캠벨 57
코스모스 181
쾌락 251
쾌락의 추구 251

【ㅌ】

타나토스 189, 192, 195, 212
타이폰 194
타이폰 단계 197
타이폰 자아 193, 194
탈윤회脫輪廻 87, 100, 104
탈주 19
탈형이상학적 영성 221, 222
탐진치 103, 174
통섭 36, 122
통합 180, 190, 191, 192, 200
통합심리학 216
통합적 접근 222
트리버스 38, 52, 119
특이성 285
틈새의 신 112
티마이오스 89
티벳 불교 96
티벳 사자의 서 96, 99

【ㅍ】

파니카 171
파이돈 87
페일리 37, 68, 137, 259, 262
펜실베니아 도버 지역 교장협의회의 선언 259
포괄 적응도 38, 52
포괄 적응도 이론 38
포스트모던 97, 107
표현형 51, 75, 77
표현형적 성향들 265
프리고진 113
플라톤 26, 87, 89, 90, 91, 93, 97
플라톤 사상 97
플레로마 우로보로스 단계 192
플로티노스 90
피셔 37
피타고라스 86, 89, 90
필연 253, 258, 283
필연성 253

【ㅎ】

하강의 길 217
하나님 139
하나님 논증 137
하나님의 무용성 혹은 은폐 257
하나님의 사랑 9
하나님의 섭리 258
하나님의 책 132
하느님 294
하느님 형상으로서 인간 153
하느님의 몸 208
하이어라키 211
하태혁 24
한 인격 속의 두 본성 170
할데인 37
함께 고통받기 9
합목적성 109
합목적성 없는 목적 121
합생 129
합일의식 203, 213
항상성 74, 75
해밀턴 52, 119
헤테라키 211
현상계 90
현실 계기 278
혈연선택 119
혈연선택설 78
협력자 유전자 75
호모 심비우스 116, 118
호트 23, 114, 131, 135, 168, 256
혼불멸설 89
혼의 불멸성 87
홀라키 24, 211
홀라키 구조 213
홀라키 신학 223
홀라키의 문화의식적 진화 192
홀라키적 185, 186, 200, 211, 216, 218
홀라키적 그리스도 203, 206, 207
홀라키적 신학 219

홀라키적 온우주 180, 181, 188, 203, 210, 213
홀라키적 온우주론 199, 218
홀라키적 전개 209
홀라키적 진화 180, 183, 189, 191, 198, 204, 208, 215, 216, 217, 219, 221, 222
홀라키적 창발 218
홀라키적 창발성 199
홀로코스트 이후의 하느님 167
홀론 183, 184, 202, 209, 210, 218
홀론의 초월적 과정 184
화신 197
화이트헤드 25, 111, 129, 163, 164, 256, 276, 277, 294
화이트헤드의 하느님 278
확장된 표현형 36, 51, 77, 78, 159
환경과의 적응도 265
환원 40, 89, 95, 97
환원 불가능한 완고한 사실 279
환원 불가능한 복잡성 40, 68, 260
환원 불가능한 완고한 사실 276
환원론적 독법 135
환원불가능한 복잡성 139
환원주의 78
환원주의자 71
환원주의적 75
활동 중에 있는 영 185, 186, 202, 205
활동 중인 영 206, 218
활동 중인 영의 창발적 진화 204
회개 138
효율성 251
후성규칙 54

힌두교 91

【기타】

metanoia 138
NOMA(nonoverlapping magisteria)개념 273

신학의 저항과 탈주

등 록 1994.7.1 제1-1071
1쇄 발행 2010년 9월 10일

지은이 기독교통합학문연구소
펴낸이 박길수
편집인 소경희
마케팅 김문선
디자인 이주향
펴낸곳 도서출판 모시는사람들
　　　110-775 서울시 종로구 경운동 수운회관 1207호
전　화 02-735-7173, 02-737-7173 / 팩스 02-730-7173

출　력 삼영그래픽스(02-2277-1694)
인　쇄 (주)상지P&B(031-955-3636)
배　본 문화유통북스(031-937-6100)
홈페이지 http://blog.naver.com/donghak21

값은 뒤표지에 있습니다.
ISBN 978-89-90699-86-2

*잘못된 책은 바꿔드립니다.
*이 책의 전부 또는 일부 내용을 재사용하려면 사전에 저작권자와 도서출판 모시는사람들의 동의를 받아야 합니다.

이 도서의 국립중앙도서관 출판시도서목록(CIP)은 e-CIP 홈페이지 (http://www.nl.go.kr/ecip)에서 이용하실 수 있습니다.
(CIP제어번호: CIP2010003042)